Mary E. Beadle, Reed W. Smith
Alan R. Stephenson

Broadcast Announcing Worktext
A Media Performance Guide
Fifth Edition

播音主持实用教程 第五版
>>> 媒体演播指南

[美]玛丽·E. 比德尔　　[美]雷德·W. 史密斯　　[美]艾伦·R. 斯蒂芬森 ◎ 著

林小榆　蔡　雨 ◎ 译

 中国传媒大学 出版社
·北京·

图书在版编目(CIP)数据

播音主持实用教程：媒体演播指南／（美）玛丽·E.比德尔,（美）雷德·W.史密斯,（美）艾伦·R.斯蒂芬森著；林小榆，蔡雨译. -- 5 版. -- 北京：中国传媒大学出版社，2023.9
ISBN 978-7-5657-2892-1

Ⅰ.①播… Ⅱ.①玛… ②雷… ③艾… ④林… ⑤蔡… Ⅲ.①播音—语言艺术—教材 ②主持人—语言艺术—教材 Ⅳ.①G222.2

中国版本图书馆 CIP 数据核字(2021)第 044783 号

Broadcast Announcing Worktext：A Media Performance Guide, fifth edition
By Mary E. Beadle, Reed W. Smith, Alan R. Stephenson ／ 9787565728921
Copyright © 2020 by Routledge
Authorized translation from English language edition published by Routledge, an imprint of Taylor & Francis Group LLC
All Rights Reserved.
本书原版由 Taylor & Francis 出版集团旗下 Routledge 出版公司出版，并经其授权翻译出版。版权所有，侵权必究。
Communication University of China Press is authorized to publish and distribute exclusively the Chinese (Simplified Characters) language edition. This edition is authorized for sale throughout Mainland of China. No part of the publication may be reproduced or distributed by any means, or stored in a database or retrieval system, without the prior written permission of the publisher.
本书中文简体翻译版授权由中国传媒大学出版社独家出版并限在中国大陆地区销售。未经出版者书面许可，不得以任何方式复制或发行本书的任何部分。
著作权合同登记号　　图字：01-2023-4154
Copies of this book sold without a Taylor & Francis sticker on the cover are unauthorized and illegal.
本书封面贴有 Taylor & Francis 公司防伪标签，无标签者不得销售。

播音主持实用教程：媒体演播指南（第五版）
BOYIN ZHUCHI SHIYONG JIAOCHENG：MEITI YANBO ZHINAN（DI-WU BAN）

著　　者	[美]玛丽.E.比德尔　　[美]雷德·W.史密斯　　[美]艾伦·R.斯蒂芬森
译　　者	林小榆　蔡　雨
策划编辑	赵　欣
责任编辑	赵　欣
特约编辑	张　嵘
责任印制	阳金洲
封面设计	拓美设计
出版发行	中国传媒大学出版社
社　　址	北京市朝阳区定福庄东街1号　　邮　编　100024
电　　话	86-10-65450528　65450532　　传　真　65779405
网　　址	http://cucp.cuc.edu.cn
经　　销	全国新华书店
印　　刷	北京中科印刷有限公司
开　　本	787mm×1092mm　1/16
印　　张	21.25
字　　数	440 千字
版　　次	2023 年 12 月第 1 版
印　　次	2023 年 12 月第 1 次印刷
书　　号	ISBN 978-7-5657-2892-1/G・2892　　定　价　88.00 元

本社法律顾问：北京嘉润律师事务所　郭建平

感谢艾伦·R.斯蒂芬森,在他的启发与努力之下,我们编写了一本致力于帮助学生实现人生目标的教材。

谨以此书,献给我的家人,感谢他们多年来的爱与支持,同时还要献给那些现已为人师的我曾经的学生。

——玛丽·E.比德尔

谨以此书,献给我过去和现在的学生,能够帮助他们提高播音专业水平,我感到十分幸福。

——雷德·W.史密斯

前　言

无论是在广播、有线电视、社交媒体，还是在其他的互联网平台，演播职位对年轻朋友们始终有很强的吸引力。虽然人们对工作机会有一些担忧，但调查显示，这个行业的大门永远向聪明、敬业、有进取心的人敞开。本书中所探究的技巧和技术，不仅适用于媒体行业，而且还可以帮助你在其他领域取得成功。本书所介绍的技巧、提供的方法、指出的问题可以帮助你在任何领域求职时取得优势，本书所提到的一部分人正是学习了书中的相关内容之后，获得了事业的成功。

此外，本书帮助大家习得的技能，同样可以让你在其他职业道路上获益。有才能的大学毕业生终将意识到，未来的职业需要具备公共演讲能力。无论是做销售报告，开员工会议还是参加新闻发布会，无论是要获得一个好的工作机会还是搭建一条全新的人脉，讲话的风格、吐字的清晰度、发音的准确度、传达的热情，都将成为迈向成功的关键因素。

很多专业人士精心分享了他们在广播电视领域的成功之道。如何去学习和应用他们所提供的指导意见，融会贯通并最终形成自己的演播风格，一切取决于个人。我们强烈建议你定期记录自己的表现，然后做一个中肯的评价。"播音记录"在专业人士的职业生涯中很普遍，也是管理者对人才进行评估的常规内容。即便是喜剧演员，也会录制他们的表演视频，然后反思为什么有些笑话很成功，有些却效果不好。如果你能定期录制自己的演播内容并进行如实评价，你的能力将会得到不断提升。在演播领域，演播者不能满足于现状，而要精益求精。

致 谢

我们真心感谢为本书第五版做出贡献的各位人士，包括在前面几版中为我们提供帮助的人士。他们是：未来媒体软件公司的创始人兼CEO，丹尼尔·安斯丹迪格（Daniel Anstandig）；夏洛特WCNC新闻主播，比尔·麦金蒂（Bill McGinty）；西雅图KIRO电视台节目主持人、配音专家，丽莎·布鲁克斯·克雷兹（Lisa Brooks Craze）；广播配音员，勃宾·比姆（Bobbin Beam）；广播演播顾问，约翰·斯蒂尔曼·道奇（John Stillman Dodge）；光谱公司区域制作经理、克利夫兰WJW电视台前新闻总监，索尼娅·汤普森（Sonya Thompson）；克利夫兰WJW电视台台长，保罗·佩罗泽尼（Paul Perozeni）；西雅图交通记者、电台制片人，安妮·西尔贝曼（Anne Silberman）；迈尔斯堡WBBH电视台气象播报员、专题记者，罗伯·邓斯（Rob Duns）；ESPN电视台和俄亥俄体育时间频道体育播音员，艾尔·帕夫洛夫斯基（Al Pawlowski）；圣地亚哥KGTV-ABC 10频道气象播报员，安杰莉卡·坎波斯（Angelica Campos）；拉斯维加斯广播记者、专栏作家，约翰·卡茨罗梅特斯（John Katsilometes）；克利夫兰《好朋友》节目联合主持人，迈克尔·卡达蒙（Michael Cardamone）；西雅图女演员与电视节目主持人，南希·格皮（Nancy Guppy）；克利夫兰WJW电视台新闻主播，斯蒂芬妮·谢弗（Stefani Schaefer）；拉斯维加斯KLAS电视台气象播报员与网络记者，内森·坦嫩鲍姆（Nathan Tannenbaum）；西北俄克拉荷马州立大学，杰西·施罗德博士（Dr. Jesse Schroeder）；克利夫兰WJW电视台气象播报员，斯科特·萨博尔（Scott Sabol）；西雅图KIRO电视台气象播报员，拉里·赖斯（Larry Rice）；骑士广播网副制片人，乔·马迪根（Joe Madigan）；西雅图KING电视台记者，约翰·沙里弗（John Sharify）；克利夫兰WJW电视台新闻主播，韦恩·道森（Wayne Dawson）；拉斯维加斯KUNV电台音乐节目主持人，金·林奇（Kim Linzy）；

约翰卡罗尔大学，杰奎琳·施密特博士（Dr. Jacqueline Schmidt）；克利夫兰WJW电视台新闻和体育记者、网络制片人，丹·约维奇（Dan Jovic）；布里斯托尔WCYB电视台体育播音员，凯西·戈茨（Casey Goetz）；克利夫兰WJW电视台专题记者，肯尼·克伦普顿（Kenny Crumpton）；范妮·梅糖果销售副总裁，爱德华·塞博尔特（Edward Seibolt）；约翰卡罗尔大学毕业生，梅雷迪思·赫斯特（Meredith Hurst）；奥古斯塔WRDW电视台新闻主播，理查德·罗杰斯（Richard Rogers）；天狼星XM/摇滚名人堂，蕾切尔·斯蒂尔（Rachel Steele）；克利夫兰WDOK-FM Star 102电台，珍·图希（Jen Toohey）；萨凡纳WJCL电视台，艾米·齐默尔（Amy Zimmer）；萨凡纳ESPN电视台，B.J. 贝内特（B.J. Bennet）、本·特鲁普（Ben Troupe）和凯文·托马斯（Kevin Thomas）；奥古斯塔WJBF电视台，肖恩·卡巴格斯塔克（Shawn Cabbagestalk）；萨凡纳WTOC电视台体育总监，杰克·华莱士（Jake Wallace）；奥古斯塔WJBF电视台新闻主播，珍妮·蒙哥马利（Jennie Montgomery）；佐治亚南方大学体育播音员，丹尼·沃（Danny Waugh）和格里芬·莱尔（Griffin Lail）。

目　录

第1章　认识专业播音　1
　1.1　引言 ———————— 1
　1.2　播音员：专业人才还是明星 1
　1.3　从历史角度看播音 ——— 2
　1.4　从就业角度看播音 ——— 2
　1.5　播音员专业化 ————— 4
　1.6　大学文凭对播音员是必要的吗 ———————————— 5
　1.7　播音员的主要生理条件 — 7
　1.8　播音员的主要心理条件 — 8
　1.9　实践经验对播音员是必要的吗 ———————————— 8
　1.10　播音员的职责 ———— 10
　1.11　播音员的楷模 ———— 13
　1.12　总结 ———————— 16
　自学题 —————————— 16
　实践项目 ————————— 18

第2章　音频演播环境　22
　2.1　引言 ———————— 22
　2.2　音频工作室 —————— 22
　2.3　麦克风 ——————— 25
　2.4　如何使用麦克风 ——— 28
　2.5　播音员麦克风前的紧张及其原因 ——————————— 29

　2.6　调音台 ——————— 31
　2.7　音乐播放设备 ———— 33
　2.8　数字化音频设备 ——— 34
　2.9　播客（音频点播） ——— 34
　2.10　总结 ———————— 35
　自学题 —————————— 36
　实践项目 ————————— 37

第3章　电视演播环境　43
　3.1　引言 ———————— 43
　3.2　电视演播室 —————— 43
　3.3　电视制作团队 ———— 46
　3.4　电视术语 —————— 47
　3.5　镜头焦虑 —————— 48
　3.6　镜头前的工作 ———— 49
　3.7　演播室内的交流手段：监听耳机、手势、提示板、提词器 54
　3.8　化妆 ———————— 57
　3.9　总结 ———————— 58
　自学题 —————————— 58
　实践项目 ————————— 60

第4章　声音的形成　64
　4.1　引言 ———————— 64
　4.2　声音是如何产生的 ——— 65
　4.3　腹式呼吸的技巧 ——— 66

4.4	正确的呼吸姿势	67
4.5	发声的关键要素	67
4.6	音量	68
4.7	音调	68
4.8	语速	69
4.9	音色	72
4.10	清晰的吐字发音	73
4.11	读音	74
4.12	不规范的读音	77
4.13	常见的语言问题	79
4.14	保护嗓子	81
4.15	总结	83
自学题		83
实践项目		84

第5章 播报的技巧 90

5.1	引言	90
5.2	形成媒体演播风格	90
5.3	播报的技巧要素	92
5.4	如何做标注	97
5.5	词语的使用	101
5.6	语言的变化	104
5.7	避免不专业播音和不当报道	106
5.8	与受众的密切关系	107
5.9	网络播音	108
5.10	总结	109
自学题		109
实践项目		111

第6章 广告播音 115

6.1	引言	115
6.2	广告资源	115
6.3	广告形式：广播	116
6.4	广告形式：电视和网络	118
6.5	商业广告的基本结构	119
6.6	分析广告所需考虑的其他要素	120
6.7	时间的重要性	122
6.8	力量：强行推销与劝诱推销	124
6.9	手势与面部表情	125
6.10	即兴广告	126
6.11	表演	126
6.12	画外音广告	128
6.13	公益广告和节目预告	128
6.14	总结	129
自学题		129
实践项目		131

第7章 采访 135

7.1	引言	135
7.2	采访类型	135
7.3	媒体采访的基本结构	136
7.4	采访场景	140
7.5	调查研究和准备工作	142
7.6	邀请有趣的嘉宾，准备有趣的话题	143
7.7	提升采访技巧	145
7.8	采访的着装	150
7.9	控制节奏	150
7.10	保持中立	151
7.11	广播谈话节目	152
7.12	电视谈话节目	152
7.13	其他采访场景	153
7.14	总结	154
自学题		155

　　　　实践项目 —————————— 157

第8章　新闻播音　160
　　8.1　引言 —————————— 160
　　8.2　衡量新闻价值 —————— 161
　　8.3　新闻播音员的标准 ———— 163
　　8.4　新闻来源 ———————— 164
　　8.5　为电子媒体撰写新闻 —— 166
　　8.6　新闻制作 ———————— 168
　　8.7　社交媒体上的新闻 ——— 171
　　8.8　广播新闻主播 —————— 172
　　8.9　广播新闻记者 —————— 173
　　8.10　电视新闻部和新闻节目 — 174
　　8.11　电视新闻外景记者 ——— 177
　　8.12　外景报道的准备 ———— 181
　　8.13　新闻中会遇到的其他即兴
　　　　状况 —————————— 187
　　8.14　总结 —————————— 189
　　　　自学题 ————————— 190
　　　　实践项目 ———————— 191

第9章　音乐播音　195
　　9.1　引言 —————————— 195
　　9.2　电台DJ的职责 ————— 195
　　9.3　提升即兴演播能力 ——— 196
　　9.4　如何成为一名高效的DJ — 198
　　9.5　电台节目类型 —————— 202
　　9.6　成人时代 ———————— 204
　　9.7　当代流行音乐 —————— 204
　　9.8　乡村音乐 ———————— 205
　　9.9　柔和爵士 ———————— 205
　　9.10　摇滚 ————————— 207
　　9.11　新闻/谈话/资讯 ———— 207
　　9.12　当代城市 ——————— 208
　　9.13　经典老歌 ——————— 208

　　9.14　另类音乐 ——————— 209
　　9.15　古典音乐 ——————— 210
　　9.16　不同时段的播音 ——— 211
　　9.17　卫星广播的播音 ——— 213
　　9.18　播客播音 ——————— 213
　　9.19　电视音乐节目主持人 — 214
　　9.20　互联网音乐节目主持人 215
　　9.21　总结 ————————— 215
　　　　自学题 ————————— 215
　　　　实践项目 ———————— 217

第10章　体育播音　221
　　10.1　引言 ————————— 221
　　10.2　体育播音 ——————— 221
　　10.3　体育报道 ——————— 222
　　10.4　体育记者报道什么 —— 225
　　10.5　体育主播 ——————— 226
　　10.6　比赛实况解说、场边报道和
　　　　比赛分析评论 —————— 227
　　10.7　体育播音中的女性角色
　　　　———————————— 235
　　10.8　旅途之中 ——————— 237
　　10.9　体育访谈节目主持人 — 238
　　10.10　总结 ————————— 241
　　　　自学题 ————————— 241
　　　　实践项目 ———————— 243

第11章　社会服务节目播音　247
　　11.1　引言 ————————— 247
　　11.2　气象播报 ——————— 247
　　11.3　气象节目中的色键抠像
　　　　系统 —————————— 248
　　11.4　气象播报风格 ————— 249
　　11.5　交通报道 ——————— 253
　　11.6　财经报道 ——————— 254

11.7　财经记者说什么 —— 255
11.8　专题节目主持 —— 257
11.9　购物节目主持 —— 258
11.10　配音 —— 260
11.11　培养配音技巧 —— 261
11.12　声音塑造角色 —— 262
11.13　节目主持 —— 263
11.14　总结 —— 264
自学题 —— 265
实践项目 —— 266

第12章　媒体演播者的法律和道德问题　269
12.1　引言 —— 269
12.2　道德标准规范 —— 270
12.3　受贿和插播广告 —— 271
12.4　策划新闻 —— 271
12.5　骗局与恶作剧 —— 272
12.6　付费新闻 —— 272
12.7　政治报道 —— 272
12.8　体育报道 —— 273
12.9　追求轰动效应 —— 274
12.10　利益冲突 —— 274
12.11　隐私权 —— 274
12.12　诽谤 —— 275
12.13　竞猜和彩票抽奖 —— 276
12.14　保护来源 —— 276
12.15　获取政府信息 —— 277
12.16　公平原则 —— 277
12.17　第315条法规 —— 277
12.18　版权问题 —— 278
12.19　亵渎、不雅及淫秽传播 —— 278
12.20　网络主持人的道德和法律问题 —— 279
12.21　总结 —— 281
自学题 —— 281
实践项目 —— 282

第13章　开启演播生涯　286
13.1　引言 —— 286
13.2　撰写个人简历 —— 289
13.3　电子简历 —— 292
13.4　附加一封求职信 —— 292
13.5　制作样片 —— 295
13.6　建立联系人名单 —— 297
13.7　求职面试 —— 299
13.8　如何对工作邀请做出答复 —— 303
13.9　工会、经纪人和合同 —— 303
13.10　失去第一份工作：演播从业者面临的现实 —— 305
13.11　总结 —— 309
自学题 —— 309
实践项目 —— 311

第14章　全球视野下的媒体演播　317
14.1　引言 —— 317
14.2　文化 —— 318
14.3　新闻 —— 318
14.4　体育 —— 319
14.5　广告 —— 320
14.6　音乐 —— 321
14.7　总结 —— 322
自学题 —— 322
实践项目 —— 323

词汇表　325

第 1 章

认识专业播音

1.1 引言

在麦克风或者镜头前演播并且获得报酬的想法吸引了大批人进入广播、电视和互联网行业。而如今，随着卫星广播、播客等多种新媒体传播形式的出现，播音迎来了比以往更多的机会。大众媒体演播者每天给数百万受众提供资讯、娱乐和"陪伴"。这是一份让人兴奋和值得投入的职业，同时也是一个充满挑战和瞬息万变的行业。举例来说，卫星广播的发展给播音员带来了更多的就业机会，但是电台电视台的整合和语音跟踪技术的出现，对于播音员来说意味着直播工作减少，自我创作的机会更加少。科技创新催生出新的技术和工作流程，高清数字电视演播室对主持人的妆容要求更高，而使用数字调音台的电台播音员则更关注音频的制作水平。这一章主要介绍播音主持的概况，你将了解成为一名专业播音员的必备条件，成为这个行业的人才需要做些什么，以及这个行业蕴含的职业可能性。

1.2 播音员：专业人才还是明星

词典网站Dictionary.com（www.dictionary.com）将播音员定义为"从事播音的人，特别是介绍节目、播报新闻、播读广告，以及在广播或电视平台进行其他类似工作的人"。美国劳工部劳工统计局在2018—2019版《职业展望手册》（*Occupational Outlook Handbook*, 2018—2019 Edition）中对播音员进行了这样的描述："播音员播报音乐、新闻和体育，还可能就这些或其他重要话题进行评论或采访嘉宾。有些人在婚礼、聚会或俱乐部担任司仪或音乐主持人……广播电视播音员会播报音乐资讯和新闻，并对重大事件进行评论。这就要求播音员要了解时事或某一领域的最新情况，例如政治和体育方面，以便在节目中对这些领域的话题进行评论。播音员需要在直播前搜集该话题的信息并进行准备。除此之外，播音员还会邀请嘉宾参与节目，并与制片人共同开发其他有创意的内容。……越来越多的广播电视播音员在社交媒体占有一席之地，搭建起一个可以宣传节目和更好地与受众互动的舞台。播音员的身影还会出现在慈善活动与其他交际圈的活动中。"综合以上解释，相信你已经对播音员的定义有所了解了。

我们经常把播音员等同于电台播音员或DJ（音乐节目主持人），但从广义上来讲，播音员应该是广播、电视和互联网平台的演播者。不仅如此，考虑到互联网、卫星转播以及其他科技的发展，例如，你可以用智能手机的移动应用录制播客，现在，我们应该把播音员定义为一名媒体演播者。

在广播电视行业中，"明星"和"专业人才"这两个词经常被用来描述不同的播音员。"明星"通常是指活跃于娱乐圈的著名人物，例如"广播电台明星"。"专业人才"是在某一方面有着与生俱来的能力和出众技能的人，例如"电视专业人才"。这些词在描述同一位主持人时是可以相互替换的，然而，值得注意的是，虽然有些演播者并非他们自己认为的那样有名或有才，但也会被赋予这样的标签。

在本章和后面几章中，我们将会看到一些从狭义上定义的播音工作，但在本书大多数篇幅中，"播音员"一词的使用范围更为广泛。

1.3　从历史角度看播音

播音员是电子时代的产物，确切地说，是声音发展到可以通过无线电波传送的时期的产物。换言之，当电台出现的时候，播音员也就诞生了。

早期的电台播音员与现代的DJ及直播主持人十分不同。首先，我们几乎很难从早期的电台播音员中找到一位女播音员，因为低沉而富有磁性的嗓音被认为是播音员的必备条件。其次，当时大多数播音员的播音方式都极具个人色彩，从广播中听到的说话方式和大多数人在日常生活中的说话方式都不同。如今，你可能将它认定为英式发音——非常的标准。它太过正式，而且早期的电台播音员通常会穿着燕尾服进行播报。如今，女播音员已经和男播音员一样普遍，在电波中，我们能听到的声音传达方式也多样化了。老式的播音风格已经让位于现代的交流式的语调。自从电台迎来了它的黄金时代，除了参加宴会典礼，我们再也不会看到穿着燕尾服工作的播音员了。

1.4　从就业角度看播音

总的来说，播音不是一项大型事业。如果只考虑这个领域的出镜部分，那播音的范围就更小了。美国劳工统计局的数据显示，2018年，媒体行业共提供了190余万份周薪或月薪工作。当时的播音员总数为35,260。其中，无线广播和电视播音员有27,780位，剩余7480位是有线广播和其他领域的播音员。这个数字是全职播音员的数量，即所得收入全部来自广播电视播音员这份工作的播音员。这个总数还包括卫星无线广播播音员、有线电视播音员，以及相关职业范畴的播音岗位工作人员，比如视频解说员、新闻记者和网络播音员。从2016年到2026年，预计无线广播和电视播音员的工作机会会减少12%，同时有线广播和其他播音员的工作机会会增加2%。

随着电台电视台的整合与集中化发展，播音员的就业环境受到影响。同时，越来越多的人收听和收看广播与电视以外的融合类节目。还有一个原因是语音跟踪技术的使用。播音员提前录制片段而非现场直播，可以录制多个片段以供日后使用或其他台使用。这样做既可以大大减少人力资源，又能让受众感受到现场直播的节目效果。如此一来，大多数的夜班工作都可以取消了。

无线广播面临着来自网络和卫星广播电台带来的挑战。正如美国劳工统计局2018年的报告中所说：

"越来越多的听众，尤其是年轻听众，正在收听这些可以依据听众喜好进行设置并不间断播放音乐的个性化网络电台。这些电台日益普及，使得听众缩短了收听传统电台的时长，进而减少了对电台DJ的需求。"

如本章第一段所述，媒体播音环境正在不断变化。

2018年，美国劳工统计局发布的以下内容对于对播音职业感兴趣的人而言是好消息：

"网络广播和播客对就业率增长产生了积极影响。这些媒体的启动成本较低，可以制作一些小众节目或针对某一垂直领域的受众，为播音员提供更多机会。全国性新闻和卫星电台数量的增加使得地方广播和电视节目的需求也随之增加。相较于全国性新闻，受众更想关注与他们所在的社区息息相关的地方节目。因此，为了在形式上区别于其他媒体，可以在广播中添加地域特色。广播播音员依旧需要向受众播报重要的资讯，或在特殊事件中提供一些娱乐活动。"

不同的播音员在薪酬方面差距很大，但总体来说，他们的酬金都是比较低的。大多数情况下，无线电视播音员的薪酬会比电台的高，有线电视播音员的薪酬则在这两者之间。播音员的薪酬由受众市场规模决定，市场大则工资高，反之则低。然而，受经济状况影响，那些愿意接受低薪的年轻播音员也开始在大市场寻求工作机会。影响薪酬的因素还包括，该播音员的工作单位是地方台还是覆盖范围更广的网络台，工作单位是商业性质还是公共广播等。商业广播网的播音员获得的薪酬通常是最高的。2018年，无线广播和电视播音员的平均年薪是33,220美元，而小市场的播音员通常在一开始的时候收入只有不到2万美元。不过，主流市场的播音员能够享受六位数的收入，网络播音员常常拥有上百万美元的年薪。例如，《ABC世界新闻》（*ABC World News*）节目主持人大卫·缪尔（David Muir）年薪500万美元；《安德森·库珀360度观点》（*Anderson Cooper 360°*）节目和《安德森脱口秀》（*Anderson Live*)节目主持人安德森·库珀（Anderson Cooper）年薪1200万美元；《NBC晚间新闻》（*NBC Nightly News*）节目主播莱斯特·霍尔特（Lester Holt）年薪1200万美元。凯蒂·库里克（Katie Couric）和黛安·索耶（Diane Sawyer）担任《ABC晚间新闻》（*ABC Nightly News*）节目主持人时，年薪均为1200万美元左右。

2018年，美国劳工统计局表示，广播系统以及其他播音员的中位数年薪是27,720美元。中位数工资是指在某一职业中，有一半员工的工资超过这个数字，一半低于这个数字。收入最低的百分之十的员工的年薪不到18,250美元，收入最高的百分之十的员工的年薪超过63,760美元。广播电视播音员的中位数年薪是33,220美元，收入最低的百分之十年薪低于19,120美元。广播和电视从业人员的中位数年薪分别是31,050和47,020美元。

美国劳工统计局2019年的统计数据显示，播音员的中位数时薪为15,138美元。因此，作为一名职场新人，你的收入不会太高，用人单位只会承诺把高薪给足够专业以及愿意为此付出努力的人。更多相关的内容会在第13章详细介绍，同时，还会介绍如何获得一份入门级的播音工作。

播音员大多数情况下拥有舒适的工作环境。工作室通常光线充足、有空调，符合人体工程学设计。这份工作一般是不存在危险性的，而由工作引发疾病或造成伤害的概率也较低。

1.5 播音员专业化

大多数播音工作在以下四个领域之中：音乐播音、新闻播音、体育播音以及专业播音。由于广播电视从业人数相对较少，特别是无线广播行业，一位播音员同时在多个领域内工作也是常事。例如，一位DJ可能同时也是一位新闻主播。事实上，当你尝试寻找播音工作的时候，如能胜任多个领域的播音工作，将对你非常有利。

音乐播音员主要是指电台的DJ，不过也同样包括音乐网站的主持人（Net-J）、卫星广播电台的播音员。他们要在听众收听音乐的间隙播读指定文稿或者即兴表达，可能还要播送新闻、天气、广告，进行交流讨论。他们经常要在节目中采访嘉宾、操作音频设备、推销广告时间，还要写广告文稿和新闻稿。

新闻播音包括主持人和记者两个角色。在新闻通过电台电视台等传统渠道传播的同时，网络和其他内容发布系统的开放也为更多的新闻播报提供了可能性。主播被视为镜头前或麦克风前的主导者，他们通过播读新闻消息、介绍出镜记者的报道或报道提前编辑好的新闻片段来引导新闻报道的方向。而记者则是站在主播的角度去收集、采写以及播读新闻消息的传播者，通常记者采集的信息都会提前录制下来，作为新闻的一部分播出。

体育播音员通常分为四种：体育新闻播报员、体育赛事实况解说员、场边记者和体育赛事评论员。体育新闻播报员与新闻的播音员类似，不同的是他们只播报体育消息。体育新闻播报员通常要筛选和撰写体育消息、采访体育明星、公布比赛结果。在电台中，体育新闻播音通常是一个独立的节目，而电视中，体育新闻播音可能只是新闻节目的一个片段。体育赛事实况解说员和体育赛事评论员则通常会组成一个团队，对体育赛事进行描述。其中，体育赛事解说员是主要的播报者，他要对赛事详情进行现场解说。而体育赛事评论员又被称为嘉宾评论员，他们会依据个人经历介绍比赛背景并进行赛事分析。比赛过程中场边记者徘徊在边线周围，进一步分析赛况，通常包括对运动员和教练进行简短采访。在当今的播音环境中，大多数体育赛事评论员既不是播音员出身，也未曾受过播音岗位的专业训练，但是其中相当一部分人以前曾是某项运动的专业运动员或教练。播音专业的学生可能很难胜任嘉宾解说员的角色。

专业播音领域的播音员是指从事其他播音任务的播音员，例如商业广告配音员、气象播报员、旁白解说员、脱口秀主持人等。有线频道、卫星广播以及一些新的多媒体平台提供了多样化的可选择节目内容，包括财经新闻、家庭购物、美食、园艺、家庭维修等，因此对于播音员专业化都越来越重视，需要播音员具备一定的专业知识，同时也很可能要求其具备主持这类节目的特殊技巧。打个比方，气象播报员要从卫星气象服务中心和地区气象局收集信息，然后为播出的地区预报天气信息。如果在天狼星XM电台工作的话，播音员不仅要掌握一定的播音技巧，还要掌握天主教的信仰背景。每一个播音领域都将会在后文中以单独的章节进行更深入详细的探讨。

1.6　大学文凭对播音员是必要的吗

要想成为一位优秀的播音员，是否需要一份大学文凭呢？答案是不一定都需要。但在一些专业性的播音工作中，例如新闻领域，就有一定的必要了。此外，如果你有从播音岗位转向媒体管理岗位的计划，那么学历就变得非常重要。即使不考虑你所在的是什么样的播音岗位，拥有一个文凭对你来说也还是有帮助的。在竞争激烈的情况下，大学文凭能使你更容易获得一份工作，而当你有了工作之后，它可以助你更轻松地晋升。很多优秀的两年制或四年制大学都开设了播音或传播类的课程，可以帮你为日后从事播音职业做准备。你也可以通过美国广播教育协会（BEA）的网站来查询有哪些学校开设了传播类课程。

无论你就读哪所学校、学习什么专业，为了你的播音事业，你都需接受以下三种教育：传媒教育、通识教育、专业教育。很明显，你应该接受大众传播教育。导论课程和史论课程将会为你了解这个行业打下很好的基础，同时，播音主持和制片方面的课程将会教给你一些必要的技能。写作、制作、管理的课程则可以为你的播音业务实践打下扎实的基础。写作能力的提升是永无止境的，其中最重要的技能是撰写故事和讲好故事。有的人会推荐你选择播音主持专业，也有人会建议你主修其他专业，同时辅修部分播音主持课程。这两种选择都有非常成功的案例，所以你只需要选择自己更喜欢的那一种。

除了要具备播音的学科背景之外，你还需要有通识教育背景。几乎所有学校都会要求学生选修主干课程。不要把这些课程当成是获取学分的途径，而要把它们当成是一个能熟悉更广泛、更系统的领域的机会。不管是哪一个领域的播音员，面对任何话题都要能侃侃而谈。举例来说，听众期待的电台DJ是可以对所有话题即兴演说的，而有线电视新闻播音员则应该掌握当天新闻的背景情况。艺术、音乐、话剧、文学、政治学、心理学都是你要选修的课程，同时，要尽你所能多选修一些写作课。此外，精通英语，尤其是掌握语法规则及正确的发音，对播音员来说尤为重要。播音员同时还必须是电脑能手，因为电脑已经是现代广播行业不可或缺的工具了。即使你最终从事的工作并不属于广播行业，这些全面的教育也会对你产生非常大的帮助。

你需要考虑的最后一种教育课程是专业化的课程，你得选择一些与你要从事的播音专业领域相关的课程。如果你把自己定位为古典音乐节目主持人，那么扎实的音乐背景就非常有利于你的工作，而在某种程度上它也是必要的。同样，一名气象播报员要学习气象方面的课程，而一名维护消费者权益的记者应该选择商业、法律、道德领域的课程。无论选择哪一个播音专业领域，你都应该学习一些专业化的课程，帮助你将来得到喜欢的职位。

很明显，本书针对的是大学教育，但要进入播音行业，你还有其他选择，那就是中等职业学校，例如康涅狄格州广播学校。很多广播电视中等职业学校都是具有传播背景的合法学校，它们可以为你提供很多上手操作广播设备的实践机会。这些学校培养了很多优秀的毕业生，但是你要想清楚你要从这些学校学到些什么。基本上，通过在职业学校半年至一年的课程学习，你会对传媒背景有一个基本了解，但也仅此而已——没有通识教育，没有专业教育，没有学位。由于越来越多受过传媒教育的大学毕业生想要进入这个行业，因此对于没学位的学生来说，要与之竞争就越来越难了。因此在决定选择职业学校这条路之前还是要谨慎些。记住，有些中等职业学校很好，但是也有一些学校，相比起对你进行严格的播音训练，他们更关注的是收取更多的学费。尤其要注意那些打着各种旗号招生的学校，比如"毕业后有成百上千个电台期待你的加入"，"进入播音行业，丰厚收入等着你"。这些都不是实事求是的口号，而是在提醒你，这个学校的教学质量值得怀疑。在你进入这些学校之前，也许你可以联系电台电视台的管理者或者节目导演，问一下他们，这些学校在广播行业人才的培养方面是否有好的口碑。

以前，除了要有学校的教育背景之外，很多播音员，尤其是电台的播音员，都必须获得美国联邦通信委员会（FCC）颁发的行业执照。播音员播音不需要这个执照，但是如果还要额外负责操作台里的信号发射器、读取仪器读数，那么就需要这个执照。后来，由于监管放宽，美国联邦通信委员会就不再要求主持人必须持有该执照了。

1.7 播音员的主要生理条件

正如前文所提到的那样，早期的无线广播播音员要拥有低沉而富有磁性的嗓音。现今，人们对播音员的声音可接受范围宽了许多。然而，有一个生理条件是需要具备的，那就是悦耳的声音。一般来说，播音的语言也不能有地方口音。虽然也有例外的情况，但标准的美式英语发音和语法在播音中已经被人们广为接受。播音员应当使用标准的发音和准确的语法。

对于电视播音员来说，一个生理条件是吸引人的外表。虽然这种吸引力可以有多种不同的定义，但大多数成功的电视播音员衣着都比较保守而考究。外形是播音员必须要考虑的一个重要方面。如果你真的打算成为一名电视播音员，你就要对自己的外表多做了解，消除有可能影响你走上这个岗位的"瑕疵"。

还有一个生理条件就是体力。自从很多电台电视台开始每天24小时直播以来，播音员通常都要超时工作，并且在工作以外的时间也要随叫随到。当地电视台晚间新闻节目播音员的上班时间就明显不是"朝九晚五"。电台播音员也许每次只需要换班工作四个小时，但这是实时直播的四个小时。如果你犯了错误，也不可能倒回去重新做一次。在这四个小时中，你没有任何停顿的机会。无论是当天工作的第一个小时还是第十个小时，播音员都需要保持良好的身体状态，以保证节目的节奏，并在直播时看（听）上去充满活力。新手还需做好心理准备，可能会被安排在周末和假期工作。

播音员的最后一个生理条件，就是要有足够的力气扛起机器设备。电台播音员要操作的无非就是麦克风和便携式录音机，但是电视播音员，尤其是小型电视台的播音员，很可能要一个人操作摄像机、三脚架、手提电脑和其他设备。有一位大学毕业生得到一份梦寐以求的工作，工作地点是一个大型滑雪场，她的亲身经历验证了以上说法。她的工作是什么？每天都要扛着摄像机、带着其他设备滑过那些雪山，同时还要录下滑雪的路线、现场的活动以及那里的人们。然后，她要把这些录像编辑成一个关于滑雪场的电视节目，而这个节目也是由她主持的。虽然这些年音频和视频设备已经变得越来越轻巧和易于携带，但是播音员仍然要时不时地扛起设备。

需要再次强调的是，由于电台电视台的整合和技术的自动化，播音员的工作机会没有以前那么好。将来，你最好的机会可能是参与节目的两个部分，即广告配音和预录片段。

1.8　播音员的主要心理条件

播音工作，在大多数的情况中，是一份全年无休的工作。播音员在时间上受到巨大的束缚。从心理上来说，首先你要具备的是抗压能力，尤其当工作临近最后期限时承受压力的能力。举例来说，广告配音员要在30秒内完成一条配音，要求适当地强调关键词，并在广告内传达正确的情绪。新闻播音员则要在整点之后完成正好5分钟的新闻播读。如此紧凑的工作表会让你很伤脑筋。在播音工作中，没有犯错的余地。在大批观众面前进行主持，这也是让人感到异常紧张的事。即使你看不见，你也知道自己面对的是成千上万甚至数以百万计的听众和观众。

其次要有一种完美主义的态度。在播音工作中，你不能满足于"已经够好了"的想法。观众期待电台DJ、新闻播音员、有线体育播音员能做到尽善尽美。他们希望直播中的播音员永远不会犯错误、永远不要念错字、永远不会看起来慌乱和迷茫。当然，我们也是凡人，即便是最专业的播音员也会偶尔出错，于是就有了那些"搞笑镜头"。但是有一些错误在播出中的确是让人无法忍受的，而且不止一位播音员因为这样的失误而失去了工作。如果你正准备进入播音的竞技场，那么你必须从一开始就培养一种完美主义的态度。

1.9　实践经验对播音员是必要的吗

播音行业在寻找新的播音员时，会找有一些实践经验的，同时还符合前文所提到的教育背景、生理和心理条件的人。你将会在之后的章节中，尤其是第13章里进一步了解如何获得播音行业的第一份工作。不过，从现在起如果你能尝试去参加一些实践，锻炼实践能力，今后会更有优势。进入校园广播电台电视台工作是个机会，但是在一个真正的电台实习会更有意义。很多学校都以学分的形式开设实习课程，让学生到商业广播台实习。而做过两份实习工作的学生又比只做过一份的学生要更有优势。

虽然你可能到实习结束时都没有做过直播，但你在媒体环境中收获了宝贵的工作经验。还有一些商业广播台会给学生提供无薪的实习机会。这些工作通常都是"跑腿"的职位，而且多是台里的宣传推广工作，但它们也会给你相关的实践经验，为你的将来奠定基础。你需要知道的是，一些电台电视台还是希望你掌握一定的技能，例如音频剪辑、视频编辑、上传内容到网络。你应该在学校里学会这些。不管你完成得怎么样，实习也是一次很重要的实践经历。如果你在多家电台电视台实习过，例如既在校园广播电台实习过，又在当地的电视台实习过，那就更好了。

演播提示1.1

实习的重要性

我应该去找一份实习工作吗？

在电子媒体，实习已经变成是必须的，而且很多情况下已经代替了入门级的岗位。为什么？因为实习可以让雇主知道你是否真的对这份工作感兴趣，并且能够高效地完成工作。实习同样也是丰富工作经验的好途径。实习能让你积累关于电台电视台如何运作的宝贵知识，让你把所学理论付诸实践，拓展你的技能，培养自信心，并从专业人士那里获得反馈。从更长远的角度讲，实习可以为你建立起将来就业的交际网。如果你找不到实习单位或者没时间去实习，你可以通过一些课外活动进行实践，例如在学校的电台电视台工作，或者为非营利的组织做媒体志愿工作。能向你未来的雇主展示你的专业能力，这一点很重要。

我应该期望从实习中得到什么？

第一，不要期望获得薪酬。出于对实习学生的数量以及单位的考虑，大多数的电台电视台都不会给实习生发薪酬，除了极少数具有全国性竞争力的实习单位会提供薪酬。第二，做好思想准备，你将要做的是一份繁重乏味的工作。每个人都是在团队中工作，态度很重要。第三，做好让实习变成你个人优势的准备。不要等着别人告诉你做什么，而是要主动去提问题，表示愿意跟不同岗位的前辈学习，要表现出热情和学习的意愿。

> **怎样才能找到实习机会？**
>
> 从当地的电台电视台开始。大多数单位都会有实习主管。可以给实习主管打电话进行咨询。如果没有实习主管，那就直接问你想要去实习的部门的主管（新闻部、销售部、推广部等）。如果要找全国范围的单位，那就可以通过网络查找各大广播电视网和新闻机构的网站。
>
> ——杰奎琳·J. 施密特
>
> 杰奎琳·J. 施密特（Jacqueline J. Schmidt）教授主要负责演讲学、人际传播、组织传播学、采访学的课程教学。她同时也是约翰卡罗尔大学创业计划的教务主任，以及全国传播学会在校荣誉学会约翰卡罗尔大学分会的指导委员。她在明尼苏达州马卡莱斯特学院获得文学学士学位，在艾奥瓦大学获得硕士学位和博士学位。她曾为多家公司、社团做过大量的人际传播及组织传播方面的顾问工作。同时，她还在多家刊物发表过文章。

1.10 播音员的职责

播音员这份职业承担着多重职责。作为一名媒体演播者，你有提供娱乐、发布信息、说服受众的职责。在不同的播音岗位，你会有不同的职责，有时你会觉得自己是一位娱乐提供者，有时又会觉得自己是一位舆论引导者。事实上，你将会发现，这三种责任你都需要肩负。当然，人们还是希望电台DJ可以娱乐听众。电台DJ通常应该展现与电台的定位或风格一致的形象。然而，同一位DJ，也需要经常为听众发布信息，例如时间和天气的信息、社区发生的事情。电视新闻主播的职责是发布信息，这是他最基本的义务，但这其中也仍有一定的娱乐职责。商业广告配音员不但要向受众介绍商品，还要说服受众去购买商品。

媒体演播者同时也是传播者，必须考虑受众的因素——受众是谁？受众喜欢什么，不喜欢什么？传播的有效性要求播音员抓住信息所传递的含义，并且将其与受众的兴趣点联系起来。这在播报广告、公益宣传及电台电视台推广信息时尤为重要。大多数媒体都会对自己的受众进行分析，播音员需要做的是借助这些分析了解如何拉近与受众的距离。受众分析通常包括人口统计学的信息，例如年龄、收入以及教育背景。还可以包含关于生活方式的信息，包括人们常去的饭店类型、人们每周外出吃饭的次数、人们外出旅行的频率及旅行的理由。大部分播音员需要熟悉并准确解读这类信息，然后将其运用于节目之中。

播音员还应该有一定的社会责任感。也就是说，播音员有一定的义务去利用他们在媒体行业所处的地位为社会做贡献。受众通常很容易崇拜播音员，因此播音员对受众有一定程度的影响力，这就是大众传播的"地位授予"功能。比如电视新闻主播沃尔特·克朗凯特（Walter Cronkite），总是被打上"电视中最可信的男人"的标签，已故的《会见新闻界》（*Meet the Press*）主持人蒂姆·拉瑟特（Tim Russert），被称为"华盛顿最具影响力的记者"。即使是一个小台的DJ或有线电视节目主持人，也会很享受这种地位和威信。作为播音员，你应该利用好你的地位优势，去为社会做一些贡献。你能做的也许只不过是唤起大家对一些社会问题的警觉，如艾滋病、吸毒等。要想使这个世界变得更美好，你个人的能力是有限的，但总会有你施展才能的时候。你应该意识到，你有义务和责任这样做。

除了有社会责任感，播音员还应该有参与社会活动的义务。播音员是在电视上最容易"被看见"的人，当大众提到电台电视台的时候，他们最先想起的就是台里的知名播音员。播音员经常要在各种各样的庆典中发言，或担任活动的主持人，或只到场露个脸。有时候，他们参加这些活动是有报酬的，但是一位优秀的播音员应该意识到，积极主动地参与社会活动，这是一种义务。对于电台电视台来说，这是好事，非常有利于播音员和受众建立融洽的关系。

播音员还要有责任心，不能滥用职权。播音员要了解法律和道德，尤其是关于猥亵和诽谤的法律。道德问题可能会在职业道德规范中进行阐述，也可能只是在电台电视台管理者与播音员之间形成默认的共识。播音员需要弄明白这些法律和道德行为准则到底是什么。在很多情况下，"我不知道"会成为被开除的理由，这是不能被接受的借口。更多关于播音员要面对的法律和道德问题，请见第12章。

从技术的层面来说，播音员有责任具备正确操作一切必要工作设备的能力。再次说明，这种责任因工作岗位的专业分工不同而各不相同。大多数电台DJ必须要自己操作电脑、CD播放机、调音台以及直播中所需的其他设备。尤其是在小台工作的新闻记者，要会拍摄视频、编辑新闻消息。但是换一个岗位，比如电视新闻主播，就不需要操作设备了。详情请见演播提示1.2。

播音员还有一项职责，就是发布紧急通知。从国家层面来说，绝大多数电台电视台都是紧急警报系统（EAS）的一部分。一旦发生全国性的紧急事件，公众都会打开广播电视看看到底发生了什么事情。当紧急事件发生时，信息会通过网络到达电台电视台。播音员，尤其是那些做直播的播音员，需要知道台里的应急程序是什么，并且做好必要时立即行动的准备。在绝大多数情况下，紧急通知的发布范围是当地或者某个地区。广播电视常被用来发布天气相关的紧急信息，尤其是在那些经常遭受洪水、龙卷风、暴风雪等灾害的地区。在很多台里，气象播报员的工作包含了发布这些紧急信息，但是这个职责很有可能也会落到电台DJ或新闻记者的身上。一旦出现极端恶劣天气，播音员提前发出的预警信号可能会挽救人们的生命。最后再强调一次，清楚地了解紧急事故发生时要采取的措施及后续的应急程序，是播音员的职责所在。

演播提示1.2

播音员的职责

许多人都在找这样一份工作，可以一边在办公室做文字工作，一边又暗自期待他人会拉响火警报警器。可以负责任地说，在媒体行业工作，你几乎不会有这样的一天。特别是在电台，你的效率是由你每分钟留住听众的能力来衡量的。工作节奏始终是振奋人心的，这是一个竞争激烈、需要激情的行业。你将承担多种职务，所以你必须热爱这一行业，这样才能适应其工作节奏，并以一种虚心求教的心态来接受各种反馈。未来媒体（Futuri Media）与全世界范围内的广播公司合作，在互动节目、播客、内容和营销策略等方面为他们提供多种思路。对于入职未来媒体的新人，我们会首先告知三件事：第一，每个人的工作经历都会令他们难以忘怀，因为我们会让他们不断接受挑战，将他们推出舒适圈；第二，努力工作；第三，充满活力地工作，并相互鼓励。我认为如今多数广播公司的企业文化大致也是这样。

与其他媒体比，音频媒体（广播、播客、点播）最大、最显著的优势之一就是思维的戏剧性。你可以通过创造性的声音形象、精心制作的说明性语言和富于变化的音色在听众的脑海中创造意境。因为音频媒体的播音员常常也是节目的后期制作者和工作室的技术人员，所以精通节目制作流程对于敬畏这份职业的播音员而言越来越重要。能让你将注意力聚焦于播音的唯一方法就是具备熟练操作设备的能力。

及时了解受众的想法，让自己与众不同。我们在未来媒体创建了一个名为"话题脉动"的系统，我们通过此系统来关注脸书（Facebook）、推特（Twitter）、照片墙（Instagram）以及超过10万个新闻来源上的热门搜索，利用每一分钟与全球范围内的观众沟通。我们发现，对于当地的受众来说，热门话题的"热度"仅能维持4~6个小时。人们很快就会改变讨论的内容，因此聚焦最受关注的话题是与受众保持紧密联系的重要方式。

今天影响变革的机会比以往任何时候都多。好的想法通过点播/播客快速传播，播音员的思维也更加开阔，敢于打破常规，在工作中提出新想法。创新和尝试新方法通常是值得称赞的，这对广播行业的发展至关重要！传媒业仍然是这个星球上最有趣的行业。我们为全世界提供娱乐、传播信息，鼓励并激发新思维。这是一个人才济济的行业，令人心驰神往。

——丹尼尔·安斯丹迪格（Daniel Anstandig）

> 丹尼尔是未来媒体的首席执行官（CEO）和联合创始人。未来媒体是一家为广播公司开发受众参与创新和销售智能工具的软件公司。

1.11 播音员的楷模

对任何一个刚进入播音行业的新手来说，仰望那些电台电视台的知名播音员，把他们当作楷模和榜样，是百利而无一害的事情。这并不是要你去模仿其他播音员，而是你可以从成功的播音员身上学到很多东西。从他们身上学到一些重要的技巧并运用到你的播音中，可以帮助你形成你想要的播音风格。

保罗·哈维（Paul Harvey）是独具一格的典范，他是美国广播公司（ABC）的传奇播音员，于2009年去世，为ABC奋斗了终生。在巅峰时期，超过1300家ABC电台和400家美军网络电台（Armed Forces Network）播送过他主持的《新闻与评论》（*News and Comment*）和《故事尾声》（*The Rest of the Story*），每周有超过2500万听众收听，这使他成为美国拥有最多听众的播音员之一。同时，哈维拥有浑厚洪亮的声音，他最为大家所熟悉的就是他独特的播讲方式。他的断奏朗读富有韵律，以抑扬顿挫的变化、节奏，尤其是扣人心弦的停顿为特征。这并非如今的听众所喜爱的风格，由此可见，虽然独具特色很重要，但依旧需要与听众沟通。

还有一些比较出色的当代播音员，也许你也会想要向他们学习。从耶鲁大学毕业后，安德森·库珀从一家小型通讯社"第一频道"（Channel One）的事实调查员做起，开始了他的广播职业生涯。1995年，他成为ABC的通讯记者，并担任《此刻世界新闻》（*World News Now*）的主播。2001年，他加入美国有线电视新闻网（CNN），2003年起成为CNN著名节目《安德森·库珀360度观点》的主播。该节目对相关新闻和话题进行多方位的深度报道。库珀经常走出演播室，为他的观众做现场直播、出镜报道。库珀有充满魅力的蓝色眼眸、银色的发丝和模特一般的五官，这些看似帮他吸引了观众，然而真正使他获得良好声誉的是他的高质量的报道和充满激情的报道风格。2011年至2013年，安德森·库珀还主持了日间谈话类节目《安德森脱口秀》。如今，他依旧是CNN最重要的播音员。

吉姆·罗马（Jim Rome）是美国著名的体育访谈主持人之一。他主持的广播节目《吉姆·罗马秀》（*The Jim Rome Show*）在美国200多家电台播出。此外，他还主持电视体育访谈节目《吉姆·罗马在燃烧》（*Jim Rome Is Burning*），该节目每天在娱乐与体育节目电视网（ESPN）播出。2012年，他离开ESPN，来到哥伦比亚广播公司（CBS）体育网，开设了一个名叫《罗马》（*Rome*）的新节目。罗马以激进、博学、语速飞快的播报风格而著称,他对体育界所持的观点赢得了运动员、体育迷和同行的尊重。他独特的体育解说形式,以及与听众和观众沟通的能力,使其成为体育广播界备受尊敬的一位主持人。

劳拉·洛根(Lara Logan)是一名广播和电视记者,曾为包括CBS、路透社在内的多家新闻机构工作。她的职业生涯证明了她具备为不同新闻机构报道各类事件的能力。她的职业生涯并非一帆风顺,她曾在许多危险的情况下进行报道。2011年2月,在报道埃及革命时,她在塔希尔广场被一群男人性侵。她曾在直播中承认在班加西的报道中出现了失误。劳拉来自南非,在那里获得学位并在学生时期就开始在当地报社工作。1992年,她在非洲的路透社电视台担任高级制片人。后来她决定做一名自由记者,曾为独立电视新闻公司(ITN)、福克斯/天空公司(Fox/Sky)和ABC(伦敦)等公司工作。她从2002年开始担任CBS的战地记者,并作为驻阿富汗和伊拉克美军的特派记者进行报道。2019年,她加入辛克莱广播公司。获得了许多奖项,包括美国广播和电视女性格雷西奖、艾美奖、海外记者俱乐部奖和默罗奖。

自称为"传媒天王"的霍华德·斯特恩(Howard Stern),是一位电台名嘴、畅销书作家、知名的电影明星、电视节目主持人。20多年来,他以备受争议的全国性广播节目而闻名,他经常在节目中开粗俗的玩笑,谈论性爱话题,这违反了美国联邦通信委员会的规定。2006年1月,斯特恩离开了地面无线电广播,带着他的电台直播节目、大量录音作品和其他相关的节目来到天狼星卫星广播公司(现为天狼星XM卫星广播公司)。他还有一个可按需订阅的数字有线服务——霍华德电视(Howard TV)。他的卫星广播节目和之前的节目相似,但是拥有比之前更大的自由,受到联邦通信委员会的限制更小。听他在节目中对嘉宾的采访或者为商业广告做的即兴配音,你就能听出此人深谙电台的信息传播之道。

苏茜·科尔伯(Suzy Kolber)是当今体育解说界最有名的女主持人之一。在一个一直以男性为主导的领域里,科尔伯同时赢得了粉丝和同行的尊敬。她在直播中展现的风度,表现出她对所涉及体育项目拥有的丰富知识和智慧、永不停止的职业道德追求和对体育显而易见的热爱。作为ABC和ESPN的一名体育记者,她最为大众所熟悉的就是她在美国国家橄榄球联盟(NFL)比赛中的表现,特别是《星期一橄榄球之夜》(*Monday Night Football*)。苏茜·科尔伯还是ESPN《体育中心》(*Sports Center*)、《X游戏》(*X-Games*)、(美国)全国汽车比赛协会的《倒计时》(*Countdown*)节目的主持人。作为一名迈阿密大学1986年的毕业生,科尔伯本来可以在20世纪90年代初就走进ESPN第二频道并成为他们最早的主播,几年后,她加入了福克斯体育频道,但又在1999年回到了ESPN。

艾尔·罗克(Al Roker)被称为"美国最受欢迎的气象播报员",只要去看看他直播中和蔼可亲的风格就很容易明白他为什么受欢迎了。从1996年起,他为美国全国广播公司

（NBC）的著名节目《今天》（Today）担任天气和专题记者，同时还在纽约WNBC总台担任工作日气象播报员。罗克曾为NBC主持过很多假日特别节目，包括每年在洛克菲勒中心举办的圣诞节庆典和梅西百货公司举办的感恩节大游行。在20世纪90年代中期，他成立了艾尔·罗克制作公司，专门为电视台、有线电视、家庭视频、公共传播机构制作各种视频。2009年，他成了气象频道《罗克唤醒你》（Wake Up With Al）的联合主持人，进行过许多重大气象灾害的直播，包括海地地震、卡特里娜飓风等。他已获得美国气象协会的权威认可，被授予著名的"认可印章"，并因为首创在气象播报中使用电脑图像而闻名。

以上这些介绍并不是为了赞美播音主持界的名人，而是为了展现这些已经获得成功的播音员的不同特点。没有谁天生就是一位出色的播音员，他们都是凭借从所从事的行业中学到的播音主持技巧，以及自己独特的个性风格和辛勤的努力，才在播音行业里获得了受人尊敬和羡慕的地位。

美国广播图书馆

坐落于马里兰州立大学帕克分校的美国广播图书馆，是美国拥有最重要的广播电视历史馆藏的图书馆之一。这个图书馆的前身叫作广播先锋图书馆，在过去的很多年里，一直深藏于华盛顿的美国国家广播协会总部。最初，这个图书馆是广播先锋者组织在1964年赞助的一个历史文化项目。从那时开始，图书馆不断壮大，馆藏成千上万的图书、期刊、宣传册、图片、录音带和录像带，还有许许多多的广播和电视的手稿、电视纪录片、电影节目。

这个图书馆同时也是一个资料档案库，储存着大量关于广播的文献。多个与广播相关的协会或组织都为图书馆捐出了宝贵的资料，一些著名的收藏包括：全国广播协会的图书馆和历史档案馆资料，广播电视名人阿瑟·戈德弗雷（Arthur Godfrey）的文献和节目，多年来饰演《海伦·特伦特传记》主角的广播女演员哈莉特·富特·昂德希尔（Harriet Foote Underhill）的文献，记录专业刊物《广播与有线电视》出版商事业的索尔·泰肖夫作品集，还有电视资讯办公室的档案（电视资讯办公室是20世纪50年代末在智力竞赛节目丑闻风波之后，为了净化电视的不良图像而建立的公共关系部门）。

1.12 总结

现在，你应该意识到，播音员的工作，不止在麦克风前或者摄像机前出声露脸那么简单，这是一个需要实力的职业，需要具备一定的技能，要对技术和流程有一定的了解，同时还要承担一定的责任。学习当代和过去广播电视/有线电视的播音员，会对你未来的发展有所帮助。要收听一些优质的播客，可以在网上浏览iHeart Radio播客奖获奖作品。

媒体演播是这个行业最有意义的领域之一，不仅体现在经济方面也体现在艺术方面。即使是在一个受众群相对小的平台，优秀的从业人员也会找到机会。但这也是广播领域里竞争最残酷的地方。想要成为一名成功的播音员，需要天分、勤劳工作，还有一定程度的幸运。本书中的其他章节会继续介绍，要成为一名电台、电视台或网络的播音员，应该做哪些准备。

自学题

问题

1. 广播专用名词"专业人才"经常用来描述不同的播音岗位。
   - a）正确
   - b）错误

2. 美国劳工统计局2018年统计数据显示，美国广播电视播音员的平均年薪是多少？
   - a）33,220美元
   - b）40,000美元
   - c）50,240美元
   - d）55,000美元

3. 如果准备从事电台DJ的工作，只需要学习大学或职业学校的广播课程。
   - a）正确
   - b）错误

4. 对于现在的播音员来说，都需要具备的一个生理条件是_____。
   - a）低沉而富有磁性的嗓音
   - b）男人般的声音
   - c）悦耳的声音
   - d）三倍高音

5. 所有的播音员都是享有高薪的名人，并且拥有一个团队专门为其操作工作室的设备。
   - a）正确
   - b）错误

6. 下面这些人中哪一位不是播音员的楷模？
   - a）安德森·库珀
   - b）劳拉·洛根
   - c）霍华德·斯特恩
   - d）艾尔弗雷德·E. 纽曼

7. 以下哪一项不是新手播音员应该具备的条件?
   a) 有足够的耐力进行长时间的工作　　b) 愿意接受不可避免的错误
   c) 有抗压能力　　d) 拥有播音经验

8. 在网络体育节目中,解说员通常之前就是一名运动员或教练。
   a) 正确　　b) 错误

9. 在体育播音中,术语"PBP"是指_____。
   a) 播放广播的人　　b) 实况解说员
   c) 播报比赛的运动员　　d) 打开应急开关的人

10. 在现今的市场,如果你有兴趣成为一名有线电视播音员,外形上的吸引力不是一个非常重要的考虑因素。
    a) 正确　　b) 错误

11. 作为一名媒体演播者,精益求精并没有必要。毕竟,正常人在播报时都会犯错,"出洋相"的报道本身就是直播的特征。
    a) 正确　　b) 错误

12. 和播音员的职责相关的"EAS"是指_____。
    a) 紧急警报系统
    b) 播音员播出频道呼号,通知听众有紧急情况发生
    c) 东部警报系统
    d) 政府中专门负责应急预警的部门

13. 在商业广播电台实习的经历符合对播音员的哪一项要求?
    a) 教育要求　　b) 体力要求
    c) 实践经验　　d) 心理要求

14. 以下哪位播音员以富有韵律的断奏朗读风格所展现出的抑扬顿挫的变化、节奏,尤其是扣人心弦的停顿而著名?
    a) 吉姆·罗姆　　b) 苏茜·科尔伯
    c) 艾尔·洛克尔　　d) 保罗·哈维

答案:
1. a　2. a　3. b　4. c　5. b　6. d　7. b　8. b　9. b　10. b　11. b　12. a
13. c　14. d

实践项目

项目一　采访一位当地的播音员

目的
通过采访播音主持从业人员,了解更多关于演播的知识。

要点
1. 关于要采访哪一位当地的播音员,可以请你的指导老师提供一些意见。
2. 要注意的是,播音员工作繁忙,即使你已经和对方约定了采访时间,采访也有可能在最后一分钟被取消。确保你已经给自己留出了充足的时间,并且已做好了努力完成这个采访的准备。

如何完成这个项目
1. 确定采访对象。使用"播音员"的广义定义去选择,也就是说,你可以采访电台音乐节目主持人,也可以采访电视新闻主播或者有线电视体育节目解说员。只要在本章的播音员定义范围之内,都可以成为采访对象。
2. 打电话给你要采访的播音员,预约面谈时间。千万不能迟到,因为播音员没有时间等你。如果你的指导教师同意的话,还可以进行电话采访,但如果能进行面对面访谈,你的收获会更多。
3. 在采访及随后的论文撰写中,尽可能包括以下要点:
   a. 介绍这位播音员所从事的播音专业领域。
   b. 询问播音员的教育背景。播音员的教育背景是否和本章所提及的一致?
   c. 在此之前,播音员的工作岗位是什么?
   d. 这位播音员看上去是否符合本章所提到的对播音员生理条件的要求?
   e. 请播音员谈谈是否同意本章所述的心理要求。
   f. 播音员如何看待实践经验的重要性。
   g. 如果可以重新选择,播音员是否仍然会选择播音事业?为什么?如果答案是肯定的,那么播音员又会做出哪些改变?
4. 避免提出过于私人的问题,例如"你每个月赚多少钱",并尽量在短时间内完成采访。
5. 采访时要做好笔记,在对方同意的前提下对采访进行录音。
6. 结合你的采访,写一篇论文。

7. 论文中包括一个小结,在其中回答以下问题:通过这个项目你学到了什么?有什么事情是出乎你的意料的?你现在对播音事业是什么看法?

8. 确保论文完整并经过精心修改——拼写错误和语法错误都会降低你的分数。论文应有3~5页的长度,并以两倍行距打印。

9. 不要使用活页夹或塑封,只需要加一张简单的标题页,写上你的名字、播音员的名字,以及题目"播音员采访"。在论文的最后留下一页空白页,以备你的指导老师写评语用。

10. 把论文交给指导老师,等老师给这次作业打分,项目完成。

项目二 介绍一位知名播音员

目的
通过了解一位已经获得相当高知名度的播音员,学习更多专业知识。

要点
如何定义"知名播音员",你的指导老师可以提供一些意见。本章所提及的一些当代播音员,都是公认的权威,不过这样的播音员还有很多。研究在业界享有传奇地位的播音员有助于完成此项目。

如何完成这个项目
1. 确定研究对象。

2. 查阅参考资料。你可能想从美国的《当代传记》或《名人录》开始,但不要忘了那些介绍过研究对象的杂志或者书籍。还有,别忘了搜索网上的资源。

3. 用4~6页纸为你研究的播音员写一份简介,并确定包括以下要点:

    a. 播音员早年的生活及接受的教育。

    b. 播音员是否因为某件事或者某个人而走上了播音的道路?

    c. 播音员在播音行业的早期职位是什么?

    d. 标志着播音员的职业生涯达到顶峰的工作或事件是什么?

    e. 为什么你觉得这位播音员是一位具有传奇色彩的知名播音员?

4. 确保你的论文完整并经过精心修改——拼写错误和语法错误都会降低你的分数。

5. 不要使用活页夹或塑封,只需要加一张简单的标题页,写上你的名字、播音员的名字,以及题目。

6. 论文要包括参考书目。

7. 把论文交给指导老师，等老师给这次作业打分，项目完成。

项目三　完成一份自我评价

目的

给你一个自我评价的机会，考量一下自己是否具备媒体演播者应具备的各种资质。

要点

1. 进行自我评价是一项非常难的任务。确保从你信任的人那里获得反馈。一份最诚实的评价将会帮你改进自己的不足，强化自己的优势。

2. 当你完成对自己生理条件的评价后，对照当地广播电视的播音员，看看你是否符合当地最具代表性的节目的要求。

3. 你应当把自我评价看作一个新的开始，反复对自己进行评价，培养完美主义精神。

如何完成这个项目

1. 下列播音员自我评价表中列出了想要成为一名成功的播音员需要考虑的因素。阅读每一个考虑因素，选择符合个人情况的频率选项，看看自己是否具备成为播音员的多种资质。

2. 与你信任的人复查这些答案是很重要的。我们看到的自己经常与别人眼中的自己不同，所以这个额外的步骤很重要。

3. 在与他人讨论过你的评价结果后，你可以重新考虑，并修正任何一项评定结果。

4. 根据你的评定结果，写一份自我评价的总结报告。你是否表现出大多数播音员主持人所具备的素质？你的优势和劣势是什么？报告中要包括你的目标陈述，指出你打算如何提高你的播音主持素养。

5. 不要使用活页夹或塑封，只需要加一张简单的标题页，写上你的名字及题目"自我评价表"。

6. 在论文的最后留下一页空白页，以备你的指导老师写评语用。

7. 几周后你的指导老师可能会让你完成另一个自我评价，包括一个学习进展总结。

8. 把完成的报告交给指导教师，等老师给这次作业打分，项目完成。

播音员自我评价表

姓名：_____   日期：_____

	考虑因素	5 始终	4 经常	3 有时	2 很少	1 从不
1	说话的声音悦耳动听。					
2	我抽烟。					
3	我的兴趣很广泛。					
4	我说话时气息不足。					
5	我说话时语法准确。					
6	我说话带有地方口音。					
7	我是一个责任心强的人。					
8	我的发音标准。					
9	我觉得自己发音时声带紧张。					
10	我能够适应高压的环境。					
11	晚上我能充分休息。					
12	我的声音多变（听上去不单调）。					
13	我可以自如使用低音或者高音。					
14	我的嗓音听上去发颤或是干涩。					
15	我有精益求精的态度。					
16	我的声音较弱或是难以听清。					
17	我有良好的外形条件和健康状况。					
18	我能在限期之内完成工作任务。					
19	我说话时会有口头语，例如"嗯""啊""就像"等。					
20	我说话带有明显的缺陷（口齿不清、结巴等）。					
21	我对操作播音设备很有把握。					
22	我的声音听起来刺耳或嘶哑。					
23	我的外形保守（头发长度、穿衣风格等）。					
24	我说话听上去是在交流（而不是读稿或念台词）。					
25	我的声音干净洪亮。					
26	我有良好的仪态，包括站姿和坐姿。					
27	我的声音尖锐刺耳。					
28	我愿意花很长的时间去完成一个工作计划。					
29	我有出色的外表（衣冠整洁，没有明显的身体缺陷等）。					
30	我说起话来热情洋溢。					

评分：对于第2、4、6、9、14、16、19、20、22和27项的分数按照倒序给分，即："从不"为5分，"很少"为4分，依此类推。其他项按照顺序依次加分。你的分数越高，你就越有可能成为一名出色的播音员。

第 2 章

音频演播环境

2.1 引言

演播者要在各种不同的环境下工作，可能在工作室里，也可能在室外。你需要操作的设备的数量也不尽相同。举例来说，电视新闻主播可能只需要夹一下麦克风，照着提词器播读文稿，其他设备都是由屏幕背后的工作人员在操作的。相比之下，大多数电台和网络的播音员则要学会在播音的同时操作音频工作室里的所有设备。任何情况下，熟悉自己所在的工作环境及在工作中要使用的设备，会让每位演播者从中获益。

如果你一开始并未学会使用所有的设备，不要着急。当你真正去使用它，或在各种场景中工作之后，你很快就能学会。这一章主要着眼于一个环境——基本的音频工作室及其最常见的设备，并集中研究电台播音员使用的一件最基本的设备——麦克风。你应该注意到，在现代的播音工作中，除了要使用传统的设备，还需要操作基于电脑的设备，因为这些设备已经变成了大多数音频工作室不可或缺的一部分。

2.2 音频工作室

音频工作室是广播音频演播者最普遍的工作环境，比如，电台DJ在音频工作室直播节目。虽然"广播工作室"与"音频工作室"这两个专用名词经常交替使用，但是并不是每一个在这类工作室工作的人员都是为电台工作的。例如，一位配音员有可能在当地的广播电台为一些商业广告配音，再比如一位网络"内容提供者"，可能是在音频设备很少的家庭工作室工作。不管在哪个工作场景，基本的播出设备是差不多的，播音员在不同环境工作时要遵循的很多步骤也是一样的。

电台播音员把大部分的工作时间花费在多数电台都有的两个主要的音频工作室——直播室和制作室。正如这两个名字所示,直播室是DJ或播音员现场直播的工作区域。直播室中的大部分工作是进行实时直播。制作室和设备室相似,是用来制作和录制最后直播所需的材料的,例如商业广告、电台的促销卖点。有的电台还会有一个录音棚,其实就是一个小房间,里面只有一支麦克风加一套桌椅。这个录音棚的音频输出通常是送到另外的工作室,例如制作室。有时候,主持人也会在这个录音棚录制节目。

音频工作室的工作台上下、柜子里和架子上,都摆放着各种音频设备。两种最常见的工作台布局是U字形和L字形,这样的摆设可以使所有的设备都在播音员伸手可及的范围内。当播音员在播音的同时还要操作设备的时候,这种设计就非常重要了。换句话说,播音员既是演播者又是技术人员,熟练地操作设备对成功完成媒体演播工作至关重要。

图2.1　制作室(图片由艾伦·R. 斯蒂芬森提供)

图2.2　双人工作室,前面是一位技术人员,后面是一位播音员。(图片由艾伦·R. 斯蒂芬森提供)

一些音频工作者,比如播客主播和网络DJ,会发觉他们的工作环境要比电台的专业工作室随意得多。一个简单的家庭录音工作室可以用一台电脑制作出高质量的录音作品。大多数家庭电脑的配置可以处理音频录音,当然,电脑的CPU越快越好,内存越大越好。你还需要安装一个合适的声卡和一些音频编辑软件。"Audacity2.0"是免费的跨平台音频录制和编辑软件,还有"Adobe Audition",适用于很多家庭录音工作室,它有很多选项,并且价格合理。除了这些基于电脑的设备,你还需要加上一支高质量的麦克风(见演播提示2.1),一个小调音台(混音器),还有能用来监听录音的头戴式耳机或扬声器。很多家庭工作室简单地布置在房间安静的一角,有些是在室内建一个小隔

图2.3 室外的音频录制可以借助一部iPad和一支USB麦克风完成。（图片由艾伦·R. 斯蒂芬森提供）

音间，还有很多家庭工作室介于两者之间。毫无疑问，在你的家庭工作室里，你既是演播者，也是设备操作员，所以弄清楚这些设备的来龙去脉，可以帮助你做出最好的录音作品。

偶尔，你可能要在室外录制一些内容。有很多方式能够完成这一任务，通过一台平板电脑、一支USB麦克风、一个音频编辑/录制应用程序就可以完成高质量的数字音频录制（见图2.3）。

演播提示2.1

选择一支麦克风

这么多年来我用过很多麦克风，真的很喜欢森海塞尔、爱科技这两个牌子，当然，还有纽曼U87i。在我自己的工作室，我之前使用的是纽曼TLM193，后来得到了梦寐以求的纽曼U87Ai，现在它成了我的首选麦克风，而纽曼TLM193成了我的备用麦克风。从这两种麦克风听我的声音，区别很大。我把我的罗德NT1A放到了另一处住所，这样我就不用带着那些金贵的麦克风到处跑了。罗德牌的麦克风性能优良，可以让我的声音听起来很好，如果在旅途中遇到很急的工作，也能很好地完成。在我的车里，还放了一支铁三角牌AT2020USB麦克风，以备短途之用。如果需要做快速录音，我会使用我的ipad或者iphone手机里的TwistedWave应用程序。

再回头说说U87Ai：U87是麦克风中的金牌产品，在加利福尼亚举办的2012阿纳海姆冬季乐器展中被评为最好的麦克风。这支麦克风让我的声音听起来是那么的不可思议，它更加清晰、清脆，与TLM193相比，听起来更有亲近感。与U87相比，TLM193还是不错的，价格居中，在TLM102和U87i之间。这两支麦克风都可以非常好地表现我各种音域的声音，在近距离录音时，纽曼的声音尤其好。我最新简化的麦克风线路，是通过Centrance Mic Port Pro音频接口将麦克风连到电脑的端口上。当我使用头戴式耳机时，不会出现延迟。我的百灵达Zenyx 1204八声道调音台直接连接到一台特洛斯西风牌（Telos Zephyr）的ISDN多媒体数字信号编解码器上。我使用的音频编辑软件是Adobe Audition，我只给客户录制原始声音，很少使用压缩或均衡器调整声音，我把这个调整空间留给我的制作人、客户以及音频的最终用户。

——配音员勃宾·比姆

勃宾·比姆（Bobbin Beam）的演播职业生涯是在摇滚调频电台开始的，那时她还是一名中学生。后来她考上了达拉斯大学和卡罗尔大学，攻读电影和大众传媒专业。她在主流媒体工作了20年，随后她开了自己的广告公司，叫作比姆制作，在这里她签了新的客户，经营传媒、电视节目策划和制作、电台广告和非广播视频。从1984年起，她居住在加利福尼亚州的埃斯孔迪多，为世界各地的客户录制画外音。

2.3 麦克风

播音员的声音要经过麦克风转换成音频信号，所以，麦克风是音频播出中最重要的设备之一。由于这是一个能量转换的设备，因此，它又被称为"传感器"。了解麦克风的基本原理，会对播音员主持人的工作大有帮助。在特定的播出环境下，如果选错麦克风，无论你是否可以很好地使用这些设备，它都会大大影响你的播音质量。麦克风通常是根据其发声原理（如何把声音转换成电子信号）和拾音制式（如何"听到"声音）来分类的。根据发声原理，麦克风主要分为两大类，即电动式麦克风和电容式麦克风。它们是广播中运用最广泛的两种麦克风。

电动式麦克风，也被称为动圈麦克风，这个名称解释了它是如何把声音转换为电子信号的。图2.4所示的是电动式麦克风的内部结构，它里面有一个磁力结构，一个线圈和一个膜片。声波进入麦克风并冲击膜片使其颤动，与膜片相连的是悬挂在磁场中的线圈。膜片的振动使线圈开始运动，线圈的运动在磁场中产生了一种与原始声音相似的电流，从而形成声音。电

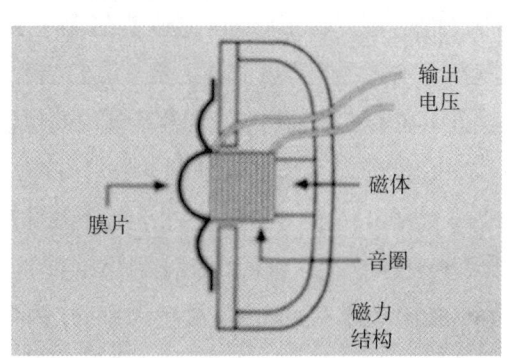

图2.4 电动式麦克风发声元件。（图片由美国铁三角公司提供）

动式麦克风在播音领域极受欢迎，因为它相当坚固耐用。户外环境中经常会用到这种麦克风，虽然磨损在所难免，但它都能经受住。电动式麦克风可以准确地重现原音，对于媒体演播者来说性价比很高。舒尔牌SM7B、森海塞尔MD421II、EV RE20都是广播音频工作室中常见的电动式麦克风。

电容式麦克风利用由膜片式前夹板、固定后夹板和电子回路组成的内部结构将声音转化为电子信号。麦克风的夹板是需要接电源的，因此这种麦克风需要提供电源。当声波击打麦克风的膜片时，膜片和固定后夹板的距离会有变化。这使得两个夹板间的电压发生变化，从而在两个夹板相关联的电路中产生类似于原声的电流。电容式麦克风是工作室常用的麦克风，因为它质量高，并且它传出的声音格外的温暖和清晰。电容式麦克风的电源来自其内置电池或外部幻象供电——一个通过麦克风线传送低电压的装置，使声音信号传送到调音台或是录音设备的扬声器。纽曼BCM104、铁三角AT4033CL、舒尔KSM44都是在电台工作室常用的电容式麦克风。

带式麦克风会偶尔出现在音频演播环境中。这种麦克风和电动式麦克风的原理相似，利用磁场结构中的波浪形铝质带状薄膜，把声波转换成音频信号。带式麦克风在早期的广播中很受欢迎，因为它能润色播音员的声音，使声音听起来柔软、温暖。但是，带式麦克风对于振动、风声等非常敏感，在工作室中也时常会出现一些弊端，所以逐渐失去了播音员的青睐。其他类型的麦克风，如稳压移相麦克风，在广播环境中也几乎见不到了，因为它们的性能在媒体应用中并不理想。

上文曾提到，拾音制式是麦克风分类的另一个方法。拾音制式是指麦克风所能收集声音的最好范围和状态。当播音员说话的时候，如果声音在麦克风的拾音范围之外，麦克风就不能以最佳质量接收播音员的声音，因此，懂得如何使用麦克风的拾音制式，对于播音员来说极为重要。最常见的拾音制式有全指向式、双指向式和心形指向式。每个麦克风制式的名字描述了实际的拾音制式。全指向式的麦克风能很好地从各方位均衡地收集声音，换句话说，它也是无方位的。双指向式麦克风是从麦克风的前后两个方向收集声音。"心形指向"式麦克风是一种单向的制式，因为它基本是从一个方向收集声音。"心形指向"这个名字是从其拾音制式的范围而来的，麦克风收集到的声音大多数集中在麦克风前方，其余各个方位的也能收到一些。

拾音制式的二维效果图——极性响应图案展示了三维空间的效果。例如，全指向式的麦克风从前、后、左、右、上、下收集声音，打个比方，想象一下你身处海边大型舞会，麦克风立在正中间，你就会明白它的拾音制式了。大多数的广播工作室倾向于使用心形指向式麦克风，也就是单向形的，因为播音员站在麦克风正前方，这个位置是收集声音的最佳位置。心形指向式也能从周围收集到一些工作室的环境音，但是不会收到麦克风背后的声音，例如播音员操作开关、处理文稿的声音，或者是其他噪声。

麦克风通常会安装在与播音员相适合的位置。图2.5展示了典型的手持式麦克风的使用情况。在播音室外使用麦克风的时候，经常要用挡风板来阻挡风声或其他的爆破声。挡风板是一个泡沫过滤器，可以放在麦克风上面或者前面，用来减弱由急促气流带来的爆破声和撞击声。为了解放播音员的双手（可能要拿文稿），手持式麦克风通常会被放置在桌面支架或者落地支架上，如图2.6和2.7所示。大多数电台工作室中常用的麦克风架是悬挂式的，见图2.8。请注意，无论是哪种使用情况，播音员要想很好地使用麦克风，都要掌握好嘴对麦的距离和位置。下一节会对此进行详细介绍。

图2.5　适宜的麦克风手持距离。（图片由艾伦·R.斯蒂芬森提供）

图2.6　适宜的桌面麦克风摆放位置。

图2.7　适宜的麦克风架摆放位置。（图片由艾伦·R.斯蒂芬森提供）

图2.8　适宜的麦克风悬挂位置。（图片由艾伦·R.斯蒂芬森提供）

2.4 如何使用麦克风

在使用麦克风时，有两个要点是要记住的：嘴对麦的距离和嘴对麦的位置。虽然你会看到那些唱摇滚的歌手在演唱时几乎是在"吃麦"，但这种使用麦克风的方式并不适用于播音。"嘴对麦"的最佳距离大约是6英寸。根据你的声音力度，你可以往前移近一点或往后退远一点，不管怎么样，这算是一个良好的开端，而且你很快就能学会，在使用不同的麦克风时，什么距离是最适合你的。有一个很好的方法可以粗略地测量6英寸的"嘴对麦"距离，就是用一支笔的长度、一张钞票的长度或者是大拇指至小指头之间的跨度来量。

如果离麦克风太近，那么很有可能因为你的声音太大而使麦克风无法处理，导致音频信号失真。还有就是麦克风会很容易收到类似"喷麦声"（发爆破音时产生的噪声）、嘶嘶声（s音过多）甚至呼吸的声音。反之，如果你离麦克风太远，你的音频信号会变得轻柔和微弱。如果以加大麦克风的音量来解决这个问题，只会增加音频信号的噪声。"嘴对麦"的距离是非常重要的，优秀的播音员会注意到这一点。

说到"嘴对麦"的位置，我们通常是指不要正对着麦克风说话，而应该对着麦克风的主轴稍微向下的位置。这里的关键词是"稍微"，如果你离麦克风的位置太远、太偏、太高或太低，你的声音会在拾音制式的收音范围之外，同时降低了音频信号的质量。有一个好办法，就是让麦克风与你的鼻子对齐，然后把麦克风向下调低一点。这样，你就可以对着麦克风轻微向下的位置说话，而不是正对着麦克风了。这个方法同时也避免了麦克风的"喷麦声"，因此，这个方法应该和设置"嘴对麦"距离的方法一样重要。

关于麦克风的使用，最后要说的是：当你在工作室准备录音或在直播之前，常需要进行音量调试的工作。也就是说，让你对着麦克风说话，以便设置适当的音量水平。如果你一个人在工作室工作，调试工作可能要由你完成，其他情况下可能由工程师完成。调试音量的最好方法是：如果你要读一段文稿，就要像正式播报一样，大声地读出文稿中的一段；如果你是即兴播讲，那就说出几个完整的句子。这样工程师才有足够的时间去设置麦克风的音量。如果你只是说一两个单词，可能你已经说完了，但音量还没设定合适。不要用吹麦克风或者敲打麦克风的方式测试音量和开关，这样有可能会弄坏麦克风。数数的方法如"测试，1、2、3、4"也不是一个好的测试方法，但很多人经常这么做。要注意的是，人们经常在测试中使用一种与平时说话很不一样的音调和音量。如果可以的话，请使用一种更接近实际播出效果的声音进行调试。

2.5 播音员麦克风前的紧张及其原因

  简单来说，麦克风前的紧张不过就是一种轻微焦虑的情况，很多播音员在面对观众进行表演时都有这样的体验。但严重的话，这种紧张感会使得播音员不能与他的观众交流。这种情况只发生在你刚打开工作室麦克风的那一刻，或者当你收到直播开始的提示时，不管你是一个人在直播室还是面前有真实观众。如果你感觉到口干舌燥、双手微颤、额头出汗，或者心里七上八下的，那你就是出现麦克风前的紧张情绪了。第三章中将会探讨电视工作中的这类问题，也就是"镜头焦虑"，到时你就会发现，其实有很多的症状、起因和克服方法都是一样的。

  有一些演播者觉得在麦克风前播音有一点点紧张，这种紧张感其实是有助于播音的，就好像是肾上腺素激增引发的兴奋能激发和鼓舞人，这额外的能量会使得播音更加精彩。不过，麦克风前的紧张，哪怕只是轻微的焦虑，其实对你的播音工作还是会有消极影响。麦克风前的紧张情绪会使得你的音调提高，但如上文所提，在播音中最好使用低沉的声音。同时你可能会发现气息不够用，于是不得不在句子结束前或者到适当的呼吸点前大口吸气。麦克风前的紧张还经常会使你的精神不够集中，语速不是过快就是过慢，或者声音过于微弱。极度的紧张甚至会导致播音员僵硬得说不出话来。本书的一位作者所教过的学生就发生过这样的情况，在她刚到电台开始做播音员的时候，当她进入工作室打开麦克风的那一刻，她紧张得完全不能张嘴说话甚至差点晕倒，最后不得不在他人的帮助下离开工作室。这可能是麦克风前的紧张的一个极端例子。幸运的是，后来她知道了致使她产生麦克风前的紧张感的原因，并且最终成为一名优秀的播音员。了解麦克风前的紧张的原因，将会有助于你发现怎样才能克服紧张情绪。大多数麦克风前的紧张的例子是由以下一种或多种原因造成的：（1）不喜欢自己的声音；（2）害怕失败；（3）缺乏经验；（4）准备不足。

  我们都会有这样的经验，第一次从录音机里听到自己的声音，瞬间就会断定，"这不是我的声音。"这声音让你听起来的确不像自己，但是这的确是别人听到的你的真实声音。你只要稍加思考，就可以很容易地解释为什么你和别人听到的声音不一样了。你听自己的声音是通过耳朵收到的声波，以及当声音通过头颅骨时产生的共鸣。而别人听到你的声音，只是通过声波产生的声音，所以你在录音机里听到的就是其他人所听到的——虽然听起来像别人的声音，但实际就是你的声音。这是克服这种麦克风前紧张的关键。你的声音对别人来说并不滑稽，只是你自己这样认为而已。其他人都已经习惯了听你用这样的方式说话，即使你不喜欢自己的声音，他们也不会因为你的声音而排斥你。你还要记住的是，你阅读本章的目的之一，是改进你的声音以及提高播讲能力。在以后的工作实践中，随着播音水平的提高，你很快会喜欢上你自己的声音。

害怕失败的心态同样会导致麦克风前紧张。没有人会喜欢失败，但如果播音不熟练，比如在读稿时磕磕巴巴，就会被视为是失败的播音。有一些新手播音员为了避免失误，就只是循规蹈矩地播出，这样做当然不会犯错，但是他们的表现没有任何的闪光点，也不会给人留下难忘的印象。优秀的播音员需要具备挑战极限的精神，而很多最出色的播音都处于犯错的边缘。要克服这种害怕失败的心理，那就仔细地想想你所要传达的信息。如果你相信你所说的，那你就应该把它告诉你的受众。你也可以想象你是把这条信息传达给某一个人，而不是一群人，这样也会有帮助。如果你沉浸在这种一对一的沟通之中，任何对失败的恐惧都会逐渐消失，不再是你工作中要考虑的因素。

有时候，不喜欢自己的声音及害怕失败，实际上是一种最常见的缺乏信心的表现。一位播音员可能会觉得他所要说的事情并不都是那么重要的。这是不装腔作势的一种表现，但与谦逊却完全不是一回事。呆板的DJ无法吸引听众的注意，迟钝的新闻记者也不可能引起受众的兴趣。要成为一名成功的播音员，需要有一定的自信心。这是一种自我实现的暗示——如果你对你的播音及你所播出的信息有信心，你就会出色地完成演播。一次好的表现会更进一步地帮你建立信心，并且带来更多成功的表现。

还有一个导致麦克风前的紧张的主要原因就是缺乏经验。不过所有新手播音员都没有什么经验，他们可以做的除了播读还是播读。当你第一次在广播中播读商业广告时，毫无疑问你会有些紧张；然而，当你念到第1000份商业广告时，你面对麦克风的紧张程度就会变成零了。俗话所说的"熟能生巧"，正好印证了这一点。优秀的播音员没有必要把工作限定在工作室中。很多体育节目解说员都曾坐在球场最高那一排的位置，用一台便携式的录音机做解说，特别是在他们还处于学习阶段的时候。当你成为一名经验丰富的播音员时，你因为经验不足而产生麦克风前紧张的情况就会明显减少。

准备不足，是导致麦克风前紧张的最后一个原因。你可能也试过在考试之前"临时抱佛脚"，结果是你通过了考试，但是成绩总是不那么理想。而这也是你在麦克风前会感到紧张的原因：你知道你没有做好准备，也知道这将不是你最好的表现。当然，广播的环境也经常要求你做即兴表达，举个例子来说，大多数DJ的工作就是自然地进行即兴播音，而有时候一名新闻记者也会在没准备的情况下被安排去进行一个采访。在本书后面的章节中，你将会了解到播音中的即兴表达，以及如何在这个领域提高技能。

另外，如果你进行的工作是有文稿的，那么你就没有不准备的借口了。提前读一下，做一下笔记，拿着文稿多练习几次，在麦克风前就不会那么紧张了。

同时，你还要在精神上为播音工作做准备。想一想你将要说些什么。是不是有可能会出现读错字音的问题？与文稿相符的感情色彩是什么？应该以怎样的语速进行播讲？关键要点是什么？想完这些，现在，你可以停下来放松一下，包括身体上的和精神上的。

在很多媒体播音的工作场合，没有这么多时间让你去做这件事，但其实只需要几秒钟的时间就可以完成了。至少，你可以闭上眼睛，然后深呼吸几下。如果可能的话，可以用放松肌肉的方法让整个身体得到放松，释放一些精神上的紧张。如果你的肩膀是耸起来的，让它们往下垂一点。如果你正在紧咬着牙齿，让你的下巴放松点。如果你紧抱双臂，那你可以甩一甩胳膊。这样做的目的是让你全身心投入工作，不会出现麦克风前的紧张。如果要找一个对各种原因引起的麦克风前的紧张都起作用的方法，那就是实践了，而且是大量的实践。当你在各种播音工作中变得越来越自如，紧张的情况也就会越来越少。记住，你可以用以下方法缓解麦克风前的紧张：（1）准备好材料；（2）在播音主持前进行放松活动；（3）相信你所说的话；（4）要对自己有信心；（5）实践！

2.6 调音台

在音频工作室里最重要的设备就是调音台，因为工作室里其他所有设备发出的音频信号都要经过调音台，比如前文所提的麦克风。调音台就是一个"按键板"或者是混音器，上面排列着一排排的开关、按钮、旋钮。一开始看可能会把人吓到，不过你很快就能学会，因为很多按钮的控制功能几乎是一样的。举例来说，一个十声道的调音台就会有10个音量控制按钮。一个声道就是调音台的一段轨道，操作者可通过相关联的开关来控制工作室里的某个音频设备，例如电脑和麦克风。很多数字化的调音台实际上是一个控制面板，它连接着音频的"引擎"和路由器。工作室的设备连接在路由器上，控制面板则用来操作设备。

所有的调音台都有三个最主要的功能：选择、监控和发送音频信号。调音台可以让操作者选择控制任何设备，只要正确地操作与所需设备相连的按钮、开关，或者是声道的滑动控制键就可以了。传统的操作是，调音台的操作者通过输入选择器开关选择所需要的声源，用衰减器开大音量，然后通过输出选择器开关选择一个或者多个输出。

虽然一个单独的轨道常常会有多个对应的声音来源，但操作者可以通过一个输入选择器开关选择他需要的那个。例如，如果一台电脑和一台录音机都连在调音台的3号声道，那么就可以在声道上方的两个按钮开关（通常标注A和B）中进行选择，哪一个按钮被按下，就决定了此时哪一个设备在声道里被接通。如果一个声道连接的是多个声源，那调音台上就可以有多个输入——一个十声道的调音台可以与20个甚至更多的设备连接。在同一时间里，只有一个输入可以被连接，但是却不是只有一个声道可以使用。操作者可以在1号声道打开麦克风，在4号声道打开电脑。事实上，这是常见的做法，这也是主持人在音乐的一开始就能说话的方法。正因为多个声道可以同时使用，所以调音台有了第二个重要的功能，就是混音。很多调音台的工作就是把几个不同的声源混合在一起。

大多数现代调音台的音量控制按钮是滑动型的，学名叫作衰减器，俗名推子（fader），如图2.2所示。某些控制面板会使用旋钮，也就是电位计（potentiometer，简称为"pot"），向右旋转旋钮，音量增大。推子从控制面板的底部向上推，音量增大。推子操作起来更简单，并且可以直观地看到哪些声道正在使用中及音量设置的大小。为了帮助操作者对音量进行准确的控制，调音台设有音量计。这些电动机械的设备，用百分比刻度或分贝刻度显示音量的大小。百分比刻度数为0~100，以数字显示音频信号通过调音台的音量大小，以便在最大容量内对音量进行控制。如果音量指数超过100%，那刻度指针就会从黑色指数跳到红色的指数。如果音量计的指针只是偶尔摆动至100%是没问题的，但是如果指针持续停留在红色指数范围，那就会使信号失真。最好的指数是让其保持在80%~100%。如果声源信号的音量太低（通常指低于20%），就会降低声音的清晰度，加上电子线路本身发出的电流噪声，也会使得音频信号变弱。虽然

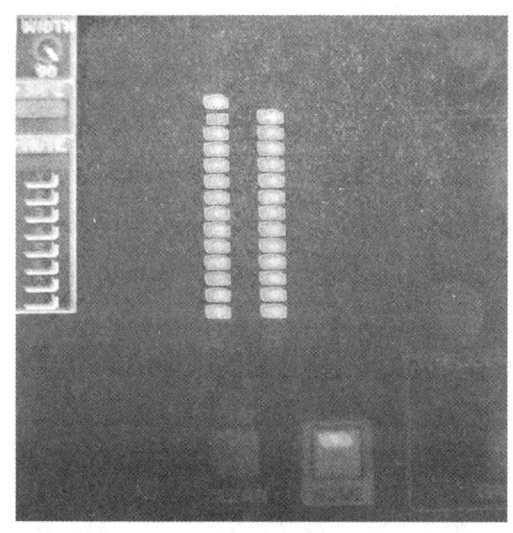

图2.9　使用LED灯显示音量大小。本图显示的音量在合适的范围之内。（图片由艾伦·R.斯蒂芬森提供）

你可以利用麦克风和耳机的反馈来调整音频信号，但是你会发现这并不一定是控制音量水平的最好方法，最好还是一直留心看着音量计的指数。相较于传统的音量计，许多调音台会使用LED（发光二极管）仪表——通过横排或竖排的灯来显示音频信号的强度（如图2.9）。例如，调音台上有10个灯，其中亮着的有6个是绿灯，还有两个黄灯和两个红灯。当然，和刻度音量计一样，如果红灯一直亮着，那就意味着信号失真了。

输出选择开关控制着调音台的路由功能，操作者可以用它来控制音频信号从调音台输出的方向。大多数调音台有三个按键——节目、试播、备用。与输入不同，调音台在同一时间可以选择多个输出。节目按键是调音台输出模式的普通模式。当这个键被按下，直播室内的音频信号就从调音台发送到发射器，或者是发送到制作室的录音机。试播和备用只不过是调音台音频信号可以选取的另外的输出路径。比如，在直播室中，节目模式发送音频信号到发射器，然后传到受众。而试播模式则把信号发送到录音机，所以播音员可以记录下节目的一部分。

调音台的监控功能要与扬声器或者耳机一起使用。监听扬声器是一种高质量的

喇叭，在广播中给调音台输出反馈信号。这些扬声器的音量控制，是由监控的人通过单独的音量开关进行控制的。也就是说，操作者可以按照需要调节音量，并不会影响到通过调音台的音频信号的音量。明白这一点，对操作者来说是很重要的，因为你在耳机里听到的声音之所以很大，是因为监听扬声器的音量开大了，而调音台的音量却有可能很低，导致信号不清晰。因此，建议你集中精神看好调音台上的音量计刻度表。保持调音台的音量水平在适当的范围内，而工作室的监听扬声器就可以调至让你感到舒适的音量。

大多数调音台会有一个与耳机连接的插座接头。耳机其实是把一个微型的扬声器包装在耳罩里，像一个帽圈一样戴在你的头上。使用耳机的一个尤其重要的原因是，当工作室内的麦克风打开的时候，监听扬声器是静音的或者关闭的，这样就可以避免扬声器发出尖锐刺耳的回音。如果不关扬声器的话，对着麦克风说话时，扬声器发出的声音又会通过麦克风传送到调音台或者其他的扩音器，经过扬声器再次发出，又从麦克风进入，一再反复，最终会使扬声器出现刺耳的回音。

调音台的另一个辅助功能是信号处理。所有的调音台都会通过内置扩音器来增强传入的音频信号。弱输入信号（例如来自麦克风的信号）经过调音台的放大处理之后，会比电脑或其他音频硬件传出的强信号的音量都要大。很多调音台还设有简单均衡器——各种开关和按钮，用来控制输入信号的低音或高音音量。换句话说，调音台可以通过"发送"和"返回"的线路帮助信号处理。例如，把声音音频发送到外置信号处理器，混响就可以加入播音员的声音了。

2.7 音乐播放设备

如今，广播工作室的DJ经常会通过电脑的播放系统播放音乐，而不像从前，使用的是老式唱机、CD播放器、数字音频磁带（DAT）播放机和迷你光碟播放器。然而，一些电台选择继续使用这些旧设备来播放音乐，特别是数字音频时代以前依赖模拟格式录音的电台，例如老式音乐电台。近期，黑胶唱片重新作为播放源在一些电台回归，因为这些电台使用高质量的唱机转盘和唱针，提供了比数字压缩MP3音频更高保真的音质。

播放设备正在实现从模拟计算机向数字化设备的转换，现在很多电台都从数字音频存储系统里播放音乐和其他节目素材。通过鼠标进行点击和拖放操作，播音员可以设定歌曲和各种节目素材的播放时间。电脑屏幕上会显示播放素材的列表，播音员在播音时可以根据列表播出，也可以做出调整。大多数系统可以实现全自动化播放或操作员辅助操作模式。

2.8 数字化音频设备

在现在的音频工作室，大多数旧式模拟电脑的音频设备，例如电唱机、盒式磁带收录机和开盘式录音机，已经被数字化的设备所取代。然而，大多数工作室都有一个辅助插孔，可供工作人员将旧式录音设备连接至音频输入板。盒式磁带收录机一度是音频录制领域的标准，迅速出现在绝大多数的新闻编辑部中，然而，在现代工作室中盒式磁带收录机已经让位于一种数字录音机，它使用一张小型SD（安全数字）或高容量的SDHC（安全数字高容量）记忆卡，就像数字照相机中使用的那种，只不过它记录和存储的不是数字相片而是音频。这种小型手持设备的操作控制相当简单，和传统的收录机的操作方法很相似。两个音频频道可以录WAV和MP3格式的文件，使用拖拉指令，通过USB2.0轻松地转存到一个音频软件程序之后，可以进行编辑或者导入到其他媒介中。大多数电台也允许使用自动化系统，即在没有工作人员手动切换调音台的情况下工作。

台式机的音频编辑主要在标准的电脑系统中进行。只要给一个好的电脑系统装上一张高质量的数字声卡，它就是一台十分成熟的多声轨录音机。这个系统只需要用"点击"和"拖拉"就可以完成编辑，还可以对音频进行基本的信号处理。它的正式名称为数字音频工作站（DAW），其本质是电脑录音和编辑系统。Adobe公司的Audition是当下最受广播欢迎的系统之一，但也有其他技术商提供的系统，它们的价格与性能各有不同。要记住，播音员在大多数的时候也是设备的操作者。而具备熟练的操作技能，是工作要求之一。

2.9 播客（音频点播）

广播建立在"约定收听"（仅在广播的播出时间内才能收听）的基础上，而如今，互联网让有电脑和麦克风的人均有机会在方便时为听众制作和发布音频作品。你当然可以发布自己的播客。但请不要低估创建和维持一个能持续吸引听众的播客所需的时间和想法。

在开始制作播客之前，如果想有一个好的开始并继续下去，你需要考虑以下几点。你为什么想做一个播客？谁是你的听众？他们为什么想要收听？2019年夏天，互联网上已有约75万播客，你的播客将如何从中脱颖而出？显然，你不想让自己投入大量时间与金钱制作的节目，只有你一个听众。第一步，你应该去访问互联网上一些优秀的播客网站，这些网站可以帮助你更好地熟悉现有播客，从而规避他人在制作播客时犯的错误，还可以为你提供建议。

当你完成这项作业后，请概述一则想法，同时确保这是你感兴趣且能让你制作多期节目的话题。播客不能只包含一期节目。你需始终保持热情，制作出能够长期吸引观众的节目——也许是几个月、一年或是更长时间。尝试做一些研究，这样就不会只停留在想法层面。听众不仅想在你的播客中休闲娱乐，还想学到一些东西。他们不会只对观点或重复的想法感兴趣。为你的演播制定一种格式（纪录片、采访、文献片、圆桌会议、评论、说明）并准备好前几期节目的脚本。脚本不应是个人独白的逐字稿。相反，你只需列出节目中的谈话要点。

节目时长是5分钟还是1个小时？这在很大程度上由话题的深度和广度决定，但注意不要削弱主题，也不要用无关紧要的细节来填满时间，否则会疏远听众。你多久会发布一期新的内容——一个月一次还是每隔一周一次？你能否保持合理的创作进度？若想与互联网上的听众有效地沟通，你需要还原真实的人际交流。既不要照着稿子念，也不要说教。多收听和学习现有的播客，但别忘发展自己的风格。

当你决定将播客继续做下去时，请为它起名。它应与主题有关，同时包含一个便于搜索的标签，这样感兴趣的听众就可以在互联网上找到它。访问播客搜索引擎，确保你所创建的标题尚未被他人使用。设计一个标志，如果你在图像设计方面缺乏天赋，请找一位有艺术天赋的人为你制作。当有人访问你的网站时，优质的标志能给人留下良好的初印象。现在你已经准备好制作播客了，该决定你需要的设备类型了。你可以使用电脑、USB连接的麦克风和免费的编辑程序Audacity来制作播客，也可能需要购买更昂贵的设备，这取决于你预期呈现的节目精美程度。

制作几期节目，然后联系播客托管网站。付费后，他们会帮助你销售和推广，因此与你的播客内容有关的资讯会传播出去。播客提供了一个大好机会，可以让人们利用音频技术与世界各地的观众产生联系。

2.10 总结

这一章所讲到的在麦克风前的提示、技巧和基本概念，对于一个想成为媒体演播者的人来说，是非常重要的。充分了解音频工作室的工作环境，反复练习和实践，你的播音工作将会更加出色。每次当你置身于一个播音的工作场合，不妨尝试着实践一些本书提到的知识。不久以后，这些知识会化为习惯，你就会成为一名出色的播音员。跟随着这本书继续学习，你将会进入播音的几个独特领域，对更多概念和流程的了解会助你成为一名专业的从业者。

自学题

问题

1. 音频工作室里最重要的设备是_____。
   a）麦克风　　　b）调音台　　　c）数字音频工作站　　　d）闪存录音机

2. 如果你说话时离麦克风太近，下列哪种情况是最不可能出现的？
   a）噗噗声　　　　　　　　b）嗡嗡声
   c）明显的呼吸声　　　　　d）音频信号微弱

3. 下列哪个原因最不可能导致播音员产生麦克风前的紧张？
   a）害怕失败　　　　　　　b）缺乏经验
   c）害怕选错麦克风　　　　d）准备不足

4. 如果一位新手播音员的播音没有失误、平淡无奇，没有给人留下深刻的印象，他是在试图避免哪一个导致麦克风前的紧张的原因？
   a）害怕失败　　　　　　　b）不喜欢自己的声音
   c）缺乏经验　　　　　　　d）准备不足

5. 作为一名广播播音员，你要调试音量，以便你的工程师可以设置合适的麦克风音量。这时候你应该_____。
   a）轻轻吹向麦克风　　　　b）对着麦克风播读或即兴说几句话
   c）用力地敲打麦克风　　　d）对着麦克风标准地说出"测试，1、2、3"

6. 电台播音员应该明白，大多数的调音台在同一时间内只有一个声道可以使用，因此要有相应的计划。
   a）正确　　　　　　　　　b）错误

7. 以下哪项最不可能是调音台的主要功能？
   a）选择　　　b）监控　　　c）发送信号　　　d）信号处理

8. 如果调音台的音量计显示音量过小，就表示操作者把音量水平正好控制在100%的刻度，这时信号将会失真和模糊。
   a）正确　　　　　　　　　b）错误

9. 当工作室的麦克风打开时，大多数的调音台会自动把工作室的监听扬声器调至静音，这样可以避免音频信号_____。
   a）变为红色　　　　　　　b）声音减弱
   c）产生回音　　　　　　　d）产生爆破音

10. 在广播工作室，哪一种麦克风是最常见的？

a）电容式麦克风　　　　　　b）电动式麦克风
c）静电麦克风　　　　　　　d）带式麦克风

11. 哪一种麦克风的拾音模式是可以被描述为无方向的？换句话说，就是各个方向都能收集到声音。

a）全指向式　　　　　　　　b）心形指向式
c）双指向式　　　　　　　　d）高心形指向式

12. 在现在的音频工作室，哪一个设备最有可能是主要的音乐播放器？

a）电唱盘　　　　　　　　　b）迷你光碟
c）CD 播放器　　　　　　　d）数字存储系统

13. 一位电台播音员既是演播者又是技术人员，是指_____。

a）这位播音员和另一位播音员在直播室里工作
b）这位播音员在直播室和制作室工作
c）这位播音员有一位工程师帮他操作设备
d）这位播音员在播音的同时还要操作设备

14. 对一位新手播音员来说，一开始比较好的"嘴对麦"的距离是

a）2 英寸　　　b）6 英寸　　　c）10 英寸　　　d）18 英寸

15. 制作播客之前你需要考虑以下哪一项？

a）可以利用业余时间进行录制，听起来很有吸引力
b）与互联网上已有的数以千计的播客相似
c）每期节目选择一种不同的格式
d）能够在一段较长时期内制作多期节目

答案：
1. b　2. d　3. c　4. a　5. b　6. b　7. d　8. b　9. c　10. b　11. a　12. d　13. d
14. b　15. d

实践项目

项目一　用Music Bed录制一段60秒的广告，并使用非线性计算机编辑（NLE）系统进行编辑

目的

以Adobe Audition为例，介绍计算机音频编辑软件的一些基本操作。

要点

1. 非线性计算机编辑系统是广播和音频制作工作室的标准设备。因此，必须知道如何有效地利用这样的系统来记录和编辑音频。NLE系统的优点在于它不会损坏原始录音的内容。

2. 你可以通过各种方式将音频输入NLE系统，包括连接到调音台的任何播放设备，比如插入电脑驱动器的闪存盘或CD，以及网络链接。

3. 音频输入NLE系统，为操作者提供了各种选择，操作者能够根据个人需要或创意制作出或简单或复杂的各类音频。

4. 虽然不同的NLE系统在屏幕或命令外观上可能有差异，但它们的操作方式都类似，有点像点击粘贴的文字处理软件。此项目要求你的调音台连接到装有NLE软件编辑程序的电脑。

5. 准备大约45秒的广告文稿（见第6章），以及至少2分钟的预先录制的器乐。器乐可以在连接到调音台或插入到电脑驱动器的设备上播放。

如何完成这个项目

1. 在电脑中打开NLE软件程序，在屏幕左上角找到"文件"命令，单击"新建"，然后点击"音频文件"。

2. 这时会出现一个对话框，其中有若干备选方案。首先，给你的项目命名。它可以是你的名字，也可以是你要制作的项目的标题。采样率应该设置为"44,100Hz"，声道设置为"立体声"，位深度设置为"32（浮点）"，然后单击"确定"。这时屏幕中间的时间线已打开，可以开始录制声音。请注意窗口底部的小箭头和块图标，你在其他音频设备上看到过，你可以点击它们，在音轨上进行播放、快进、快退和录制（红色按钮）等操作。

3. Audition主要有两种视图模式：波形和多轨。（此外还有一种视图模式，即CD模式。——编者注）你目前使用的是波形视图。这两者的不同之处在于，波形视图具有"破坏性"，对音轨所做的更改呈现出永久的特点。

4. 在单击红色按钮开始录制之前，检查屏幕底部的输入电平（电平表），两条移动的水平绿线代表电平。对着麦克风说话，并适当地调整推子。无论是通过调音台麦克风发出的声音，还是预先录制在设备上的音乐，当电平在-17至-7分贝之间时（在黄色区域内），音频达到"峰值"。调整调音台上的推子以提高或降低音量（你也可以单击时间线左侧圆盘，然后向左或向右拖动鼠标，以调整音量）。不要让音频在电平表的红色区域达到峰值，否则会造成失真，也不要让电平太低，否则也会使音量变低。录制广告，确保时长为45秒。通过观察时间线上方的"HMS（小时—分钟—秒）"线，你可以检查你的录音时长。

5. 要检查录音质量，向下滑动调音台上的推子，将音频导入电脑（以确保没有噪声），然后调高控制面板上的电脑推子。点击Audition中的"播放"图标，收听你的录音。

6. 编辑相对比较简单。鼠标光标移至时间线的录音区域，点击鼠标左键，拖动光标左移或右移，这时会出现一片白色区域，点击电脑键盘上的"delete"键，可以删除你想要删除的区域。Ctrl-Z组合键可以"撤销"之前的编辑操作，让删除的区域重新出现在时间线上。

7. 点击屏幕上方的"效果"菜单，会出现多个选项，用于删除音轨的声音特点。试试其中的一些选项，如"回声"和"混响"，听听效果如何。要发现Audition改变音轨声音特性的大量功能，最好的办法是多尝试。不过，在本次作业中，要将音轨恢复到"标准化"模式。

8. 要切换到多轨视图，请返回"文件"，然后点击左上角的"新建"，给项目重新命名，名称要不同于波形视图中使用的名称。选择保存文件的位置。"模板"设为"无"，其他设置与波形视图中的设置相同。现在你会看到一个新界面，时间线上有多个音轨。再次回到屏幕上方的"文件"显示区，点击波形视图中命名的音轨，将其拖至时间线最上方的轨道。请注意，你可以按住鼠标键向左或向右拖动文件，将音频放在轨道的任何地方。现在把光标移到屏幕左边中间部分"驱动器"窗口，找到你加载到所选播放设备中的音乐片段，并把它拖到时间线上的音轨2中。

9. 点击屏幕底部的播放按钮，就会同时听到两个轨道的声音。如果音乐的声音压过了你说话的声音，点击音乐轨道上的黄线，向下拖动，这样可以降低音轨的音量。也可以点击音轨左侧的圆盘并向左拖动，以降低音量。重新播放音轨，如有必要，重新调整音轨2的音量，直到音乐不再压倒你的声音（大约是声音轨道音量的一半）。你也可以用左侧的控制键在每个轨道上单独引入和调整效果。

10. 将音轨2的前5至10秒重新调至最大音量，然后调整音量，使其播放时的电平约为声音轨道的一半。将音轨1上的录音拖到音乐轨道淡出至较低音量的位置。要根据录音时长调整这两个音轨。这个练习的关键要素是确保当你完成录制时，音乐正好播放60秒。因此，声音轨道时长（45秒）将决定你在广告开头和结尾（7至8秒）要用最大电平播放多少音乐。所以，在两个音轨结束时，无论语音轨道结束后剩下多少时间，都要将音乐淡出，以填满整个60秒。60秒后删除音乐。

11. 要保存这个作业，回到屏幕上方的"多轨混音"，点击"将会话混音为新文件"，然后选择"整个会话"，这时界面会回到波形界面，两个音轨合在了一起。返回"文件"选项卡，点击"另存为"，为文件命名，比如"最终"加名称或标题，然后选择你想要保存的位置，比如U盘或其他地方。不要更改此屏幕上的其他设置，并选择将其保存为

MP3文件（标准的专业音频文件）。你的作业已经完成，可以交给指导老师了。

项目二　练习麦克风使用技巧

目的
体验使用电容式麦克风和电动式麦克风时的各种不同"嘴对麦"的距离和位置。

要点
1. 这个项目要求你具备操作音频工作室设备的基本知识。
2. 你也可以用几支麦克风、合适的电线和一个电脑音频文件来完成这个项目。
3. 当你打开某个开关的时候，如果你听到又高又尖的回音，立即把它关闭，直到你找到问题所在。如果你搞不清楚，那就要请你的指导老师或者电台工程师帮忙了。
4. 你需要一支电动式麦克风和一支电容式麦克风来完成这次练习。

如何完成这个项目
1. 选择一支电动式麦克风，拾音模式是心形指向式。
2. 如果你是在录音室里工作，把麦克风安装好，以便你可以通过麦克风将声音录到音频录音机。你也可以用合适的电线把麦克风和便携式录音机连在一起。
3. 在麦克风前正确的位置就位。开始录音，打开麦克风声道；在你说话的同时把音量调高，直到找到合适的音量水平。记住，当你打开麦克风的时候，监听扬声器会关闭，所以你需要一副耳机。
4. 当你录音的时候，不断地变换你的嘴对着麦克风的距离，从2英寸到6英寸、10英寸，再到18英寸。不论距离远近，你的音量都保持不变。每移动一次，你就对着麦克风把你的位置录下来，就像这样："这是一支电动式麦克风，我现在嘴巴离麦克风的距离是两英寸。"
5. 现在，保持一个恰当的"嘴对麦"距离，大约是6英寸，改变你的位置，整个人绕麦克风走一圈，并且记录你的位置，例如："我正对着电动式麦克风；现在我在麦克风正前方右侧90度的位置。"如果你在工作室，你可能没办法走到麦克风的后面，不过你可以把麦克风转过来，让它背对着你。
6. 如果你有机会使用其他拾音制式的电动式麦克风，例如全指向式的，可以重复刚才的练习。确定你所使用的麦克风类型及其拾音制式。
7. 现在，用一支电容式麦克风重复刚才的练习。还有，如果可能的话，使用心形指向式和全指向式两种拾音制式。

8. 听你的录音,听听麦克风拾音制式、嘴对麦距离、嘴对麦的位置不同时声音有什么区别,然后写下你的观察结果。

9. 设计一个表格,对你上一步得出的结果做一个总结。

10. 把表格和保存为MP3文件的录音材料交给你的指导老师,等老师为这份作业打分。确认你在表格和录音材料上都标注了你的姓名和项目名称"麦克风的使用"。

项目三　研究"麦克风前的紧张"

目的

调查电台播音员关于麦克风前的紧张的经历,了解他们的演播技巧。

要点

1. 你可以先回顾一下本章第2.5节的内容,确定你已经基本了解麦克风前紧张的原因以及作为一名播音员应该如何避免这种紧张。

2. 你需要联系几位电台播音员,但如果有些人看起来不是太情愿帮你,不要勉强他们。选择让你感觉到对方非常乐意帮你完成这个项目的播音员。

3. 在你开始和播音员联系之前,确定你对于自己想要研究的东西已经有了一定的想法。

如何完成这个项目

1. 在你所在地区选择几位电台播音员。你也可以在全国范围内选择其他的播音员,但当地的播音员可能会给你更好的答案。

2. 以个人名义亲自与每一位播音员联系,可以通过电话、电子邮件或者信件等方式。很多电台网站会公布播音员的个人电子邮箱,所以你可以先通过这个方法查询联系方式。

3. 告诉他们,你正在做一个播音员课程的项目,希望向他们问一些关于麦克风前的紧张及播音技巧的问题。如果你是通过电话联系,或者是亲自拜访,你一定要告诉他们,你想要问的问题不会花他们太长时间。

4. 你应该预先确定好你要收集的信息,尽量包括以下问题:

　　a. 他们当播音员多长时间了?

　　b. 当他们第一次直播的时候,有没有经历麦克风前的紧张? 如果有的话,追问是
　　　 什么原因导致的。

c. 他们是如何克服恐惧的?

d. 如果他们已经当上播音员有一段时间了,那最近在其他场合环境下他们有没有再次感到麦克风前的紧张?

e. 他们如何为一个主持活动做准备?

f. 他们有没有一些特别的技巧可以准确把握播音的时间?

g. 他们有没有一些保证读音正确的诀窍?

h. 他们是否可以提供一些关于播音技巧的其他提示?

5. 当你得到了你想要的答案,记得要感谢花费时间帮助你的播音员。

6. 现在,利用你从几位播音员那里收集的信息,写一篇简短的论文。

7. 确认你的论文已注明你的姓名和题目"麦克风前的紧张及主持技巧"。把论文交给你的指导老师,等老师给你的作业打分。

第 3 章

电视演播环境

3.1 引言

在上一章中，你已经了解到，在设备的操作过程中会遇到各种各样的状况。大多数电台播音员需要在直播时自己操作直播室里所有的设备，而电视台的播音员就比较幸运，有一个团队为他在幕后操作设备。然而，在一些规模比较小的台里，如有线电视台和互联网平台中，主播经常会承担多种任务，包括操作设备。如果一位播音员非常了解自己的工作环境和相关设备，这将会为他的工作提供极大的便利。这一章讲述电视的演播环境，包括电视演播室以及演播室里常见的设备，尤其是电视主播所能接触到的最基础的设备——摄像机。

3.2 电视演播室

由于运营规模和结构设计不同，因而无线电视和有线电视节目的制作设施有着很大的差异。然而，这其中也有一些相同的部分，最常见的就是演播室——通常是一个有着很高天花板的大房间，所有的直播与节目制作都在这里完成。演播室外有一个控制室，控制室相当于电视节目制作流程的神经中枢。演播室附近一般都有一个录像室。这里有一系列的设备可以用来录制和回放全天播出的电视节目和广告。这些设备大部分都是数字化的，但也有一些磁带机因存档需要而被保留。由于演播室还需要其他设备的支持，因此演播室旁应该有一个技术中心，有时技术中心也可能会有节目录制设备。其他可能对主播工作产生影响的区域还包括道具间，也就是一个巨大的储藏室。还有编辑室，音视频素材在这里被重新编辑。另外，还可能会有更衣室、化妆间、休息室。对于电视主播来说，两个最重要的区域就是演播室与控制室。

如图3.1所示，控制室内有很多监视器，工作人员可以通过监视器看到系统内所有摄像机和其余视频源的画面。导播通过切换器选择最终被观众看到的画面。切换器也被称为特效生成器（SEG）（见图3.2）。声音由调音台来控制，调音台可以控制麦克风的音量以及CD、小型光碟、视频音轨和网络、卫星转播车等其他音频信号源的声音（见图3.3）。还有电脑绘图器，可以在屏幕上生成文字（常被称为"字幕条"）以及局部或全屏幕的图片。提词器的控制装置也位于控制室中，而灯光的控制装置可能位于控制室，也可能位于演播室。

图3.1　控制室可以容纳多人。（图片由艾伦·R.斯蒂芬森提供）

图3.2　使用中的视频切换器。（图片由艾伦·R.斯蒂芬森提供）

图3.3　调音台上有多个轨道，对应多台设备。（图片由艾伦·R.斯蒂芬森提供）

电视演播室一般都非常大，虽然并不足以进行大型节目的制作，但是一些功能不同的设备都可以长期地放置于演播室内，如此便可免于一次次地安装、使用和拆卸设备。观众一般只会看到整个演播室的一小部分空间。图3.4展示了电视演播室内部的一部分。通常情况下，演播室内有三台摄像机，一些规模较小的演播室可能只有两台，而大型的演播室就会有四台甚至更多。传统的演播室都会有专业的摄像团队操作摄像机，但现在很多演播室内都使用自动化摄像机实现控制室内无人操作，尤其是在每天都使用同样的方式摄像的新闻演播室里。当主播第一次与自动化摄像机接触时，看到一个无人操作的摄像机突然移动到一个新的机位拍摄，可能会很惊讶（见图3.5）。某些情况下，演播室会配有轻便型摄像机，方便进行现场节目制作。相比于较大的摄像机，它们更便携，更易于拍摄（见图3.6）。

图3.4 正在使用自动化摄像机的电视演播室。（图片由艾伦·R.斯蒂芬森提供）

图3.5 从自动化摄像机操作者的位置所看到的画面。（图片由艾伦·R.斯蒂芬森提供）

图3.6 使用轻便型摄像机进行场景拍摄。（图片由艾伦·R.斯蒂芬森提供）

图3.7 演播室中传统的灯架。（图片由艾伦·R.斯蒂芬森提供）

对于主播来说，摄像机上最重要的部分就是讯号灯，一个位于摄像机前方顶端的小红灯。当摄像机处于工作状态时，讯号灯就会点亮。当主播需要对观众直接讲话时，就需要面对亮着讯号灯的摄像机说话。

在演播室内，只有节目录制涉及的区域才会打灯光照亮，如图3.7所示，悬挂在演播室顶棚的栅格可以放置用来制作特殊节目的各种灯具。通常情况下，电视节目拍摄需要用到三套灯光设备，包括主灯光、背景灯光与补充灯光，这三者可以完全照亮一个特定区域。灯光刚刚打开的时候会显得非常明亮，主要是背景过于阴暗导致的。在完全适应这些光线之前，你会觉得非常刺眼，所以最好提前进入灯光区域并适应灯光亮度，这样在演播过程中你就可以非常自然舒适地面对摄像机。现在有的演播室使用亮度比较低的荧光灯，由于新型摄像机感光度较高，对光源的需求也更小，因此，演播室里的亮度和温度都远低于从前，有时你会觉得演播室内非常凉爽。

麦克风主要分为领夹式麦克风、手持式麦克风和悬挂式麦克风。有些麦克风连接着传输线，所以节目录制过程中需要四处走动的时候你要特别注意这些线路。但现在大多数的设备都使用无线麦克风，只是可能需要使用者佩戴一个小型的转换器。转换器通常置于使用者的腰带上，即后腰位置。有时候转换器也会贴着腿部置于裤子或裙子下面，或者用外套遮住放在身体侧面。大多数手持式麦克风都有内置的转换器，所以使用者无须佩戴转换器。无线麦克风可以开启和关闭，但一般由制作团队人员操作完成。节目录制间隙要确保麦克风关闭，每一位主播都知道同行们在节目录制间隙保持麦克风开启会闹出怎样的意外：有的人丢了工作，有的人婚姻出现危机，主持人也会因为无意说出的话而难为情。无线麦克风尤其危险，因为它们没有连接线提示你。永远记得在休息或准备开始私人谈话之前确认自己已经关闭麦克风，或者要求工作人员帮你关闭。使用领夹式麦克风时需要注意，说话时将手放置于胸前，会使麦克风产生巨大的响声。此动作对一些人来说几乎就是条件反射，就连自己都意识不到。作为播音员你必须注意这一点并且学会自我控制。

在传统演播室之外的节目制作环境更是多种多样，能在微光情况下操作的小型摄像机，几乎可以在任何一个地点进行拍摄。你可能会在大型体育赛事现场面对大型专业设备，也可能在一个小地方，只有一位摄像师协助你工作，甚至还会遇到需要自己操作摄像机的情况。这些将会在第8章中进一步阐述。尤其在新闻及天气节目中，不管处于什么环境，你都需要在现场进行拍摄和报道。

3.3 电视制作团队

电台的节目主持人经常是自己操作设备，而电视台的节目制作很大程度上要依靠一个团队的努力，团队的人数根据节目制作的设备和规模而定。制片人是节目管理方面的最高负责人，担负着播出内容的主要责任。其中包括考虑使用哪条新闻报道，选择哪位主持人和哪份稿件等。在大型节目中，还可能会有多位不同级别的制片人。演播室中的所有播出工作均由导演负责，他的角色就像是橄榄球队中的四分卫，决定着观众们所能看到和听到的内容、播出的顺序、时长。在控制室，除了导演以外，还需要一位调音师、一位切换控制员（也被称作技术总监）、一位提词器控制员、一位或多位导演助理，以及其他工作人员。如果制作规模较大，可能还需要有视频编辑，他们的工作是对在室外拍摄的镜头素材和在演播室中拍摄的预录镜头进行组合调整。对成本的控制和技术的融合使得人员缩减，设备的功能也越来越全面，因此电视台要找的是能身兼多职的人员，或者不用助理。

演播室里，还会有一位现场导演，他扮演的角色就是一位场外导演，负责执行对讲机里发出的指示。此外，除非演播室使用的是自动化摄像机，否则还需要为每台摄像机安排一位操作人员以及一些必要的助手。如果一次拍摄过程需要经常移动摄像机，每一台摄像机也会有一位拉线员，他们确保摄像机的每一次移动都不会被线路阻碍。除此之外还会有一些助手负责拿提示板和移动道具、操作提词器和提供其他帮助。由于经费紧缩或技术原因，工作人员减少，部分岗位缺少人手。如果是这样的话，你可能要通过讯号灯或是耳机接收导演的指令。在有些情况下，尤其是在部分甚至全部内容都是即兴表演的时候，制作人会来到舞台旁边，以便更近距离地决定和控制节目内容的编排，这时最常见的角色就是执行制片人。

调音师通常独自工作，如果节目规模较大，他或许会有一位助手。作为直播中露脸的人物，你要按要求调试麦克风，这个过程将会确认你的麦克风是否工作正常，并且调整输出音量以确保你的声音大小合适。有时调音师会说"发音测试一下"，这时你不要特别大声地说"1、2、3、4"，除非你在节目中就要这么说。也不要转头直接对着麦克风说话，而要用一种正常的、谈话用的习惯数数，或者使用正常的语调和音量读一段文字。你需要持续进行测试，直到有人告诉你可以停下来为止。最让调音师沮丧的莫过于主持人说完"1、2、3、4"就停了。试音的关键是要使用正常的声音测试到让你停为止。

你可能会留意到团队的氛围非常轻松，而这可能会被误解为大家对节目质量缺乏重视。其实，这些团队成员已经在工作中形成默契，大家都清楚自己该做些什么。节目录制一旦开始，所有人将立刻停止玩笑，并迅速认真地投入到工作中。

3.4 电视术语

虽然有时候不懂术语不会直接影响到作为主播的你，但是了解你的导演在不同节目的拍摄情况下使用的术语是非常有用的。这些术语将会在拍摄过程中引导你调整自己的位置和行动。第一个比较基础的术语是全景镜头，即镜头可以拍摄到整个指定区域。在拍摄过程中，你可以在一个特定范围内站立、坐着或者走动，观众都可以看到。如果在节目的录制中，有特殊嘉宾中途出现，这种镜头将会特别有效。

对很多镜头的描述都基于拍摄对象可见的身体部分。全景镜头包括拍摄对象的全身，连脚部都包括在内。膝盖镜头不包括对象的膝盖以下部分，同理，半身镜头、腰部镜头和胸部镜头都是不包括这些部位以下的身体部分。腰部镜头和胸部镜头经常被运用于新闻拍摄中。更小焦距的镜头包括领结镜头或者近胸镜头、头部镜头和脸部镜头。镜头越近，也就越有戏剧性。你可以在电视剧或紧张的采访中看到非常近的镜头，但新闻主持人就很少会有头部和脸部镜头。

另外一种描述镜头的方法与镜头摄入的人数有关，四人镜头包括三位在场嘉宾与节目主持人。三人镜头和双人镜头采用的是同样的方法。当然，如果有五位嘉宾在场，导演就需要说明三人镜头到底包含哪几个人。

对主播有用的信息还包括导演决定切换不同画面时用到的术语。"切像"表示在不同摄像机画面间的瞬间切换，它是绝大多数节目中都会出现的大幅度的镜头变换。"叠化"表示在不同摄像机画面间以可变的速度进行变换，包括化入、化出，有的可持续一秒钟以上。这种手法可以营造不同的情感氛围，常被用于艺术感较强的环境中或者表明时间、空间的变换。"淡入淡出"是不同画面与一个空白画面之间的切换，出现在节目片段的开头或结尾，也可能持续超过一秒钟。对于主播来说，这意味着你要保持原状久一点，因为你不会立刻从画面中消失。"划像"和其他特效就更有戏剧效果了，有的是一个简单的移动条划开画面，有的更加复杂，比如像一个火箭从画面底部上升，或者整个画面燃烧殆尽的效果。

不是每个人都用同样的术语，但是熟悉这些术语将会帮助你了解拍摄过程的每一步，并且让你更加适应这个环境。每到一个新环境，你都需要简单地了解一些特定的说法。

3.5 镜头焦虑

在前面的章节中我们提到过，镜头焦虑就像麦克风前的紧张在电视录制中的并发症一样。它一般发生在节目开始录制之前，当摄像机的讯号灯打开或者主持人被告知直播即将开始的时候。就像麦克风前紧张一样，镜头焦虑分各种程度。对于很多主持人来说，镜头焦虑比麦克风前紧张更为强烈，因为电视节目让你的形象和声音一起被人们接收。广播节目中有一种匿名感，可以让人觉得稍微舒服一点，然而摄像机移除了主持人与观众间的所有屏障。如果拍摄角度不好或灯光照明有问题，主持人会莫名其妙地显得好像胖了十磅。但如果角度正确，灯光也合适，就不大可能出现这个问题。

更进一步说，担心失败的情绪对于电视主持人来说更加强烈，因为没有人想要在所有观众面前出丑。在电视节目中，你不光要注重自己的主持效果（例如正确朗读文稿）和整体形象，同时还要注意自己的姿态、动作、面部表情、穿着打扮等。任何小瑕疵都会引起你担心失败的焦虑情绪。当然，缺乏经验和缺少准备都会引起镜头焦虑和麦克风前紧张。新手主持人可能会在节目中不知所措，演播室中的灯光、摄像机以及摄制组成员都会使主持人分心和紧张。然而，坚持在这种环境中练习，会使紧张情绪逐渐减弱。一定要利用所有机会进行镜头前训练，你只是缺少经验，特别是要适应提词器。这是最有可能让你克服镜头焦虑的方法。努力让自己将注意力集中到手头的工作上。另外，充分的准备对于减少主持人的紧张情绪非常有效。

由于在电视节目中视觉因素所占比重极大，一个可能引起镜头焦虑的原因就是对自身形象的不满。然而，如果你完全遵循教程内容来准备，那么就没有什么好担心的。恰当的着装、姿态以及充足的准备会让你看起来非常专业。完全做到这些就几乎可以保证观众们对你的外形满意。即使心里忐忑不安，也要表现得镇定自若。

几乎所有主播都会偶尔遇到被环境影响导致自己没有把握的情况，感觉自己失去了平时习惯的状态。这种情况下，保持镇定，用专业知识和经验指引自己，并与观众保持直接透明的沟通，这样就会顺利渡过难关。可以向观众们解释发生了什么，他们会理解的。例如，可以说："我们正在尝试尽快恢复现场直播。"

3.6 镜头前的工作

紧张

摄像机镜头是将主持人的图像从演播室传输到电视终端这个过程的起点。作为一名电视节目主持人，你应该了解一些在镜头前工作的基本知识。对于多数人来说，最初几次在镜头前工作的经历都使他们很不安。就像前面说过的，你可能会产生镜头焦虑，平时说话流畅的你可能会磕磕巴巴。导致焦虑最主要的原因是站在镜头前时你的注意力被分散了。突然之间，你在意所有的因素：你说出的话，你的外表，你的站姿、坐姿或者任何其他的事情。这么一来，原本需要将百分之百的注意力集中到说话上的你，不得不分散很多精力去担心自己表现如何。这就是新人需要通过练习加强的地方。你花越多的时间在镜头前练习，你就会越放松。学着避免对自己吹毛求疵，将所有的注意力都集中到表达上来，这是另外一个值得学习的技巧。要知道，你通常是自己最严厉的批评者，其实过后再看你的播报，也并非你想的那么糟糕。最终，你会觉得自己并不在意摄像机对着自己。任何形式的演讲都能帮助你进步，对公众演讲是不错的选择，你的目标就是要让别人看着你并且听你讲话。根据诸多电视主持人的经验来判断，这并不是一项很难掌握的技能。

动作与说话方式

尽管如此，我们还是来考虑一些让你在镜头中看起来更加专业的因素。有舞台工作经验的人都知道，导演通常会要求演员动作要夸张，说话要有力，这样坐在后排的观众才有可能接收到你传递的信息。但是在电视上你需要做的恰好与此相反，因为电视是一个比较"亲密"的媒体，你的演播对象好像与你只有几英尺远。动作幅度要小，说话就像平时的闲聊一样。一开始这样可能比较难，因为摄像机可能在演播室的另一端，离你有一段距离，而我们会习惯性地认为观众离我们也有那么远，所以觉得有必要大声说话。而实际上，你佩戴或者手持的麦克风就相当于观众的耳朵。你可以尝试在练习中要求将摄像机移过来靠近自己，大约有4英尺的距离。这时你就对着自己的"观众"即兴表演一段时间，然后要求摄像机缓慢地移开。当你潜意识里想要调整自己的表达以面向更远的观众时，你要努力保持与近距离观众交流的状态。不管摄像机放置在多远的地方，长焦距镜头都可以使观众近距离观察你。你的目标是与其中一名观众"建立联系"，仿佛与他进行交流。对年轻的播音员来说这是一项挑战，但这也是成为一名成功的眼神交流者的关键。

眼神交流和面部表情

直视镜头非常重要，因为对观众来说，你看起来就像是在直视他们。镜头是你与观众进行交流的渠道，但这并不意味着你要死死盯住镜头不放。你要做到的是用与朋友交谈时用到的那种眼神交流。你可以瞥一眼自己的笔记或文稿，但是一定要避免频繁地环顾四周，因为这种行为很明显，并且会让观众非常反感。在绝大多数电视节目中，一种恰当的、固定的眼神接触是优秀演播的关键，所以这需要主持人自己的努力。当你看着某个人的眼睛时，交流是最有效的。

你脸上的表情同样向观众传达着某种信息。当你将注意力集中于提词器或者自己正在说的话时，很容易面无表情。除非在特殊的情况下，不然你都要保持一种愉快、有兴趣并且全神贯注的表情。你的一部分工作就是吸引观众，所以要表现得富有魅力、见多识广。如果不想显得自己很业余，一定要记住，说完一段话后，镜头不会马上离开你。如果你在自己说完话的下一秒就松一口气或者扮个鬼脸，就会显得非常愚蠢。保持主持节目的状态，保留一个愉悦的表情，直到你确定镜头已经移开。有些情况下，现场导演会给你一个"结束"的信号，有时候你会发现自己要将一个笑容保持很久。有可能录制片段比预期结束得早，或者导演没有准备好录制下一个镜头。不管是什么原因，当你不得不保持一个表情直到面部僵硬时，你会显得很窘迫。许多主播选择在主持节目时戴隐形眼镜，不过现在戴框架眼镜也是可以的。这是个人的选择，但是尽量选择不反光的镜片。光敏材质的镜片通常只有在紫外线的照射下才会变暗。因此，现在多数演播室所用的菲涅尔灯、石英灯和LED灯都不会造成这个问题，但是你需要在直播前进行测试，以防像戴着太阳镜一样。

穿着

在电视镜头上，穿着打扮之所以重要，有以下几点原因。首先，太亮或者太暗的颜色播出效果都不好，因为摄像机的用光范围有限。可以选择深色而非浅色服装。亮色的领带搭配清爽的白衬衫会让你看起来像网络主播。其次，方格花纹、人字形条纹在镜头中都会出现问题，看起来像是闪光的或者移动的图案，这就是我们所说的"云纹效应"。最后，你可能会在一个抠像背景中出镜。这种情况经常出现在气象播报中，播报员看起来就好像站在一张大地图前面一样，但实际上主持人是站在一大块绿色（有时是蓝色）的屏幕前面。这是一种电子特效，如果主持人的衣服有的部分与背景是同一个颜色或明度的话，那这些部分也会变成天气云图。这样太滑稽了！所以主持人有责任为自己挑选适合拍摄场景的服装。其他会用到抠像效果的还包括音乐电视、新闻、体育报道以及商业广告。抠像后的背景可以从任何视频源中获取，近年来电脑生成图画的运用也越来越广泛。

首饰

对于女性来说，佩戴首饰的问题尤其值得好好讨论。大件的胸针很耀眼，当你走动的时候它们就会反光。同时它们也有可能会碰到领夹式麦克风，产生很大的噪声。项链和手镯也会产生同样的问题，尤其是在你使用手持式麦克风或者坐在桌子前面时。耳环的问题也差不多。体积较大的，尤其是镶嵌有明亮宝石的耳环会给摄像带来困难，也会分散观众的注意力。但是有时候你的嘉宾会戴满了首饰出场，一般导演会要求其出镜前取掉首饰。如果录制时间很短的话，那就尽量随机应变。对于专业主持人来说，最好是佩戴一些比较有品位、简单、不会反光和发出噪声的首饰。你最好先看看你现有的首饰中有哪些是适合出镜的，如果没有的话，也可以在平时多添置一些符合以上标准的首饰。提前进行出镜测试可以避免出现以上问题。

站姿

现在，让我们想象一下自己站在摄像机前。最基本的要求是站直、站稳并且稍稍向前倾。年轻的主持人一般喜欢将身体的重心放到一条腿上，这会导致臀部向一侧倾斜，使自己看起来非常不专业。同样，身体也不能晃来晃去，将重心不停地在两只脚之间变换。永远记住：电视有放大动作的效果。当你在镜头前晃动的时候，为了不让你出画面，镜头不得不跟随你，而这样会使得观众产生眩晕的感觉，非常不舒服。如果画面中有角标等图像插入，主持人就可能在不知情的情况下晃动到角标后面而被挡住。如何放置手臂是个问题，一般情况下我们用一只手来做手势，另一只手臂静静放在身体一侧。手放在口袋里的姿势对很多男性来说都很舒服，但是绝大多数情况下这个姿势都不合适。

坐姿

坐在镜头前与站在镜头前很相似。很明显，坐着保持固定姿势更加容易。但是主持人还是要记住基本要求：坐直、坐稳，同时身体微微前倾。过度向一边扶手的方向倾斜会让你的身体看上去是歪的。当节目开始录制以后，也要注意避免自己不自觉地向一边扶手倾斜。有时候这个趋势很缓慢，也许直到观众都觉得你明显倾斜了，你自己还没有察觉。要适当调整自己的坐姿，让自己面向正前方或者稍微斜侧。过度弯曲自己的身体并不可取。当你发现自己需要面对自己侧面的一个摄像机镜头时，请将整个身体转过来面对它。摄像机也有放大人与人之间距离的功能，所以演播室内的椅子一般都排得很近。然而我们都喜欢与正在对话的人保持一定的距离，否则会很不舒服。这会导致主持人不自觉地向坐在自己旁边或对面的人的相反方向倾斜，形成一个非常难看的姿势。不管坐着还是站着，都请记住：摄像机会记录下镜头前的任何细节。如果你坐立不安，观众都会看到。所以不管站着还是坐着，都要让自己觉得舒服，但身体要保持稳定。

道具

另一个能够赢得导演的赞赏并且使自己看起来比较专业的技巧就是要善于使用道具，尤其是在特写镜头中的道具。导演可能会为所有的道具都指定一个位置，你一定要记住它们。如果没有固定要求的话，就把道具放置在自己正前方，拿稳就可以了。你拿着道具时，摄像师可能要花上几秒时间才能固定镜头，所以你要拿久一点，给他们时间。你可以快速看一眼演播室内的监视器，确定他们是否已经拍到了道具，但是千万不要试着移动道具，帮他们定位。监视器显示的画面并不是我们平时习惯的镜像，而是一个"真实"的画面，道具移动的方向与我们期待的正好相反。试着朝摄像机移动道具会导致出现一个"你追我赶"的滑稽场面，因为摄像师要不停地去追赶你一直移动的道具。

如果嘉宾拿出了一个没有预先说明的道具，你要把它拿过来，并且要拿稳，以便让摄像机来拍摄。如果是一个订婚戒指，你要托着嘉宾的手欣赏这个戒指，为摄像师创造稳定拍摄的机会。当要展示道具非常耀眼的一面的时候你要特别注意，因为耀眼的平面会反射演播室的灯光并产生光斑，导致观众什么都看不见。一个简单的技巧就是把道具稍稍向前倾斜，这样它就会把光线反射到地面，同时不会影响道具本身的形象。书的封面与照片是非常容易反光的道具，但是这些你都可以轻松控制，只要养成一个拿所有道具都稍向前倾的习惯就可以了。

动作

很多时候你都需要在没有稿件的情况下工作，这就要求你与导演之间要保持高度的默契和良好的沟通，因为导演要确保在正确的时间拍摄正确的画面，尽量避免任何意外的发生。假设你在主持一个脱口秀节目，你的嘉宾是一位雕刻家，在经过一段时间的交流之后，你和你的嘉宾都要站起来走到一个摆满他的雕刻作品的区域中。什么时间站起来只是一个大概的范围，具体的时间当然由你决定，但是如果你突然站起来，摄像机可能正在拍摄你的一个特写镜头，这样镜头就会突然变成你腰部的特写。你在对话中要说明自己下一步的动作，比如"我们有一系列你的作品，我们现在来看一下"。说完之后不要马上移动，停顿几秒的时间，这样摄像师才有时间来调整镜头。你也可以通过把手按在椅子的扶手上或变换你的姿势等动作来暗示你要起身移动了。

很有可能在你走的过程中摄像师会拍摄雕刻作品的镜头，你最好一边走动一边继续谈话，这也就意味着你要边走边说，还要注意自己麦克风的连接线。一般来说工作人员都会事先为你准备足够长的麦克风线，但快速检查自己和嘉宾的麦克风线可以有效避免出现连接线不够长而导致麦克风坠落的尴尬。如果在你走动的过程中，摄像师对你跟踪拍摄，那就慢慢地走。摄像师希望镜头能平稳地跟着你，所以你要保持匀速、稳健的步伐，可能同时还在对嘉宾或者观众讲话。在这期间，一定要避免背对观众。当你到达这个区域之后，要从一件作品走到另外一件作品，并对每一件作品做出评价。摄像师可能已经事先告知你应该站在每一件作品的什么位置和观看的顺序，但他们仍然需要你在走到下一件作品之前给他们提示。比如"我真的十分喜欢下面这一件作品"就可以提示摄像师你已经准备走到下一件作品。可能这些程序都在排练中试过一遍，但你仍然需要随机应变。记住摄像师工作的需求并适当提示，这会让你成为一位很好的工作伙伴。另外，有些节目可能根本没有排练，你需要凭借自己的知识和经验来决定自己的行动和台词。

标志

在事先准备比较充分的情况下，摄像师可能会指示你在一个特定的时间站在一个特定的位置。有时候会在地板上用彩色胶带标出这个位置，而且不同的主持人都会用不同颜色的胶带标出。如果你走动的过程中正在出镜，记住用余光去确定自己的目的地。到达确切的位置被称为"到标"。一定要避免低头盯住地板来找自己的目的地。这可能要练习一段时间，但是专业主持人都能精确地找到自己的位置。通常情况下，你到达目的地之前，摄像师就已经设计好了一个镜头的构图，摄像机也已经提前就位。如果你没有精准地到达目的地，可能摄像师就要快速做出调整或者用一个非常尴尬的构图，比如镜头中只出现你的半边脸。到标练习在什么地方都可以做，给自己设置一个标志，然后目视着前方走过去。

3.7 演播室内的交流手段：监听耳机、手势、提示板、提词器

监听耳机

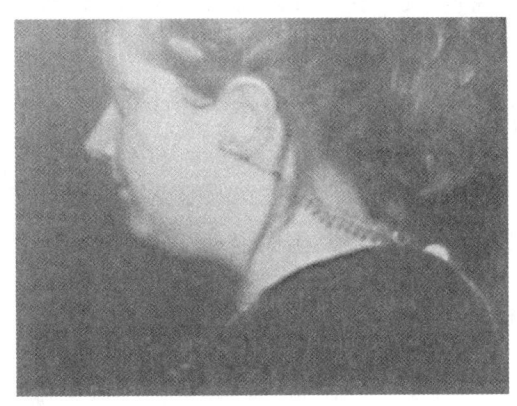

图3.8 一位佩戴着监听耳机的主持人。

近年来，监听耳机（或称可中断式返送）已经成为节目组成员与主持人沟通的常用设备。它其实是一个用透明塑料做的耳机，在节目录制过程中由主持人佩戴。耳机的线放在背后，与随身携带的内部通话装置盒相连。稍加留意，你就会发现大多数新闻节目和谈话节目的主持人都戴着监听耳机，如图3.8所示。这使得控制室里的人可以直接与正在直播的主持人进行对话。有些时候，采访嘉宾也需要戴上监听耳机。初次使用监听耳机会受到很大的干扰，因为你正在说话的时候，就会有人在耳朵里给你指示。一个好的传达者传达的指示非常简短，同时会在主持人说话的空隙中传达。每天都有成千上万的主持人使用监听耳机顺利完成工作，所以你也可以做到，只不过要经过一些训练。试着先记住你要说出的话，然后再接收耳边传来的指示。监听耳机的使用非常广泛，你肯定会用到，所以应该抓紧一切机会进行练习。

手势

在电视演播室内工作，首先要知道的就是麦克风非常敏感，有时可能会收到一些你不想让别人听到的内容。这就意味着在演播室内开着麦克风说话是很危险的一件事，这在本书前面已经提到过。所以，其他交流方式就显得非常重要。虽然节目组成员一般都通过对讲机来联络，但主持人一般只使用三种沟通方式：手势、提示板、监听耳机。手势交流是在早期电视节目制作过程中产生的，一直到今天仍被广泛运用。然而，不同的手势与其特定含义在每个演播室都可能不一样。所以主持人在节目开始前要先

搞清楚每一个手势代表什么含义。

在前文已经提到过，监听耳机或摄像机的讯号灯会给你信号提示，但为了万无一失，让我们来看看全过程。你在演播室内的联系人一般是现场导演，他会将导演的意思传达给你，并且会在节目开始和进行过程中不断地给你提示。出色的现场导演会为自己找到一个合适的位置，这样主持人不用转头就可以看到他们的提示。主持人应该凝视镜头或者其他应该看的地方，用余光去看提示。在彩排中，如果现场导演离你太远导致看不清提示，你可以要求他站得离摄像机更近一点。在节目制作中，现场导演负责将提示信息传达给主持人，所以我们经常会看到现场导演匍匐在设备后面的地上，以进入主持人的视线范围。然而，主持人绝对不能做出任何动作或眼神表示自己已经看到了提示。点头或者其他类似动作在观众看来都非常明显并且会导致注意力分散，甚至当你确定自己没有在镜头中时，做出动作表示自己看到提示也是有风险的，很有可能导致自己出错。现场导演要通过观察主持人的眼睛来确定他是否看到了提示。要记住，提示并没有固定的标准，但是有一些提示很多电视台都在使用。

待命手势是将一只手置于头的上方，掌心向前。这个手势的意义如同跑步比赛时，裁判在开枪之前说的"各就各位，预备……"。这个手势一般在节目开始前15秒钟使用，让主持人在身体上与精神上同时进入全神贯注的状态。由于摄像机在你开始讲话前就会给到你镜头，因此你要从看到待命手势的那一刻起就进入出镜状态。下一个提示就是开始手势，这表明一段节目正式开始，你已经出现在画面中了。现场导演本来做待命手势的手会突然放下，停住以后一只手指着最先开始说话的那个人，或者指着主持人需要直视的摄像机镜头。开始手势通常都紧跟在待命手势之后，这两个手势很少被单独使用。

"看这里"的手势指示主持人直视某一台摄像机。如前文所述，有一些演播室的摄像机会有讯号灯指示哪一台正在工作，但有一些摄像机没有。在演播室中，除非是大型节目制作，否则一般都没有现场导演，取而代之的是摄像师或其他工作人员，他们会给你提示。在多机位拍摄的节目中，现场导演会用手指着摄像机来提示你应该看哪里。在目光从一台摄像机转向另一台时，身体可以轻轻地转动到面向新机位的位置。一定要避免向上看，因为这个动作虽然没有什么动机，但会让观众以为天花板上的灯光出现了什么问题。可以低头看一下你的文稿，确保顺利过渡。

如果你需要变换位置，现场导演会做出诸如用双手把你向左、向右推或者向后推、向前拉的手势。这些手势非常容易理解。还有一种手势是将所有手指握紧，然后向两边分开，就像拉橡皮筋一样。这表明你说得太快或者在剩下的时间里内容不够充足，所以请把内容拉长。你可以说话慢一点，加入一些即兴语言或者事先准备好的其他话题。与"拉开"相反的手势就是提示你要加快速度，有时候现场导演也会用食指指向你，然后快速旋转手腕。这个手势意味着你说得太慢，时间已经不够，或者你说的话没什么意思，赶紧切换到下一个话题。

电视节目中的每一段以及整个节目通常都有严格的时长要求，所以密切注意并严格遵守时间提示是非常重要的。一个对提升时间概念比较有帮助的方法就是用秒表来练习，直到你差不多能感觉到15秒或30秒到底有多久。它们可能比你想象的要长。摄制组提示你还有30秒结束的时候，如果你用5秒的时间完成了最后陈述，很有可能他们根本就没准备好结束整个节目，或者他们根本没有办法去填充剩下的25秒时间。

电视计时一般都使用倒计时，所以会提示你还剩多少时间。同样的，现场导演会在你看得见的地方给你看这些提示，你也不需要告诉他你是否看到了，因为这会非常明显。每个演播室都不同，但是大部分现场导演都会简单地举起两只手，把手指全部张开代表"10分钟"，一只手五个手指张开代表"5分钟"，以此类推，几个手指就代表还剩下几分钟。在还剩下30秒的时候，这是一个非常重要的提示。很多演播室都使用交叉的双臂或者食指来表示，也有一些演播室用拇指与食指组成一个字母C的形状来表示。"15秒"手势也很重要，一般是一个紧握的拳头。当一个节目马上就要结束时，你会看到一个"收起"的手势。不同的演播室也会有区别，但是大多数都用一只手举在另一只手上面6英寸的地方，然后两只手一起像摩天轮一样来回滚动。这一动作代表你应该对整个节目做总结了。有的演播室会让现场导演用手指倒数最后10秒来协助你判断时间，以便你对剩余时间有一个清楚的概念。这样你就能以专业水准按时结束节目。还有一种"切"的手势，就是用食指做切脖子的姿势，这个提示说明所有拍摄都已经结束。再一次提醒，每个地方的提示方式都会有区别，你要非常清楚自己所在地的每个手势的含义。

提示板

另一个将信息传达给主持人的方式就是提示板。提示板有三种，其中两种与手势的作用几乎一样，而第三种会有一些台词信息。最基本的提示板是一张厚的硬纸卡，可能有16英寸×18英寸那么大，上面印有数字或者单词。大多数演播室都有一套计时的提示板，可能从"30分钟"开始，一直到"30秒"，甚至更短的时间。板上的文字可能会有"该结束了""减速"或者"加速"等，还有一些节目组觉得会有用的其他提示。这些提示板都会被放置于你所注视的摄像机镜头的正下方或者是在你视野中的其他位置。

在节目拍摄过程中能给主持人提供台词的设备包括提示板和提词器。例如，电视新闻直播中，除了一些无意义的语言之外，所有的播报台词都会显示在提词器上。台词的提示板尺寸为20英寸×24英寸或者更大。这些提示板只有在需要提示的台词很短的情况下使用,有些比较长的节目也会用到提示板,但一定要注意避免提示板掉落或者搞乱顺序。对于主持人来说,目光从一张提示板的下端移到另一张板的上端是非常令人分心的。一个设计得比较好的提示板一般都会完整地收录一句话或者一整段话,这样能让主持人在看下一张板之前有一个自然的停顿。

提词器

提词器几乎从发明电视时就有了,提词器包括三部分,一台水平向上放置在摄像机镜头下面的小型平面电脑显示器,一组安置在镜头前方的特制镜面,还有一台用来控制台词的电脑。镜面组是特制的,它可以让你看到反射在镜头正前方的文字,同时使得摄像机镜头拍摄时不受镜面影响。屏幕上出现的字是反转的,所以主持人在镜子中看起来才是正常顺序。文字滚动的速度可以随意调节,一般都从屏幕底端向上滚动。图3.9向你展示了从主持人角度看到的提词器。

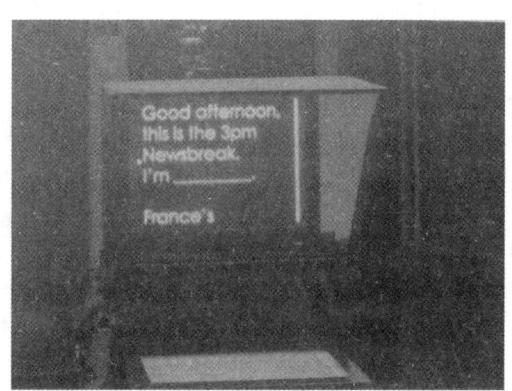

图3.9 从主持人角度看到的提词器。

无论使用提示板还是提词器,专业主持人看起来都非常熟练。实际上,他们经常要播报一些自己从未了解过的内容。这样做的目的是让播读有对话的感觉,就是要像从未演练过,完全原创一样去传递信息。这需要注意力高度集中,还要多加练习。关于提词器的内容我们会在第8章中进一步阐述。

3.8 化妆

化妆对于大多数主持人来说都很重要,它可以让你的外表看起来更好看,同时遮盖脸部的瑕疵。高清电视的出现改变了化妆的效果。传统标清电视对妆容的要求并不高,浓妆也可以。最初,电视画面的分辨率并不高,浓妆或化妆不匀不会显示出来。高清数字电视的图像锐利度比模拟信号电视强十倍,可以显示非常精细的图像细节,所以化妆的所有细小失误都会被展露给观众。一些人最担心的可能是新设备将年龄与身上的瑕疵暴露无遗。

高清电视拍摄中的化妆要覆盖所有裸露的身体部位,包括脸部、颈部、手和手臂。专业的化妆师会使用气刷,将化妆品转化成细小的颗粒,轻柔地喷在皮肤表面。这些化妆品会迅速风干，看上去均匀、轻薄且不会反光，以至于很多主持人都会忘记自己已经化过妆。这种化妆方法的好处是几乎可以掩盖所有东西，甚至包括文身，多用于网络节目中。

有一种高清电视专用的粉底，可以自己用毛刷刷到皮肤上。有一些粉含有反光颗粒，可能会造成很大麻烦。所有粉妆都要在节目开始前在强灯光下试镜，以防造成不好的效果。每个人都要用打底霜和腮红来增加脸部的轮廓感和清晰度。女性和一部分男性也需要化眼妆、涂唇彩。主持人一定要注意不要化太浓的妆，在高清电视中，要记住"少即是多"的原则。专业化妆需要花费时间和精力去练习，复杂的特效妆容最好留给专业化妆师去化。但是任何一个对电视演播有兴趣的人都应该对化妆的流程有一个基本的了解，因为很多情况下可能需要自己化妆。化完妆之后，一定要记得试镜。脸上避免出现明显的细纹和亮点，一定要化妆均匀。

3.9　总结

这一章为主持人在镜头面前的工作提供了很多有用的提示和技巧，这些基本概念对你在大众媒体中成长为一名有经验的主持人很有帮助。对演播室环境的了解会对你的工作有很大帮助，经常在演播室练习也会让你进步很快。每一次出镜的时候，都要记得使用这里教授的一些技巧。不久之后，你会很自然地运用它们，同时你也会成为一名出色的主持人。

自学题

问题

1. 电视主持人不需要了解演播室的相关知识，因为会有一个团队负责操作所有的设备。
   a）正确　　　　　　　b）错误
2. 对于电视主持人来说，最重要的两个工作区域是_____。
   a）演播室与磁带间　　b）演播室与控制室
   c）演播室与道具间　　d）演播室与编辑室
3. 下列哪一个方式可以让主持人最方便快捷地知道哪一台摄像机正在工作？
   a）讯号灯　　b）监听耳机　　c）提示板　　d）手势
4. 在演播室中，负责随时给主持人指示的人是_____。
   a）导演　　b）技术总监　　c）现场导演　　d）制片人

5. 下列哪一项不会引起镜头焦虑？

a) 对自己的相貌不满意　　　　b) 对失败的恐惧

c) 工作人员造成的分心　　　　d) 经验和充分的准备

6. 下列哪一项不适合在摄像机前工作时做？

a) 做夸张的动作　　　　　　　b) 与摄像机进行朋友般的眼神交流

c) 做高兴的面部表情　　　　　d) 穿简单的、没有小型图案的衣服

7. 主持人在镜头前拿着道具的时候，下列哪一项是不正确的？

a) 将反光的表面稍稍向前倾斜

b) 拿着道具，保持固定姿势直到摄像师有时间对其进行拍摄

c) 移动道具来帮助摄像师进行拍摄

d) 使用监视器确定放置物品的位置，但要记住物品移动的方向与你的预期是相反的

8. 在一个即兴的节目中，主持人负责告知摄像师什么时候要进行移动，有时是通过自己与嘉宾的谈话来告知的。

a) 正确　　　　b) 错误

9. 哪一个手势经常会跟随在待命手势之后？

a) 看这里　　　b) 开始　　　c) 变换位置　　　d) 结束

10. 哪一个手势用来提醒主持人说得太快了？

a) 一个握紧的拳头　　　　　　b) 一个切脖子的动作

c) 食指指向主持人，手腕不停转动　　d) 一个像是在拉扯橡皮筋的动作

11. 既然电视制作是一个团队工作，那么哪一个职位居于核心位置，负责决定观众最终收看到的内容？

a) 技术总监　　　b) 现场导演　　　c) 导演　　　d) 摄像师

12. 像演员在舞台上演出一样，电视主持人也需要夸大动作，大声说话。

a) 正确　　　　b) 错误

13. 采用哪一种方式可以在电视节目录制期间与主持人进行最直接的交流？

a) 提示板　　　b) 监听耳机　　　c) 手势　　　d) 提词器

14. 如果主持人必须要在节目结束后保持一个愉快的表情直到面部僵硬，这时就有可能出现"云纹效应"。

a) 正确　　　　b) 错误

15. 对自己外形的不满意常会引起镜头焦虑。下列哪一项不是因为镜头而使人物形象变形的？

a) 镜头中的人往往看起来比平常胖

b）一个人的动作在镜头中显得更夸张

c）不同的角度可以展示人物形象中不同的部分

d）演播室灯光可以让人看起来面色苍白或无精打采

答案：

1. b　2. b　3. a　4. c　5. d　6. a　7. c　8. a　9. b　10. d　11. c　12. b　13. b　14. b　15. d

实践项目

项目一　练习在镜头前演播

目的

给你一个在电视演播室工作的机会，训练你在镜头前演播的基本技能。

要点

1. 你的指导老师可能会向你介绍演播室的情况，以及如何正确使用台词、提示板、手势和提词器。这个项目假定你对电视演播室的环境已经有基本的了解，并对手势信号有所认识。

2. 记住一定要着装得体。避免花纹繁琐、色彩对比度高（黑/白）、材质闪亮的衣服，避免反光严重的珠宝。

3. 注意要直视镜头。这就要求你要对文稿非常熟悉。

4. 记得眼睛要偶尔向下扫视一下，以打断持续的注视，以免让你看起来好像一直在盯着观众。即使你用的是提示板或提词器，向下看的时候也要表现得好像是在看文稿。

5. 要想完成本项目，你最起码需要准备一份两分钟的文稿，一些20英寸×24英寸的提示板（通常是白底黑字的海报板）。你的指导老师可能会给你提供相关的文稿和提示板。

如何完成这个项目

1. 你需要一个工作团队来帮助你完成这个任务，并且你的指导老师可能会帮你安排最合适的人选。演播室中，你至少需要两个人——一名摄像师和一位现场导演。在控制室内你可能需要一位导演、一位调音师和一位录音师。

2. 坐或站在镜头前面。站着也许会给你更多能量，但是你的手却不知道要放在哪里。你可以拿一份文稿在手,也可以请你的指导老师为你提供其他的建议。如果你选择站着,手拿文稿的位置在你腰部的上方,左手或者右手拿都行。如果你是坐着的,要确保你坐得笔直,并把文稿放在你的前方。使用提示板或者提词器的时候,文稿放置的位置保持以上方式不变,但是一定要"使用"它,用眼睛偶尔向下看,就像是在看稿一样。

3. 向下扫视会使得你的视线不定。在你进入演播室之前,一定要练习如何在镜头前低头看文稿。可以用彩笔进行标记,提醒你低头时眼睛应该落在文稿的什么位置。

4. 在开始之前,要和现场导演确认一下手势。确保你能理解手势的意思,并且能在头部和视线保持不动的情况下看清楚。这位工作人员要站在你的视线之内,确保你可以在可视范围内看到他的信号。在这个任务中你们可能只需要几个信号:等待、准备开始、加速、放慢、快结束了、还剩30秒等。

5. 先用文稿进行录像,然后使用提示板,最后再使用提词器。

6. 回放你的录像。评价你的眼神交流、头部动作、身体姿势,以及你接收提示时的姿势。

7. 如果你对有的镜头不是很满意,你可以把这一部分重新录制一遍。

8. 如果你满意,把录像交给指导老师,等老师打分。

项目二 练习如何在演播室内接收手势信号

目的

给你一个机会展示你对演播室手势信号的了解程度,以及你在说话过程中回应手势的能力。

要点

1. 复习第3.7节的课程,回顾在电视演播室经常使用的多种手势信号。

2. 在这个项目中,你需要准备一个即兴演播的片段。可以是一些你熟悉的话题,例如你的自我介绍、你的一段亲身经历,也可以是你看待一些问题的观点。你需要准备充分的资料以保证你能轻松地说到三分钟以上。

3. 进入演播室之前多练习几遍,确保录制更加顺畅。

如何完成这个项目

1. 你需要一位工作人员来帮你操作摄像机,一位现场导演来给你信号,一台轻便型摄像机来录制这次练习的全过程。如果可以,你的麦克风应该连接到摄像机上,以便更清晰地分析你的表现。

2. 录像前坐在主持人的位置上，等待开始提示。

3. 现场导演给你"待命"和"开始"的信号。接收到提示后，你对着相应的镜头开始你的独白。

4. 现场导演会给你一系列信号，提示你切换机位、站起来、在现场走动、说得快一点或慢一点，最后会给出"1分钟""30秒"和"结束"的提示。你必须在规定时间内完成。如果有一个指令没有手势信号，你和你的现场导演可以设计一个出来。

5. 你的目标是在第一时间对所有的指示快速、准确地做出回应，播读过程中做到没有磕绊，而且不能表现出你在接收提示。

6. 由于是模拟直播节目，你只有一次机会来完成整个节目。

7. 样片标注上"手势提示"，加上你的姓名，交给指导老师，等老师打分。

信号列表

现场导演会在主持人视线范围内生动清晰地传递所有信号：

a. 将一只手臂伸至胸前，并用食指指向新机位，提示主持人做出调整（切换机位）。

b. 将双手手掌抬高至腰部位置，双臂向上举至肩膀高度，提示主持人站起来（起立）。

c. 用一只手臂在胸前左右伸展，并保持动作直至你想让主持人停止走动（沿指定方向在现场走动）。

d. 将一只手臂伸至胸前，用食指指向主持人，然后快速转动手腕（加快语速）。

e. 手心向内，双手合十，然后将手臂伸展至与肩同宽，重复动作，直到主持人的播讲语速令你满意为止（放慢语速）。

f. 将一只手置于胸前，向主持人伸出食指（还剩1分钟）。

g. 将一只手置于胸前，用大拇指和食指形成"C"形（还剩30秒）。

h. 双拳紧握，置于胸前，双臂快速交替旋转，直至主持人结束录制（结束）。

项目三　利用提词器录制影评

目的

给你一个机会感受使用提词器进行播讲时遇到的挑战。

要点

1. 复习本章第3.7节的内容，熟悉提词器的使用方法。

2. 在这个项目中，假设你是一档新闻节目的专栏记者，正在进行一周电影的回顾。这是你们电视台的创意，想要提高观众对老电影的兴趣，因为电视台经常在周末播送这些电影。

3. 在这之前要先熟悉文稿。

如何完成这个项目

1. 将电子版文稿导入提词器系统。

2. 如果没有提词器，就用提示板来完成这项作业。将文稿写在几块大提示板上。

3. 你需要一个工作团队来操作设备，负责拿提示板，并在你录制影评时给你当助手。

4. 你应该在开始录制前多练习几遍。

5. 如果你需要使用提示板，确保它们被放在摄像机镜头的正下方。尽可能保证你可以舒适地阅读文字，确保负责拿提示板的工作人员清楚地知道每块提示板上的最后一句话是什么，并能在恰当的时间快速地换到下一块提示板。

6. 录制你的影评。你需要在你的座位上或者台面上摆放一份文稿，以防提词器突然发生故障。你只有一次录制机会。你的节目要仿照一档现场直播的新闻节目。你可以假设自己已经被主持人介绍过了。

7. 样片标注上"影评"，加上你的姓名，交给你的指导老师，等老师打分。

提词器上的文稿

如果你近期没有看到什么好的西部片，去租一部弗雷德·金尼曼导演备受赞誉的影片《正午》看看吧。紧张的剧情，优秀的剧本，西部片无出其右者。电影以泰克斯·瑞特演唱的主题曲为线索，用音乐给我们讲述一个故事。临近退休的小镇警长刚娶了年轻美貌的妻子，当他们正准备离开这个小镇的时候，被他送进监狱的一个恶棍出狱，扬言要找他报仇，并且坐上了正午抵达的火车。恶棍的三个同伙已经在火车站等候，准备加入这场枪战。有意思的是，这部影片中的时间与真实世界中的时间步调一致。电影在上午10点以后开始，然后故事高潮发生在12点，电影总时长为85分钟。由著名演员加里·库珀扮演的老警长开始在镇上寻找帮手，但是全镇没有人愿意助他一臂之力。在这部电影中，你时常会被不断出现的时钟和反复响起的滴答钟声提醒，这些是时间线索。整部影片以一场经典的枪战结束，结局有点意外。其他主演还有格蕾丝·凯利、劳埃德·布里奇斯、凯蒂·乔拉杜。《正午》，本周我们的经典电影。我是（说你的名字），为你带来一周影评。

第 4 章

声音的形成

4.1 引言

你的声音和说话方式在各种工作和社交场合中都能成为一种巨大的优势或者劣势。大多数年轻人都有过这样的经历，在社交晚宴上看到一位看上去非常有魅力的人，经过一番努力，你终于获得了和他见面或者至少是近距离接触的机会。然而，他一张口说话，所有的魅力就都消失了。无论将来是否从事媒体演播工作，你的说话方式对你的社交生活和职业生涯都能产生巨大的影响。其中，声音是有效的媒体演播所需的最重要的生理条件。对广播播音员来说，你的声音是听众理解信息的唯一方式，而对电视主持人来说，观众在听到你的声音的同时还会看到你的形象。要想理解电视节目中声音部分的重要性，下次你看电视时可以尝试把电视的音量调低，这时你仍可以看到电视屏幕上的画面，却瞬间错过了实际的内容。即使你所从事的工作不是媒体演播，你的声音也是你最重要的有利条件之一。你说话的声音和交流的技巧在任何一个职业领域中都会起到至关重要的作用。

要想提高声音质量，需要了解声音、训练声音。因为我们每天都在说话，所以大多数人从来没有想过这方面的问题。但如果你打算进入媒体演播行业，那么你就需要了解你的声音是如何从身体内发出的，以及如何改进声音质量。这一章首先对发出声音的必要生理结构进行简要介绍，然后讨论各类声音的特点，最后简要概括一些会阻碍媒体演播工作的声音问题。*

---

* 本章与下一章中所引用的素材摘自《播音发声手册：如何为你的直播播报增色》（*Broadcast Voice Handbook: How to Polish Your On-air Delivery*）(2000年第三版)。该书作者是安·S. 奥特巴其（Ann S. Utterbach）博士，由伊利诺伊州芝加哥博努斯图书出版社（Bonus Books）出版。

4.2 声音是如何产生的

虽然不同的主持场合要求有不同的主持技巧，但是声音的发出过程是相同的。你没有必要知道身体上部关于呼吸和声音再现的整个生理构造，不过对发出声音的关键身体部位进行基本的了解，将会有助于改进你的声音，同时提高你的口头表达能力。图4.1是一张人体发声部位的简单示意图。

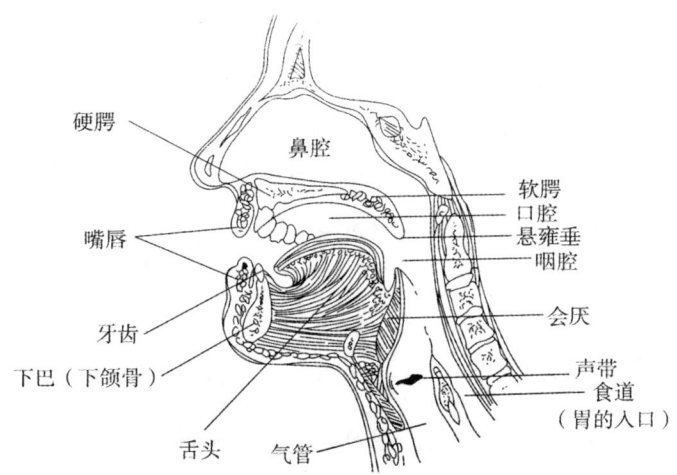

图4.1　身体上部的发声部位从声带延伸到嘴巴和鼻子，包括咽、舌头、脸颊、下巴、嘴唇、腭和鼻腔。

大多数人都觉得人是用肺呼吸的，但实际上我们的肺并没有起很大的作用。因为肺部是没有肌肉的，吸气和呼气时其他肌肉必须保持气息的流动，其中最重要的就是膈膜。膈膜是一块扁肌，隔开了胸腔（心脏和肺部之间的位置）和腹腔（膈膜之下肠胃的位置）。膈膜的前面从胸腔肋骨下面延伸，穿过脊柱，在胸腔之下形成一个完整的基座。肺部位于膈膜之上。膈膜收缩时会向下移动，胸腔内气压降低，空气被吸入肺部。膈膜放松时，腹肌会收缩，致使气息向上通过气管到达一个大一点的圆柱形软骨组织——喉头。我们也把它称为"发声器"或者"喉结"。这里是两条声带所在的位置，实际上更像是一层膜（见图4.2）。不说话的时候，声带是放松的，声门呈打开状态。说话

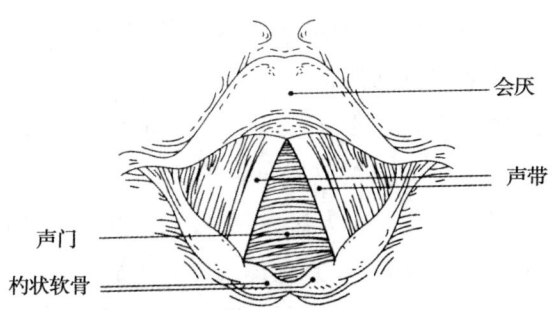

图4.2　声带（如图所示，假设你是从上往下看喉咙）在呼吸时是分开的，但在说话时，肺部流出的气息通过声带，声带会相互靠拢并随着气流产生振动。气压的变化和声带的紧张产生不同的声音。

时，两条声带会紧张起来，并且靠拢在一起。气息被迫从两条声带靠拢的边缘冲出，促使声带发生快速的振动，制造出一种不是特别好听的声音，类似吹喇叭时，气息通过喇叭头，但是没有喇叭连接时发出的声音。你可以通过轻抿嘴唇并向外吹气来模拟声带的工作。轻抿嘴唇会使你发出低沉的声音，而嘴唇抿得越紧，声音的音调越高。

振动的气息持续向上通过气管进入头腔和口腔。头部的骨头和鼻窦起着共鸣器的作用，可以改善声音，与管乐器小号和长号金属管的工作原理相同，这些乐器的金属管也是共鸣器。更多的阐述请见第4.9节。在口腔内，牙齿、舌头、下巴和腭都是吐字器官，使声音形成音节。恰当地使用这些发音工具，将会对你的说话方式、语调和呼吸产生明显的影响。回顾图4.1，确定你可以让气息沿着从肺部/膈膜区域到嘴巴的路径呼出，直到气息离开嘴巴发出声音。整个过程分为三步。声音由气息通过声带产生，经过头腔和鼻腔放大，最后通过吐字器官，也就是你的嘴巴、牙齿、舌头和下巴，形成词语。

4.3 腹式呼吸的技巧

要想拥有最好的声音质量和力度，要从使用正确的呼吸方法开始。这就要求你充分了解腹式呼吸并练习实践。做一个深呼吸，如果你的胸腔扩张或是肩膀耸起，说明你的呼吸方法不正确，你可能是用你的嘴巴进行的深呼吸。气息应该进入到你接近心窝的腹腔位置。试着用你的鼻子再做一个深呼吸，气息会下沉到下腹部。

膈膜可以使我们自然呼吸。如前文所述，当我们吸气的时候，膈膜收缩，向下移动，空气被吸入肺部。当膈膜向下，它会用力于腹腔，迫使腹部前凸。如果做深呼吸，你会很容易感觉到腹部的运动。你应该感觉到胃部至后背的这一圈有一种扩张感。胸部以下的位置也同样感觉到扩张。然后，随着气息呼出，当腹部放松的时候，胃部的肌肉收缩，把气息推送出去。腹部的逐渐放松控制着气流，以便气息缓慢地释放，而不是一下就全部放出。优秀的播音员具备良好的气息控制能力，尤其是说很多话还不显得气短的能力，因为这会影响到他们的表达。如果讲话时任由过多的气息流出，就会产生一种"气声"。这时如果不换气，气息所能支撑的说话时间也会变短。就像歌手一样，唱歌时把一个音符延长，能证明他们对气息有着良好的控制能力。

如果你不确定如何去感受腹部的运动，这里有两个简单的方法可以练习。第一个方法是，平躺在地上，在胸腔靠下的位置放上一本书。然后进行吸气和呼气的练习，直到你可以感觉到书本的上下移动。第二个方法更简单，就是坐在椅子的前面，把手肘支在膝盖上。自然呼吸，集中感受你的腹部，直到你感觉到腹肌的运动。当你进行播音工作时，这个技巧可以让你感觉到肌肉的变化。清楚地了解这种感觉，可以帮助你在呼吸时正确地利用肌肉。呼吸的控制还会使你发出的声音更加动听，更加放松。练习腹式呼吸将有助于锻炼膈膜和控制呼吸。不正确的呼吸会导致声音单薄或紧张。腹式呼吸可以使喉头和声带放松，这样出来的声音略微低沉，因而使得你的声音听起来更动听。呼吸得当还可以减少噪声，不容易产生"喷麦"的情况。当你的喉头处于放松状态，并且使用正确的呼吸技巧，你说话的时间可以更长，并且声音不会嘶哑。当然，腹式呼吸是一种技巧，需要进行大量练习并集中注意力，直到你能自然地运用。

4.4　正确的呼吸姿势

站立时正确的呼吸姿势是双脚开立，身体重心稍落在脚掌上，膝盖略微弯曲。胯部摆正，不可偏向左边或右边，后背直立。吸气时，腹部扩张，胸腔和肩膀保持不动。学习如何正确地呼吸需要进行常规的练习。如果保持坐姿，最佳姿势应是坐在椅子边缘，双脚平踏于地面，后背挺直。这样的坐姿有助于膈膜进行最大程度的舒张。鉴于站立的姿势确实更有助于发声，许多演播室都是按照站立式操作的要求来进行配置的。演播室内，放置设备的案台和机架根据播音员的平均身高进行设计，从而方便他们播音及操作设备。当然，在许多情况下，会要求播音员就座，尤其是在一些电视节目中。尽可能不要把播读的文稿放在桌面上，否则你会不自觉地向前弯腰，导致气息不畅，表达困难。熟练掌握演播技巧之后，无论你身处何种环境，都能够保持正确的腹式呼吸姿势。

腹式呼吸是我们与生俱来的呼吸方式，但可惜的是，我们中的大多数人使用的仍是一种效果明显次之的呼吸方式——胸式呼吸，呼吸时收缩腹部扩张胸腔，而不是通过更好地控制膈膜以及腹部来增加肺活量。当我们使用胸式呼吸方式时，气息只会被吸到肺部的上半部分，肺活量没有得到最大化的利用，因此这种呼吸方式对于播音员而言是非常不利的，会导致发音单薄无力，没读几个字就要换气。这样会增加播音的难度，播读的语调听上去也不够稳定。腹式呼吸是包括歌手、演员、播音员、运动员在内的专业人士所采取的正确的呼吸方法，因为他们都需要充足的气息和良好的呼吸控制能力。

4.5　发声的关键要素

我们要知道，每个人在讲话时都有两种声音，更确切地说，是两种说话的方式。其中一种被称作"个人的声音"，会用到俚语，也会有不标准的发音和表达。它通常用于朋友之间的交流，可以保留。而我们需要提升的是进行演播工作的声音，也就是"职业的声音"。在演播室进行播报或者在需要有良好的声音表现的其他场合,你要具备这种声音。

由于种种原因,我们每个人的声音听上去都不同,每位播音员都是独一无二的。声音出色的播音员通常都具备三个方面的特点。首先,使用低音音域,声音洪亮而悦耳。其次,说话时保持一定的节奏感,能够让听者易于理解。最后,发音清晰无比。极少有人生来就具备这些素质,但是如果通过一定的训练,每个人都能达到这样的标准。在进行相关训练的同时,你还可以利用某些差异来让你的播报更加别具一格,包括音量、音调和语气等方面的差异。除此以外你还需要不断优化语言表达和吐字发音。第5章将会详细讲述这些技巧。

4.6　音量

音量,即声音的大小,也就是声音的响度。在你作为一名播音员与受众进行交流时,音量能够展现出你的活力和热情。音量由影响呼吸的肌肉控制。请尝试用不同的音量来讲话或者诵读,并仔细感受其中的差别。大声地或轻声地朗读一段文字要比你想象的困难得多。在播音中,音量也可以利用麦克风或者调音台来进行调节。然而,有些新手播音员觉得用调音台就能实现对音量的控制,因而在播音时提高音量是多此一举。这是错误的理解。虽然我们能够通过电子手段对轻柔的声音加大音量,但是不能改变它单薄而呆板的本质。而调音台上的音量控制按钮,也绝对无法弥补自然声音的缺憾。换一个角度,让我们从发声角度来讨论这个问题。发声,就是把声音从口中发出的过程。在我们对远处的人大声说话的时候,我们通过对腹肌的压缩来让声音传递得更远。有经验的播音员把这项技能掌握得很好,而新手播音员对此则不是很熟练。从这方面来看,正确呼吸和正确使用腹肌也是至关重要的。

在播报中善用音量的变化能够对播报的内容进行更好的阐释。如若受众听到的是一成不变的声音,就会感觉到播音员对自己所说的内容并不感兴趣,从而让他们也丧失了收听的兴趣。当提高音量进行播报的时候,也要注意营造对话氛围,而并非让受众感觉你是在对他们讲授播报内容。因而,播音需要掌握音量控制技巧,并时刻注重播报的交互性以及信息传递的一对一性质。

4.7　音调

音调即声音的高低,也就是声音的振动频率。早期的广播偏好低沉、正式而明快的声音。当下的趋势是不再要求播音员嗓音低沉而发音正式，而是普遍要求播音员用正常而自然的音调讲话，并在需要着重强调的地方，降低音调进行处理。但是要注意不要犯新手所犯的错误，即采用了过分低沉的"播音音调"。长时间刻意压低嗓音，会给声带带来巨大的负担。一般情况下，播音员的最佳音调是比最低音调高出1/4的声音。通常，人们会认为低沉的音调比高音调听上去更悦耳。男播音员由于声带的天然因素而比女播音员的声音低一个八度，因此他们的声音更具有优势。这也就要求女播音员着重于低音调的训练。有时一些年轻的女播音员甚至需要在开始播报之前就提醒自己，用低音调开场。既然如此，你就很有必要在文稿的页眉位置做一个备注，以此来提醒自己。

4.8 语速

　　语速是在你说话或者诵读过程中，在规定的时间段内所传递的单词数量。通常在大声诵读中，能达到一分钟160~180个单词的速率。鉴于并不存在特定而准确的单词数量要求，一分钟内约170个单词的语速是能够接受的播音速度。也许这个速度并不及你平常说话时的语速，但是它却能够保证发音清晰，易于受众理解信息。语速越快，越容易犯错，也越难以被人理解。在商业广告的播音中，通常需要根据规定时间内所要播报的单词数量以及播音材料来进行语速的控制。举例来说，有的广告限定60秒的时间，包含140个单词，有的广告还是60秒，却有180个单词。你的任务就是要将这两份广告词都控制在60秒的时间内讲完。

　　我们平常很难判断自己的语速究竟有多快。在进行练习的时候，你可以录下自己的播音，之后从一个听众的角度进行回放收听，以此来感知你的语速。用每分钟160~180个单词的标准来进行语速的训练，但是要注意，大多数情况中，你的语速是需要根据实际情况来进行调整的。以下关于朗读速度的练习，可以帮助你对自己的正常语速有一个基本认识。曾经有一个班的大学生在没有接受任何语速指导的情况下朗读这个语段，他们的平均速度是每分钟230个单词，远远超过了适宜的速度。

限时语段练习

　　1 Alfred had been away in the military for four years. Because of distance and his own（阿尔弗雷德已经在军队服役四年了。鉴于家乡路途遥远，他手头又）

　　2 lack of cash, he had been home twice in that entire time and had been out of the country（并不宽裕，他在这期间只回过两次家。而现下，他已经离家在外）

3 for the past two years. He arrived in New York after a cross-country flight, and took a（整整两年。长途航班载着他降落在纽约的机场，然后他乘）

4 bus for the last seventy miles out into the country of the rural Catskill Mountains where（车奔赴70英里外自己从小长大的卡茨基尔山乡间。）

5 he had grown up. After all the travel and being away so long, he was anxious, excited（长期的背井离乡让他在归家途中紧张，激动，）

6 and apprehensive all at the same time. Finally he began to see a few familiar sights that（并且忧心忡忡。之后，视野内的东西渐渐熟悉，）

7 told him he was arriving in his old territory He wondered what it would be like to see his（他意识到自己离家已经不远了。一时之间竟然不知道怎样面对）

8 family again. He knew that both his kid brothers would be bigger now, as both had（自己的家庭。他知道离家这段时间，他的两个儿子）

9 become teenagers while he was away. He hoped most things would be the same, but（已经长大。满心期望变化并不大的同时，他）

10 realized that there were many things that he had not seen in the four years he'd been（深知离开的这四年时光一切改变的太多，）

11 gone. You can't do everything when you're home on leave for just a couple weeks.（因为总是要在几周的假期之后离开，他无法每时每刻陪伴家人。）

12 Finally the bus started up the long street that led to the terminal, Alfred went a little（当汽车搭载他最终抵达终点时，他甚至像在军中一般）

13 numb as he had in tough circumstances in the service."Just deal with the situation,"he（愣了那么一下。"随机应变吧。"他）

14 reminded himself. The bus wheeled into the station and pulled to a stop, Alfred（默默地提醒自己。当车缓缓滑进车道的时候，阿尔弗雷德）

15 gathered his bags and started up the aisle. As he hit the steps going out the door,（背起背包沿着走廊向门口走去。脚步踏入门口的那一刹那，）

16 he heard a voice shout, "There he is!" It was his mother, with his father and brothers（他听见有人喊"他在那儿！"喊叫的是他妈妈，她和他的父亲以及哥哥们一起）

17 close behind.In a circle of hugs and kisses, four years seemed to evaporate.（站在那里。拥抱和亲吻之间，四年的离别仿佛从不曾发生。）

18 Within a few days it would begin to feel like he had never been away. It was over（几天之后，他无疑会重拾原来在这里的生活。一切都结束了，）

19 and he was home.（他回家了。）

（以下是语速的计数方法，例如，如果你读到第二行的"in"，那么你就读了50个单词。你可以通过测试30秒内念多少单词再翻倍来得到你一分钟内的朗读语速。记录下规定时间内你读到的最后一个单词。出现两个单词的情况下以下划线标注的单词为准。）

25–twice in–第2行	125–He knew–第8行	225–the station–第14行
50–flight–第3行	150–would be–第9行	250–he heard–第16行
75–After all–第5行	175–when–第11行	275–four years–第17行
100–a few–第6行	200–went–第12行	300–was home–第19行

演播提示4.1

训练声音的共鸣

保持注意力集中，想象在一个箱子中练习，这会帮助你发出播音所需的更有共鸣的声音。共鸣可以使我们的声音更富质感。喉咙常保持放松状态，嘴巴尽可能张开，并限制鼻音（m，n和mg）。

1. 口腔打开，发"ah"，再慢慢把牙齿合在一起；注意体会当你缩小共鸣腔时共鸣的强弱。

2. 先发"hung, ah, ng, eh, ng, ah, ng, ah, ng"，然后感受共鸣从口腔移动到鼻腔，再从鼻腔移动到口腔的变化。

3. 读"Hack goes to school"，然后用食指和拇指堵住鼻孔后再读一遍。由于这句话中并无鼻音，因此无论鼻孔是否堵住，你应该都听不出发音的不同。现在，读"Nine new nannies nodding nearing noon"，然后再次堵上鼻孔重新读一次。这句话中鼻音很多，你会听出明显不同的共鸣。

4. 请清晰地读出下面这段话。其中不包含鼻音，但是由于你的发声机制并不习惯于长时间不带鼻音说话，因此你也许会觉得有些困难。检查你自己是否存在不合适的鼻腔共鸣。

> He was a rare fellow. At first sight, people quickly perceived that he was hardly of the average sort. His hearty laugh, his quick, catlike posture shifts, his clear, careful gaze all helped folks to appreciate his special qualities. Yes, he was always quiet. He saw beauty where others failed to detect it. He loved art as well as every object, every creature that had life. He was a rare fellow.

4.9 音色

音色是声音的色调,通常也被称为音质,被声源周围的介质所影响。声源,就好比是吉他或者小提琴上的弦、单簧管上的簧片,或者你的声带。关于介质是如何影响音色的,乐器为我们提供了鲜明的佐证。当吉他和钢琴在演奏同一段旋律的时候,你可以轻易地区别出吉他演奏的部分和钢琴演奏的部分。这是由于它们不同的声源材料在发生振动时形成了音色不同的声音。这种声音的特质被称为音质。而人们相异的音质和乐器是一个道理,声带的不同决定了每个人的声音都是独一无二的。我们能够在人们说话时区别出他们的声音,即使他们说的内容是一模一样的。

可能在小学时,你的老师就向你展示过音叉,并进行敲击。也许你能够听出它的音色,但是声音很小。不过,如果老师将音叉放到桌子上或是柜子上,声音一下子会大许多。这种现象被称为共振。桌面和音叉以相同的速度振动,这和你放松时身体参与到共鸣中的效果是一样的,这种类似的共鸣会出现在你的喉咙和头部。练就美妙的播音音色的关键在于掌握共鸣发声技巧。如同前面提及的,肺部的气流通过声带时,声带产生振动而得以发声。声音被导入胸部的共鸣腔,通过喉咙(包含咽和喉)、头部(包括口、鼻腔、鼻子)传出。播音员要做的就是完全放松,让声音能够进入各个共鸣腔而得以被加强。而共鸣腔的存在通常不易被我们感知到,只有在感冒或者鼻腔堵塞的时候,才会感觉到声音被阻塞。其实你可以通过几个小小的训练来感受这种共鸣。首先轻哼,只是轻哼,别管音调。这时你就能感受到鼻中的振动。然后把指头放在双眼下的鼻翼两侧,再重复轻哼。手便会感觉到轻微的振动。现在再张开嘴巴说"啊",这种振动会消失不见。保持发音的同时,移动舌头堵住口腔中的气流,使声音只能通过你的鼻腔发出,你就又会感觉到手指所在部位的振动。要想让声音在胸腔、咽喉或者鼻腔中加强共鸣,需要进行长久的练习。用低音来诵读,能够让声音在共鸣腔中得到加强。放松身体对此会有帮助。而质量卓越的麦克风能够更好地表现你的声音,使你的音质更佳。

4.10 清晰的吐字发音

声音必须经过加工，成为可辨识的音节，而吐字器官正是用来完成这项任务的身体部位，包括嘴唇、牙齿、舌头、下巴、软腭和硬腭（如图4.3所示）。发音良好的意思是在不过度夸张的情况下清晰地发出字音。播音员的声音会经过无数的电子设备被传送到远处，因此清晰的发音就显得尤其重要。很多原本面对面对话中清晰无比的内容，在经过远距离的传输后都难免失真。

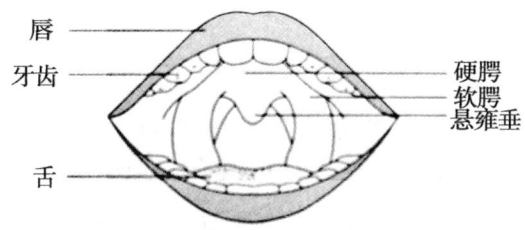

图4.3 吐字器官（从张开的嘴巴看）是用于说话的器官，参与发出清晰的声音，尤其是其中的舌、唇、下巴和腭。

造成发音不清晰最常见的原因是"嘴巴懒惰"。如果吐字器官不工作或者动作缓慢，要发出清晰的音节就非常困难。请阅读以下的句子并着重感受你的舌头的动作。"Let's take the local bus to that market.（我们坐公交车去商场吧。）"缓慢地说出这句话并感受你的舌头是如何从牙齿滑动到软腭的。要做到清晰地发音，只动用舌头是远远不够的。要想让舌头灵活，下巴就必须放松。而紧咬牙关，则会限制其他吐字器官的活动并且影响到声音的共鸣。要成为一名优秀的播音员，就必须有一张灵活的嘴巴。口腔后部的软腭必须能够自如地上下活动。如果软腭闭合或抬起，就会导致鼻音几乎没有共鸣。从本质上讲，就是阻隔了进入鼻腔中的气体流动，发出的声音就会变得和感冒患者或者鼻窦炎患者的声音一样。

要做到吐字发音清晰准确，就需要你动用嘴、下巴、唇、舌、齿，尽力夸张地去发音，从而迫使自己发音清晰准确。许多新手播报时都不怎么动用嘴巴和小舌。花点时间对着镜子看看自己的口型，再仔细观察经验丰富的播音员们如何发音，然后进行对比。一开始，你会发现过度夸张的发音让你倍感不适。然而和练习腹式呼吸的道理一样，正确清晰的发音有助于你塑造出清晰而饱满的声音。这不是能够一蹴而就的技能，只有你潜心地去观察并改正自己发音中的不足，才能达到这样的效果。你说话时知道自己要说什么，因此即使你的发音并不标准，你仍然会觉得自己的发音是正确的。但是，从听众的角度来听，感受可能会完全不同。你要站在听众的角度看待这个问题。清晰的发音其实还需要适度的唾液润滑来达成。缺水会导致唾液减少，以至于更加难以发出清晰的音来。紧张通常会使得唾液过多或者过少，而少量的饮水有助于放松喉咙，润滑口腔，使你更好地发音。你也可以通过正确的呼吸技巧来缓解过度的紧张。

4.11 读音

读音准确是播音所需的基本能力。这其中包含两项内容。首先你要明确何种读音形式是能够被听众接受的，其次要做的就是在播报时将它准确地表达出来。精准的读音包括发出单词的准确发音以及准确的音节重读。它或许在一定程度上受到口音的影响，但发音清晰与否却是由吐字归音来决定的。正如之前所述，许多电台偏爱标准的美式英语，因为其不仅符合文法，还基本不夹杂口音。但是也有些播音员用自己的独特口音，在播音领域另辟蹊径，独树一帜，比如霍华德·斯特恩和拉里·金（Larry King）。

错误的读音会让节目流失听众并让播音员和电台都失去信誉。因此，播音员的读音要准确。造成错误读音的原因多种多样，可能是不熟悉正确读音，也可能是有严重的语言障碍。节目导演通常提供的都是电讯稿，而很多电台都配有字典或者正确读音的参照表。播音员此时要完成的最重要的任务，就是对照参考资料，查找不熟悉的单词。有些单词你知道，但是不能确定读音，这时再三核对这些单词将对你之后的播报非常有利。而在你查找到这些单词后，请务必张大嘴巴迅速而洪亮地发出其读音，并不断重复直到你能够正确地说出这些单词。要知道这个方法会极有效地避免你在之后的正式播报中出错。同时，别忽略诸如"a"和"the"这样的冠词。它们有时候发"ay"和"thee"的音。综合性媒体更偏向于将它们发音为"uh"和"thuh"，这样听上去并不那么正式，但更能有日常用语的感觉。在线词典是学习正确发音的一个便捷工具。今天，几乎所有软件都在每一个单词旁边设有一个小的扬声器标志。当你用鼠标点击扬声器时，就会播放正确发音。

在你的播报中也可能遇到外来词汇。例如许多新闻事件中都包含外国名字。鉴于美国进口物资量的持续增长，播报材料中开始出现越来越多的外来词。面对外国人名地名，我们需要耗费一些精力去找到它们的正确读音。如果是新闻播报，那么这些词的读音就必须更加精准。你可以上网查找，或者咨询当地人，甚至可以咨询领事馆或者大使馆，找到这些词的正确读音。而面对一些常见的外来词，并不需要你像当地人一般发音那么地道。你大可以根据本土的语言特点用其最常见的发音方式来进行诵读。例如，在许多国家"r"这个字母要发卷舌音，而通用美式英语通常却不用卷舌。因此如果遇到诸如"burro"这样的词语，你可以将它读作"burrow"，而省略掉西班牙语中那个卷舌音。"Paris"的发音，美式英语和法语又有不同。它的美式发音是"Pare-iss"而非法国本土的"Parr-ee"。然而法式芝士"Camembert"的发音就是"Kam-em-bear"，而不是

"Kam-em-bert"。

你还需要注意地名的发音。有地域发音特色的例子包括埃及的开罗市（Cairo），发音为"Ky-ro"，其中包含一个长元音"i"，而伊利诺伊州的开罗市，发音却是"Kay-ro"。俄亥俄州中部有一个小镇叫贝勒丰坦（Bellefontaine），在某些法语人群中，它的发音为"Bell-ah-fon-tain"，而在美国，它的发音为"Bell-foun-ten"。其他类似的情况还包括路易斯安那州的伯锡尔城（Bossier），发音为"Boh-zer"，肯塔基州的凡尔赛（Versailles）发音为"Ver-sales"。还有北达科他州的皮埃尔（Pierre），读作"Peer"，而不是"Pee-yahr"。另一个特殊的例子就是纽约西部的楠达小镇（Nunda），发音为"Nun-DAY"而不是"Nun-dah"。

还有一种词是播音员初入行必须要学习的，就是由外来词发展来的名字。其中涉及社区、湖、溪流的名字都源自非英语的语言。在美国，尤其是东部地区，很多名称都源于这里的原住居民。这些词的发音长而奇怪，时常会造成误读。例如，纽约的斯卡尼阿特勒斯（Skaneateles）和斯卡蒂科克（Schaghticoke）两个社区旁那条叫作"Kayaderosseras"的溪流，当地人将它简称为"Kay-der-ross"。而在缅因州，当地某部落的名字叫作"Passamquoddy"，和某片海滩的名字一模一样。在新罕布什尔州，有一个著名的湖泊名为"Winnipesaukee"。在马萨诸塞州，我们可以找到伍斯特城（Worcester）和莱斯特城（Leicester），它们分别念作"Woo-ster"和"Les-ter"。而在路易斯安那州，阿查法拉亚河（Atchafalaya）所拥有的名字亦被用来命名某块湿地。在华盛顿，你会见到斯蒂拉瓜密什河（Stillaguamish）。这些例子都意在说明播读中你时常会遇到令人困惑的名字，有时你理所当然地认为自己会读，实则你并不能读出这些名字。优秀的播音员应具备随着地域的变动而不断积累特定单词发音的习惯。这些特定的词可能包含当地的街道名称，附近的城镇名称，城市的官方称谓等。可以向电台资深的播音员询问当地地名和特定词的正确发音。

另一个要注意的问题就是"语境词"，也就是只能通过阅读文稿来掌握发音的词。比如，你可能会特别关注像"read"这样的多音词。它是应该作现在时，读作"reed"，还是应该作过去时，读作"red"？再比如"polish"，它到底是打磨光亮的表面还是波兰人的母语？"bass"到底是贝斯还是鲈鱼？这种类似的一词多义在中英文中都还有很多。如果你不能对这类词有所警惕，那么它们将影响你的播报，有时还会出现尴尬的场面。

正确地说出他人的名字非常重要，因为哪怕对方声称自己不在乎，也会在你读错他们名字的情况下感到不悦。最能避免错误的方法在于，用他人习惯的发音方式来念他们的名字，而非根据你的想法来发音。例如NFL的橄榄球四分卫布雷特·法弗（Brett Favre），就把自己的姓"Favre"念作"Far-vah"。而通常情况下，当看到"Favre"这个名称时，播音员就会自以为是地将之发音为"Fav-er"或者"Fav-reh"。

口音广泛存在于美国和加拿大的大部分地区，而美国东海岸的某些城市，口音格外的明显。例如波士顿当地人就习惯于省略掉单词中"r"的发音。他们会把"car"念作"cah"，将"park"念作"pock"。美国南部的方言倾向于强调拉长同时儿化鼻音。一名资深的佐治亚州播音员说，"My wife likes white rice on ice"这一短语是帮他克服这一口音的关键，练习时要尽可能保证共鸣，同时保持口腔内部的发声位置不变，包括占主导的鼻音。虽然在地方电台，口音的存在并不会有什么大碍，但是这里依然要强调，播音行业最崇尚的依旧是通用美式发音。民族口音也是一个问题。在美国，非裔美国人方言英语（AAVE）是一种需要多媒体播音员纠正的独特语言风格，其特点也源于美国南部方言。虽然一些广播音乐节目鼓励保留这一风格，但是新闻、体育和气象类节目要求播音员使用通用美式发音。改变任何一种方言都需要大量的练习和自我约束。特殊的发音方式是一个人多年来受到其家人和同伴说话方式影响的结果。AAVE在语速、音调、发声和发音上有不规则变化，可以通过本章练习进行改变。虽然学习和练习过程对于有口音的人来说十分艰难，但适用于所有需要纠正发音缺陷的人。

精准读音所涵盖的另外一项内容就是避免在播报的时间压力下漏掉音节。播音员们通常会使用音标来辅助发音：按照发音而不是拼写来标注单词，根据音节划分单词，同时加入重音符号等提示标记来引导自己正确地发音。例如，你可能会播送一条冰淇淋商店的广告，店里正在推介一款特别的草莓冰淇淋。如果你想提醒自己"parfait（雪糕）"这个词的发音，那么你就可以在单词上把它的读音标注为"par-fay"。注意，在这个例子中，第二个音节"fay"是依据实际的发音写的，与单词本身的拼写无关。

有很多可以帮助你按照单词的发音进行标注的体系。新闻通讯社的通稿和国际音标就是其中的两种。而这些体系存在的问题是它们会使用提词器的文字处理器中没有的符号。最简单易用的是美联社（AP）的体系，它不带任何特殊符号。

根据发音标注单词还存在一个问题，那就是有些元音字母存在不止一种发音。尤其是"a"。现在假定你知道一个单词的正确发音，而且这个单词中的"a"和"father"中"a"的发音相同，则可以将"a"的读音标注为"ah"（facetious—fah-SEE-shus）。而如果"a"的发音和单词"raw"中"a"的发音更相似，则要标注为"aw"（taught—taw-t）。如果你想要标注"a"的长元音，例如在单词"ate"中那样，就应该写下"ay"（training—tray-ning）。而遇到短元音的时候，就将其标注为"a"，例如"ap-li-kay-shun"。在"Fred"中，将"e"的短元音标注为"e"，而单词"treat"中的长元音就应标注为"ee"。

"i"的短元音就记作它本身，长元音可标记为"eye"或"y"。字母"o"也有多种发音，根据发音不同，可被写作"oh"（oval）、"oo"（two）、"ow"（scout），或者是"oy" （join）。而"u"在大部分情况下被标注为"uh"或是"yoo"。对于辅音字母而言，大部分的标注就是字母本身。然而也有例外情况，如"k"表示浊辅音"c"，而"s"表示清辅音"c"。至于"ch""sh""th"，通常以它们本身的样子出现在标注中。为了辅助你进行正确的发音，你还可以将单词中重读的部分用大写字母来标注，以此来提醒自己重音的位置。例如某家咖啡店的名称，就可标注为"air-ah BEE-ka"。

4.12 不规范的读音

另一种读音方面的不足，是许多新手播音员的读音不够规范。和朋友聊天时，我们惯常使用简明的句子或者俚语。其中就会产生错误的发音或者是模糊的表述。也许这在日常交往中极其常见，但是如果带入播音之中，就会显得你非常不专业。不规范的读音是由两个原因造成的，即懒惰和习惯使然。产生的错误可以被归为以下几类，你应该熟练识别并避免犯错。

要获得听众的信任，读音必须正确。下文为你展示了一些常出现读音错误的单词，但这仅是入门。你需要不断学习更多单词的正确读音。

常见读音易错单词			
词	读音	词	读音
Acai	(ah-SIGH-ee)	Accompanist	(uh-KUM-pahn-ist)
Almond	(AH-mund)	Anemone	(uh-NEM-uh-nee)
Arctic	(ARK-tik)	Because	(be-CAWZ)
Cache	(cash)	Candidate	(KAAN-dih-date)
Data	(DAY-tuh)	Espresso	(e-SPRES-o)
February	(FEHB-roo-air-ee)	Forte	(fort)
Foyer	(FOI-ur)	Get	(geht)
Gif	(jif)	Gyro	(JAHY-roh)
Harass	(huh-RAAS)	Illinois	(il-uh-NOI)
Isthmus	(IS-muhs)	Just	(juhst)
Library	(LIE-brare-ee)	Meme	(meem)
Mischievous	(MIS-chuh-vuhs)	New Orleans	(noo-OHR-luns)
Niche	(nitch)	Nuclear	(NOO-klee-ar)
Often	(AW-fen)	Prelude	(PREL-yood)
Realtor	(REE-uhl-ter)	Rural	(RURR-uhl)
Sherbet	(sher-BET)	Status	(STAY-tuhs)
Transient	(TRAN-shent)	Valet	(VAL-it)
Washington	(WAW-shing-ton)	Worcestershire	(WOOS-ter-sher)

第一类，也是最常见的一类，就是单词音素的缺失。这类错误时有发生，比如我们经常会省略掉单词末尾的字母"g"所应有的发音。你听到过多少次类似于

"runin""walkin"或"talkin"的说法？这种情况大量地存在于"ing"结尾的动词之中。另一个略有不同的例子是"mirror"经常被读作"mire"。你要有意识地去避免遗漏尾音。

有时缺失也会以另一种方式出现。"winter"被读作"winner"，"hundred"被读作"hunnerd"。其他需要注意避免的同类型错误有：把"don't"读作"dohn"，把"little"读作"lil"，把"recognize"读作"rec-a-nize"，把"length"读作"lenth"，把"accessory"读成"ass-es-sory"。这种例子不胜枚举。

第二类是音素多出了一部分。已故美国总统约翰·肯尼迪（John Kennedy）以他的读音而闻名，像许多新英格兰人一样，他喜欢在单词中加入一些音素，以至于"law"被念作"lawr"，"idea"被念作"idear"，"Alabama"被念作"Alabamar"。其他一些类似的添音包括将"salmon"中不应发音的"l"读出，"re-mem-brance"被念作"re-member-ance"，或者在"Washington"的读音中添加了"r"，使之变为"Warsh-ing-ton"。添音的另外一种形式，是用其他音素替换正确的读音。例如将"butter"念作"budder"，"mother"念作"mudder"，"theater"念作"the-ate-er"。

误读也是非常常见的一种情况。例如将"just"念作"jist"，相似的例子还有"git""fergit"和"forgit"，将"chil-dren"读作"chil-dern"，"hun-dred"读作"hun-derd"，"professor"读作"per-fessor"，以及将"prescription"读作"per-scription"。

第三类你可能经常碰到的问题是连读，这样的读法常常将单词粘连在了一起。例如"Did you eat？"被读作"Jeet？"，"What are you doing？"被连读为"Whatcha doin？"。同理，"going to"会被连读为"gunna"，而"want to"会被连读为"wanna"。

纠正读音的第一步就是录制自己的读音，并且加以分析。每一次的客观分析都是令人痛苦的过程，但是这是很宝贵的经验，效果也比其他任何单独的练习要好。然而，我们很难听出自己的错误。请一位接受过相应媒体播讲技巧训练的教授或经验丰富的播音员分析你的录音，你会进步更快。在报纸上找一篇长度适当的文章，录下你播读的过程，并且在回放的时候，就以下几个问题，对你自己的读音做客观的分析。

1. 我是否省略掉了单词结尾的读音？
2. 单词中是否有辅音发音含混不清或者被省略掉了？
3. 是否出现了辨别不出的单词连读？

可以用下面这些句子来录音并进行评估。句子后面是需要在录完之后认真检查的单词。记得在录制之中，两句之间做停顿。

1. The police officer came running up behind the bank robber.
2. Just as the car turned the corner, it hit a pedestrian walking across the street.
3. The druggist asked the young man where he got the prescription.

4. William Johnson was arrested and charged with being an accessory to the robbery.

5. Terry Brown took the kickoff and ran the length of the field.

6. As John started his college years, he decided to say "goodbye" to his childish behavior.

7. The runaway car crashed through the plate glass window and destroyed the mirror on the back wall.

8. John's first class was European History, one he would just as happily to forget.

9. The lawyer said that Mr. Smith was a gentleman who should not be charged with assault and battery.

10. The police officer said he had gone through a different door into the library and so was able to recognize the robber as he fled.

检查以下单词：

1. Running（runnin'）

2. walking, street（walkin', stree'）

3. prescription（perscription）

4. accessory（assessory）

5. length, field（len'th, fiel'）

6. goodbye（guh'bye）

7. mirror（mire）

8. history, just, forget（his'try, jist, fergit）

9. gentleman, battery（gennelman, bat-tree）

10. different, library, recognize（diff'rent 或 diff-ernt, li-bree, rec-a-nize）

很多坏习惯可谓根深蒂固，因此，要想做到读音精准，需要进行长时间的训练。这是播音员必备的素质之一，所以练习是必需的。然而，精准的读音并不是要你将每一个单词都完完整整地说出来，那样会显得播报突兀而奇怪。你应该努力做到的是，保证读音精准清晰的同时，让播报自然流畅。

4.13 常见的语言问题

有一个很重要的语言问题，就是在说话时滥用填充词。填充词指的是那些你在说话停顿处所说出的词。与其说填充词的存在让你有时间来组织语言，倒不如说这纯粹就是个不良习惯。常见的填充词有"额""嗯""你知道"以及"OK"等。填充词的存在太普遍，以至于让人怀疑：还有没有人能在讲话时不带这些词。虽然每个人都会偶尔使用，但是频繁地使用就会分散受众的注意力，降低语言质量。笔者曾经见到过每句话至少要说三遍"你知道"的人。而"OK"和"Right"每隔两三句话就会被说一遍。要改掉这个毛病，首先要做的就是多加注意。

填充词"like（像）"逐渐潜入我们的语言中，出现在一切不合适的场合。你能很轻易地发现，有些人每句话中都至少要用一次这个词。曾经有一位电视节目制片人邀请一位艺术家担任艺术系列片的主持人，他下定决心在节目中坚决不能出现填充词。在彩排过程中，他拿着一个空玻璃杯和一把餐刀坐在导播室。每当主持人无意中说出填充词的时候，他就拿餐刀敲响玻璃杯，而主持人就得重新录制。即使最后主持人表示他简直想要杀了制片人，但是依旧承认这样的做法确实有效。

现实情况是，要改掉这个坏习惯确实非常难，尤其是在即兴演讲之中。由于即兴演讲没有稿子可以参考，因此一旦你开始组织你的思路进行表达，这些词就会无意识地冒出来。学生进行演讲的时候，即使已经下定决心不用这些词，但依旧会无意识地说出填充词。"cool"一类的流行语是另一种会迅速被过度使用的词。意识到自己在说填充词是改正的第一步。即使想要做到彻底纠正并不那么容易，你依旧可以通过长时间的努力来改掉这一习惯。因为再没有什么比满口"嗯""啊"更让人对你的专业素养产生怀疑的了。这简直就如同在你自己身上挂牌声明"我是新手"。现实中，一旦你在工作中多次使用过填充词，它们就会阴魂不散。从长远来看，戒掉它们是非常有必要的。

听众听到的声音可能与你自己听到的完全不同，媒体播音工作可能比预期的更困难。例如，日常对话中我们并不太考虑何时换气，但是在播音时，需要进行合适的停顿和换气。不恰当的停顿会改变语句的意思或导致声音断断续续。

此外，有些常见的问题与声音的变化有关，比如语气单调、唱调、气声等。语气单调的播音员不会调节自己说话的音调或者节奏，因而使得语言平淡无趣、毫无波澜。当播报变得千篇一律的时候，观众听什么内容都是一样的感受。使用唱调的播音员往往是通篇文稿用一种抑扬顿挫的模式重读或强调，例如每隔四个单词就要加重音。

另外一种唱调的情况在几年前很流行。播音员鼻音过高，在播读中总想拉长每一个元音。《周六夜现场》曾有一出围绕着"哀嚎者"的角色打造的小品，其中的人物都是用这种方式讲话。如你所预见的那样，所有这些播报方式一旦出现，观众们的注意力就会更多地集中在播音员的说话方式之上，从而忽略了他们正在播报的内容。这对于播音员准确传递信息的本职工作来说，是非常不利的。同时，一旦你养成了某种播音习惯，要想让今后的播音富有多变性，就变得不大可能了。

还有些播音中常见的问题，归因于声音没有共鸣，或者是呼吸方式不得当。其中具体问题包含鼻音浓重、声音纤细、气声过大，以及声音嘶哑。鼻音浓重是由于舌和软腭阻碍了共鸣腔中流动的气流。通常这种情况是由习惯不佳或者是由紧张造成的。放松下巴和嘴，能够有效地帮助你克服这一问题。另外，正如前面所提及的，鼻音浓重通常也有可能是因为你患有感冒或者是鼻窦过敏症。声音单薄是指声音缺乏共鸣，听起来软弱无力，缺乏权威性。轻浅无力的呼吸方式、过高的声调、不当的声带振动，导致了这样的问题。典型的代表人物就是著名作家杜鲁门·卡波特（Truman Capote）。如果正确运用腹式呼吸法，这一问题会得到显著的改善。气声过大就像它的名字暗示的那样，听起来充满呼吸声或是空气流动的声音。气喘吁吁的说话方式听上去好像很性感，就像演员玛丽莲·梦露（Marilyn Monroe）那样，实则不然，它暴露出了你呼吸时存在的问题。

呼吸包括吸气和呼气。导致气息不匀的原因可能是虽然你的吸气方式正确，但是在呼气过程中不够放松，导致气息突然释放，从而使呼吸被凸显了出来。要解决这一问题，你需要学会在呼气的时候控制好肌肉，腹部肌肉收紧，缓慢舒张，并且控制气息的释放。做到这一点需要多加训练并且意念集中，但是这些付出绝对是值得的。

嘶哑的声音听上去粗糙而令人不舒服，给人感觉播音员需要清清嗓子再说话。这样的声音有可能是一些自身的生理原因造成的。例如烟民或者咽炎患者就会听上去声音嘶哑。当然，你用嗓不当也会导致这一现象。比如说大声地喊叫过后，或者是你用非自然的低音长时间讲话过后，声音听上去就会粗糙无比。歌手金·卡恩斯（Kim Carnes）以喑哑的声音为特色，歌手兼小号手路易斯·阿姆斯特朗（Louis Armstrong）也是如此。如果你说话声音低沉喑哑，那么能够对之有所改善的就是采用正确的呼吸方式换气并且提高说话的音调。如果是由于咽炎这类原因，让嗓子得到充分的放松就能够改善嗓音沙哑的情况。

另外，说话带着咝咝声，或者出现破音的情况，也是播音中常会出现的问题。说话带着咝咝声，通常会导致在字里行间听到sh或者z的音。而破音通常发生在含有b、p、t、d、k、g这类爆破音的句子里。这两种情况都会在播音之中被麦克风音响放大而显得更为夸张。正如第2章提到的，用一个风挡或者噗声滤除器都能消除这种声音。播音员自身也可以对麦克风的位置进行调整，用轻一点的声音对着麦克风的侧面讲话，从而减弱甚至消除这种现象。

4.14 保护嗓子

播音员必须细心地保护好自己的嗓子。因为一旦你丢失了这项资本，你就会丢掉饭碗。然而现实情况是，你的工作要求你不停地用嗓，甚至有时候会超出你所能承受的工作量。大喊大叫就是对嗓子的滥用，然而这种滥用时常是你的工作需要的，这就需要你尽量在生活中避免这样的情况。过度用嗓会造成声带小结或者息肉，而这两种情况都是声带肉质增生。嗓子受损需要长时间来恢复，但是与其想办法去补救，倒不如从一开始就预防损伤发生。棒球运动员们从不会在没有热身的情况下上场比赛，因为他们知道，只要一个不小心，或许就会弄伤手臂，甚至断送自己的职业生涯。这个原则也适用于其他的表演性行业，例如歌手会在上场之前做声音练习。低哼小曲，背诵诗歌，或者摇摇头来放松你的肌肉和声带，都有助于消除你在接下来的播音中出现的声音紧张。

另外一个保护嗓子的要点在于，时刻保证口腔湿润。嗓子干的时候，很难说话，而口中和喉中保持湿润，你将可以长时间流利地进行语言表述并且不会对声带造成太大负担。在播音过程中，手边常备一杯水，在播放音乐的间隙小口啜饮。当你听到有人在讲话前清嗓子的时候，要意识到这是为喉咙增加负担的举动，兴许是他对自己的嗓音做出的破坏力最大的事情。而平日生活中大量饮水，无疑是保护嗓子的最好的方法。白水是最佳的选择。应该避免咖啡、乳制品、酒精、含有咖啡因的苏打水这类会让嗓子发干或声音变粗的饮品。

吸烟，常被认为会损害声带。有些人想要通过吸烟让自己的声音变得更低沉，更有磁性。但是吸烟对你的声音和健康造成的损害远超过它可能带来的好处，完全不值得你这样做。

另外你需要时刻意识到，你所用的麦克风有放大声音的功能。这就意味着你不用像在平常情况下那样大声说话。你应试着在不提高声调的情况下来表达情绪，即使不用给你的嗓子施压，你也能在播音环境下表现出激动和兴奋。播报时试着放松咽喉和胸部的肌肉，能够让你处于放松状态并且不容易感到疲惫。而在放松的状态下，你的声音听上去会更加悦耳。

最后要说的是，如果你真的用嗓过度，那就要停止用嗓，进行休息，即在过度用嗓之后，保证几个小时不发声。这听上去很不现实，但是如果你能够严格执行，对你会非常有利。对于播音员来说，嗓音就如同汽车修理工的工具箱。而我们都知道，没有了工具，谁在行业中都不会走得很远。

```
保护好你的嗓子
    * 演播开始前热身
    * 保持嗓子湿润
    * 禁止吸烟
    * 禁止喊叫
    * 过度用嗓后充分休息
```

4.15 总结

声音的训练将在播音员的整个职业生涯中不间断地进行。无论你在哪个媒体平台工作,悦耳而有力的声音都应该是你不懈奋斗的目标。要想拥有这样的声音,你需要从掌握腹式呼吸,了解支撑呼吸过程的肌肉的生理构造开始。声音的各个方面,包括音调、音量、语气、吐字、发音,都可以通过专项训练得以提升。专业的播音员工作时之所以看起来很轻松,是因为不断努力训练出了好声音。之后我们分章节讲到的特定的播音领域之中,你将会发现所提供的技巧,都与基本的声音训练有着至关重要的联系。

自学题

问题

1. 使用正确的呼吸方法时,最重要的肌肉是哪一部分?
   a) 肺部　　　　　b) 膈膜　　　　　c) 共鸣腔　　　　d) 声带

2. 正确的腹式呼吸中不包含以下哪一项内容?
   a) 后背挺直　　　b) 腹部突出　　　c) 挺胸　　　　　d) 膝盖弯曲

3. 以下哪一项内容在最大程度上影响了音质?
   a) 共鸣腔　　　　b) 吐字器官　　　c) 音调　　　　　d) 音量

4. 正确运用唇、齿、舌、下巴,把它们作为_____,非常有助于清晰发音。
   a) 共鸣腔　　　　b) 发声方式　　　c) 读音　　　　　d) 吐字器官

5. 媒体播音员的专业标准是,运用标准美式英语播报,且语速控制在每分钟160个单词。
   a) 正确　　　　　b) 错误

6. 如果声音柔弱,强化声音的最佳方式是运用调音台上的音量控制按钮对其进行加强。
   a) 正确　　　　　b) 错误

7. 与共鸣有关的常见发音问题是_____。
   a) 唱调　　　　　b) 语气单调　　　c) 气声过大　　　d) 鼻音过重

8. 如果不具备低沉的讲话音调,就不应考虑从事媒体播音行业。
   a) 正确　　　　　b) 错误

9. 高品质的电容式麦克风能够强化声音的_____。
   a) 共鸣　　　　　b) 吐字　　　　　c) 读音　　　　　d) 音量

10. 吐字归音方面,以下哪一项内容是正确的建议?

a）外来词汇的发音要遵从当地居民的读法

b）为了保持自身特色而保留地方口音

c）总是把"the"念作"thee"

d）熟悉文稿，以避免发音上的错误

11. 评定优秀的媒体播音时，最次要的评定标准是_____。

a）运用低沉悦耳而富有磁性的声音讲话

b）讲话速度易于听众理解所讲内容

c）声音洪亮

d）拥有精准的发音

12. 以下哪一个例子属于发音之中"省略音素"这一问题？

a）将"rabbit"念作"wabbit"

b）将"wash"念作"warsh"

c）将"chic"念作"chick"

d）将"winter"念作"winner"

13. 以下哪一项发音要素是你最难以掌控的？

a）音量　　　b）音调　　　c）语速　　　d）音色

14. 从事电视节目播音的播音员不需要注重声音在节目之中的传递，他们更需要注重的是他们的外在表现。

a）正确　　　b）错误

15. 以下哪一个器官将气体引入声带从而发声？

a）声襞　　　b）咽　　　c）喉　　　d）气管

答案：

1. b　2. c　3. a　4. d　5. a　6. b　7. d　8. b　9. a　10. d　11. c　12. d　13. d
14. b　15. d

实践项目

项目一　发音练习

目的

通过控制齿、唇、舌、下巴、软腭的活动方式来加强发音的清晰度。

要点

1. 练习绕口令能够让你轻而易举地把握好日常用语。虽然在实际的播报之中可能不会见到如此繁复的文稿,但这项训练有助于你更好地认识到,吐字归音清晰、避免口舌懒散在播音之中是多么重要。

2. 最初,你总会感觉到自己的嘴型过度夸张,但是这样的清晰程度在训练之中是至关重要的。

3. 如果你需要有人协助你录音,不论在录音室还是使用便携式录音工具,你都可以向你的指导老师或者电台的工作人员寻求帮助。

如何完成这个项目

1. 大声朗读以下句子。
2. 反复练习慢速朗读每一个词组,然后用精准的发音朗读材料内容并录音。
3. 重播自己的录音,对其进行客观的评价。
4. 请保留第一次的录音。尝试改进自己的发音,用稍快的语速再次录音。
5. 给你的录音标注上"发音练习",然后把它交给你的指导老师,等待老师打分。

发音练习文本

A. If I assist a sister-assistant, will the sister's sister-assistant assist me around the angled amber at all?

B. Betty bought a bit of butter, but she found the butter bitter, so Betty bought a bit of better butter to make the bitter butter better.

C. Kris Kringle carefully crunched on candy canes while a cupcake cook in a cupcake cook's cap cooked cupcakes with crisp crusts that crackled crunchily.

D. Do drop in at the Dewdrop Inn and see a dozen double damask dinner napkins.

E. Erin hears an excited executioner exercising his excising powers excessively unless her ears err here.

F. Friendly Frank flips fine flapjacks while four furious friends fought for the phone as fat frogs were flying past fast.

G. Gertie's great-grandma grew aghast at Gertie's grammar as cows grazed in groves on grass which grows in grooves in groves.

H. How has Harry hastened so hurriedly from the huge hog hunt?

I. Ike ships ice chips and inchworms itching in inch-long ice chip ships.

J. James just jostled Jean gently, but jolted Joan.

K. karen's cutlery cuts keenly and cleanly, but Ken's cutlery can't carve.

L. Larry sent the latter a lovely lemon liniment and a letter later.

M. A minx mixed a medicinal mixture, while a moose noshed much mush.

N. Nine nice night nurses nursing nicely napped nearby.

O. Old oily Ollie oils old oily autos.

P. A pleasant place to place a palace is a place where a palace is pleased to be placed.

Q. Karen gave a quick kiss to Ken. Ken gave a quicker kiss to Kim. Kim gave the quickest kiss to Kerry.

R. Regal Ruby Rugby recalled round the rugged rocks the ragged rascal ran.

S. Sister Susie sat on the seashore sewing shirts and shot-silk sashes for sailors and six short slow shepherds as the sunshine shown.

T. Ten tame tadpoles tucked tightly in a thin tall tin as the two-twenty-two train tore through the tunnel.

U. An undertaker undertook to undertake an understanding. The undertaking that the undertaker undertook was the hardest undertaking the undertaker ever undertook to undertake.

V. Virginia vowed vengeance very vehemently.

W. William, will you ask which witch wished to switch a witch wristwatch for a Swiss wristwatch?

X. Rex's hex: X-mas wrecks perplex and vex.

Y. Yes, local yokels were yodeling and yanking yellow yo-yos yesterday.

Z. Zizzi's zippy zipper zips.

项目二　练习准确的吐字发音并且避免不当的发音方式

目的

对不当的发音有明确的认知，并且养成发音清晰的习惯。

要点

1. 对不当的发音有明确的认知，很大程度上有助于在广播播报、电视播报甚至电报播报之中养成清晰发音的好习惯。

2. 在进行练习之前，你需要复习本章第4.11节、4.12节以及4.13节的内容。

3. 你可以反复练习朗读材料，但是只能进行一次连贯的录制。

4. 一个学期之内，你的指导老师很可能要求你多次进行此练习。

如何完成这个项目

1. 练习大声朗读下面这段材料，通常情况下，你可以轻易地在60秒钟之内读完。

2. 当你可以清晰、舒适地播读出整份材料的时候，开始进行录制。无论在录音室录音，还是使用便携式录音工具录音，你都可以向你的指导老师或者电台的工作人员寻求帮助。

3. 你可以多次练习朗读材料，却只能进行一次连贯的录制。录音时长不要超过60秒。

4. 播放录音并且客观地评判。听后写一份评估，列举你听出来的问题。

5. 给录音和评估都标注上"吐字发音练习"。然后把它交给你的指导老师，等待老师打分。

（提示：因为这不是新闻播报，所以你不需要在材料上做任何的标注。）

Jim had a bad cold and sounded so different his friends almost didn't recognize him on the phone. Walking to the library, he met his statistics professor and explained to him that he had a temperature of ninety-nine point one. The professor laughed and said he must have partied too much and ought to get more rest. "Let me tell you one thing," he said, "you are going to face a hundred temptations. Don't let a few little trips into the city cost you a good grade. I recall you have a history of starting well in class and subtly sliding. Let me warn you not to forget you have twenty days until the end of the semester." Jim said "good-bye" and continued walking and kept thinking, "I don't want to fail that course. I'm just going to have to sit down and put in an extra thirty minutes of study every day, even though that is going to be very tedious."

> 吉姆患了重感冒，严重到他的朋友甚至在电话之中都没有听出他的声音来。在去图书馆的路上，吉姆碰到了他的统计学教授，就向教授说了自己感冒高烧甚至烧到了99.1华氏度。教授听后哈哈大笑，说吉姆一定是因为参加了过多的派对而病倒了，并且建议他多休息。"告诉你吧，"教授说道，"你以后会面对更多的诱惑，别让这点小事断送了你的前程。还记得你在课程刚刚开始的时候成绩很好，后来却有所下滑。我得提醒你，还有20天这学期可就要结束了。"吉姆听后向教授道了"再见"，接着向图书馆走去。他边走边想，"我可不想这学期挂科。哪怕会乏味异常，我也得在之后这些天里每天多抽出30分钟，坐下来好好复习。"

项目三 发音练习

目的

帮助你扩充在播音工作中所需的词汇量，确保你不会在一些常常出现发音错误的单词上出错。

要点

1. 很多人觉得，他们不会在常用的单词上出现发音错误，但实际上这类错误时有发生。而播音员则更应加严格要求自己，做到发音准确。

2. 你需要朗读单词并录制为MP3文件，所以请确保你熟悉相关设备的操作。如若不熟悉，请向你的指导老师或者电台的工作人员寻求帮助。

如何完成这个项目

1. 下面列表中的每一个单词，请事先查找正确读音。

2. 给每一个单词都标注出读音提示（通讯社的文稿通常都会这样处理）。例如：单词"Almond"的读音提示是"AH'–MUND"。

3. 现在请朗读以下单词并录制为MP3文件。每两个单词中间，应留有约两秒钟的停顿。

4. 在你的作业上标注"单词发音"和你的姓名，并以同样的方式标注你的录音。

5. 将完成的作业和MP3文件交给你的指导老师，等待老师打分。

单词表

accessory	配件	athlete	运动员
barbiturate	巴比妥酸盐	caramel	焦糖
consortium	财团	deluge	洪水
envelope	信封	façade	正面
genuine	真正的	hospitable	热情友好
illustrate	举例说明	jewelry	珠宝
liaison	联络	mischievous	恶作剧的
negotiate	谈判	ophthalmologist	眼科医生
palm	棕榈树	realtor	房地产经纪人
sandwich	三明治	theater	电影院
unguent	药膏	vase	花瓶
worsted	精纺毛织物	yeoman	自耕农
zoology	动物学		

第 5 章

播报的技巧

5.1 引言

前面的章节，我们着重探讨了声音的训练。正如一开始所提到的，我们每个人都有两种声音，这是很正常的。和朋友交流时，使用的是个性化的声音，而在演播时使用的则是专业化的声音。只要你专业化的声音足够出色，不论你个性化的声音有多不理想，我们都不会在意。然而，要知道如果在日常对话中一直使用不当的说话方式，就很有可能在你播音时，特别是即兴的情况下无意识地用到这种说话方式。因此，无论是否在播音，都应该严谨地关注自己的说话质量。

要成为专业的播音员，第一步就是拥有悦耳的声音。这一章，就让我们学习一下如何利用悦耳的嗓音来更好地完成播音，并形成适合各种媒体环境的演播风格。现今在大众媒体最主流的演播方式是对话交互式。这种方式强调，即使你是在面对成千上万的听众或观众做播报，也应该让对方感受到你在和他一对一地交流。然而，大多数情况下，这种效果是无法达到的。原因通常有两方面：首先，你所播报给受众的内容，是无法从受众那一方得到反馈的；其次，你播报的内容，是别人所写，而非你自己的观点。然而，优秀的播音员能够克服这种环境因素造成的障碍，即使无法接收到受众的反馈，也能为受众营造出轻松愉悦的信息交互情景。现今对于媒体演播者的要求，已不是简单的阅读式播报，而是更加注重他们对材料信息做出释义以及传达信息的能力。本章将会介绍如何掌握这种演播风格。

5.2 形成媒体演播风格

要形成出众的演播风格，并非一朝一夕之功，这需要一定的时间，因为它是多种能力的结合。你需要练成良好的声音、学习使用声音的技巧，并且能高效率地完成文稿的播读，尤其是播读你没有参与撰写的文稿。个别刚入行的播音员声称他们可以在事先没有准备的情况下进行准确播报，这不太可能，因为即使是你练习过的文稿，也很难做到这一点。最好的办法就是定期为自己录音，并且对结果进行批判性分析。不过这又是一种挑战，即便有的地方你没念清晰，你也会习惯性地觉得自己念对了。而和别人一起来观察分析你的录音，能收获更好的效果。即使是自身经验丰富的播音员也经常采用这种方法。有的电台经理会经常给播音员们开会，共同分析他们的节目，也就是我们常说的"播音记录"。某些喜剧演员甚至会把自己的整场演出录制下来并加以分析，试图找出有些笑话引人发笑而有些笑话并没有让人们捧腹的原因。你也可以录下自己的一两句话，仔细地听，然后再次录制并努力做出改进。用一小段话做文稿，着手于这样的工作，直到这段话的表现能够让你满意为止。然后另选一小段文稿，重复前面的步骤。这样做真的很重要。

另外需要注意，默读文稿只能获得大声阅读文稿1/10的效果。在脑海里把那些词过一遍并不能暴露出问题所在，相反，大声阅读能让播报中的不足和播报过程中发音的错误暴露出来。也不要用一半音量去播读，找一个能够大声播读的地方进行定期训练，会对你有所帮助。推荐两个适合进行此类练习的地点：浴室和车窗紧闭的车内。选择这两个地点并不是为了让你远离人群，而是因为这两个环境会产生一定的回音，可以让你更好地听到自己的声音。

教科书和老师通常会说你要形成可扩展的对话式风格。然而这种播音方式到底是什么样的？又该如何才能掌握呢？新手播音员应该时时铭记于心的是受众距离。很显然，这指的就是你与受众的距离，它通常都会被认为很远。拿电视来说，许多新手播音员都会觉得摄像机所在的地方就是观众所处的地方，因而以此来作为声音控制的距离，尤其是当摄像机比较远的时候，这种声音的控制就会失当。这就好比舞台剧演员被导演要求把声音传播到剧院的最后一排，或者是教授提高音量提醒坐在后排的学生乖乖听课。这样的方法导致音量过大，很大程度上消除了对话中我们所需要的亲近感。要知道，观众的耳朵其实就是麦克风所在的位置，而麦克风通常和你的嘴唇相距6英寸左右。

距离远近和声音大小之间的关系，能够通过你和朋友间的一个小实验来印证。在距离朋友10英尺远的地方播读一份文稿，并且一定要清楚地提醒自己是在播读给这位朋友听。感受一下此时你是如何播读文稿的，然后向友人走近一步。此时你距离他应该有6英尺远，并且会感觉到播读的难度增加了，也许需要适度的调整。然后再向他走近一步。这时你们之间的距离缩短到了大约18英寸（这也就是要求实验协助者是朋友的原因），你会感到播读变得让人十分不适。站在那里别动，也不要停止播读，好好体会一下在这样的距离里播音的感受。现在调整到合适的声音，开始向后走，拉开你们的距离，并在此期间使用你们靠近的时候你所用的播读方式,这就是你在绝大多数情况下想要采用的声音。初期你会对此感到怪异,然而如果能够加以练习并在适当时候加以应用,会达到很好的效果。另一种方法是,在距离你2英尺远的摄像机面前进行即兴的演说,并记录感受。然后把摄像机的距离移至6英尺远,此时你会发现,即使之前的近距离播送方式是你想采取的播送方式,可你却需要花费一定的力气去努力维持住摄像机在近处时的讲话方式。你也可以通过对着墙壁讲话来得到和上述方法一样的效果。走近些,想象你的听众在墙壁处,然后逐渐拉远和墙壁的距离,说话的同时感受你对音量和言语方式的掌控。这些方法都很奇怪,但却非常有用。

还有一个需要从一开始就考量的因素是受众的数量。和一大群人讲话与只和两三个人讲话时,采取的方式是不一样的。从事播音行业,有利之处在于你总是有大批的受众。然而,抛开受众数量不谈,每一名受众都把自己定义为最重要的一位。有些播音员提到过,他们曾在演播室的镜头旁,或者麦克风旁,贴上自己几名朋友的照片,以此来提醒自己到底在跟谁说话。养成在不同场合仔细倾听他人说话的习惯,这也许并不能对你的人际交往带来明显的益处,但确实能让你更深地理解在对话中我们对于谈话对象是如何定位的。你越是留心这些,就会进步得越快。最后一个建议:伸直你的胳膊,将手指弯曲向内朝向你自己。这代表了和你相距2英尺远的四名受众,你可以这样对着自己的手指进行练习。现在,背景知识已经介绍完毕,我们来看看都有哪些技巧。

5.3 播报的技巧要素

大多数情况下,专业的播音员会有一套自己的技巧,来帮他们更好地完成工作并在众多播音员中脱颖而出。比如说在综合性节目中,你的声音便是你成功的关键所在。而怎样运用你的声音则决定了你究竟能有多成功。播报的技巧要素主要是指声音的运用方法,即你在播报中,为了让文稿更加易懂有趣所采取的方法。要成为合格的播音员,第一步就是熟练掌握这些方法,并懂得在适当的时候加以应用。

播报的技巧要素十分复杂,很难单独进行讲授。因为在任何情况下,都会应用到其中不止一项的技巧。如果非要列出其中最重要的一项,那么就应该是音调的变化,它既能让内容富有活力,又能让人们更易于理解其中含义。音调的变化,也就是声音频率的高中低。在我们欣赏歌曲时,音调的变化显得十分明显。日常对话中,我们采用多种多样的音调。而当我们播读文稿时,这种多样性往往会消失。取而代之的,是平淡乏味的音调。从另一方面来看,音调就是说话的语气,而单调的语气便意味着说话的音调始终如一,令人乏味。

掌握音调变化的首要条件就是感受其本身。你可以通过唱歌来进行感知，也可以尝试用你能达到的最高音和最低音来讲话，从而感知音调的变化，并且有意识地对其进行掌控。运用本章最后所提供的材料加以练习，尝试用它们独有的风格来对其加以表现。练习过后，再去播读一份文稿，仔细倾听你的音调变化，再次播读的时候，尝试夸张地表现出这些变化。这种训练多多益善。练习几次以后，再次播读文稿，调整自己的音调至适度水平。如若练习过程中能对你播读的内容加以录音，则更有利于进步。鉴于音调的变化在播音中极其重要，多花点时间对其进行训练是值得的。要知道，只有极少数的句子需要音调平淡的表达，事实上几乎所有的句子都需要通过变化音调来进行表达。一些学生自觉自己的音调良好，然而听到自己的录音后，才发现依旧有不足之处。有些情况下，你甚至觉得你过分夸大了音调而为此感到不适，然而实际情况往往是你做得还不够。

除了能让播报的内容听上去富有趣味性，音调的变化还有助于对某些信息点进行强调。它其实是用来强调词或短语的常用手段之一，尤其是升高音调的时候，受众更易抓住重点所在。而另一种强调的方式，就是加大音量，即给某个词注入更强的力度，它就会被凸显出来。然而，强调有时就会像食物里加多了的胡椒盐一样被过度使用。我们都听过广告词，听上去就像是播音员认为所有的商品信息都重要。当然，如果这是赞助商的意愿，那么播音员只是在按照客户的需要完成工作。通常这类播报中，平均每一句话只需要强调两三个词。所以了解哪些词需要强调是至关重要的，如此才能保证你没有错误地突出那些并不重要的信息。"and"和"the"这两个词几乎从来不需要被强调，所以请对这两个可能被错误强调的词保持警醒。

在强调信息的时候，还可以通过音量的改变来突出信息点。这里需要再次强调的是，这种方法的关键在于调节音量。诸如有些段落可以轻声地播读，而有些段落则需要放大音量来使内容更加突出。音量调节为播音内容带来多样性，几乎适用于所有的播读段落。时不时地变换音量并不会让你的播报内容听上去不知所云，相反，它会让你的播报显得妙趣横生。

另一个好用的方法就是停顿。可以在关键词的前后进行停顿以对其做出强调。当然，停顿还有别的用途，它能够分割内容，增加文稿趣味性，事实上它的存在让受众有时间来接收你所播报的信息。然而，固定的停顿方式会让播报显得生涩不已，很快受众就会觉得索然无味，显得你极不专业。除了能强调某个指定的词语，停顿还可以使内容生动起来。有时并不是在标点符号处停顿，而是在内容中需要被着重注意的地方停顿。举个例子，回到第四章阿尔弗雷德的故事，之前我们把它作为语速的测试材料，"Alfred had been away in the military for four years.（阿尔弗雷德在军中服役四年了。）"，我们就可以把停顿搁置在"Alfred"之后以及"military"之后用以对此加重强调。而仅仅是"Alfred"这个名字，音调就能有所变化，"A"可用升调来读，而"fred"用降调播读。"military"之后本应有的停顿能够在说"for"之前被弱化。而文中下一句话，"Because of distances and his own lack of cash, he had been home only twice in that entire time and had been out of the country for the past two years.（因为他缺钱，加之路途遥远，这段时间内他只回过两次家，而后的两年，他也一直都在国外。）"你可以尝试在"distances""cash""twice"和"time"这些词语处加以停顿，在"distance""lack of cash""twice"和"two years"处增加重音，这样能够让他的归来显得更为突出。词语"twice"，尝试提高音调来播读，注意音调在停顿时也不要降低，否则声音就会显得不稳定。一定不要急着完成播报，因为如果你技巧纯熟，就能自然而然地做到在保持播报速度的情况下不影响播报的质量。

停顿在播报中还有一个作用，就是你能借停顿的机会换气。在播报中气息用尽而使得句子最后几个词变得气息不足，声音逐渐变小，这是绝不应该发生的情况。否则的话，在你读到标点停顿处的时候，受众必然会听到你明显的换气声。句与句之间是换气的时候，而逗号处的停顿也有相同的作用。如果播读的句子过长，请尝试在不影响句意的情况下，在句中加一个呼吸点。而读到那里的时候，尝试在这个停顿快要结束的时候呼吸，这样下一个你说出口的单词就能分散受众的注意力，让他们忽视掉你的换气声。有计划地在播报之中较频繁地换气，也能够让你换气的声音不那么明显。因而在前期准备播读内容时标记出呼吸点是一项重要的工作。停顿还有助于我们使用另一个有用的技巧——速度变化。文稿的播读，并不是如同水龙头淌出的水流那样一成不变的，为了增强趣味性并使之更加清晰，我们会对不同的内容采用不同的语速，从而对重要的内容加以强调。慢速的播读强调出了所读的内容，而快速的播读则让内容变得次要。采用这项技巧的初期，需要进行有意识的训练，而之后，这样的速率控制则会变成自然而然的习惯。当你在播报之中加入音调的变化、强调的语气，并且采用不同速率播读不同内容时，文稿内容会变得更丰富而生动。对重点内容的精准强调能够让内容更易被受众接受和理解。

诸如此类的方法还有断句，即把几个单词组合在一起形成语义，再通顺地念出来。还是之前的例子，阿尔弗雷德故事的第一句，"away in the military"是一个语义，应当连在一起念。"for four years""because of distances""lack of cash""he had been home""in that entire time""had been out of the country""for the past two years"都是如此。其中每一个词组都应该被当作一个整体来读。但是为了让内容多样而富有变化，就要注意对所有的词组不能用同样长度的停顿，应该让某些停顿长一些，而有些则短一些。还要注意的是，不要让声音停留在相同的水准上，否则播报听上去就像是在唱歌。适当拉长词组的最后一个音节，就能够使你在停顿的时候声音依旧维持稳定。还有就是一定注意尾音处不要降调。

　　播报流利这一要求看上去似乎与之前的所有要点都背道而驰，但实际情况却并非如此。虽然每个单词都需要精准的发音，每个词组都需要精准的表达，句中也需要穿插停顿，但是这些也不能做得太过头，因为那会让播报显得呆板而不自然。许多新人努力地尝试发出单词的每一个音节，以至于播报之中每个单词都会有小小的停顿。也有些人每隔几个单词做一次停顿，反复用同样的模式播读文稿。这种情况下，就会呈现出不稳定的声音。无论在私下播读还是在节目录音中，你都应该仔细听听自己的播报，这有助于你了解自己的播音习惯。运用稳定的音调，可以给予受众"还有更多信息"的信号，而如果播报不连贯，每处停顿都以降调处理的话，就会给出将要结束的信号，而事实上你并未打算结束。

　　许多学生都会发现，想要做到流利的播报，期间不出现磕绊和不必要的停顿，其实是个不小的挑战。这很大程度上是因为注意力不集中，总是猜测而不是真正地去看下一个单词是什么。如果能提前熟知内容并且接受关于播读速度的建议，那么这种情况会出现明显的好转。但是，要想将注意力紧紧锁定在你现下正在播读的内容上，并不那么容易。这里需要提及的是，几乎每一次"重读"的情况都发生在一句话的开头。有些学生很频繁地在这一点上犯错误，因而更要客观地面对这一弱点并且多加训练。

　　语气，是又一个容易被人们忽略的声音技巧要素。有些故事中，语气是显而易见的，而有些则不然。语气是广告和新闻播报的一个要素，而且由于广告具有的问题/解决方案模式，语气可能会在一段广告词之内发生变化。你可以在开始时使用严肃的语气，然后使用轻松的语气来表现对展示出的产品的期待。文中的语气，通常很好辨别。灾难发生，孩子走失，播报这类新闻的时候语气应该凝重；气象播报，则应该用积极向上的语气；要是有大甩卖的消息，就应该兴高采烈地报道；而面对一个平淡的小事件，则可以开个无伤大雅的玩笑。很显然，这其中的情感变化非常丰富，有犹豫，有兴奋，有愤怒。因而任何一份文稿都需要提前阅读，挖掘其中的情感表达和情感变化，同时，你需要就此对文稿进行标注。（查看下页中的音调与语气练习，获得更多灵感。）

　　我们来谈谈如何用声音来传达情感。面对朋友时你会用什么样的语气？其实，即使是在广播播音的过程中，面部表情也能够帮助表达情感。比如播报一则有趣的故事，如果能够面带笑容，声音中满含笑意，那效果就再好不过了。相反，冷峻的面容能够让声音呈现严肃的感觉。要知道，情感和内容永远是相对应的，如若选择不当，就会让播报听上去漫不经心甚至愚蠢至极。别像个新手一样，在播报"一场大火夺去两个孩子的生命"这则消息前用"嗨"来和受众们打招呼。

> **音调与语气练习**
>
> 这个小练习能够帮助你更好地理解音调与语气在播报中的应用,用一个简单的词语"你好"来说。首先,请假设你刚刚遇到了一个朋友,大声地问候"你好"。然后,你遇到了一位并不亲近,却需要礼节性问候的人,并对他说"你好"。然后试着想象你遇见了那个充满魅力并让你倾心的人,你对他问候"你好"。最后,想着你会怎样和在学校走廊里打照面的同学问候"你好"。你和这些同学实际并不熟识,只是出于礼貌而打招呼。

声音的力度已经多次提及,因为它真的非常重要。如果话语中没有力量,你将永远难以具备成为一名优秀播音员的潜质。和音调变化一样,这也是一项实用的技能。有些新人发现,向声音注入力量并使之充满生命力是相当难做到的。面对这样的情况,你应该意识到,你已经因为过分地把注意力放在播报内容之上而被其制约了。而你应该做的,就是独自一人或者和别人搭伴,找一个合适的地方,练习大声播读。本章末附上了几篇短文,尝试用你最洪亮的声音去播读它们,尽可能地放大声音。如果你和同伴一起练习,就大声播读,用你的声音盖过同伴的声音。这样练习若干次,声音就会变得充满力量,播报的内容听上去会更有生命力。另一种训练方法是和朋友一起到工作室,或是其他的大房间中。两个人离得越远越好。向你的朋友朗读文稿,并确保对方能清楚地听到。你需要用更大的声音来弥补距离中的声音损失,这会让你找到感觉,知道在播报中你需要用多大的力度来让声音听上去生动而有活力。

每一位播音员都应该根据不同的环境,在播音之中给予声音不同的力度。不论在什么情况下,有力的声音都是必要的,然而声音的力度,则应该视受众和内容的不同,进行相应的调整。地毯大甩卖的广告也许就需要大声的呼喊,而播报事故所需的声音就轻微很多。如果你主持古典音乐会,所需要的声音力度就更小一些。但是你的表达仍需要听上去充满活力,兴趣浓厚,同时还要对音乐和到场观众表现出赞许。多听经验丰富的播音员在不同的场合中所采用的多样化的声音力度,仔细感受他们在特定的条件下为声音注入的力度分量。因为如若声音力度过大,就会让声音变得单调而且显得不够专业。坚持录音并重听,你会发现,其实自己的声音并没有自己想象的那样有力。

广播节目的好处在于你能够通过肢体动作的协助来达到期望的效果。只要有助于你生动地进行表达,你可以站着播音,说话时可以配合手势,可以做鬼脸,甚至可以对着空气挥舞拳头。但如果是电视节目,就没有这么大的灵活性了。不过你依旧能通过面部表情、手势,或者点头来让你的播报听上去更加生动而有力。

强调、音调变化、停顿、流利度以及其他播报的技巧被专业的播音员充分地应用于每一次播报中。他们能够合理地将文稿播报得更加通俗易懂却不失趣味性。在字数比较多的情况中，停顿会变得很短，但不会消失；作为理解文稿的关键所在，音调的变化不会因语速的改变而减弱。相比之下，许多学生在听自己的录音的时候，甚至没有听出音调缺乏变化，更不要谈其他那些播报技巧要素了。因而能够对自己做出诚恳而客观的评价，也是需要不断培养的一项重要技能。评价播音记录是专业播音员用来保持和提升工作水平的手段，对他们的职业生涯非常重要。因而不断的练习和客观的自我评估，是帮助你掌握这些播音技巧的最佳手段。你也可以和同学合作，互相倾听并评论对方的播音工作。相比较于你自己，你的同学也许可以听出更多问题。

演播提示5.1

如何播读成串的信息

新闻播报的内容中，经常出现一连串的信息。例如下列内容可能会出现在好莱坞一栋价格不菲的房屋的出售广告上，"六间卧室，八间卫生间，一间运动室，一间餐厅，客厅还有天井，全自动天窗，流水环绕房子。"现在的问题在于，如何更有意义地表现出以上这些内容，因为用平淡的语调读出乏味的效果并不是件难事。我们应用不同的播报要素来对其进行表现，音调变化、语速变化，甚至在关键部位做出停顿都是可用的方法。通常这种信息都包含三个部分，似乎这已经成了一种语言文化。在表达过程中，第一部分用常规方式读出，第二个部分升高音调并在其后停顿，而后，第三部分用降调以示结尾。回到上述文稿，我们且只说前三个词组，先是"六间卧室"，然后再将"八间"上升到高音调，"卫生间"延续之前的音调，然后在播读中加上"及"（为了让播读更加流畅）。最后在读到"一间运动室"的时候降调。要将这种技巧变为自然而然的习惯需要进行大量的训练。当然，在播报前对信息点进行标注，能使播读更容易被观众听懂和理解。

5.4 如何做标注

拿到文稿后，应该大声地朗读。这期间你要注意寻找那些带着信息点的关键词，从而在其后的正式播音中对其加重强调。重点词汇通常能够简明扼要地概括出文稿的信息。例如"The huge end-of-the-month sale begins this Saturday morning at Anderson's（安德森商店这周六早上开始月末大甩卖）"，其中重要的信息点不是折扣

"huge（大）"，不是"end-of-the-month sale（月末甩卖）"，也不是这次打折活动从"morning（早上）"开始，这些信息很好但不是最重要的部分，这句话中的关键词是"sale Saturday at Anderson's（安德森商店周六甩卖）"。大声多读几遍文稿，尝试在不同的词上加重语气，看看哪些最能突出信息。重点词通常是那些能够突出信息要点的词汇。

标点符号能够让你更好地对文稿进行阅读，但是不能助你更好地播读和传达信息，因此你可以在文稿上做一些标注。做标注指的是提前用形象生动的记号，标示出你对文稿的理解。换句话说，就是向文中添加标点符号而已。例如你可能会在一个需要着重强调的单词下做下划线的标注。而做标注的要点在于，所做出的标注要在你的播报过程中为你做出提示性的帮助，而不是分散你的注意力使你犯错。开始的时候，你或许会觉得做标记很浪费时间，但是渐渐你就会发现，其实这项工作会成为你的一个习惯，并且对你提高播音质量有着非常大的帮助。

当然，有些时候，一些条件限制我们无法提前对文稿进行标注，然而随着时间的推移，你会发现有时候这种标注不一定非要在文稿上做，我们在脑子里也能完成。有些经验丰富的播音员就不会做出明确的标注，因为那些标注会在播读的时候分散注意力。

鉴于做标注这方面并没有通用的方法，你可以建立你自己的标注体系。这里会给出一些大家比较常用的标点符号用法作为参考。需要特别注意的是，你所选用的符号需要尽可能简单并且表示固定的意思，这样能保证你在播报过程中不会因为思考标点符号的意思而浪费时间。你可以在需要强调的单词或词组下标注下划线。例如"Anderson's Big Twenty-fifth Anniversary Sale starts <u>this Saturday</u>!（安德森商店25周年大庆特卖会本周六开幕！）"。为什么最后在"this Saturday"处打下划线，我们之前做过相关的讨论。在此处你可以加大音量来加以强调，也可以改变语气或声调，甚至可以通过放慢语速来使之突出。如果你想提示自己语气再重一些，可以使用双下划线，例如"Anderson's <u><u>Big</u></u> Twenty-fifth Anniversary Sale starts this Saturday！"。

斜线用来表示停顿，和逗号的作用一样，只是表示的停顿要长于逗号。例如"Anderson's Big Twenty-fifth Anniversary Sale starts / this Saturday！"你也可以用双斜线来表示更强的停顿，比如"Sale starts // this Saturday！"每条斜线表示一拍的停顿。

双箭头下划线表示被标注的单词或者词组拉长播读。例如"Anderson's <u>Big</u> Twenty-fifth Anniversary Sale starts this Saturday！"这样标注将提示你要把"Big"念成"Bbbiiiggg"。

如果想要表示不重要的内容用更快的语速读出来，就在下面标注波浪线。例如："Don't miss Anderson's Big Twenty-fifth Anniversary Sale! <u>All sales are final. Sale ends at midnight this Friday.</u>"相反的，如果想要表示更慢的语速，就在词或词组下面画点画

线。如 "Don't miss Anderson's Big Twenty-fifth Anniversary Sale! All sales are final."

方括号用来划分意群，将表达相同含义的几个词括在一起，当作一个整体来念。例如，"[Anderson's Big Twenty-fifth Anniversary Sale] starts this Saturday! "

聪明的媒体演播者懂得在对文稿进行标注的时候，将那些可能会出现发音问题的单词重点标记出来。他们将容易读错的词整个用方框框起来，并在方框上标出正确的读音。就像这样：

noo'klee-uhr

"Bigger than a nuclear explosion…it's Anderson's Big Twenty-fifth Anniversary Sale！"

当你自身发音有所不足的时候，这样的标注能够提醒你在容易出现错误的地方格外小心。即使你习惯把"get"读成"git"，这样的标记也能很清晰地提醒你避免这个错误。标记时请注意，标记的频率大概是每行三个左右。不要通篇只做了两三个标记，就自以为完成标记工作了。

音调的变化通常用箭头来表示。对需要在播读中运用升调的单词或词组，在其上画一个向上的箭头。如果要降调播读，就画一个向下的箭头。箭头通常终止于单词或词组的结尾处。例如，"Anderson's Big Sale ends this Friday at midnight. "

当然，箭头还有别的作用。某些句子中有若干个标点，任何一个都可能是一个短句的结尾。回到之前阿尔弗雷德的文稿来看，"Because of distance and his own lack of cash, he had been home twice in that entire time and had been out of the country for the past two years.（因为他缺钱，加之路途遥远，这段时间内他只回过两次家，而后的两年，他也一直都在国外。）"如果"time"这个单词刚好处于这一行文字的末尾，就很容易用句末降调的语气对其加以诠释。然而转过一行，你会发现还有内容，而这些内容用什么语气来读，就成了问题。直行的箭头通常被标注在一行的末尾处，提醒播音员这并不是句子的结尾，不应该在此停顿。也就是说，这个词组或意群在这里还没结束，下一行还有。直行的箭头也可以用在句子的末尾，作用是提醒播音员，信息点在这一句话中并没有被表露完全，下一句话中还有补充信息，不应该在这句话的末尾使用降调。句末降调表示信息点已经表述完整，但要是你每一句话都用降调来结尾，就会导致整篇报道不够流畅。不仅如此，看似已经表达完全的观点在下一句还在继续表述，这也会让听众感到困惑。在什么地方降调，应该取决于信息点或这一部分报道在哪里结束。为了确保受众知道你的报道将要结束，在降调的同时把文稿中的最后三个词减慢拉长。这会让你的结束感听起来很明显。

几乎每个人都遇到过这样尴尬的情况：你用陈述句的语气读一句话，在快要结尾的地方忽然发现这是个问句，而末尾如果突然处理成问句的升调又会显得太不专业。西班牙语中有一个符号就可以应用于此，即在疑问句或感叹句的开头标注一个上下颠倒的问号或感叹号。在句子开头设置这个符号意在提醒播音员，这句话是疑问句或者是感叹句，例如"¿Do you want to save $1000?（你想要省下1000元钱吗？）"。鉴于疑问句、感叹句和陈述句结尾的音调各不相同，这些符号能保证你在句子开头就意识到这是个特殊句，而不是等到你说到句子末尾才发现。你也可以在句子开头和结尾都把符号放大进行标注，以确保提示足够明显。

　　常用的标点符号能够清楚地向播音员表明执笔者所希望的文稿呈现方式。逗号、句号、问号和感叹号，其平常的意义在播音文稿中依旧适用。相较而言，冒号和分号基本不会在播音文稿中出现。下文中列举了其他几种会用在播音文稿之中的标点符号。

　　通常情况下，省略号的意义在于表明句中有一部分内容被省略。但是在播音文稿之中，省略号通常意味着停顿。同样，短的连字号（-）或者是三个连字号（---）也可以用来表示停顿。出现这些符号，停顿的时间通常比逗号停顿时间要长，比句号停顿时间要短。当然，这也不是绝对的标准，播音员可以按照自己的方式进行定义。

　　连字号还可以用来表示几个单词合成表达的一个信息点。例如"book-of-the-month（本月特刊）"或者"jack-of-all-trades（万事通）"，如果你能够把几个零散的单词组合成一个信息点，那么就会更容易播读。连字号用于句中也可以让句子变得更加流畅，例如"The Johnson Company end-of-the-year sale starts next Wednesday!（强森公司下周三开始年终特卖！）"。你可以在任何需要的地方使用连字符来辅助阅读。再看下面这个例子。"The star's real name was James Robert Jones Senior.（这个明星的真实姓名是老詹姆斯·罗伯特·琼斯）"。通常这样的情况下，你在读到"Jones"的时候就已经降声调了，然后那个"Senior"就会让你无比尴尬。名字中用连字号能够让你记住整个名字。需要注意的是，如果连字号出现在每个大写字母之间的话，就应该单独念出每一个字母，例如"F-B-I"。如果字母之间没有连字号，则是按照一个单词进行发音，比如"NASA"。

　　文稿之中，引号也时常被运用。因为引号并不会被受众所见，也就是说，播音员需要对引用的内容加以处理而使之凸现出来。来看下面这个例子：The mayor said, "No new taxes this year,"（市长表示"今年不会增加税额"），播音员可以根据音调的变化来凸显引用内容，比如在"no new taxes…"处改变音调。同样也可以直接在句中加入一句"and I quote（引用）"：The mayor said, and I quote, "No new taxes this year."（引用市长的话，他说，今年不会增加税额），来提醒听众这里出现了引文。但是要记住，不管用哪一种方法，都别在句末画蛇添足地加上一句"unquote（引文结束）"，继续播报下面的句子就行了。引文何时结束，播音员的播报方式或者文本内容本身就能清楚地体现出来。当然，如果文中的表述不是很明确，那么类似"unquote（引文结束）"这样的提示是可以出现的。

圆括号通常用来标记那些不需要强调的单词或词组，但是在广播电视文稿中，圆括号常被用于提示播音员，无论括号中的内容是什么，都不应该被读出来。举个例子，文稿中可能会出现：

播音员：（紧急的语气）不要错过弗兰蒂克礼品商店的一日大甩卖。

最后一种符号会被应用于你要播报的文稿已经完成，但是需要进行编辑修改的时候。比如说，广告商忽然想到文稿之中的一个单词可以用另一个更好的单词来替换，就会在原先的单词上面画一条横线，在单词之上用铅笔写上新的单词。要是还是觉得原先的表述好一些的话，就可以擦掉这些修改的痕迹。如果大段的内容或某个单词、词组需要被删减掉，就用一个大叉号划掉这些内容，这样你就不会再读出这些内容了。要记住，做标记和加标点只是为了协助你进行播报，而你作为播音员的职责则在于用自己的方式播报文稿。你最终能被录用，是因为你有着自己独特的播报风格，而不是因为你会很好地做标注。

5.5 词语的使用

你可以通过《读者文摘》（*Reader's Digest*）杂志中的"词汇能力"测试来增加自己的词汇量。在这个测试中，给出的一列单词既有常用词，也有生僻词，每个单词有三个备选词义，你需要从中选出正确的解释。书中提供了正确答案和例句。播音员是靠文字谋生的，应当正确使用词汇，有志向的播音员，应该定期做此类测试或者通过其他的学习计划来扩大词汇量。如果不能确定某些词语的意思，工作就变得困难起来。还有一个可以增加词汇知识的网站是www.wordsmith.org，该网站每天会发给用户一封电子邮件，内容包括新单词的意思及其用法。订阅此邮件是免费的，它能够为你的词汇库添加新单词。

对于播音员来说，正确的发音和用词是绝对必要的，但是还应该尤其注意其他几种类型的单词。行话术语和俚语是两种类似的词汇，都是从专用词汇变成了常用语。行话术语通常指某个特定职业的人使用的专业语言或词语，而俚语可以理解成是某一特定社会群体使用的非正式的街头用语或词汇。但是有时很难将二者区分开，行话术语和俚语可能不像正规演讲的语法那样正确，但是它们能使交流变得有趣、富有表现力。很难想象在过去，诸如"PC（个人电脑）""byte（电脑处理的二进制码）""spam（垃圾邮件）"等表达只在电脑领域使用，但是随着电脑普及为家庭用品，该领域的很多行话术语都被吸收到主流用语中。

播音员要记住的重要一点是，有时候一些行话术语和俚语只有一小部分受众能听懂，因此播音员应该把那些陌生的词语和表达向普通受众解释清楚。同样，俚语通常只能被特定人群或民族理解，但不能被大众理解。很多群体都拥有"内部用语"，其意思通常只有自己的成员知道，这也是加入群体的乐趣所在。北卡罗来纳大学的康妮·埃布尔（Connie Eble）博士收集了大学俚语并出版了一本书——《俚语和社交：大学生的群体语言》（*Slang and Sociability*: *In-group Language among College Students*）。作者在书中列举出学生们给她提供的时下流行的词语，包括Geck（讨厌的人）、Manky（不能引起食欲的或令人作呕的）、Snorgle（拥抱）。很多大学校园里流行使用书中的词语，当然也会有一些俚语未被收录到该书中。

广播电视领域也有很多俚语表达——比如，"ear candy"是指轻音乐，"flash and trash"通常是形容地方电视台为提高收视率而制作的关于性、暴力和其他敏感话题的新闻。再次声明，播音员需要清楚的是，并不是所有的俚语和行话术语都能被受众听懂，但这并不意味着你不能使用这些表达，你需要为受众解释清楚这些词的意思。

一些词原本是俚语，但是由于被多次使用，因此变成了"老生常谈"，也就是过度使用或已经过时的词语，例如"easy as pie（不费吹灰之力）"。你可能知道很多老生常谈的用语，因为它们已经被过度使用。播音员不需要完全避免使用老生常谈的用语，从积极的方面来说，这些用语的确是用最少的词语表达了普遍意义，但是要记住，这些词已经被用得太多了，所以变成了老生常谈。播音员应该努力寻找新的表意方式，真正避免频繁使用老套的语言。

"冗余表达"是指使用过多的词汇去表达一个意思。换种说法，冗余就是不必要的重复。播音员应该尽量避免这类表达，因为时间和清晰表达在播音时非常重要，所以播音员应当简练用词。要想避免冗余表达，首先应该在讲话中倾听并识别出这些表达。"True fact（真实的事实）"就是冗余表达，因为事实都是真实的。其他你可能听过的冗余表达包括"free gift（免费的礼物）""armed gunman（武装的枪手）""green in color（绿色的颜色）""unexpected surprise（想不到的惊喜）""filled to capacity（充满容量）"。通过上述例子你对冗余表达应该已经有大致的理解，现在你可以识别出自己听到和用到的其他冗余表达了。

法语中有一个词组叫mal à propos，意思是"对结果不利"或"不合适的、不恰当的事"。美式英语的"malapropism（近音词误用）"是指因为把词语或特定表达的意思弄混或弄错而导致的误用，常常是指误用了读音相近的词语。这个术语是从马勒普太太（Mrs. Malaprop）那里得名的，她是1775年王政复辟时期的喜剧《情敌》中的一个幽默角色，她讲话时经常用词不当。在谈到另一个角色时，马勒普太太说："He is the very pineapple of politeness.（他是一个非常有礼貌的菠萝。）"事实上，很明显，她想表达的意思是"He is the very pinnacle（顶峰） of politeness.（他是一位极其注重礼貌的人。）"。

虽然这些误用会让听众们会心一笑，但播音员们在演播时应该避免，因为这是播音过程中的失误。其他用词不当的例子有"UFOs are optical conclusions"，把"幻觉（illusion）"错用为"结果（conclusion）"；"Her brother was a civil serpent"，把"公务员（servant）"错用为"蛇（serpent）"。著名棒球选手约吉·贝拉是最善于讲玩笑话的人物之一，他最著名的几句俏皮话有，"A nickel ain't worth a dime anymore（5分钱再也不会值10分钱了）"，"Always go to other people's funerals, otherwise they won't go to yours（要常常参加别人的葬礼，不然将来他们也不会参加你的葬礼）"，还有"Ninety percent of the game is half mental（比赛的90%都不太正常）"。

讲话中的错误还包括语法错误，也称为弗洛伊德口误或"说溜嘴了"，是指词或词组的使用不合乎语法规范。最典型的例子是"ain't"的使用，如"I ain't going to school today.（我今天不去上学。）"。其他语法错误包括"between you and I"，正确的是"between you and me"；以及"they was"，正确的是"they were"。这些语法错误在电视播音中99%的情况下是不可接受的。播音员讲话时必须使用正确的语法。

其他错误还有音节被调换位置，常常导致滑稽的效果。举个例子，播音员本想说"You have wasted two terms（你浪费了两个学期）"，结果说成"You have tasted two worms（你吃掉了两只虫子）"。这种错误通常是无意识发生的，很多播音员都犯过这种错误。播音员哈里·凡·茨尔（Harry Van Zell）曾把美国总统赫伯特·胡佛的名字Herbert Hoover说成Hoobert Heever，罗威尔·托马斯（Lowell Thomas）在介绍英国部长斯坦福德·克里普斯时把Sir Stafford Cripps说成Sir Stifford Crapps。

播音员经常把这种口误称为"出洋相"。电视制作人柯米特·沙菲（Kermit Schafer）出版了一系列关于播音员口误的书，内容包括语法错误和其他口误。沙菲在他的《洋相之最》（*Best of Bloopers*）一书中指出，《今夜秀》（*Tonight Show*）节目主持人约翰尼·卡尔森（Johnny Carson）曾把木偶师莎莉·刘易斯（Shari Lewis）介绍成"这个女孩是这个领域的胸部（a girl who is one of the bust pepiteers in the business）"（原意是"这个女孩是这个领域最好的木偶师"，"best"和"puppeteer"发生了首音互换，变成了"bust"和"pepiteer"）。莎菲还提到了高尔夫巡回赛解说员的"And now Johnny Tee is on the pot... of course I mean John Pott is on the tee!（约翰尼·球座准备发射……当然我的意思是约翰尼·波特准备发球了！）"一位糊涂的播音员曾这样报道，"This is your eleven o'clock newscaster bringing you an on-the-pot report...I mean on-the-spot retort... I mean on-the-tot resort... oh well, let's just skip it!（11点新闻播音员为您带来onthe-pot report……我是说on-the-spot retort……我的意思是on-the-tot resort……哦好吧，让我们跳过这段话吧！）"虽然并无万无一失的方法来避免这些错误，但是保持专注和避免仓促是两个不错的策略。

5.6 语言的变化

　　播音员需要注意的是，语言在有规律地变化着。每年各种字典都会添加新词，这表明新词被正式纳入日常用语中。《物理概况》（*The physics Factbook*）报告称，英语大约拥有50万个单词，除此以外还有50万个科学技术术语。此外，有些词语在成为"正式"用语之前已经被使用不短的时间了，有时候旧词又有了新的、附加的意思，但是每个时代似乎都有一批新词和表达进入日常用语中，比如20世纪60年代，我们有了"电话区号（area code）""尼龙搭扣（velcro）""盒式磁带（cassette）""按摩浴缸（Jacuzzi）""微波炉（microwave oven）"。20世纪70年代有了"两厢轿车（hatchback）""分手费（palimony）""裸奔者（streaker）""磁碟机（disk drive）""条形码（bar code）"。80年代出现了"卡拉OK（karaoke）""草包（airhead）""锈带（美国北部衰败或萧条的工业区）（rust belt）""雅痞（yuppie）""影城（cineplex）""收视监测仪（people meter）"。90年代，我们的词语中又加入了"直排轮滑（roller blade）""蜗牛邮件（snail mial）""DVD""垃圾邮件（spam）""电话追逐游戏（phone tag）""X世代（Generation X）"。21世纪，我们有了"环保人士（tree hugger）""辣妹（hottie）""路怒症（road rage）""花美男（metrosexual）""博客圈（blogosphere）""纳米机器人（nanobot）""次贷（subprime）"。近期还出现了"宅度假（staycation）""标题党（clickbait）""自拍（selfie）""你只能活一次（yolo）"等流行语，当然，还有"推文（tweet）"。过去这些年，改变语言的一个文化驱动力是"政治正确性"。某些词可能会冒犯或排挤一部分人，播音员在使用时需格外谨慎。在以男性为主导的英语中，显然不免落入这个范畴。过去，单词"人类（mankind）"通常指整个人类，"他（he）"或"他的（his）"使用时甚至男女通用。很多名词和动词都有男性化倾向，例如"商人（businessman）"，虽然女性也经常做这种工作。常识告诉我们，这种具有性别指向的词往往能用其他表达替换掉，而那些表达往往更加准确、生动。在英语中，"人类"可以用"humanity"代替"mankind"，"商人"可以用"executive"代替"businessman"。如果使用"他的（his）"或"她的（her）"不合适，那就重新组织语言，比如把"Each listener should send in his or her request as soon as possible（每个听众应当尽快提交他的或她的要求）"改为"Each listener's request should be sent in as soon as possible（每个听众的要求都应当尽快提交)"。

修改词句，删除那些可能会冒犯他人的词语，这是一种很好的播音习惯，但是不要矫枉过正。"manhole cover（井盖）"不能变成"personhole cover"，我们有了"Jack O'Lantern（南瓜灯）"（Jack为男子名）并不意味着我们也要拥有"Jill O'Lantern"（Jill为女子名）。

播音员必须关注的另一个领域是如何介绍别人，包括种族和年龄的介绍。媒体演播者首先要注意的是，很多时候某人的年龄和族裔并不重要，除非有助于受众理解谈话主题和内容，否则谈话中不应包括这些内容。现实中并没有标准的年龄分类，在大多数情况下如果提及年龄很重要，最好给出具体的年龄，而不要使用年龄分类。但是有时使用年龄概数的词语也能让人明白。"儿童""男孩""女孩"通常适用于12岁以下，"未成年""青少年""少年（juvenile）"是指十几岁。"成人"是指年龄超过18岁，"男人""女人"也是如此，而"年轻人（young adult）"是指年龄为18～21岁。"中年"是指年龄为40～65岁，"上年纪的人"或"年长者"是指年龄超过70岁。超过75岁的会被称为"老年"，但是很多这个年龄的人并不喜欢此表达。其他词语比如"小孩"（12岁以下）或"老人"（超过70岁）也被频繁使用，但是这些词描述的对象可能并不喜欢这些称谓。优秀的播音员对这些词需要保持高度敏感，只有当年龄在谈话时很重要时才使用这些词语。

某人的族裔背景可能是播音员提及的最敏感的话题了。像年龄一样，种族背景只能在其有助于理解故事时才能使用。有时说到北美原住民时，"印第安人"并不是合适的词汇，今天，我们通常用"美洲土著"和"美洲印第安人"来表示，虽然后者也并未被完全接受。"黑种人（Negro）"或"有色人种"已经被"黑人（Black）"和"非洲裔美国人"取代。虽然北美冰球职业联赛中有一支队伍叫作"温哥华加人队（Canuck）"，但是称加拿大居民为"Canuck（法裔加拿大人）"就是侮辱了。有些加拿大人认为"Canuck"一词并无冒犯之意，但该词对法裔加拿大人有贬损之意，因此更合适的称法还是"加拿大人"。类似的用法，"Polack（贬义波兰人）"是不合适的，但是"Pole"或"Polish-American（波兰裔美国人）"可以用来称呼有波兰血统的人。

媒体演播者应该明白，在美国，一些种族的人们不希望被特指为"归化的美国公民（hyphenated Americans）"。事实上，很多用来对种族分类的词语并没有在世界范围内得到认可。"拉丁美洲人""拉美裔""拉丁裔""墨西哥裔"都用来形容拥有墨西哥、中美洲或南美洲血统的人，但是不是所有人都同意用这些称谓。播音员除了对词汇是否被社会接受要保持敏感，还应该正确使用它们。例如，来自苏格兰的人不是"scotch"，而是"Scot"，前者是指一种酒，而不是人。"oriental（东方的）"用来形容地毯是合适的，但是并不适合指代亚洲人。"Asian（亚洲人）"或是"Chinese（中国人）""Japanese（日本人)"可以用来形容人。"Indian giver(送人东西又希望索回的人)""Mexican standoff (僵持、对峙)""Chinese fire drill(秩序混乱)"等词组是粗鲁无礼的或有冒犯性的意思,应当避免使用。

5.7 避免不专业播音和不当报道

这一章和之前的章节,我们都在试图从更深层去讨论,要想成为一名专业播音员,应该具备哪些条件。在进入后面的学习之前,让我们快速地回顾不专业的播音有哪些特点,这对之后的学习肯定有帮助。

新手播音员在播报之中遇到难度较大的单词时总会有所犹豫。这很明显表现出他们对这个单词的发音不熟悉。而有经验的播音员,不管句中是否包含难度大的单词,都可以让播报持续而流畅地进行。就像在第4章中提到的那样,经验不足的播音员总会在播报之中掺杂进一些不必要的口头禅,比如"呃""你知道"或是"嗯"。这些口头禅会影响播音员的播报内容,如果想要达到专业播音水平,就应该避免这类问题。另一个不专业的问题就是发音不准和语法错误,而受众们所期待的是精准清晰的播报。

通常新手都会犯一个错误,而这个错误一下就会暴露出他缺少经验,那就是句子结尾的一两个单词声音变弱。这种情况会导致最后几个单词的重要性被削弱,甚至有的时候还会让整体内容变得莫名其妙。然而,很多新手在一段话语之中,就会出现好几次这样的情况。不幸的是,不管是在新闻还是广告播报之中,最后几个单词往往是至关重要的,也许是新闻故事的补充,也许是广告在最后抖出的包袱。这样的错误会导致听上去就像人为地把最后几个音节删减掉了一样。错误的原因在于把注意力分散到了下一句话上,导致正在进行的这一句变得缺少力量。这种情况甚至还会发生在最后一个句子之中。学生们都觉得这个问题看似不难,但是要克服它,难度还是不小。通常来说,克服这个问题需要持续的努力,你甚至需要在最后几个单词上加以标注,提醒自己不要漏掉它们。而如果你不这样做的话,别人一听就知道你是新手了。

许多新手播报时并不流利,因为他们的阅读能力本来就不太好。有时候视力问题也会导致播报出现瑕疵,不过这个问题非常好解决。可是播报的效果不好往往只是因为容易磕绊、易于停顿或者是看错句子。显然,这些都可以通过练习来加以改善,但是同时你要意识到这是一种错误,这也就要求你在播报过程之中要尤其注意。另外,注意力集中是重要条件,专业的播音员能够在各种干扰下进行播报。这些影响因素势必会在一开始的时候分散你的注意力,但是你应该尝试将这些外在的因素隔离,专心于你的播报。要做到这一点,同样需要加以练习,并且一定会取得良好的效果。虽然听起来有点奇怪，但你一定要确定自己真的"看到"了那些单词。很多时候我们只看一个单词的首尾字母，然后用上下文猜测这个单词是什么，这种做法一定要避免。

新手播音员播读内容往往不够清晰——总是含糊不清地说出单词或词组。这一问题是由发音不清晰所引起的。不管你是不是从事媒体播音行业，这个问题你都应该严肃对待。任何一个想要成为团队领导或是决策者的人，话语之中的含混不清都会成为你的障碍，甚至会危及你的职业生涯。开始时，你可以试着放慢语速，注意力集中在每一个单词的完整性上，这可能会让你的言语过于清晰，但等你养成把每个单词都念完整的习惯后，才算是步入了正确的轨道。毕竟如果听众听不懂你在说什么，你就没有任何的就业机会。

另外，新手容易出现的问题还有：语速不当（过慢或者过快），重点强调错误（在不应当停顿的地方停顿或者重读不重要的单词），还有死气沉沉的播报（缺少活力和激情）。如果你的播报存在上面所提及的任何一项问题，现在就着手解决它。

5.8 与受众的密切关系

现今社会，越来越多的人独自居住，并且这一趋势愈演愈烈。这一现象造成的结果就是，广播电视成了人们保证自己不与社会脱节的重要途径。而奇妙的地方在于，虽然播报的是一样的新闻，甚至音乐都是一样的，为什么有些播音员就是比其他的播音员更受欢迎呢？为何受众会以崇敬的语气夸赞和谈论一些播音员？播音员的生活，为什么受众会在意呢？这就是播音员和受众之间的"密切关系"。虽然这个概念并不特殊，但还是要在这里提供一些建议，帮助你更好地和受众联系在一起。

首先，播音员必须了解自己的受众。有的信息会对部分受众很有吸引力，但对其他人可能就没有吸引力。作为播音员，你需要做到博识多闻，对各个领域的东西都有所了解。不论是乡村音乐还是国际时政，受众们都希望你掌握最新的相关资讯并对其有所了解。无视其专业性而冒充自己是行家，这样是长久不了的，因为在电台之外，对相关话题总有人比你懂得多。他们会打电话、写信，甚至传消息给你，就为了告诉你，你这个播报不科学，你根本就对此一无所知。一定要和受众保持良好的关系，实时更新你的知识储备，并且在必要的时候，诚恳地承认有些东西你确实知之甚少。

其次，如果你的受众是年轻人，你就应该打扮得时尚一些，够酷，紧随潮流，这会让你看上去充满吸引力，成为他们非常想要结识的人。而如果你的受众是年龄较大的人，他们就希望你深沉而有趣，展现出成熟的一面。这里要说的是，多多参与公众活动也能够让你魅力四射。热心慈善事业，为流浪动物寻找收容所，做些有领导意义的事，都会为你的魅力加分。当众为你的受众亲笔签名、和他们进行交谈也可以让你更加出众。不过现实是你可能有的时候会被批评，导致支持者流失，或是变得令人反感，毁掉公众对你的好感，所以当你疲惫或者心情不好的时候，一定要多加注意自己的言行举止。总而言之，你应该成为一个有趣的人，这样受众才会更想要亲近和了解你。

最后，如果你要问，媒体演播者获得成功以及和受众建立密切关系所需的条件是什么，也许没有什么比信誉更重要了，因为它代表着你深受受众信任，你所说的内容也具有可信度。即使在生活中，你会像个普通人一样犯错，但是受众会信任你，相信那只是一个失误，因为在他们心中"你从来不会故意这样做"。当你的信誉积累到一定程度，就会自然而然成为你面对失误时候的盾牌。虽然你并不十分依赖于此，但是它会帮助你挺过难关。当然，信誉是你与受众关系的基础，却不是全部。你需要和受众成为朋友，而这，取决于你说话的方式，你如何问候别人，以及你在公众面前的行为举止。正如播音需要良好的音色一样，你需要有美好的人格。你要变得有趣一些。这是个人内在的性格，别人没办法教会你，但是你需要意识到，在你和受众之间建立起情感纽带前，受众一定是被你的某一种人格魅力所吸引。如果他们觉得没有吸引力，那么你就很难和他们建立密切关系。

5.9 网络播音

媒体演播者面临的一个新挑战是网络播音，或称作在线播音。播音员需要依据播报情况调整自己的播音风格，因为网络播音并没有"放之四海而皆准"的指南。一位新闻播音员表示"这与试图把书店限定在同一类型一样"。他的意思是，网络播报可以是新闻故事、音频播客、采访、实物表演或其他任何表现形式。每种形式都需要不同的风格。可以说，大多数网络播音更为个性化，而非像广播播音一样提供更为适应广泛人群交流的方式。虽然你应该使用相似的力度和音量，但在个人电脑或智能手机上听或看你的人需要更为亲密的接触。而策略之一是连网聊天，即如果你面对镜头，要以一种随意交谈的方式对着它说话，如同和坐在你对面的人讨论一样。但这并不意味着你可以完全随意、草率地发挥或使用过多口头语。你仍需做到条理清晰，运用高超的播报技巧。

如果你是在家庭工作室中播音，应当注意这些事项。关于音频播报，请回忆第2章讲到的有关麦克风质量、隔音和声学处理的相关知识，以及合适的录音硬件设备。关于视频播报，与特写镜头始终保持眼神交流，克制那些让人分心的手势，穿着得体，并搭建一个用于展示播报内容的背景板。虽然观众可以接受不同于已习惯的广播电台精心制作的播音，但不要因为不在专业演播室播报就显得过于放松。在音频播报中，你可以依文稿工作，但要时刻保持交流，而非对着听众演讲。用文稿会使你的播报听起来很生硬，且没有对话的感觉。一些播音员发现使用笔记替代文稿能让播报听起来更加自然。如果是进行视频播音，除非你有提词器，否则你就需要依笔记播报。互联网观众无法接受你瞥一眼笔记或是照着文稿念。在正式播报之前，需要多排练几次，并做好多次录制的准备。像多媒体记者准备高质量的新闻故事一样，利用导语点出关键，可以立即吸引观众的注意力，而且要简洁。此外还要记住，在互联网上，全世界都可以观看这些可能会保留很长一段时间的播报。

5.10　总结

播音员需要发音正确，语言表述鲜活，同时对可能具有冒犯性的词语充满敏锐的洞察力。富于亲密感的谈话式播报更易为人们所接受，而提前对文稿做出标注能够帮助播音员更好地抓住内容的重点。很少有人生来就能做得很好，但是如果我们不断努力，就会有所进步。一分耕耘一分收获，只要勤于练习，你也能拥有优秀播音员所具备的技能。之后的章节会着眼于分析具体的播音工作场景，以及在各个领域中成为专业人士所必需的技巧和训练过程。

自学题

问题

1. 根据本章关于标注的描述，词组下方的波浪线表示的用意是＿＿＿＿＿。

 a）把该词组尾音拖长　　　　b）提高音调读出这个词组
 c）将此词组用更快的语速播读　　d）将此词组用更慢的语速播读

2. "dry as a bone（像骨头一样干）"属于＿＿＿＿＿。

 a）俚语　　b）冗余表达　　c）近音词误用　　d）老生常谈

3. 根据本章关于标注的描述，单词下方的双箭头表示的用意是＿＿＿＿＿。

 a）拖长声音读出这个单词
 b）提高音调读出这个单词
 c）用比其他内容更快的语速读出这个单词
 d）用比其他内容更慢的语速读出这个单词

4. 短语"completely encircle（全部环绕）"和"true fact（真正的事实）"属于_____。

   a) 首音互换　　　b) 冗余表达　　　c) 老生常谈　　　d) 行话

5. 直接播报是一项很好的技巧，因为它可以节约时间，而对于播音而言时间至关重要。

   a) 正确　　　b) 错误

6. 下列哪项技巧是广播电视播音员在强调广告词的关键词组时最不需要使用的？

   a) 在关键词组前后轻微停顿　　　　b) 读关键词组时加大音量
   c) 读关键词组时降低音量　　　　　d) 读关键词组时加快速度

7. 在常用的标点符号中，省略号用来表示句子或引用之中缺失的部分，然而在播音文稿的标注中，省略号通常的意义是_____。

   a) 几个单词连在一起表示一个意思

   b) 提示播音员音调变化

   c) 句子结尾，播音员可以使用降调

   d) 比逗号更长的停顿

8. 下列哪个表示年龄的词不是用来形容12岁以下的孩子的？

   a) 少年　　　b) 儿童　　　c) 小孩　　　d) 男孩或女孩

9. 如果要帮助理解新闻故事，下列哪一个关于种族的表达是可以出现在新闻稿中的？

   a) Canuck（法裔加拿大人）　　　b) Polack（波兰血统的家伙）
   c) Chicano（墨西哥裔美国人）　　d) Scotch（苏格兰人）

10. 用唱调来说话是播音界最推荐的播音方式，因为这种方式能让音调富有旋律且悦耳动听。

    a) 正确　　　b) 错误

11. 把几个单词连在一起形成一个语义，并在播报中通顺地进行表述，这对应了声音的哪一要素？

    a) 音调　　　b) 断句　　　c) 声音力度　　　d) 音量

12. 对于播音员而言，下列哪项对建立与受众的密切关系作用最小？

    a) 掌握最新的资讯并对播报内容有所了解

    b) 与受众建立信任

    c) 与公众交流并亲笔签名

    d) 拥有正确播报的能力

13. 对播音员而言，能够在面向千万受众播报时让自己看起来是在和受众进行着一对一的交流,这是很容易做到的。

a) 正确　　　　　b) 错误

14. 下列哪种表现不是只有不熟练的播音员才会出现的?

a) 在较难的词语前做停顿　　b) 讲话时会出现口头禅

c) 首音互换　　　　　　　　d) 发音含混不清

15. 当进行网络播音时,媒体演播者需要_____。

a) 采取和广播相同的播报风格

b) 采取比广播更为正式的播音方式

c) 将"连网聊天"视作网络播报的适配风格

d) 录制一个空白背景的演示视频

答案:

1. c　2. d　3. a　4. b　5. b　6. c　7. d　8. a　9. c　10. b　11. b　12. d　13. b
14. c　15. c

实践项目

项目一　标注文稿并录音

目的

让你有机会对广播文稿进行标注,了解录音时你应该怎样播读。

要点

1. 运用本章所介绍的文稿标注体系完成该项目。
2. 文稿要录成MP3文件,因此请确保你能熟练使用必要设备。

如何完成这个项目

1. 请看下方边框中的广告词。
2. 将文稿拍照或抄写到一张纸上。如果是打印,请使用双倍行距。
3. 想一想你要如何朗读,以及怎样进行相应的标注。
4. 用铅笔对文稿进行标注,方便随时进行修改。
5. 大声朗读文稿若干次,确保这就是你想要的播读方式。
6. 用钢笔重新标注,记得将名字附在文稿上。

7. 将文稿录制为MP3格式。

8. 确保按照之前做的标记播读。

9. 回放录音，如不满意结果，则立即重新录制，直至达到想要的效果为止。

10. 将标注过的文稿以及带有"文稿标注"名称的录音交给指导老师，等待老师打分。

Like it or not, winter is on its way. Are you ready? Do you need broken windows replaced, insulation installed, or leaks and holes repaired? Then call the Robert Bolton Company. We're experts in the repairs you need. We're licensed, bonded, and insured, and we'll do the job right, and at prices you can afford. We'll even work evenings to fit your busy schedule. Let the Robert Bolton Company improve your home. Call the Robert Bolton Company at 683-221-4400. That's the Robert Bolton Company, 683-221-4400. You'll be glad you did. (91 words)

无论您喜不喜欢，冬天都快到了。您准备好了吗？是否需要换掉破碎的玻璃，安装暖气或修理漏洞？如果是，联系罗伯特·博尔顿公司吧！我们专业从事此类修理工作，已获得从业执照，有担保和保险，价格合理，保证出色地完成工作。为配合您的时间安排，我们一天24小时随时待命。让自己拥有完美之家，请联系罗伯特·博尔顿公司吧！电话：683-221-4400。惊喜等着您！

项目二　发音练习

目的

帮助你增加工作词汇量，确保对容易发音失误的单词正确发音。

要点

1. 许多人认为他们知道常用字词的发音，事实并不尽然。广播电视播音员不应在字词的发音上出现任何失误。

2. 你的发音要录制为MP3文件，确保你已经熟悉必要设备的操作，如有需要，可以向指导老师或工作室技术人员寻求帮助。

3. 本项目延续了第4章的项目三，但使用的是新的单词表。

如何完成这个项目

1. 查找下面单词表中每个单词的正确读音。

2. 为每个单词标注读音提示（与通讯社新闻稿一样），举例如下：

单词　　　　　　　读音提示

Almond　　　　　　AH'–MUND

3. 现在，逐个朗读单词，并录制成MP3格式文件。确保发音正确，每个单词间停顿两秒钟。

4. 在作业上方附上你的姓名和"单词发音"字样，对录音附上同样的标识。

5. 将完成的作业和录音交给指导老师，等待老师打分。

单词表

accompanist	伴奏者	clique	派系
err	犯错	bouquet	花束
dais	讲台	forte	长处
bulimia	贪食症	disparate	不同的
gala	联欢晚会	harass	骚扰
mores	习俗	species	物种
heinous	令人发指	nuclear	核子的
statistic	统计的	irrevocable	不可撤销
often	通常	status	状态
juror	陪审员	penalize	处罚
toward	向	library	图书馆
preferable	更可取的	vegetable	蔬菜
memorabilia	纪念品	reprise	重奏

项目三　音调练习

目的

提高使用不同音调播报广播电视文稿的能力。

要点

1. 音调变化可能很难被辨别出来，而且容易让人感觉你太过做作。但是，练习时，需要夸张地进行音调的转换，就如朗读儿童故事一样。这可帮助你从听觉上适应音调的变化。

2. 将练习录制成MP3格式文件。如果你不确定如何操作工作室的设备，可向你的指导老师或工作室技术人员求助。

3. 你需要在画下划线的单词处使用相应的音调。

如何完成这个项目

1. 大声朗读练习文稿。

2. 当你感觉能自然地运用合适的音调朗读文稿时，开始录制。

3. 播放录音，一边听一边进行评价分析。

4. 再次练习并录音，努力改进音调。

5. 附上姓名和"音调变化练习"字样，将其交给指导老师，等待老师打分。

音调变化练习文稿

（音调上扬）

1. 您现在立即结束吗？

2. 你觉得我会在乎吗？

3. 我应该发一份邮件给你吗？

4. 你今天会完成吗？

5. 你曾经去过巴黎吗？

（音调下降）

1. 哈里斯教授会怎么说呀？

2. 她为什么这么不开心呢？

3. 你为什么抱怨呀？

4. 你会将学生送到哪里去？

5. 谁知道他都干了些什么？

（音调先升后降）

1. 别担心了。

2. 别走。

3. 请回来。

4. 尽快打电话给我。

5. 别骗我了。

第 6 章

广告播音

6.1 引言

媒体（流媒体、互联网媒体、广播、电视以及卫星）节目的基本目的就是吸引听众和观众。吸引到观众和听众之后，就可以将这份关注度通过做广告的方式打包卖给广告商。媒体依靠商业收入作为财务支持，包括设施与人员费用。很多情况下，播音员需要播送广告，念广告词。一位优秀的广告播音员能够拥有一份稳定的收入，无论是电台或电视台的工作人员还是以个人名义接受工作的自由职业者，只要在广告播音中有出色的表现，就能获得稳定的收入。本章，我们将向大家介绍广告配音的形式、正确分析广告词的方法以及如何用专业的方式播送广告词。这也是你第一次有机会把前几章中学到的知识投入实际运用中，比如控制语速和标记文稿等。要成为一位媒体演播者，学会如何"销售"是极为关键的一步。

6.2 广告资源

媒体播音有广播、电视和社交媒体三个平台。其中社交媒体包括播音员制作的音频与视频。广告的来源根据市场的大小和广告商的不同而各有不同。市场较大的媒体平台，尤其是拥有较大广告商的平台，它的广告交由广告公司制作，然后将完成的文稿或完整的音视频送交平台。市场较小的平台，也是大多数新手播音员起步的地方，它可能还没有高度规范化。除了由当地的广告公司制作之外，你所播送的广告词还有可能是由产品的销售人员所写。有些销售人员非常擅长发掘潜在商机，并且会把广告词当作推销宣传的一部分，尤其是对那些没做过什么广告的客户。一个有趣的广告方案可能会迅速打动潜在的广告商。在其他情况下，广告词可能是由平台的工作人员，比如分镜头脚本作者来撰写。大一些的平台可能会有一位或多位"创意顾问"，他们的工作内容就是不断地想出好的点子和广告词。但也存在另一种极端情况，就是播音员也需要亲自撰写广告词，甚至是销售广告时间，就像在小型媒体平台一样。尽管绝大多数的广告词都是提前准备好的，仍然有一些广告是由主持人在现场直播时，从产品的说明书上摘取部分文字进行播送。这样的广告给人的感觉是产品由主持人代言，尤其是那些深受欢迎和尊重的主持人，因此备受一些广告商的青睐。

互联网上发布的音频和视频是重要的广告宣传工具。互联网内容包括病毒式传播的视频，这些视频拥有特定的受众。受众可以在网站中搜索视频，广告会在视频播放前出现或是在视频播放中插播。预告片是一种既简短又神秘的广告，让人注意到即将发布的产品，例如一部电影。短篇广告是呈现在电视上的标准形式。在过去，广告时长大多为30秒、15秒和10秒。现如今，受众观看8~10秒后注意力就会被其他信息所吸引，特别是使用社交媒体时。这些短篇广告信息较单一，因此当产品广为人知时宣传效果最好。例如，我们都了解的麦当劳产品。长篇广告的时间较长且内容丰富，包含大量产品信息。这些广告有针对性的目标受众，通过提供有价值的信息来帮助受众做决定，故对于新产品或相对复杂的产品宣传效果最佳。长篇广告不具有娱乐性质，因为其目的是宣传与教育，在互联网上，这些广告可能长2~5分钟。包括电视、广播和互联网在内的所有媒体均存在长篇广告。和电影一样，广告的制作人、导演、后期和创作团队的其他成员均会在演职员表中列出。在油管（YouTube）上有一系列由《美国牧场主》（*The American Rancher*）节目组制作的长篇广告，讲解红安格斯牛的优势，其中既有关于牧场主的采访，也有旁白。此外，长篇广告为创意表达创造了机会，因此有时很难知道广告中宣传的究竟是什么产品。广告"学会飞翔的男孩"，由佳得乐（Gatorade）赞助，时长7分11秒。它采用了动画片的样式，并以奥运会运动员尤塞恩·博尔特（Usain Bolt）为原型。再比如一则由三星（Samsung）赞助的黑白广告，讲述了一位使用设备来分辨颜色的色盲患者，时长5分17秒，赞助商的名字在广告的最后几秒才出现。

6.3　广告形式：广播

收听广播的人都知道广告有多种形式，既有播音员朗读的简单信息，又有成本高昂、精心制作的迷你剧，后者是将大量的信息和情节浓缩在很短的广告时间中。事实上，广告内容可以是关于产品、服务质量的简单说明，也可以是关于产品具备某些优点、时尚元素的巧妙陈述。优秀的播音员对最常见的广播广告形式非常熟悉，同时也知道多种形式的广告经常会混合使用。

无论广告的来源是什么，最基本的广告就是文稿的播送，没有音乐，也没有其他音效。它被称为直接朗读的广告，对播音员的播送技巧要求很高，依赖播音员的技巧赋予广告词活力。由于没有音乐和音效来增强它的效果，这种直接销售的方式是最难取得成功的广告之一。诸如重音、停顿、音调、语速等演播元素在直接朗读的广告中是非常关键的。此外，这种广告需要根据朗读者的音色和广告表达的情感来选择播音员。

说明书广告是直接朗读的广告的一种变体。播音员播读广告时拿着一份关于产品基本信息和性能简介的清单，上面都是你需要在广告时间内展示的内容，但是没有直接提示该如何创造性地进行播报。由于没有广告脚本，播音员只好即兴创作，这比想象的要难得多。但是善于即兴发挥的播音员能让广告听上去很自然，所以其他人也能做到。但是在短时间内选择恰当的词并让广告词听上去真实可信，这需要大量的练习和前期准备。在所有广告形式中，直接朗读的广告和说明书广告是最具有挑战性的，因为广告所需要展现的生动性全部依赖于播音员的声音。本章第10节将会更详细地进行即兴演播的相关介绍。

背景音乐是许多广播广告中的一个常用元素，它可以加强直接朗读的广告的效果。这种广告中，在播报广告词的同时会有音乐播放。音乐的风格和情绪要和广告本身相匹配，而且声音不要太大，否则会分散观众的注意力。在规模小的广播电台中，播音员也会在录播或直播节目中添加背景音乐，所以声音和音乐的平衡是重中之重。经验之谈是，当你把握不好这个平衡时，让音乐的音量略低于可接受的水平，因为绝大多数的广告主都希望他们花钱播送的广告中每个词都能被清晰地听到。各种类型的背景音乐都是用来为广告营造氛围，比如海浪的冲击声和海鸥的鸣声都是在暗示这是在海边。

甜甜圈广告是指把通常由广告公司提供的信息和当地播音员的现场解说组合在一起进行录制。广告一开始通常是伴有音乐的广告词，中间部分也许是纯音乐，也许是一段空白，在这一段空白后面，以一段音乐和广告词结束。广告的间歇，音乐停止，播音员会读出相应的广告信息，可能是当地的产品来源，最后以背景音乐结尾。这种广告形式像是围绕着音乐中间的停顿（空白）处进行广告播送，因此得名"甜甜圈"。演播者必须对时间有很强的把控能力，因为最重要的信息点必须精准地在音乐间隙播报。

直播结束语式广告是甜甜圈广告的一种变体，所有录制好的广告词会在最开始就播放，播音员在最后补充介绍和产品相关的信息，通常是广告中提及的产品名称，以及当地经销商的地址。和之前讲过的一样，这种广告中最重要的元素是时间——播音员必须在规定时间内把广告词念完。在甜甜圈广告中，计时是非常重要的，因为播音员说的最后一句话不能和第二段音乐的起始部分重合，播音员也不能读得太快，否则会导致中间部分在音乐未起时出现较大的停顿。

代言人广告通常会请一些著名的体育和音乐明星，不过任何一位知名度高的人士都可能成为代言人。对于广播播音员来说，成为代言人的机会是存在的，而且还能带来丰厚的额外收入。有些代言人的出现十分有效果，但是有些代言人没有。播音员的作用是在广播中介绍广告主，或者为广告录音提供帮助。

高质量的大制作广告中包括很多声音、音乐、音效，甚至有歌手的歌曲。这类广告最好的例子是戏剧广告。这类广告中，播音员用一种对话的形式进行广告信息的播报，如实反映现实生活的一个侧面。音乐和音效通常用于渲染广告。播音员可能会受到一些限制，无法轻易地增减对话中的语言和产品信息。这些迷你剧是广播中制作最为精良的部分之一，展现了广播媒体作为"头脑剧场"的能力。

6.4 广告形式：电视和网络

广播广告的形式通常也适用于电视，二者之间只有一些细微的差别。演播者们需要了解基本的电视广告形式。电视广告主持人发展的关键原因之一在于有线电视广告和网络社交媒体平台的快速发展。收费较低的有线电视让小广告主们也有机会通过电视平台定期投放广告。许多广告非常简单，例如对老板和顾客的采访、对企业的观点，偶尔还会有一些不冷不热的幽默广告。网络广告可以是音频或视频，但由于播音员必须在几秒钟内快速抓住观众的注意力，因此对其要求苛刻。

作为电视播音员，配画外音是一项具有潜力的创收工作。在广告画外音中，销售信息的传递不需要播音员出现在镜头前，只需在电视播送产品相关画面的同时在画外进行讲述。这里的难点是声画对位，要在一定的时间内播送完广告词，同时注意语气的运用。广告配音是商业配音中最主要的组成部分，下节会着重讲述。

无论是在电视上还是广播中，代言人的广告形式都非常流行。以付费的形式邀请大众所熟知的人来对一件产品进行详细的介绍，在地方级别的电视台，这种形式可以很简单，但同时这种代言方式也可以在全国范围内广泛使用。名人代言的形式已经使用了几十年。一些最有趣、最成功的名人广告宣传会发生在超级碗期间，30秒的广告可能会花费数百万美元。名人代言的例子包括：贝蒂·怀特（Betty White）为士力架代言，乔治·福尔曼（George Forman）为他自己的福尔曼烧烤店代言，艾玛·斯通（Emma Stone）为露华浓代言，艾伦·德杰尼勒斯（Ellen DeGeneres）为美国运通代言。

代言人广告的一种变体是推荐式广告。推荐过程中，产品的代言人会基于自己的使用经验进行产品介绍。很多运动品牌使用的就是类似的方法。对于地方级别的产品，很可能你偶然发现当地某个汽车经销商穿的是这个运动品牌，然后就会请他来担任该品牌的代言人。这种广告的理念是，如果一个产品在名人眼中非常好，那么它在大众眼中也会非常好。多数情况下，这些推荐人的镜头经验几乎为零，因此，这类广告中还需要一名播音员进行产品的补充介绍或稳住现场。

以上这些并不能代表所有的广告风格，很多视频广告会同时包含多种风格。除了广告的确切形式，我们还应该考虑播音员如何分析广告词，如何用专业的方式播送。

6.5 商业广告的基本结构

如果把广播广告分成开头、中间和结尾三部分，你会发现，它总体上遵循的是一个基本的推动结构，包含以下四个方面：吸引注意、创造需求、满足需求、说服行动。正如下面的阳光助长剂广告，广告的开头是为了抓住注意力，吸引听众。最普遍的吸引注意力的方法是提个问题，就像下面广告中那样（"你的草坪是不是看起来就像用蒲公英打了补丁？"），你也可以用一个不同寻常的陈述（"你家的草坪上长出了738棵蒲公英！"）或一些声效（啵嘤！啵嘤！"啊，你家的草坪上蒲公英越来越多！"）来达到同样的目的。在大多数广告的中间，你需要创造一种需求（"一片葱郁、油绿、没有杂草的草坪"），并满足这个需求（"阳光助长剂"）。

许多商业广告都是遵循"提出问题—解决问题"的模式来拍摄，强调产品如何完美解决问题。中间这部分也正是你能发现更多产品信息的地方。在我们举的例子中，像"一种特别的种子与肥料混合物"或者"把阳光助长剂喷洒在草坪上"这样的信息在节目最后会再一次进行强调，以唤起观众的注意，而结尾也通常会出现厂商的名称、地址或者广告语。不是每一条广告都会像这样分成三部分，但是要分析一则广告，首先往往是看你能否看到它所包含的推动元素。

产品：阳光助长剂

长度：30秒

（吸引注意）你的草坪是不是看起来就像用蒲公英打了补丁？（创造需求）几乎所有人都想要一片葱郁、油绿、没有杂草的草坪，但是又嫌打理起来太麻烦。（满足需求）这就是为什么你需要阳光助长剂——能一次完成两项工作的草坪混种剂！阳光助长剂是用一种特别的种子与肥料混合物，同时能消除那讨厌的蒲公英。你只需用花园里的浇水软管和自动调剂瓶把阳光助长剂喷洒在草坪上。这一点都不难，然后你很快就能拥有一片漂亮的草坪了！（说服行动）今天马上到你喜欢的家庭用品店购买简单好用的阳光助长剂吧！

6.6 分析广告所需考虑的其他要素

当我们分析一则商业广告时,应以广告本身的追求作为出发点。换句话说,商业广告的目的是什么。销售产品不是商业广告唯一的目的。很显然,很多公司是为了销售产品或服务,而另一些公司更关注公司的形象。银行、保险公司和保健机构的目的在于在消费者心中树立良好的公司形象和员工形象。这类广告常会讲到自身的优势,例如公司的雄厚实力、出色的服务以及拥有丰富的专业知识和体贴入微的员工。播音员应该好好揣摩广告词到底想要表达什么样的诉求。弄清广告的目的之后,就可以做下一步的准备了。

下一步,确定播读广告的语气。你可以通过2~3次的默读来寻找感觉,是严肃的、幽默的、亲切的还是非正式的?你必须确保让观众知道"你来自哪里"。你必须选择贴切的语气。如果这条广告很严肃,你必须用情绪把它体现出来。你可能需要进行明确有力的表达,或是轻描淡写地一句带过。过分用力会让人觉得不专业。要注意广告中是否会有情绪的转折点。一些广告刚开始的时候是严肃的基调,但是当呈现的问题得到解决之后,语气会变得轻松起来。

真诚是至关重要的。有时你拿到的广告词会很长,你的语速会很快,即便如此,播读时你的情绪也要始终到位。力度在广告播读中是十分重要的,因为你要抓住并保持观众的注意,语调和力度同样关系到语气的表达。花点时间考虑一下广告听起来应该是什么样的。

如果广告的语气是幽默的,多花一点时间考虑一下你的表现风格。一些初学者认为,做好广告配音的方法中包括了幽默。然而,搞笑广告具有一定的危险性,因为这样做容易幽默过头。你认为有趣的东西,观众和广告主并不一定认同。如果你能很好地将幽默融入广告中去,那么幽默就是个好东西。过去有播音员在广告中拿产品开玩笑而未被惩罚,不过这样的例子并不多见,而且他们在尝试这样做之前,就已经是知名播音员。记住,你是在拿那些付你报酬的人的产品或者公司在开玩笑,一句过分的话就可能让你丢掉饭碗。开玩笑既有可能增添幽默色彩,又有可能毁掉一条广告,而且和其他广告一样,即使一些东西在刚开始的时候觉得很幽默,但是久而久之,再有趣的广告也会变得枯燥乏味。

此外,你要认真思考广告词想要传达的内容或广告主想达到的预期是什么。广告主们将要做出什么举动?广告的特殊含义是什么?希望刺激听众做出什么行为?许多广告主都希望达到一种让听众们"立即行动"的效果,而如果听众有一种立即行动的冲动,他们购买商品的可能性会更大。这就是为什么大多数广告都会有一句类似"优惠直到星期五"的广告语在最后。而你需要用合适的风格念这句话。如果结尾处给出了一个电话号码，你要特别注意，不要让广告的其他内容模糊了这条重要信息。

还需要考虑的一点就是广告的目标受众是谁。广告传递的方式受到目标受众特性的影响。如果广告的目标受众是青少年，那么语气、语速、音调比起目标受众是退休老人来说是完全不同的。当你在公共场合时，听听大家是怎么谈话的，对你会很有价值。这其中的目的不是让你去偷听别人讲话，而是让你对大家平时怎么和他人讲话有一个更好的认识。你的认识越深刻，你就越能在播广告时和大家自然地交流。此外，这也能帮助你在戏剧化的广告中准确地进行表达，而你因此可能会得到额外的工作机会。

熟悉了广告词的内容之后，你要考虑的是该如何表达这些内容。首先你要从确定关键词开始。大部分听众都不会一动不动坐着听广播，而是边听边干其他的事情。而广告中的关键词是你想要他们听到的。回顾上一章第5.3节的内容，复习如何通过音调、语速、音量，尤其是停顿来强调关键内容。歌手弗兰克·西纳特拉（Frank Sinatra）就是以他独特的断句方法出名。他利用换气的气口，在每句的关键位置停顿，进而高效地传达歌词大意。他说这个技巧是通过观察乐队中的小号手在每个乐章中换气学到的。优秀的广告播音员们也可以采用这个技巧。

重音或者强调关键词是广告播音中非常重要的一个方面，因为它有很大的冲击力，并且能让信息产生不同的意义。我们一起来看一个简单的短句，"小明买了一辆新车。"如果我们把重音放在第一个词"小明"上，那就表明我们想强调买车的是小明。我们很惊讶小明买了辆新车，因为他平时很节俭，他的妹妹小红买车才会比较合理。如果把重音放在第二个词"买"上，我们会对小明的购买行为表示惊讶，因为他平时总是反复地说自己只想租一辆车而已。把重音放在第三个词"新"上，很显然，我们会吃惊是因为一直喜欢开二手车的小明买了辆新车。最后把重音放在"车"上，表明了我们之前一直觉得小明会买另一种交通工具，可能是摩托车或者是小货车。播读广告时，请务必确定重读的词，以确保向听众们传达正确的意思。

演播提示6.1

如果我不去感受它，如果我的感受不是真的，那么从我嘴里吐出来的话也会让人听起来不像真的。即使你在推销的是一块肥皂——某某牌的肥皂就是最好的——你也要让自己相信，你正在推销的是一块最好的肥皂。否则你会表达不清楚。

——丽莎·布鲁克斯·克雷兹（Lisa Brooks Craze）

> **演播提示6.2**
>
> 呼吸
>
> 　　和唱歌一样，好的商业广告播音应该先从练习呼吸开始。当你要大声说话的时候，呼吸尤为重要。由喉咙和头部的浅呼吸所发出的声音并不如腹式呼吸所发出的强。一位优秀的合唱团声乐老师也许能教给你一些具体的技巧。深沉、平稳的呼吸有助放松。紧张时很难控制好麦克风。
>
> ——丽莎·布鲁克斯·克雷兹

6.7　时间的重要性

　　能在规定的时间内把广告一气呵成地读完，是播音员获得成功的关键因素之一。如果总是超时或是没到时间就已念完，建议你还是换一份工作吧。进一步说，掌握好时间能让你在试音时脱颖而出，因为这能证明你是一位专业的播音员。掌握好时间是一项技能，能够通过训练得到提高。专业的播音员能在不同的情景以不同的速度朗读。要想培养对时间的感觉，可以准备一只秒表和一些旧的广告文稿，这些对你的训练会有所帮助。大多数广告文本有时间提示。如果是直接朗读的广告，时间可能是30秒，偶尔也可能是60秒。先熟悉下广告词，看看哪里需要停顿，哪里需要强调，然后按下秒表，开始计时朗读。听听自己读的，想想有哪些地方可以改进。是不是有些停顿可以再延长一些？是不是可以通过加快语速来节省时间？要记住一点，默读的速度比出声朗读的速度要快，因此，用秒表计时时要读出声来。

　　不要只是读文字，还要考虑你的声音。听听单词的节奏，有经验的司机仅仅通过听声音，就能判断出汽车的时速是35、55还是65英里。30秒钟内你能读多少单词呢？一直练习朗读同一篇广告词，直到你可以在规定时间内连贯地读完。然后换一篇广告词，重复刚才的过程。当你读完第二篇广告词，再回头读第一篇广告词时，看看还能否保持刚才的节奏。现在再找一篇在形式、语气、预期受众等方面差异很大的广告词，在规定时间内朗读。持续这样练习，直到遇到任何广告词你都能在规定时间内连贯地读完。拥有了这项技能后，遇到新的广告词时你就能轻松调整语速了。不要选择那些单词数量几乎相同的广告词。朗读单词相对较少的广告词也是一种挑战。仅仅把语速降下来是远远不够的。要想使广告变得生动有活力，运用演播元素非常重要。

　　在实际情况中，一些广告中有很多词语，你的工作是在规定时间内把这些信息以清晰、有趣的方式表达出来。一些广告文稿也许给出了所含的单词数。你要对自己30秒内能自然说出多少个词心里有数，这样标注的词数才能成为你的一个参考值。有了这个参考，你才能心里有底，到底要不要提速，读的时候语速到底提多快。最好找一些词多的广告进行练习，或在25秒内而不是30秒内读完一篇标准词数的广告词。不要仅仅加快语速——设置一个时间/词数的目标，尽力去达成它。练习更多有不同语气和预期受众的广告词。虽然你不会遇到许多需要抻长的广告，但是一些把广告词说慢的练习能增加你的多面性。

练习是掌握语速的基本方法。此外，清晰度、强调和停顿这些元素也很重要，它们能帮助听众更好地理解广告。首先，要深入理解广告词。即使广告词要求的速度不快，你也很难读好一篇陌生的广告词。因为这要求你的大脑在处理陌生文稿的同时，还要快速准确地读出单词，这是一份超负荷的工作。练习时，先以感到舒服的语速反复朗读文稿，直到你能熟练到知道下一个短语或单词是什么。然后，加快朗读速度。这项训练的难度在于：语速加快的同时，必须保证清晰度，音调要富于变化。一旦语速过快，就很容易读得单调无味。当你取得一些进步的时候，试着给自己计时。结果可能会令你有些失望，但是别气馁，继续进行练习。练习时要注意运用演播元素，即使当你读到第15遍时也不要让注意力分散。

前面提到过，朗读单词少的广告不仅仅是降低速度的问题，这时你的音调、断句、停顿变得更加重要。停顿可稍微延长一些，在关键词之后也可以加入额外的停顿。为了强调主题的重要性，音调可以适当上扬。试着拉长一些单词的最后一个音节，但是不能在一个词组中把每个单词都做停顿。虽然速度放慢了，但是流畅度和语意的清晰度必须要保持。再次强调，练习时用手表计时，注意力集中在如何与受众交流并让他们感兴趣上面。即使你这辈子都不播广告，在规定时间内以恰当的语气、重音和音调朗读的技能，也会对你将来在其他领域发展有益处。

演播提示6.3

准备工作

我会建议提前拿到文稿，试读一下，划出你需要强调的词语。例如客户的名称、反复强调的描述产品的形容词等。停顿常常是一种个性化的演绎。找到文中的逗号、冒号、分号，其实这是客户给你的线索。如果出现了一个省略号，我会演绎成犹豫了一下，而不是给一个短暂的停顿。

——丽莎·布鲁克斯·克雷兹

以上指导建议唯一不适用于"免责声明"。在广告的最后,当广告主们抛出一些诱人的邀请时常常听到这样的免责声明。这是为了确保广告内容的合法性,告诉听众这里有一些约束和限制。少数情况下,可能会要求你以极快的速度朗读这一部分,并忘记所有的播音技巧,其目的是让听众"关掉广告",不要听更多的限制条款。多数情况是,要求你以正常的语速朗读,不需要用很多播音技巧,这样之后在用软件把你的声音进行加速的时候,音调不会出现变化。

6.8 力量:强行推销与劝诱推销

很少有广告的解说声音听起来是半睡半醒的,即使是劝诱推销也需要有一定的力量。在广告销售中,大家都认可的一点就是要吸引和抓住潜在消费者的注意力,这就要求你的声音听上去生动而且富有感染力。有趣的是,对一些播音新人来说,稍稍加一些力度就能给人良好的感觉。大多数情况下,你可能习惯于克制一些,也许是为了显得冷静一点,对你来说好像劝诱推销的风格比较合适。但是对他人来说,你的声音可能会音量过大,表现过于丰富,这就要求你必须学会如何控制自己。最好是能有人给你提意见,因此你可以找个朋友来对你的演播进行评价。

强行推销和劝诱推销的风格截然不同。强行推销的广告让人听上去很有紧张感和兴奋感。有时播音员听上去像是在嘶吼,而实际并非如此。然而,与劝诱推销的播音员相比,强行推销的播音员音量会稍大一些,语速会加快一些。劝诱推销的广告给人一种放松的感觉,播音员更像是在聊天。用哪种方式推销可能由广告主来决定,当然也要考虑广告的情绪和广告词的字数。

那么,如何提高你的声音力度呢?挥舞你的手臂或者在一个地方跑来跑去,能让你在短短几分钟内热身。开始读广告时,尽可能站着读稿。不要担心自己的肢体动作,应让自己沉浸其中。再次说明,需要有人对你的表现进行判断。如果能和制片人一起工作,那么他们能帮助你找到正确的音量水平。一位专业的播音员能轻松驾驭各种不同力度的声音。

当你尝试选择一种声音力度朗读的时候,要听取制片人的意见。如果觉得有点过度或尚且不足,那么在下次播读时适当调整自己的感觉,收一些或再放开一些。当你的播读得到了制片人的认可,你的目标应该是,不需要经过额外的训练,就达到被认可的那个水平。

6.9 手势与面部表情

电视广告中推销产品有两个非常重要的方面，一是你如何展示产品，二是你如何评价它。强调产品、指着产品或是拿着产品的手势要灵活巧妙。这里最重要的一点是，千万不要让你的手指或手掌挡住产品的商标。这就需要练习，特别是当你要做的动作比拿着产品还复杂时，例如倒饮料或者打开产品包装。同时，产品的商标一定要始终对着镜头。如果你必须把产品拿出来，展示后再放回原位，要做到这一点就会有困难，尤其是当你站在产品的后面看不到商标的时候。这里有一个小窍门，在产品背面对应正面商标的位置做一个标记，这样无论是从正面还是背面，都不会担心遮住商标了。我们之前提到过，所有的产品在展示的时候都应该稍微向前倾斜，以免摄影棚里的强光反射到镜头中去。当你手里拿着一件产品时，应尽量让手臂紧贴身体，这样就能让产品靠近你。这样做有两个重要目的：首先，它有助于产品保持稳定，特写镜头不用来回摇晃找产品；其次，能给观众留下积极正面的印象。换句话说，如果你不喜欢这个产品，你和它之间一定会保持一定的距离。

以下三种姿势通常可以用来吸引观众对产品的注意力：抚摸、轻抱和搂抱。抚摸产品指的是用你的手指沿着产品的边缘滑过，这个动作通常在介绍产品名称时进行。轻抱是指用掌心包裹住产品。如果产品较大则需要你用手臂揽住它，但这里的概念是像喜欢一只小猫崽那样有感情地揽住产品。搂抱不是面对面的拥抱，而是把手搭在肩膀上的那种搂抱，介绍写有产品信息的大题板或是展示产品的人体模型都可以采用这种姿势。记住，动作的关键就是要表现得自然和生活化，而不是做作僵硬的。

作为一名电视广告播音员，你的眼神十分重要，观众会跟着你的视线走，你看哪里他们就看哪里。因此当你想要让观众看向产品的时候，你只要自己先看过去，他们自然也就会看向相同的方向。然而，这件事的弊端在于观众们可能会发现播音员对这件产品并没有多大的兴趣，或者一直盯着提词器看广告词。在介绍一款产品时，你需要调动自己所有的面部肌肉做表情，比如微笑、眨眼、挑眉毛。如果是需要品尝的产品，例如汤、苏打水或是其他类似的东西，那么可以先来预测一下，然后再进行品尝。优秀的电视广告播音员通常会先对产品进行一番由衷的赞赏，再品尝产品，然后通过表情而非语言来告诉观众，这个产品的味道比想象中还要好。这样能提高产品的销售量，也是广告播音员要拿到高报酬应该做的。这种先预测再尝试的做法也适用于其他产品，但是用在食品上是最为有效的。

6.10 即兴广告

　　一些广告主喜欢请播音员进行即兴的产品推荐。这种情况下，你会在节目前拿到一份产品说明书，广告主希望你能根据这份说明书做出有趣而具有吸引力的介绍。作为一名直播节目演播者，你会发现，如果之前使用过该产品或该项服务，那么介绍起来会更轻松容易。至少你应该尽可能地去熟悉广告的主题。虽然你会拿到产品的相关资料，但是你自身对产品的反应往往更显真实，这也正是观众会跟风购买的原因。

　　即兴表演并不意味着事先不做准备。大多数情况下，你要做的第一件事就是规划一个方案或设想一个思路。你也可以把它叫作框架。你将要依照这个结构进行演播。如果你介绍的产品是一款方便午餐，那么你的方案可能会围绕着住在公寓里的大学生们，他们既没有时间也没有做饭的经验；要是介绍一款早餐饮品，你可以强调上班族或学生早晨起床后遇到的困难，以及这款饮品如何解决这个困难。总而言之，你的介绍要个人化、生活化，这样才能显得更加真诚。

　　在理清思路的过程中，以产品说明书为参考，确定你所要说的卖点应该以什么顺序进行，才能最好地表现你要讲的广告，并想好要如何做开场白。接着，你要想自己怎么进行第二个、第三个卖点的介绍。当然，你不可能涵盖产品说明书上的所有内容，如果你使用的材料太多，那么会显得很不真诚。此外，不要直接念说明书，最好是看一眼下面要讲什么，然后视线就回到麦克风上来。你可能想要用自己的话并按照自己想要的顺序重新梳理一下信息点。要记得，你是在和你的观众对话，而不是照本宣科。准备好时间充裕时讲的内容，标出时间不够时可以略去的部分。最后要安排的是广告的结尾。怎样才能优雅地结束这段广告？要有一个结论，可以是一句妙语，但更多时候还是要再重复一遍产品或者服务的名称，还可以加上产品的来源或者广告主的名字。

　　另一种方法是考虑一下产品的哪些特点对你来说有意义。你要怎样介绍它们？哪几个关键词能以一种有趣的方式让观众明白产品的特点？播音员讲的话一定要有画面感，特点和优势是你要强调的重点。试着把你的评价和你的动作或你期待观众会做的动作结合起来。即兴广告并不是夸大其词，你需要真诚而且有信服力。即兴广告演播有一种很好的练习方法，那就是拿一件物品，用30秒的时间来介绍。不要总拿自己熟悉的物品练习。然后判断一下这样的介绍能否说服自己购买这个物品。

6.11 表演

　　播读广告的播音员同时也是一名演员。面对一个产品时，播音员兴奋的表现具有一定程度的表演成分，但是在实际工作中对表演的需求往往超出了这个范围。特别是在小媒体平台，播音员可能要扮演各种或严肃或搞笑的角色，有时候还需要演绎不同年龄段人群的声音。播音员要完成这么多不同的角色，既需要天赋，又需要熟练掌握技巧。电脑动画制作技术在商业配音中得到广泛运用。动画制作技术成本越趋低廉，操作日益简单化，于是也成为小电视台普遍采用的技术。所有的动画人物都需要人类的声音赋予其生命，而专业的配音播音员能够很好地满足这种需求。

如果你从事的是广播或者画外音工作，你的年龄和外貌对你的工作影响很小。但是，如果你做的是电视广告，你就不得不考虑这些因素了。一个20岁的小伙子不大可能扮演成一位老人，除非这是一种滑稽模仿的广告。不过，很多广告主并不希望用长着电影明星脸的人，他们希望演员呈现出一种尽可能真实的状态。这就是说，无论高矮胖瘦，你都有可能获得表演的机会，因为长得像莱昂纳多·迪卡普里奥（Leonardo DiCaprio）和泰勒·斯威夫特（Taylor Swift）的人毕竟是凤毛麟角。

本书几个段落的内容并不能涵盖表演的所有课程，但是这里有许多方法能助你开启这份事业。我们认识很多人，而每个人都有自己的特色和经历。在广告配音中，时间紧迫，为此必须在有限的时间内将人物特性清晰快速地表现出来。我们对不同人的特点和行为或多或少都有一些刻板的印象。我们自认为了解卡车司机、警察、医生或者教授是什么样子的，虽然这种理解并不准确合理，但非常有助于你得到这个广告角色。

通过分析人物特点去了解他们。广告词中的每个单词都经过反复推敲，为的是让观众们能更好地理解人物。你认识的人里面有没有谁的声音和广告里的角色有一点儿相像？他们是如何说话、行动和应对不同情况的？你的工作就是帮助观众快速地理解你是谁。如果你配音的这个人物没有一点儿特色，那么有一个方法可以帮你解决这个问题，就是为这个人物设定一个个性化的过去。他是在哪儿长大上学的？结婚生子了吗？喜欢什么或者讨厌什么？这些信息线索能够帮你更好地扮演眼前的这个人物。

显而易见，你的声音将是你表演角色的一个重要组成元素。角色的声音是什么样的？语速是快还是慢？说话清晰准确还是含糊不清？有什么标志性的动作？表演就是一种自然和使人信服的情境。因此，你越是仔细观察别人的一言一行，你越能将你的角色刻画得栩栩如生。无论在什么样的场景里，你都需要身临其境地去表演。搭档表演时，看着对方并认真聆听，尝试调整回应节奏，这样才能让人物听起来是在情境对话中，让你的身体语言也成为回应的一部分。如果你有意从事广告演播，那么就花时间去好好观察电视中演员的表演吧。他们的表演看起来很轻松容易，而实则不然。这其中是有技巧可以学习的，例如可以去剧场工作，获得更多的经验。密切关注试音的机会，虽然你不一定入选，但是这能让你获得更多经验，学习别人是怎么做的。

长篇广告要求播音员具备演播技巧。广告方和品牌方都意识到消费者的注意力持续时间很短，所以使用30秒、15秒甚至5秒的广告是很常见的。然而，自2010年以来，广告方发现观众愿意通过较长的广告形式了解产品，因此长篇广告的数量也在增加，同时播音员也面临更多机遇。一些长篇广告倾向于邀请嘎嘎小姐（Lady Gaga）或肖恩·科里·卡特（Jay-Z）等名人，另一些则需要播音员，这是因为长篇广告更喜欢"纪录片"风格。纪录片的形式贴近生活，事件在发生时就被记录下来；一个更为恰当的术语是"纪实戏剧"风格，虽然这些广告都有脚本，但播音员的演播风格是真实的。长篇广告也需要播音员采取"劝诱推销"的方法。如果这种方法既能帮助消费者了解产品或服务，又能让他们娱乐消遣，他们就愿意花更多时间看广告。

6.12 画外音广告

对很多演播者来说，画外音是一份具有别样魅力的工作。无线广播是画外音工作的大本营，但在电视、电影和互联网上这种画外音工作同样很多。这意味着你的工作全靠声音，而你的形象不会出现在镜头前。人们通常认为，如果某人与某种产品或服务联结过于紧密，那么在很长时间内他将很难在其他领域找到工作，而画外音减少了这一疑虑。画外音在电视广告、新闻、公益广告和纪录片中广泛应用。此外，还有一些对口型的工作，就是为声音与角色不符的演员配音。这个工作可以是十几秒的商业或公益广告，也可以是两小时的纪录片。

许多配音专家为了拓宽吸引力而致力于形成各种多变的声音。让你的音域变得再宽一些同样也是有帮助的。基本上，电视广告的画外音和广播广告相似，对声音的力度和时间的要求完全相同。但是，你可能只有一到两句话的台词，因为你要介绍产品或是提示相关服务的局限性。认真准备你的文稿，不要害怕询问更多细节或是制片人对如何进行播报的意见。要特别注意你的声音力度和表现风格，你的制片人会希望你在经过很多次录播之后，仍能保持一致。在第11章中，你将对画外音工作有更细致的了解。

6.13 公益广告和节目预告

公益广告是由广播电视台播出的用于宣传非营利组织或者政府机构的宣传片。例如，你可能会听说过或看过为国际联合劝募协会（United Way）、红十字会或者美国交通部制作的公益广告节目。这些广告通常是为该组织的活动进行筹款，或是提高安全性，或是希望听众们能按照宣传广告中所说的那样去进行公益活动。广播公司不能对公益广告收费,但可以通过播送相关内容来履行"服务公共利益"的义务,并在市场中提升信誉。因为公益广告会占用商业广告的时间,所以你更有可能在一些没有卖出多少商业广告的时段听到或看到公益广告。国家公益广告有着和商业广告几乎相同的模式,主要由大型广告公司制作,投身非营利组织的著名播音员也会参与其中。无论是全国性的还是地方性的播音员,他们的播报风格通常都相对直接,并倾向于劝诱推销的方式。

节目预告是由独立的电台、电视台或网站来宣传自己,通常会突出即将播出的节目、特别节目或某个节目的关键人物,也会用来传达广播电台的总体形象。节目预告的基本风格和广告差不多,范围也很广,包括播音员直接播读(如电视节目主持人在节目结尾播放演职员名单时,用画外音介绍下一个节目),以及高水准的广告。从事广播和电视广告的播音员会发现,他们也要成为公共服务和宣传的人才。

6.14 总结

敏锐的播音员会意识到是广告在支撑美国的广播电视系统。对媒体演播者而言,传递广告信息的能力很有用处。广播、电视和互联网的广告模式多种多样,它们都需要专业人员来有效地传递信息。虽然大多数广播电视广告都是按照一个基本的推动结构来编排的,但真正能把广告销售给观众的是播音员分析文稿并解读台词的技巧。广告播音员需要运用所有基本的演播技巧,尤其是掌握能够理解和传达广告气氛、在规定时间内完成文稿播读、在广告播出的时间中变身演员的能力。

广告播音是一个竞争十分激烈的领域。该技术易于使用、相对便宜,同时呈现效果专业。由于文件可以通过互联网高效共享,因此地理位置没有限制。数以百万计的人在同时争夺几个职位。根据俄亥俄州克利夫兰WEWS电视台创意总监丹·夸勒(Dan Coyle)的说法,"这是一个既定的事实,任何人可以做任何事情。"他看到了人才资源的变化,现在男人和女人竞争所有的工作。对于刚起步的广告播音员来说,重要的是提升自己的能力,拓展人际关系网和积累经验,然后练习,练习,再练习。

自学题

问题

1. 代言人广告和推荐式广告是一样的。
   a)正确　　　　b)错误

2. 与广播相比，以下哪种广告形式和电视的联系更紧密？

a）直接朗读　　b）画外音　　c）甜甜圈　　d）戏剧

3. 与电视相比，以下哪种广告形式和广播的联系更紧密？

a）推荐广告　　b）戏剧　　c）画外音　　d）即兴广告

4. 以下哪项不是在商业广告中较为普遍的吸引观众注意的方法？

a）提问　　　　　　　　　　b）不寻常的陈述

c）念出赞助商的名字和地址　　d）利用声音效果

5. 销售是所有广播和电视广告的目的。

a）正确　　b）错误

6. 对比强行推销与劝诱推销的表达特点，以下哪一项不是形容强行推销的？

a）音调低　　b）更快速　　c）高音量　　d）兴奋感

7. 广播广告文稿最不可能由谁来执笔？

a）销售人员　　　　　　b）广告公司

c）播音员　　　　　　　d）分镜头脚本作者

8. 直接朗读是最难的广告演播形式之一。

a）正确　　b）错误

9. 朗读文稿时播放的音乐称为_____。

a）甜甜圈　　b）背景音乐　　c）主题曲　　d）结束语

10. 播音员配画外音时最大的挑战是_____。

a）在所限的时间内完成　　　b）塑造形象

c）自然地播读文案　　　　　d）选择恰当的词

11. 在分析商业广告时不需要考虑的因素是_____。

a）语气　　b）目标　　c）行动　　d）薪酬

12. 计时是可学习的技能。

a）正确　　b）错误

13. 以下对于电视广告的描述，哪一项是正确的？

a）形象与录用没有关系　　　b）刻板印象常常被用于角色塑造上

c）要成功需有明星的长相　　d）年龄与录用没有关系

14. 一种由独立电台制作，并用来宣传自身电台的广告称为_____。

a）公益广告　　b）插播广告　　c）画外音　　d）宣传片

15. 广告中把产品放在掌心里的动作称为_____。

a）抚摸　　b）轻抱　　c）搂抱　　d）遮挡

16. 仿佛发生在现实生活中的一类广告形式被称为_____。
a）纪录片　　　　　　　　b）纪实戏剧
c）长篇广告　　　　　　　d）短篇广告

答案：
1. b　2. b　3. d　4. c　5. b　6. a　7. c　8. a　9. b　10. a　11. d　12. a　13. b
14. d　15. b　16. c

实践项目

项目一　广播广告录制与分析

目的
通过直接朗读的方法来提升播音技巧。

要点
1. 回顾本章关于直接朗读广告的内容。
2. 对于直接朗读的广告，要注意音调、节奏、停顿、词语强调、声音质量、时间和力度等多方面的变化。

如何完成这个项目
1. 使用下面的广播广告文稿完成广告录制。
2. 分析的第一步是考虑其结构，把文稿分为开头、中间、结尾三个部分。其中有没有吸引注意力的部分？这条广告是不是用的提出问题——解决问题的结构？
3. 用标记的方法提示自己哪里停顿、哪里改变节奏，或者是如何诠释文稿。你要同时提交做好标记的广告文稿，获得本项目的分数。
4. 写一份关于目标受众的详细说明，包括人数统计和心理统计。换言之，你要描绘出你所交流的观众都是什么样子的。
5. 写一两句话，介绍你作为演播者想传达的信息。这则广告的目的是什么？要用什么样的情绪进行播送？然后再写下二至三个关键词，帮助你理解广告的含义。
6. 录制广告。
7. 听完自己录制的广告后写一个简短的自评，着重分析力度的使用、节奏的转换、停顿的使用、时间的把控以及声音的自然度等。

8. 提交录音及上述文字材料，等待老师打分。

客户：穆里甘夫人的松糕店

长度：30 秒

播音员：谁不喜欢自家制作的新鲜蓝莓松糕呢？可是现在又有多少人能停下匆忙的脚步来亲手制作？穆里甘夫人做到了。这也是我们受欢迎的原因。我们准备了可口的松糕，每一天新鲜制作。除了皇冠蓝莓、苹果肉桂脆皮、香蕉坚果，还有20多种口味，为你完美烘制。快来穆里甘夫人的松糕店，把美味带回家。

项目二　电视广告录制

目的
练习运用电视播音员的面部表情与手势。

要点
1. 回顾这一章所学习的表情与手势的运用方法。
2. 老师会提供道具，但你也可运用任何小物件进行练习。
3. 观看电视广告，学习手势的运用方法。
4. 你需要一个团队来完成拍摄，所以你的指导老师可能会把这项任务布置在课堂完成。

如何完成这个项目
1. 使用下面的电视广告文稿完成广告录制。
2. 对着镜头进行表演。注意音调、语速的变化，还有关键词的强调、声音质量、时间的控制和声音的力度！
3. 衣着得体，适合电视广告表演与广告的产品。
4. 销售产品时带些动作（抚摸产品或用其他的手势）和面部表情。仔细阅读广告词并思考用什么样的手势更合适。
5. 因为在镜头前录制时不能看稿，所以要提前记住文稿内容或者使用提词器或提示板。
6. 提交你做好演播提示标记的广告文稿。

7. 写一段对观众的描述，想象你要沟通的那个人。

8. 把播读广告的目的和情绪写下来，换句话说，你打算沟通些什么？诚意、惊喜还是气愤？用一两句简短的话表述明白即可。

9. 列举文稿中所强调的产品优点。

10. 把视频及要求写的文字材料交给你的指导老师，等待老师打分。

客户：可乐汽水

长度：30 秒

视频	音频
从黑场切入到中等特写	这里有一个地方……（指着主持人的喉咙）在你喉咙的深处，让你知道你口渴了。这个地方叫作"口渴触发点"，而这个则叫作"止渴佳品"。
切入特写	（拿起商品）可口可乐
切入主持人的头部特写	口渴触发点（指着喉咙）
切入商品的特写	止渴佳品（抚摸商品）
切出到主持人的中景	可口可乐是美国的第一饮品……你将会爱上这个清新满足的味道！可口可乐推出2升装和一打装的家庭方便套装。
切入可乐罐的中等特写	……用"止渴佳品"……一罐冰镇的可口可乐缓解你的口渴触发点。
黑场	

项目三　使用产品说明书做一段电台即兴广告

目的

训练你构思和演播一个有趣的即兴广告的能力。

要点

1. 复习本章第6.10节关于即兴广告的内容。

2. 仔细阅读产品说明书，想好表演的框架和思路。

3. 避免直接照着说明书上的内容朗读。

如何完成这个项目

1. 用下面的文稿完成即兴广告录制。

2. 为你的播讲设计一个场景，使其具有自己的风格。

3. 确定介绍内容的顺序，从哪个点开始？接着说什么？怎样从一个点转到另一个点？你以怎样的方式自然优雅地结束广告？

4. 因为这是一个即兴广告，你只有一次录制机会。

5. 预约借用录音棚或其他设备。指导老师也可能允许你使用电脑完成制作。

6. 使用带秒针的时钟或手表，在"整分钟"处开始计时，你的目标是完成一次30秒钟的即兴表演。

7. 30秒后立即停止。

8. 短暂休息后，进行第二段录制，这次要求使用相同的材料完成一个60秒的即兴表演。

9. 听完自己录制的广告后，写一份自我评价，着重分析你的真实度和可信度。你会被自己说服购买这件商品吗？你是否使用力度、音调变化、节奏以及其他声音的因素去表达重点？时间控制得怎么样？

10. 把你的录音作品和分析报告交给你的指导老师，等待老师打分。

即兴广告说明

赞助商： 布拉姆韦股份有限公司　　　　味道清爽、柔和，芳香持久
产品： 布拉姆韦花草茶　　　　　　　　自然放松
时长： 30秒　　　　　　　　　　　　　忙碌一天中的轻松一刻
要点：　　　　　　　　　　　　　　　含有芙蓉花
没有咖啡因　　　　　　　　　　　　　　独特的口感和香味
可以直接冲泡饮用，也可加入蜂蜜或糖　　全世界的人都喜欢这种天然饮品
加入了人参和精选药草　　　　　　　　　包装为每盒24包

第 7 章

采 访

7.1 引言

采访是电台、电视台、网站收集信息所采用的一种基本手段。例如，电台播音员常常通过广播进行名人采访。稍微扫一眼电视台的日程表，即会发现一天之中有很长一部分时间播放的都是脱口秀节目。虽然有些节目的大部分或全部内容都集中在某一位重要的新闻人物身上，但电视台和电台的新闻节目经常会从较长的新闻采访中节选某个片段播出，这种短的声音片段叫作实况录音（actuality）。一些有线广播网甚至全天播放访谈节目。

采访可以也理应做得有趣和好玩。采访看起来十分简单，但是实际上需要做很多的准备工作。有经验的采访者之所以可以轻轻松松进行采访，是因为提前做了充分的准备。一些新手主持人往往无法轻松地引导整个采访流程，会因为某位知名嘉宾的出席或是因为对话题或嘉宾的资料准备不足而感到手足无措。最好的采访呈现的是一种轻松且经过充分准备的对话，可以是一个很短的原声摘要（sound bite），也可以是60分钟甚至更长的脱口秀。优秀的采访离不开丰富的实践和充足的准备。这一章将介绍采访准备、实地练习以及技巧运用的知识，有助你成为一名专业采访者。

7.2 采访类型

采访类型繁多，但最基本的是两大类：新闻采访和专题采访。新闻采访是专为搜集信息而设计的，关注点包括新闻事件、新闻人物和时事话题。新闻采访通常比专题采访短，但也有例外。例如，电视节目《会见新闻界》里的采访就可能长达半小时。而专题采访则是为娱乐或挖掘深层信息而设计，通常关注特定的人，关注点在于他们的身份（明星）、所从事的工作（有趣的或非同寻常的职业背景），或者成就（比如，一位90岁高龄的老人以跳伞的方式为自己庆祝生日）。无论是新闻采访还是专题采访，都可以在演播室或外景现场完成。时下有很多的访谈节目都是经过编辑之后才播出的。通常观众会发现采访的过程很长，但嘉宾反馈却很少。造成这种尴尬的原因一般是受访者因为种种顾忌而不愿接受采访或坦露心声。比如他们会担心自己的言语被"断章取义"或误用。这种形式的采访也会导致采访者在初次采访时形成错误的观点，即访谈节目是即兴发挥的且不需要什么技巧。然而，事实上，即使是简短的采访也需要精心编排，这样才能保证在有限的时间内达到既定目标。

7.3 媒体采访的基本结构

媒体采访一般分为两种：一种时间较长且采访过程相对完整，另一种是由简短的原声摘要编辑而成。长篇采访的开头是非常重要的。然而，在原声摘要采访中，由于主持人或播音员会以片段"导入"来告知观众即将听到或看到的内容，因此开篇介绍就没什么必要了。一般来说，采访只是长篇报道的一个组成部分。

虽然各类采访会因开场不同而略有差别，但基本遵循"五步走"模式：（1）开场白；（2）介绍；（3）问题和讨论；（4）重新介绍；（5）结尾。"介绍"是表明身份和说明采访原因的阶段。虽然需要根据录制好的开场白来调整内容，但一般情况下，访谈节目一开始都会简单介绍节目名称、主持人姓名、嘉宾姓名以及采访话题。即使这些在录制好的开场白中有所涉及，主持人也可以向观众打招呼，重新介绍自己，重复节目的名称，如："晚上好，我是琼·史密斯，欢迎来到《对话角》。"

如果是话题导向型采访，你需要就话题做一个简短的声明，让观众清楚你将要讨论的话题内容和原因，其中会涉及新闻事件、新发现、当地问题和热议话题，甚至还会有一些相关事实真相，如：超过100岁的人群算不算本国增长最快的年龄群体之一。这种简短的声明解释了采访的目的，可自然过渡到对嘉宾的介绍。你的谈话应该有一个焦点，比如一本畅销书、一次不平凡的经历、一项成就等。确定采访目的有助于整个采访流程顺利进行。了解采访的话题是开场的基本要求，而开场的目的是引起观众的兴趣，进而有一个良好的开端。尽量避免在开始时直接说"本期的来宾是……"这类的话。请看下面这个例子：

> 跳出飞机，生命就寄托给了寥寥几磅重的纺织品——这种事情实在无法吸引到我。然而，今天的嘉宾却很喜欢这项运动并且刚刚完成他的第一百跳……他今年已经75岁了。现在向大家隆重介绍……

简短的陈述已足够吸引一些人的眼球，同时也向观众明确了话题，进而吸引他们跟着你的思路走。并非所有的开场白都如此简洁和有趣。毕竟，这只是个开始。

介绍嘉宾时，嘉宾的名字和头衔/职业一定要准确。介绍嘉宾是为了建立观众对嘉宾的信任感，有时也叫"资质"，换句话讲，是告诉观众这位嘉宾有资格来探讨今天的话题。如果采访的话题是嘉宾本人，那么可把他的背景、经历或独特性作为吸引点，让观众了解他为何出现在这里。如果嘉宾要对某种情况做出专业性的声明，那么在介绍时应对其专业性进行简短的说明。为什么人们会去注意嘉宾的发言？我们来看一个例子：

《独立宣言》迄今已有225年的历史，而《圣经》和《古兰经》出现得更早。数百年前的文献竟然保存到现在。您是否想过这是如何做到的？今天我们请来了州立大学的阿尔伯特·琼斯教授。作为古老文字研究的权威和搜集者，阿尔伯特·琼斯教授将和我们谈谈如何发现古老文献资料，如何进行保存，以及相关的成本问题。

这个话题也许不像跳伞话题那么令人激动，但显示出这位嘉宾是多么"值得一听"。

接下来就该欢迎你的嘉宾上场了。这个环节有助于营造一个友好的气氛，让采访者和嘉宾的关系更融洽，但切忌使用诸如"感谢您百忙之中……"的陈词滥调。采访时的基本准则是像一个普通的倾听者或观察者那样和嘉宾对话。政客和专家通常拥有更加正式的头衔，比如琼斯议员、史密斯教授，或者布朗女士。大多数体育明星和好莱坞明星可以直呼其名，比如泰格（泰格·伍兹），佩顿（佩顿·曼宁）或者布兰妮（布兰妮·斯皮尔斯）。如果采访时间比较短，那么寒暄客套必须予以省略。但是要注意保持随和的形象。

在入行初期，你可能会被安排采访一些当地人，话题也会具有多样性。通常情况下，采访的精彩时刻出现在嘉宾和主持人进行了一番交谈，彼此建立了一定的信任感并放松下来之后。这时，就是一位优秀的采访者运用知识和技巧完成一次精彩访谈的时机。（如何练习和发问将在本章接下来的小节中进行详细说明。）不要问一些毫无意义的生平问题，比如"你在哪里读的高中？"或"你最喜欢什么口味的冰淇淋？"，除非它和你们探讨的话题相关。令人惊讶的是，新手很容易陷到这类问题中去。

在任何交谈场景中，信任都是至关重要的，因为只有信任才能使人放松，而放松之后才能让对话显得有趣。访谈节目也一样，信任是随着采访者和受访者的关系发展而建立的。很多人在节目中都是初次见面，并且可能以后再无见面的可能，所以，对嘉宾表示尊重，可以在最大程度上赢得对方的信任。信任始于第一印象，音调、表情和肢体语言都有助于进一步建立信任关系。信任并非是通过将控制权交给嘉宾，或让其掌握回答问题的选择权来获得。经验丰富的主持人会利用有效的倾听技巧逐渐得到信任。没人愿意信任一个不怎么听得懂他们说话的人或压根儿就对他们没兴趣的人。大多数政客和公众人物都已经对采访习以为常，并且积累了丰富的经验，因此想要跟他们建立信任感是有难度的。然而，如果你希望在这一行长久发展下去，就必须培养建立信任感的能力——记住，信任感一旦丢失，就不容易再找回来。

重新建立嘉宾的"权威"形象。除非采访时长不到5分钟，否则应该在采访期间重新介绍一次嘉宾以及采访的话题。电视节目中，可以将嘉宾的名字或话题显示在屏幕上，从而无须中断采访进行二次介绍。而对于广播节目，你需要在提出每个问题之后稍做停顿，再次介绍嘉宾和采访内容，如"我们正在和……探讨……"。重新介绍嘉宾的最好时机是在广告之后，因为这样可确保节目间断时的自然过渡。

最后一部分就是结尾。有时候一句简单的"谢谢"以及再次点出嘉宾的名字和采访的话题就已足够，但是通常情况下你应提供更多内容。要避免老套的结束语，如"节目已接近尾声"或者"我们希望您能喜欢这次采访"等，这些语句都没有什么新意。对嘉宾的发言进行总结是一种较好的结尾方式，陈述三到四个你希望观众们记住的关键点，尤其是当采访涉及比较复杂的话题时。你可以问嘉宾是否还要补充什么内容，这是个不错的结尾定调方式。如果他们感觉你忽视了重要的观点，那么这无疑是个补充的好机会，而且也为以后的采访做好铺垫。然而，当时间不允许时，可能无法给他们提供这个机会。通常，如果你知道下期嘉宾是谁，且节目播出时间固定，那么在结尾时可进行下期访谈节目的预告。和采访介绍一样，编写结束语是一个很好的做法，这样可以帮助你从容地对节目进行收尾。事先将结束语写下来，然后随时根据节目的时间需求进行调整。在采访的开场和结尾你肯定不想念稿，但是把它们写下来能够有助于你记忆。下页中展示了一位学生第一次采访前做的笔记。

在电视采访中可能还需要一个步骤。如果你的采访是在演播室外进行的，最后的成品要经过编辑，你会需要切入镜头（cut-in shot），其中包括和嘉宾对话的有声和无声特写镜头。你甚至可能需要对着一把空椅子重新发问，给后期提供一些额外的剪辑素材。有时，摄像师要拍摄你记笔记或做其他动作的特写镜头。关键是，你的动作必须自然，就像是在真实采访场景下发生的那样。切入镜头的灯光、着装、发式和妆容需要与采访时一致，这就是为什么采访一结束就要立刻拍摄切入镜头。切入镜头也同样用于演播室，尤其是当采访录制之后需要后期剪辑时，目的是呈现出你对嘉宾发言所做出的反应，所以你可能会需要大笑或者微笑，或者做沉思状等。当嘉宾出现在镜头里的时候，你的眼神一定要聚焦。还应当避免诸如"嗯""好"之类的反馈，因为这样的反馈很可能会掩盖发言人的讲话，而且很难被剪辑出来。

随着卫星技术和长距离光纤技术的普及，你很可能会对远在几百甚至几千英里之外的嘉宾进行采访，甚至可能要同时采访两位或更多来自不同地方的嘉宾。可以通过演播室里的分屏监视器或平板大屏幕看到他们,同时可以面对至少四位嘉宾。

> 一般学生在初次采访时总会显得过度紧张。下面是一位学生的实例。(前面是主持人的介绍)
>
> "感谢您来到《对话角》。我是玛丽·史密斯。我相信在观众席中一定有一两位有远大梦想的作家。可惜,不是每个人都有机会发表自己的作品。今天的到场嘉宾是州立大学的教授,成功出版了自己的作品。她就是简·琼斯!感谢您的到来,简。"
>
> 然后,她开始展开今天的话题并引入第一个问题:
>
> "我们今天要探讨的是写作历程。简,您是如何产生写作灵感的?又花费了多长时间把它们写出来并发表的呢?据我所知,您有四部小说,那么您第一部作品的灵感是从何而来的呢?"
>
> 作者回应,阐述她小说里的主要人物角色。玛丽接着发问:
>
> "那么,发生在人物身上的故事又有多少是您的亲身经历呢?"
>
> 采访进行到一半时,玛丽需要停下来插播一条广告。大家看看她是如何处理这种状况,然后返回到话题上来的。
>
> "非常感谢。现在我们需要进入一段广告,稍后会继续这个问题。"
>
> "非常感谢,欢迎回到《对话角》。我是玛丽·史密斯,坐在我旁边的是州立大学教授和作家简·琼斯。刚才我们探讨了您是如何界定第一部小说中的人物特里的性格,那么其他作品中也有涉及类似性格的人物吗?"
>
> 下面是结尾的处理。
>
> "好,今天的节目已接近尾声,在此我想感谢您(直接面向嘉宾),希望这次采访能够给予观众席上的作家们或者写作爱好者们一定的启发。请大家记住我们的嘉宾——简·琼斯。我是《对话角》的玛丽·史密斯。"
>
> 当然上述实例还有许多值得改进的地方,但这毕竟是一位学生独立完成的作品。如果是你,会怎样处理呢?

长距离卫星信号传输使这项技术成为现实,通过两个或更多卫星同时工作,彼此进行信号连接,并将信号返回到地面接收站,这样就能覆盖整个世界的网络。虽然电子信号传输速度非常快,但信号从22,500英里外传送所需时间加上地面接收站黑匣子的信号处理时间,总共可能需要2~3秒才能到达目的地。这意味着你发问的时间和嘉宾听到这个问题的时间之间会有延迟。延迟越多，阻断对话的干扰效果也越明显。延迟时间会因地点不同而不同。由于卫星租赁期限不同，并且所采用的卫星组合也不尽相同，因而不同日期内的延迟时间也不同。如果延迟相对短暂，可以忽略不计，但是如果太长，就有必要在停顿时用简短的话语对此表示歉意，如："今天延迟时间太长了。"虽然会打乱对话的节奏，但是最好将其处理得和嘉宾需要时间考虑一下的效果一样。

还要提醒一点：卫星连接的时间和时长通常是根据采访计划提前设置好的，时间比较紧凑。这意味着嘉宾的画面可能会在中途被切掉，甚至是一句话说到一半就被切断，这就需要你巧妙地进行处理，想办法填补剩余时间。大多数情况下，一句"我们的卫星连接已切断"即可化险为夷，总结一下嘉宾的发言也足够填补剩余时间。如果你知道嘉宾下面本来要说的是相关的总结，可是观众已经听不到了，这时你就可以把这部分完成。你可以说："我想嘉宾可能是想说……"，然后进行总结。

进行远程连线采访时，请记住，虽然你能看见嘉宾，但嘉宾可能看不到你或者其他的嘉宾，而只能通过耳机实现双向音频对接。这时，你需要直接点出某人的名字，然后向其提问或请其做出评论，让他们知道该轮到谁说话了。刚开始时，嘉宾之间的互动可能会有些过度，因此，讨论一旦偏离了话题或者过于冗长，就需要主持人及时介入。

7.4 采访场景

在广播工作室，主持人和嘉宾可能会面对面坐在桌边。你们分别对着麦克风说话，麦克风放在每个人前面的麦克风架上。你和嘉宾之间相隔着麦克风和其他设备，在这种环境下，为了确保嘉宾感觉舒适，采访开始前可以花几分钟闲聊几句，比如天气情况、嘉宾来工作室路上的情况，或者一些无关紧要的话题，来让嘉宾放松。操作设备的音频工程师或是主持人（播音员）会询问音量是否合适。节目的所有参与者必须进行试音，以便将音量调到最佳状态。请让嘉宾用正常的声音说话。

如果使用的是头戴式耳机，确保采访前已试用无误。由于工作室中的麦克风处于打开状态，因此监听扬声器必须关闭，否则就会出现电子回流的声音。耳机中除了采访的声音还会有其他音频的声音，电话铃声也会混在里面。许多人不熟悉这种耳机，戴起来感到不舒服，所以作为一名主持人，你要让嘉宾感到舒适、自在。向嘉宾简要说明工作室的各种设备，尤其是当嘉宾第一次来到电台或电视台时。工作室的设备有时会让人感到紧张，所以需要解释你将进行哪些操作，相应地会出现什么结果，这样有助于让嘉宾放松，从而成功地结束采访。当嘉宾回答问题时，与他们保持眼神交流，尽量不要只是低头念问题，而要直视他们的眼睛，这也是一种让嘉宾放松的方式。眼神交流也能向他们传达出你对回答十分有兴趣，这会鼓励他们说话更直接、更有激情。此外，坐着时身体向嘉宾前倾。这类身体语言也能传递出你对嘉宾所言感到好奇。

常见的电视采访演播室会有几张坐椅，或者是中间一张桌子、两边摆椅子。偶尔会将椅子摆放在面对面的位置。在电视中，屏幕右边通常被认为是主要位置，如果主持人坐在那里，他就变得和嘉宾一样重要。奥普拉·温弗瑞（Oprah Winfrey）和斯蒂芬·科尔伯特（Stephen Colbert）就采用了这种结构，因为对于节目来说，他们适时插入的评论和嘉宾的发言一样重要。同样，如果嘉宾在屏幕的右方，那么他就占主导地位，经验丰富的采访者拉里·金使用的便是这种方法，因为他的节目更加强调嘉宾和讨论的话题。电视采访中，无论是主持人还是嘉宾，都使用迷你麦克风，现场导演或工作人员会帮助他们佩戴。实际采访中，也可能会使用吊杆或台式麦克风。

电视演播室非常忙乱，可能会让嘉宾分心，所以一定要让他们适应演播室的环境，解释清楚现场导演及其他工作人员的角色和作用，但是要请他们注视主持人，尽量忽略演播室周围的一切活动。与广播工作室一样，主持人可以通过和嘉宾进行直接的眼神交流来帮助嘉宾舒缓情绪，集中注意力。在电视演播室，与导演分工协作是成功的关键。确保导演了解你的节目组织与安排以及每一个你需要的特殊镜头，例如对嘉宾带来的某物件捕捉特写镜头。

在电视演播室，摄像镜头是非常重要的。主持人在节目开始、结束或中间停顿和休息时往往需要直视镜头，但在采访过程中会运用大量不同的镜头。最常用的是过肩镜头（over-the-shoulder shot），嘉宾以正面全景出现，而主持人出现在镜头的侧面，背对观众。这种角度在采访中很常见。通过这样的角度，让摄像机充分发挥其在对话中的作用。

另外一种拍摄方法是侧面镜头（profile shot），主持人和嘉宾互视对方，摄像机似乎也在倾听对话。主持人应时刻意识到摄像机的不同位置，现场导演和其他工作人员也应该通过监听耳机来提示主持人机位的变化。如第3章所述，监听耳机是电视主持人所佩戴的耳机，以便导演在节目拍摄过程中直接与主持人沟通。主持人还可以根据讯号灯判断机位的变化。另外需要牢记于心的是，摄像机的有些角度可能会凸显出不美观的姿态，如果你无精打采地坐着或是向一边倾斜，在镜头中会非常明显。

有一些采访技巧可以通过练习获得，而有些则不行，因为这实际上取决于你如何在直播或录播的采访中综合运用这些技巧。许多访谈节目是事先录制的，但是最终播出时就像是现场直播，几乎没有经过剪辑。成功的采访开始于调查研究和精心准备，了解采访的目的，清楚采访的播出方式（例如，是原声摘要播出还是信息补充），了解受众是谁，明确节目播出的目标（娱乐大众、传播信息还是劝服教育）。

7.5 调查研究和准备工作

要想让采访看似是即兴发挥且未经彩排的节目，就要花时间和精力去准备。为一系列连续的内容确定话题是很有挑战性的工作。过去的经验和知识必定会有所帮助，但是对话题的全面调查研究是进行有效采访的基础，因为调研能促进节目的顺利展开，确定你到底想让观众了解什么。因此要多读报纸和新闻杂志，而许多互联网新闻网站也能够提供有用的背景信息。书籍和与朋友交谈也会激发灵感。如今大学生面临的风险之一是，他们太沉迷于社交媒体，以至于他们对新闻和当前问题时常健忘。要成为一名优秀的主持人，你必须花大量的时间阅读和收听新闻，为谈论各类时事做好准备，并在适当的时候将这些知识运用到采访中。

寻找有趣的嘉宾是有挑战性的，并不是每个人都适合接受采访。必须选择你和受众感兴趣的采访话题和人物。为此，你需要了解受众，而你所在的电台或电视台能够为你提供受众的人数和生活方式等相关信息，以便帮助你选择适合的话题。例如，如果受众主要是年轻夫妇且都在上班，那么有关儿童教育的话题可能会吸引他们。在选择嘉宾时需要考虑的内容包括嘉宾的知名度、个性、价值、造诣、学识、幽默感等。有些嘉宾需要你亲自邀请，而有些则会不请自来。通常，当明星、作家需要宣传他们的最新作品时，便会很容易接受邀请。

调查研究的内容包括采访话题和人物。以趣味为出发点，调查你所不了解的事实。你不懂的事情，受众也可能不是很明白。基础的文字技巧、对互联网和数据库的熟练运用是记者制胜的关键。你可以上网使用有名的搜索引擎查找世界各地发生的新闻故事，也可利用报纸档案和电脑数据库。其他参考资料包括人物传记和当地报纸对个人成就的报道。如条件许可，试着读一些嘉宾最近发表的文章或出版的书籍，以便对嘉宾有所了解，进而提出更深入的问题，引导采访顺利进行。记下你读到的有趣话题，然后引用到采访中，这是一种有用的技巧。这些相关注释或许不会被逐字引用，但会使你或嘉宾想起人生中的某个有趣的瞬间。如果嘉宾是一名专业人士，记得索要一份他的简历。了解嘉宾背景信息的另一个有效途径是采访其同事或者合作人员。收集此类信息也需要技巧。经过上述准备之后，在进行实况转播期间可即兴提出各种问题。问题要新奇，受众往往喜欢听和他们有关的新闻热点、新闻故事、新问题。

记住，充分的准备能让你确定采访的关注点。采访时间往往有限，不够你开展两三个以上主要话题的讨论。那么应选择哪些话题呢？了解受众，然后确定他们最感兴趣的点。准备工作也能使你在整个采访中紧密围绕重点展开，你的注意力必须专注于嘉宾身上。如果你不了解采访的内容，那么采访就会缺乏主题。

策划采访时还需要考虑时间问题。对于新手而言，时间的判断是难点，那些比原声摘要稍长的采访如果能够顺利地展开，你会感觉到时间过得飞快；然而对于另一些采访，则会觉得节目拖沓、时间难熬。所以，你需要准备充裕的素材以备不时之需。当嘉宾的话语比较简短时，你会发现这点尤其重要，因为清单上的问题很快被问完了。经验会给你最大的帮助，但是充分的准备能帮你救场，直到你逐渐培养出时间感。即使如此，在没有足够的素材时缩短讨论时间也比临时发挥要容易得多。

7.6　邀请有趣的嘉宾，准备有趣的话题

与嘉宾提前会谈也许会有帮助，但要注意，一些资深主持人不喜欢这种方式，因为他们认为这样的做法可能会抹杀掉节目的自然性。然而，没有人希望采访变成东拉西扯的"闲聊"。当调研结束，对采访问题做准备时，请问问自己："这次的采访目的是什么？"你的答案应该不只是"把空白的时间填上"。你需要有一个大方向，有你想要透露的信息，或是你想要展现出的嘉宾的重要一面。某些嘉宾对采访感到紧张，因而希望对现场具有某种程度的掌控权，并且会向主持人提出要求，希望事先了解将要提出的问题。但是，这不值得推荐，因为可能会让采访的自然性大打折扣，给受众一种已经提前彩排过的感觉。可以提前将可能会涉及的话题告知嘉宾，而不是提供具体的问题，这样一来，嘉宾可以大概了解采访的范围并提前做一些准备，而且如果你们已经提前进行了交流，他们也会猜到一些问题。在某些情况下，对于一些重要来宾，你只能通过提前出示采访问题来赢得采访的机会，但是要考虑清楚值不值得这样做。

对于新手来说，预先采访是一种宝贵的手段。交流方式多种多样，可以面对面交流，可以打电话，也可通过电子邮件。预先采访可以让主持人和嘉宾建立默契，避免问及一些空洞、无知的问题。同时，这也是核实嘉宾名字发音和其他生僻字的好时机。如果你做过调研，你就可以简单地说"今天我们讨论的话题是……"。你可以询问嘉宾和这一主题相关的观点或经历。在采访中经常会发现一些有趣的事情，但是不要过多地关注细节问题，比如"你在哪里长大？""在哪里上的学？""有什么爱好？"等，除非这些问题与你的采访目的有关。要时刻考虑每个问题与采访目的之间有什么联系，可提前询问嘉宾，看看嘉宾是否有受众感兴趣的经历故事。这些素材可能不会被用到，但可作为补充性材料，同时有助于嘉宾对你敞开胸怀。千万记住，预先采访不是正式采访，一旦对将要讨论的问题有了基本了解，马上转入下一个问题。要为节目留点悬念。

记住，在采访时，你可能会问到一些你已经知道答案的问题，但你代表的是受众，受众可能不如你知道的那么多，所以要把问题阐述清楚，以便帮助受众理解并欣赏这种访谈节目。因为受众不能在节目中向嘉宾提问，所以你有责任预测受众想要了解嘉宾的

哪些方面或是讨论哪些相关话题，同时确保他们获得相关的信息。

确保提前告知嘉宾预先采访和正式采访所需的时间，这点对于电视访谈节目尤为重要，因为参与录制的人数、设备很多，所以需要重新录制或延长录制时间的概率相对于广播而言要高。告诉嘉宾大致的时间范围，尤其是工作繁忙的嘉宾，因为他们需要根据这个时间来合理安排日程。

实地采访

另外一种和演播室采访完全不同的采访形式是实地采访，这种采访通常时间很短，目的是获得关于某一新闻事件的简短评论。这种采访不像完整的人物采访那样可以把自己的所见所闻所经历的——详述，因此趣味性不足。采访的录制片段通常只有20秒左右，目的是通过一些个人观点或是目击者的证词增加采访的有效性。因此，这种采访不会有预设好的讨论的环节，且整个采访不会超过5分钟。最终只从中选取新闻报道需要的信息。你问的大部分问题都应该是为你的新闻报道提供信息，鼓励受访者紧扣主题或原声摘要内容进行回答。有时，个别受访者会提供多条有价值的评价，其中的多条信息都可能被纳入报道中，甚至作为总结陈述之用。

在这种情况下，你可以通过提问对受访者加以引导，甚至还需要通过插话来推动采访的顺利进行。你可以问类似于"你是怎么认识那个人的？""你是什么时候发现着火的？""说一下你看到、听到了什么？"的问题，你也可以问"对于袭击老年人的事件你如何看？"等观点性问题，以寻求人们对于事件的反应和看法。这和演播室采访有点不同，在演播室访谈节目中，主持人可以对嘉宾所说的内容提出质疑。记住，在采访现场，受访者只需要谈论他们的所见所闻，和演播室里的专家所扮演的角色是不同的。

采访进行过程中，你需要听的是对报道有用的陈述，如果你已经获得想要的信息或者发现受访者提供不出有价值的信息时，可以及时结束采访。最后应对他们抽出时间接受采访表示感谢，但不要许诺一定会采用这些采访素材，因为受访者可能会通知他们的亲朋好友观看电视，而如果后来你又找到更好的素材替换掉了这些素材，他们发现后会感到失望甚至愤怒。记住，整个故事的播放时间可能也只不过90秒而已！

实地采访时需要做好心理准备。受访者可能会害怕，震惊，生气或是想要大发牢骚。不过，相较于直播，采访更多时候会先录下来，后期再剪辑，因此你不要背负太大的心理负担，而且你可能还会从中发现一些之前被忽略的点。提醒受访者，他所说的话会帮助受众更好地了解事实，受众会从他的评论中获得知识，对于受众而言他的看法很重要。保持镇静，拿出专业态度，向他们寻求帮助。要记得你代表着一家电台、电视台或一个网站，无论你有没有得到预想的答案，都别忘了感谢他们。

7.7 提升采访技巧

和生活中的其他事情一样,优秀的采访能力需要实践练习,哪怕不是在采访中,也可练习一些采访技巧。倾听、提问、设计采访,尤其是如何设计开场和收尾,是成为一名优秀采访者所需要培养的关键技能。

倾听

倾听是一个主动的行为,需要投入精力,但仍有很多人认为它是被动的。在我们的生活中,使用电子设备并不需要花费太多精力,如听音乐或看电视。而在采访过程中,主动倾听既是体力劳动又是脑力劳动,需要进行复述、提问,并且要理解和陈述受访者的想法或感受。倾听需要集中注意力,好在这种技巧不难掌握。因为我们天天都在做这样的事,所以我们往往认为自己知道如何倾听,而且许多优秀的采访者让人觉得倾听并不是那么难。然而,当快速地用批判性的眼光审视电视、广播里的一些访谈节目,你会发现事实上这些节目做得并不好。比如,有时主持人问的问题太复杂,说得过多,偶尔甚至会出现失控的现象。有效的倾听是解决这些问题的关键。

你需要倾听什么呢?首先是嘉宾讲话中受众可能不太明白的话,包括一些抽象或含糊的观点,如"市长面临着许多难题",所谓的"难题"指的是什么呢?你最重要的工作之一就是不要让嘉宾进行抽象的陈述。当一个嘉宾进行了模糊的陈述时,例如,"教练喜欢用一种不寻常的方式去上班,"这是一个宽泛的陈述,可以包括许多种通勤的方式。他是步行,骑自行车,还是开私人飞机?利用后续的追问让嘉宾更准确地表述观点,让受众受益。可以问"你说的不寻常的方式是指什么呢?"让嘉宾说得更具体。

其次,倾听所讨论话题领域内的专业术语,并且请嘉宾将这些术语解释清楚。嘉宾使用一些行话术语会显得专业,但如果观众无法理解,采访的目的就没有达到。例如,对于嘉宾脱口而出的"wig picker(心理学家)克里斯汀·马丁总结得很好……",如果观众理解了"wig picker"是心理学家而非发型师的意思,那么对于推动整个访谈节目的顺利进行将会是非常有用的。

再次,倾听,寻找线索。嘉宾的话可能会引出其他让人感兴趣的问题,注意抓住机会进一步提问,即沿着上个问题的思路继续追问下去或转入到一个新的话题。例如,一名学生在采访一位实验员时,这位实验员提到他们的工作包括销毁化学药剂。从生态学的观点看这应该是一个热点问题,但这名学生却错失良机,没有询问到底是用什么方法能够安全销毁化学药剂。

对嘉宾的回答做出反应,表明你在认真听,但是不要用"是""不是""嗯"或"好的"等口头禅。避免使用这种口头禅的原因有很多:第一,口头禅听起来不专业,导致采访效果不佳；第二，这会给观众留下一种你同意嘉宾意见的印象，而其实你可能并不认同；第三，这使后期的编辑工作变得更难，因为你并未出现在镜头中，你的声音不知是从哪里出来的，所以会分散观众的注意力。最佳的倾听反馈是非语言性的，比如微笑、点头、眼神交流。虽然你没有用言语回应嘉宾，但嘉宾仍然需要感受到有人在听。然而，不要假装你在认真倾听，假装在听和真正地倾听是不一样的。

新手往往会过分地关注问题而忽略了嘉宾本人，这不仅不礼貌，而且很容易错过对采访非常重要的关键评论。如果嘉宾刚刚回答过的问题你又问了一遍，就会显得很不专业。（请阅读演播提示7.1中，主持人梅根·莫萨克的看法。）为了保险起见，新手主持人通常会把他们在采访中要提的问题写在一张纸或一张卡片上，因为他们担心在采访中会忘记提问的内容。但你会发现，大多数专业主持人很少参考书面笔记。笔者建议，除非你有丰富的经验，否则最好在采访过程中准备好笔记，尤其是如果你打算用数据或他人的话来描述嘉宾的反应。然而，与其逐字逐句地写下问题，不如写下关键词或短语，这样你就可以在采访中进行即兴提问，而且也能让你的提问听起来更自然。

最后，如果你准备充分，你就会听出自相矛盾的说法或者一些新观点，进而要求嘉宾做进一步的说明。这就是调研给你的回报，同时也体现出专业采访与普通采访的区别。对嘉宾的话进行解释，是表现自己在认真倾听的一种有效方式，同时有助于观众进行更好地理解。解释可以采用以下形式，如"您是不是觉得……""我的理解是……"，嘉宾可能同意，也可能不同意你的解释。如果嘉宾不同意，就会做出进一步的解释。这样一来，让嘉宾向你敞开心扉相对来说会变得更容易。此外，对嘉宾的话进行总结也是表明自己在认真倾听的一种有效途径。

演播提示7.1

在采访中要善于倾听

在我们采访他人时，很重要的一点就是要认真地倾听嘉宾在说些什么。很多时候我们提出问题后便全心关注接下来要问什么，而忽略了嘉宾的回答。但有时候他们的回答和你接下来要提的问题息息相关。

——梅根·莫萨克（Megan Mosack）

在实际采访过程中，不要提及嘉宾在直播前所讲的话，因为这样对观众不礼貌，让他们感觉受到了冷落。

如果需要提醒嘉宾谈论采访之前的某个问题，你就可以说"节目前你曾经说……"。

如果你参考了报纸杂志上的文章，那么一定要向观众解释清楚背景信息，使其了解来龙去脉。记住，采访的中心不是记者，而是嘉宾。总想表明你自己的个人观点是不合时宜的，把自己放在不显眼的位置，让嘉宾尽情发挥，你的采访就能成功。

策划

提前策划采访问题是一个不错的方法。事实上，你可能不会用到所有事先安排好的问题，而且在实际采访时可能会根据现场情况改变问题的顺序。在采访过程中，问题要建立在嘉宾陈述的基础之上。将采访想象成一个对话，而非一个问题接着一个问题的问题清单。成功采访的关键是在嘉宾和主持人之间形成一种即兴的默契关系。准备一份问题清单是确保采访得以持续进行的保障，尤其是当你采访一位不熟悉的嘉宾或者是讨论不熟悉的问题时。可以在记事卡片、写字夹板甚至电视上准备一份问题清单。同样，也可以在采访过程中用一支铅笔或钢笔做一些信息记录。如果对于嘉宾的话有任何后续追问的想法，可以把关键词记录下来，但一定注意笔记要简洁、精练。

提问

通常来说，问题可分为两种类型：一种是开放式问题，另一种是封闭式问题。尽量避免封闭式问题，因为针对这类问题，嘉宾可以用简单的"是"或者"不是"等几个字作答，导致整个采访显得僵硬。然而，这类问题确实可以使嘉宾渐入佳境，采访初期可以问几个封闭式的问题。经验丰富的受访者很擅长迂回作答，但如果遇到的是一个不太善于接受采访的新人，特别是在电视节目上，他可能不会主动进行详细阐述，那么主持人应该避开此类问题。

开放式问题会给嘉宾提供自由发挥的机会，也可以让观众更加了解嘉宾。例如"你发现爱尔兰有哪些有趣的事情？"相对于"你不久前去过爱尔兰是吗？"，前者能够引出更多引人入胜的回答。另一类开放式问题是假设性提问，能够引出更细致或有趣的回答，例如"如果……你会怎么样做？"或者是"你对今后五年的展望是什么？"。

确保一次只问一个问题。同时问两个问题，会被认为是一个问题由两部分组成或是问了一个复杂的问题，这种现象在电视或广播节目中常常出现，让观众和嘉宾都感到有些困惑。如果采访者问这样的问题，"凯西市长，增值税的增加意味着什么？这笔钱将用于教育、社会服务或其他城市项目吗？城市预计会筹集到多少钱？"，嘉宾的回答往往会是，"你可以重复刚才的问题吗？"通常情况下，当采访者提出一个封闭式问题之后，立刻跟进提出一个开放式问题时，就会出现这种现象。采访者可能觉得需要把直播的时间填满。但如果你一次只问一个问题，采访会更容易被理解，观众和嘉宾能更轻松地集中注意力。

在采访的开始，问一些简单友好型的问题很重要。阅读嘉宾的资料可以让你对嘉宾觉得重要的部分有所了解。从这里开始问起。把有难度、有争议性的问题留到采访的中间或结尾。有的时候你必须临时决定在什么时候提出某个问题。当你觉得这个时候应该问一个你感兴趣的问题时，可能并没有提问的机会。这也就是倾听和准备对采访很重要的另一个原因。熟悉话题，以便你能够紧紧围绕着观点和话题进行提问。

对于有偏向性或寻求特定答案的问题要谨慎提问。这种问题叫作诱导性问题。例如，以"你不觉得……"开始，暗示嘉宾某种特殊观点是错误的。1999年，脱口秀主持人罗西·欧唐内（Rosie O'Donnell）在采访时和演员汤姆·谢立克（Tom Selleck）在枪支控制问题上有所争执，掀起了轩然大波。曾代表美国步枪协会发言的谢立克来参加节目本来是为了宣传自己的电影，没想到采访突然指向了之前没有准备过的内容。当时的讨论非常激烈，震惊了很多观众。然而，很多主持人还是会采取这一策略，即在公众人物的采访中制造一些争议，并认为这是吸引观众的恰当方式。你应当避免采取这一不道德的策略。让观众了解嘉宾的偏见，比你在提问或引导采访的方式中加入自己的观点更重要。注意不要让你自己的看法左右你提问的方式，也不要让嘉宾未经证实的陈述得不到澄清。

诱导性问题还包括，"大多数人同意上述观点，你怎么看？"或是"你一定会投票反对死刑的，对吗？"记得问一些能显示嘉宾涵养的问题，而不是炫耀你知识丰富的问题。有时，扮演一个无知的角色是让人打开话匣子畅所欲言的好办法。记住，你的目的是让嘉宾多多发言。

不要问答案非常明显的问题，比如"作为空难幸存者你感到开心吗？"也不要自问自答，如"这项提案你投了反对票，你是怎么想的？你曾说过你感觉我们这样做得不偿失"。这可能会导致嘉宾认为他们无足轻重并且无法提供有趣的信息。如果嘉宾突然改变想法，那么你就惨了，因为你试图将他们引入自相矛盾的尴尬境地。这样做会产生不利影响，进而破坏采访的有效性。

追问是通过一系列跟进性问题从嘉宾处挖掘深层信息，有时可能会产生冲突或争议。如果嘉宾没有回答问题，就需要重新表述，再问一次。人们通常对于采访会感到不安，需要采访者对问题重复一遍才能更清楚并且有针对性地作答。有些嘉宾或许会故意回避一些问题，或以他们的标准官腔语言来搪塞。如果遇到试图回避问题或故意不作答的嘉宾，记着别放弃，尝试用不同方式来问同一个话题。这种时候你要有所判断，如果你逼得太紧，就会和嘉宾疏远，接下来的采访会变得很艰难。不过，追问很可能会让采访变得激动人心。此时可重述你所听到的内容并继续追问。

如果嘉宾突然停下来或者没有立即回答你的问题，不要急于用其他的问题打断他们。虽然广播电视不太能接受出现冷场（dead air），但采访中有一些不同的参考标准。如果你过于急躁地插话，就可能会打乱嘉宾的思绪或者无法得到很好的回答。记住，有时候人们只是紧张或者需要热热身，或者他们只是需要几秒钟来组织语言。也有一种情况是，他们可能不喜欢某个问题，停下来是希望你转到别的话题。别怕等，很多专业播音员说，等待是他们最好的帮手之一。

组织问题是采访的一种技巧，需要通过练习得到提高。你要知道你到底想要了解什么。对于新手来说，准备好可能用到的问题是非常重要的步骤。由于采访的相关场景和话题多种多样，因此关于问题本身很难给出具体的建议。但下列所述的15个"基本问题"可能派得上用场。结合嘉宾和现场的情况来判断如何将问题补充完整。这些"基本问题"可以有很多种使用方法，甚至在同一个场合下能够被重复使用。思考一下自己要如何扩展这些问题。

基本问题

1. 你为什么……？
2. 你对……怎么看？
3. 能否谈谈你关于……的经验？
4. ……花了你多长时间？
5. 这如何发挥作用？
6. 你对……有何感受？
7. 做这件事的动机是什么？
8. 你对……做何解释？
9. 可否透露……？
10. 是否能解释一下这是如何奏效的？
11. 为什么你没有……？
12. 这是什么？
13. 为什么成本这么高？
14. 能否描述一下你所看到的？
15. 关于……你学到了什么？

过渡，也就是从一个话题转向另一个话题，可能会有些尴尬。广告有助于进行自然过渡，但它们不是你想插播就能插播的。过渡，就如所有优秀的采访一样，需要采访者具备相关知识并主动倾听。过渡的具体方式大同小异，比如"在前面的介绍中我提到你对……有兴趣"或者"正如你早先谈到的……"。总结谈过的内容然后将类似的话题联系起来都是有帮助的,并且能为受众提供机会来补上之前错过的部分。例如,"我们刚刚讨论了为什么校车的整合收效甚微。现在就让我们看看认为校车成功的几点原因。"

幽默可以用来保持采访过程中的热烈气氛。然而想合乎时宜地幽默一下却很难。这是一种技巧,但也需要对受众和现场做出精准的分析和判断。初入行者有时会尝试着采用幽默的方式,但这种方式会让人感觉很蹩脚或有调侃嘉宾的嫌疑。一般来说,众口难调,对于某种幽默的话语,有些人会认为很好笑,而有些人则不会这样认为。不合时宜的幽默会让人觉得你很愚蠢。慎用讽刺幽默,因为它会伤害你或你的嘉宾。自嘲可能是唯一一种在任何情况下都相对安全的幽默方式。

事实上,采访做得多了,就会遇到一些你没有为之做充分准备的嘉宾。不必害怕。最起码你应该知道他们接受采访的原因。问问他们接受采访的目的。你需要向观众解释,你们之前并没有见过面。让采访有趣一些。他们可能会很快讲到他们想探讨的话题。从这个话题开始,寻找其他的角度。同时,要时刻留意那些你觉得矛盾或不正确的事情。

7.8 采访的着装

在采访的着装方面,有一条黄金法则:保守。然而,这条法则还有很多变通的空间。比如,广播采访中,因为听众看不见,所以主持人穿着便装也没关系。

你的服饰风格要和受访者或者采访的地点相适应。如果你的着装比较正式,那么企业高管们会更容易放松下来;而对运动员或者度假休闲人士进行采访时,便装会让他们更容易产生信任感。当然,本书在其他章节中还会专门探讨采访时的着装问题。

7.9 控制节奏

一般来说,你会遇到两种类型的嘉宾,他们会给主持人带来不同的挑战。一类是没有经验的嘉宾,即很少接受采访甚至从未在节目中接受过采访的人,可能需要在你的帮助下接受采访。他们会对采访感到紧张,要么回答不完整,要么难以表述其想法。你的工作就是帮助嘉宾组织想法,清晰地回答问题,并随着采访的进行而逐渐感到舒适。要尽可能尝试减少嘉宾出现紧张的情况。以轻松的方式开始采访,从简单的问题开始,先请嘉宾谈论一些基于个人经验的专业知识,然后再深入到更复杂或有争议的细节。在整个采访过程中,要准备好解释嘉宾不完整的表述甚至无法回答的内容。另一类就是那些经常接受采访的嘉宾，比如名人。当他们回答曾经被问过多次的问题时，能够熟练地说出已准备好的答案，这有助于他们展现出最好的一面。他们十分谨慎，不愿透露太多关于自己的信息，也不愿提供可能导致他们失去受众或支持者的一些细节。只要你允许，他们会就控制采访节奏。

无论是面对经验丰富的嘉宾还是毫无经验的嘉宾，对新手来说，采访中最困难的部分之一是始终控制采访节奏。这并不意味着当嘉宾给出你不想要的或意料之外的答案时你要打断或插话，而是要引导不健谈的嘉宾多说话，或是让那些过于健谈的嘉宾不要讲太多话。对前面那种情况而言，重叙或者提出开放式的问题是主要的方式。面对后面这种情况，"打断"是你必须要学习的一项技巧。打断嘉宾通常是掌控采访的唯一方式。如果你遇到一个谈话漫无边际的嘉宾，或者他总试图把话题引向他自己的兴趣点，而不考虑受众的兴趣点，打断技巧就会显得至关重要。比如在一次采访中，嘉宾把身体转向直播摄像机，开始一通热情洋溢的讲话，而经验匮乏的主持人又想表现出对这位嘉宾的尊重，于是这位嘉宾便一发不可收拾，离题千里。

这样的问题有很多种解决方法。认真倾听嘉宾的回答，在他们停顿的时候插话。这种方法是在嘉宾自然停顿时进行打断，相比于强行打断嘉宾的讲话，会让人觉得没有那么冒犯。有的时候轻轻拍拍自己的手臂或是靠向椅背都是在给嘉宾一种无言的暗号，告诉他们你有话想说。有时候，你需要强行打断并理直气壮地重复你的问题，以提醒嘉宾回归主题。比如，"我理解你对这个问题有自己的独到见解，可我们的观众想要知道的是……"。在极端情形下，你可能需要打断嘉宾的话，变得更加主动，但也要保持礼貌，比如，可以说"请原谅我，但是……"。另一种提醒方法是让嘉宾离开麦克风。如果是你拿着麦克风，那么可以将麦克风从嘉宾嘴边移开而朝向自己。当然，如果大家人手一支麦克风，这一招就不管用了。

另一种情形：你可能会遇到一位嘉宾，在你提出第一个问题后他便开始沉浸于漫漫独白当中不能自拔，甚至如果放任下去，他能说到最后一分钟。此时，你需要打断一下来找回控制权。虽然有时候嘉宾的独白很有趣，但你别忘了，你才是主持人。这种情况下，你需要运用封闭式问题来迫使他回到主题。一系列的单字回答可以帮助嘉宾回到正轨并帮助你重获采访控制权。然而，这种方法通常只是在十分必要的场合下才会用到，并且不一定绝对地有效。

7.10 保持中立

如何表达自己的观点和看法是非常重要的。当然，观众也许会猜测你的观点，而没有人能做到绝对客观。你的受访者或者主题的本质决定了你的立场会有所偏向。不过，在采访的过程中，对嘉宾的话表示自己的看法是不合适的。假如你问嘉宾对一场战争的看法，嘉宾表示他完全支持战争，而你的观点是反对战争，这时候你要做的就是让嘉宾发表观点并找出观点背后的深层原因，而不是简单地反对并在直播中上演冲突的一幕。事实上，脱口秀节目出现这种场景也不算什么，因为冲突和争论恰恰是某些节目的重要特征。

7.11 广播谈话节目

几十年来，广播谈话节目不断发展，有人说它让传统听众能在自由的媒体环境中进行发言。这类节目的一般形式是向主持人或主持人和嘉宾致电探讨各种话题。通过电话初筛可以选择真正对话题有兴趣的来电者，同时，录制延迟系统有一定的保护功能，可以删除不需要的内容或者诽谤性的言论。这类节目的主持人通常3~4小时一换岗，一周工作5~6天。为保证节目质量，进一步提升主持水平，你必须广泛阅读和了解与节目话题相关的各类资讯。除了每天阅读相关的新闻之外，还要准备好阅读每周和每月的专业杂志，以及与节目话题相关的书籍，这样一来你就可以了解最新情况，也可以在谈话中穿插有趣的见解。

广播谈话节目通常关注的是新闻和政治、体育和垂钓、人际关系、烹饪、汽车以及其他热门话题。这类节目的主持人需要能够很好地组织嘉宾采访以及与来电者对话。其中不乏意气相投的人，也可能出现与你争论的人。不管来电者的语气如何，你需要保持镇定并冷静地与之交流。要想让节目变得有趣和激动人心，最有效的策略之一就是将三到四句意味深长或发人深省的话用在节目开头。如果你想要主持一档特别的谈话节目，比如主题是垂钓，那么你自身必须是这个领域富有经验的专家或者无所不知的达人。广播谈话节目的主持人还需掌握一个本领，就是随时转换思维，因为有时候打电话进来的听众不一定能跟上其他人所说的话题。

虽然无线广播中谈话节目的收听率不高，但当地和全国的电话接入类谈话节目都很受欢迎。这些节目有一批忠实听众，制作成本也很低廉。在很多听众心里，像拉什·林堡（Rush Limbaugh）和霍华德·斯特恩这样的广播谈话节目主持人可能过于强势，但他们的个人形象却令万千听众为之倾倒，也因此而博得了相当高的人气。

7.12 电视谈话节目

近几年，电视谈话节目蓬勃发展，这类节目的主持人都是知名的电视节目主持人，他们的工作是组织嘉宾们和观众们进行互动谈话。观众是这类节目的重要组成部分。节目一开始主持人会就本次节目的话题简单采访一下嘉宾。这类节目可能会请一组嘉宾来到现场，主持人要组织所有嘉宾参与其中，而不是让一两位嘉宾主导全场谈话。

在有线电视台里，还有一些特别的谈话形式。例如，C-SPAN（公共事务广播电视网）就有一档电话接入类电视节目，在每个清晨，会有不同的主持人和不同的新闻人物或政客参与节目。其他节目可以在HBO、CNN和ESPN上观看。过去和现在都有许多优秀的主持人，你可以通过观看节目来研究他们的技巧，包括吉米·法伦（Jimmy Fallon）、乔恩·斯图尔特（Jon Stewart）、吉姆·罗马、凯蒂·库里克、拉里·金、鲍勃·科斯塔斯（Bob Costas）、奥普拉·温弗瑞和芭芭拉·沃尔特斯（Barbara Walters）。虽然其中一些人已不在媒体工作，但他们的采访案例仍可以在网上找到。对电视谈话节目感兴趣的主持人可能会在有线电视台领域发现更多的机会。许多本地有线电视台会制作本地观众喜闻乐见的谈话节目。这可能是一个挑战，因为你不能指望它们像全国性的谈话节目那样吸引那么多观众。然而，这些节目可为你提供不可多得的实战机会，因为你可以在压力较小的工作环境下训练和提升能力，为你主持规模更大的节目打好基础。

7.13 其他采访场景

技术会影响采访的场景。如今，使用互联网视频会议软件或智能手机进行采访越来越普遍了。智能手机有视频会议功能，也可以下载应用程序。这些技术既省时又省钱。有的采访只是用来交代背景信息，有的则是要进行直播。虽然评价采访成功与否的标准一直没有变，但是要充分利用这些技术，还有一些注意事项。

使用视频会议软件或智能手机进行采访和面对面采访没什么差别，流程安排仍然是重点。确保受访者对这些技术有所了解，尤其是当你想要把采访放到网上播出或把视频上传到网上的时候。在采访前测试设备，保证网络连接良好很有必要。如果你不太会使用互联网视频会议软件，进行模拟采访可以帮助你增强自信心，让你放松一些。

麦克风会把整个房间中的声音都收进去，因此要选择安静的环境进行录制，不要用铅笔点桌面，也不要在翻动纸张时发出太多噪声。避免房间出现回声。背景要干净，不要出现窗户或是其他刺眼光源（如台灯）的反射光。确保你和受访者都坐在采光良好的区域。检查画面背景，看看有没有像带走针或会闪烁的钟表那样容易分散观众注意力的摆件。确保你和受访者有眼神交流，通过镜头画面看看自己的出镜效果怎么样。但也不要太频繁地看向镜头，如果缺少眼神交流，那么受访者的注意力很容易被分散。着装仍然很重要，尤其是如果这个采访是网络直播或者要上传到网上。着装要求和之前提到的一样。穿得正式一些，不要穿印有容易分散注意力的图案的衣服。

互联网视频会议软件和智能手机的应用程序都可以进行文字聊天。一些问题（和回答）可以在采访过程中被粘贴到聊天窗口，方便你和受访者互动。通过智能手机，你还可以在采访过程中和其他人通过电子邮件传递信息。

7.14 总结

采访是媒体演播者的重要工作内容之一。虽然当今媒体平台上的采访数不胜数，但很多都是无效的，只包含简单的原声摘要。有效的采访需要有充分的准备和成熟的技巧。准备工作包含对受访者和话题的研究，采访技巧则包含倾听、提问、观点阐述及与受访者建立信任关系的能力。最佳的采访效果是让受众觉得采访"兼具计划性和自发性"，是采访者正在与受访者进行一场"有引导的谈话"，而受众仿佛正在旁听。高质量的采访能不断引出新的内容、观点。美国国家公共广播电台（NPR）的《声音报道》（Sound Reporting）一书指出，一位优秀的主持人"能让原本精心设计的谈话听起来紧凑而真实，也知道如何作为引导者服务听众。"

因为是由主持人负责为受众提供参与的平台，所以广播和电视谈话节目算不上传统的节目类型，但提供了更多的采访机会。由于采访节目成本相对较低，且频道数量成倍增长，采访将在未来的多年内成为媒体争相追捧的重要节目类型，因此你应尽可能积累经验，成为一名资深的采访者，确保在求职时更具竞争力。

下表中所示的采访清单对本章的重要知识点进行了总结。

表7.1 采访清单

应该做的事情	不应该做的事情
有备而来	即兴发挥
充分研究嘉宾和主题	独占话语权
列出问题清单	只专注于准备好的问题
了解观众	一次问出多个问题
运用语言和非语言式的回馈	突然介入，打破沉默
谨慎使用幽默	表露自己的观点
把开场、结尾和第一个问题写下来	在采访前向嘉宾透露问题
专注倾听	以"嗯嗯""明白"或者"好的"来评价

续表

应该做的事情	不应该做的事情
用开放式问题提问	提出有答案诱导性的问题
必要时打断	用封闭式问题提问
控制节奏	伪装身份来获取采访机会
保持客观	自问自答
明确法律方针	提出答案无争议的问题
熟悉道德尺度	结束时用"我看时间差不多了"
乐于交流和深入主题	
要求解释术语或者模棱两可的概念	

自学题

问题

1. 在采访中，以下哪个问题措辞最为恰当？

a）你为什么辞去政府中的职位？

b）鉴于儿童接触色情作品出现的问题，你不认为应对互联网加以监管吗？

c）你认可电视收视率吗？

d）麦凯恩先生，你是否对选举失败感到失望？

2. 在采访中，以下哪个问题措辞最为不当？

a）你认为人们为什么会加入邪教？

b）告诉我们你为什么辞去了政府中的职位，是因为你向媒体披露了一些财政问题吗？

c）你对未来都有哪些计划？

d）您还有任何希望谈及的问题吗？

3. 主动倾听_____。

a）需要练习，因为能够被掌握

b）可对受访者回应"是""否"或"好的"

c）没什么特别的，因为我们一直在听，任何人都可以做到这一点

d）在实际采访中是不必要的，因为时间有限

4. 打断谈话是采访者需要学习的重要技能。

a）正确　　　　　　　　　　b）错误

5. 以下哪一项不是采访准备的重要步骤？

a) 向同事了解嘉宾的背景资料

b) 列一个问题清单，即使在采访中不会全部用到

c) 采访前让嘉宾了解设计好的问题

d) 如果可能，读一些嘉宾写的作品

6. 下列哪一项不是在采访时需要关注的内容？

a) 模糊的单词或词组，如"若干问题"

b) 观众可能不熟悉的专业术语

c) 可能改变采访焦点的线索

d) 你认同的意见，你能够从自身角度探讨话题

7. 通常在采访中建立信任并不重要，因为大部分情况下，你不会再次采访同一人。

a) 正确　　　　　　　　　　b) 错误

8. 采访的总体结构包括三个部分：开始、采访过程和结束。

a) 正确　　　　　　　　　　b) 错误

9. 从一个话题转向下一个话题时，一位优秀的采访者应借助_____。

a) 追问　　　　　　　　　　b) 过渡

c) 线索　　　　　　　　　　d) 幽默

10. 因为从事娱乐业，所以电视采访者应该穿颜色和款式鲜亮的服装，并佩戴光彩夺目的珠宝。

a) 正确　　　　　　　　　　b) 错误

11. 下列哪个采访不是专题采访？

a) 采访一位职业棒球大联盟投手，了解其无安打比赛

b) 采访一位女士，了解其专业购物者业务

c) 采访一位政客，了解悬而未决的销售税增加问题

d) 采访一位90岁高龄男子，了解其跳伞经验

12. 采访中，下列哪个步骤可以被省略？

a) 介绍　　　　　　　　　　b) 欢迎

c) 提问　　　　　　　　　　d) 结尾

13. 下面哪位电视谈话节目主持人的采访模式是以嘉宾为中心？

a) 杰·雷诺　　　　　　　　b) 奥普拉·温弗瑞

c) 拉里·金　　　　　　　　d) 大卫·莱特曼

14. 采访运动员是极具挑战性的，原因不包括下列哪项？

a) 一些运动员沟通技巧欠佳。

b）对运动员的采访经常是在喧闹、繁忙的环境中进行。

c）很多运动员都沉浸于比赛细节。

d）针对运动员的很多采访一般要求全面了解该项运动的背景知识。

答案：

1. a   2. b   3. a   4. a   5. c   6. d   7. b   8. b   9. b   10. b   11. c   12. b   13. c   14. d

实践项目

项目一　录制一次广播采访

目的

为你提供在广播工作室研究、策划和执行采访的机会。

要点

1. 确保熟悉所采用的音响设备，如果担心无法同时操作设备和进行采访，向他人寻求帮助。

2. 采访可以在广播工作室中完成，也可以随时随地用便携式音频设备完成，但是采访开始前要检查设备。

3. 采访主题对于大学生群体应具有吸引力，并且合乎时宜。

4. 采访全程不要进行后期加工，一气呵成，中间不要有停顿。

5. 按照本章所探讨的基本采访模型进行。

如何完成这个项目

1. 指导老师可能会安排另一位同学与你一起完成这次采访，安排一定的课外时间与该同学会面，探讨可能的话题，同时获取采访对象的私人信息，以便于采访时介绍环节顺利进行。采访主题可包括爱好、活动或采访对象熟悉的任何话题，如环境问题等。指导老师还可能要求被采访者是来自于班级之外的学生。

2. 针对所选主题做一些基本的研究，并且列出包含10个问题的清单，确保附上参考书目。

3. 写出采访的介绍语和结语。

4. 用录音设备录制5分钟长的连续采访。

5. 播放录制的采访，根据表7.1中的采访清单进行自我总结。

6. 将标注过的MP3格式的录音、问题清单、参考文献、介绍语、结语以及自我总结交给指导老师，等待老师打分。

项目二　录制一次电视采访

目的
为你提供在电视环境下对采访进行研究、策划和执行的机会。

要点
1. 电视节目需要很多人才能制成，你需要向整个工作团队介绍你的想法。
2. 采访话题应对大学生群体具有吸引力，并且合乎时宜。
3. 向嘉宾介绍工作室中的设备或操作，使其感到舒适放松。
4. 如采访是在电视演播室内进行，指导老师会让班级同学组成节目组，如果是在外面进行采访，确保你已安排好摄影师，或是其他知道怎么使用相关设备的人员。
5. 该节目将持续10分钟，不可以进行编辑。
6. 采访过程中有30秒的休息时间，休息之后，记得再次介绍本次采访。
7. 按照本章第7.3节所述，遵循采访的"五步走"模式。

如何完成这个项目
1. 以所在大学的教师或管理者为采访对象，确保被采访者了解具体的采访日期、时间和地点。
2. 安排一次采访前的会面，如可能的话，索要一份被采访者的简历。
3. 在采访前的会面中，探讨可能的话题，并确定实际采访的时间。根据采访主题，列出一份包含10个问题的清单，并且写下简短的介绍语。
4. 针对采访主题进行研究，列出五个额外的问题及参考书目。
5. 在索引卡或纸上写出采访的开头、结尾、介绍词和可能提出的问题，然后把它们放入写字夹板中。
6. 对节目进行录制。
7. 播放所录制的采访过程，根据表7.1中的采访清单进行自我总结。
8. 将采访录制片段、书面材料（包括参考文献），以及自我总结交给指导老师，等待老师打分。

项目三　策划一次采访

目的
熟悉记者在采访名人时可用的资源。

要点
1. 选择一位娱乐圈、政治圈或体育圈的名人。
2. 确保利用图书馆资源,包括《今日名人》杂志里的传记信息。有许多信息可予以采用,尤其是互联网上;但是,需明确哪些资源的可信度更高。
3. 选择采访的角度或焦点。试着对名人的生活或贡献等方面进行采访。试图涵盖过多内容的采访可能对于观众来说欠缺吸引力。
4. 采访主题应对于一般的电视观众具有吸引力,并且合乎时宜。

如何完成这个项目
1. 取得指导老师的认可,选择一位知名人士。
2. 对人物的背景信息进行调查,如可能的话,尽量获取他撰写过的文章。列出参考书目。
3. 列出问题清单,最好问题能有延展性,以女备半小时的采访之用。
4. 从人口统计和心理特征的角度对观众群体进行描述。解释你所设计的采访问题与观众之间有何联系或观众会喜欢该节目的原因。
5. 将问题清单、参考文献和观众群体分析的相关内容交给指导老师,等待老师打分。

第 8 章

新闻播音

8.1 引言

新闻领域吸引了很多有潜力的媒体演播者。新闻工作会带给你在别的地方感受不到的挑战和变化。然而，近几年，就业机会减少成了大家所担心的事情。很多行业前辈评论了新闻领域的就业变化。大家达成的共识是，是金子总会发光的。一位高级副总裁称："我们对C等学生不感兴趣，对B等学生也不感冒，努力奋进的A等学生是我们一直寻找的对象。"

在这样的大背景下，新闻领域的确发生了一些变化，但并不全是负面的。其中影响最大的一个方面是，相较于十年前，人们今天能接收的信息和娱乐资源要多得多。这意味着竞争更加激烈，观众减少，营收也随之减少，其结果是要想尽办法减少开销。然而，很多固定成本很难再减少了。一些电视台中机器人摄像机开始取代人力，很多工作室中的工作人员已经大大缩减。

新闻的制作团队开始缩小，但又希望有更多来自现场的报道。这就意味着团队中的每个人都要成为多面手，做更多的工作，但即使这样，工作仍然还有很多。电视台每天24小时不间断地播出和网络服务的工作，为员工创造了更多的工作机会。工资减少了，但是向面试者展示的案例仍然具有强大的吸引力。

及时性成了一个口号。有了互联网，各家电视台都力求在报道的第一时间就将第一手消息公之于众，加上一句提示性的声明："以上是我们截至目前获得的消息，新闻的后续发展我们将继续核实，持续跟进。"有时视频会不经剪辑，就用安装在新闻记者办公桌前的迷你摄像机进行拍摄，这样他们甚至不用进演播室就可以发布消息，做出的新闻要比晚上11点播送的经过后期加工的新闻"原始"很多。它的理念是第一时间发布信息，而不在乎新闻的画面质量。这会让观众觉得自己对正在发生的事情了如指掌。

因此，让我们从主播的角度开始对这个领域进行研究。媒体记者的职业生涯令人振奋，也充满挑战。近几十年，这个职业发生了翻天覆地的变化。在无线广播领域，NPR还在做一系列经常获奖的深度新闻节目。但是，令人担忧的是，收听无线广播新闻的人数有限。虽然一些人现在还会在一天中的某个时段打开收音机听新闻，但是对大多数人来说，电视和互联网逐渐成为他们获得新闻资讯的首选平台。网络电视新闻杂志节目从以前的每周一期发展到如今的每周两三期。对地方电视台而言，清晨与深夜依旧是新闻节目播出最重要的时段，许多电视台现在会在清晨播出长达数小时的新闻和访谈节目。

现在，一个新的新闻职业领域正在发展中，因为新闻报纸正在通过向它们的网站上传新闻视频来增加新闻报道。一些报纸调用了所有人员或主力人员来进行网络平台的新闻发布。大多数的新闻报纸都在试图让网络平台成为报纸的主要收入来源。你的拍摄能力和剪辑能力将会成为额外的优势。

今天新闻行业的动荡可以追溯到1980年，CNN第一次进行新闻直播的时候。那时，人们都在怀疑全天候进行新闻播送的可行性，但是它做到了，并且很快，MSNBC（微软全国广播公司，现为NBC新闻网）和福克斯新闻也加入了全天候新闻播送的行列，它们的观众遍布世界各地。此外，新闻通过直播、录制源、印刷网站、博客、播客、推特、脸书和油管等渠道在网上传播，新闻行业的工作机会又有所增加。这些工作机会面向所有人，对于女性和少数族裔尤为重要。这种24小时新闻服务频道衍生出各种台前（脱口秀主持人、财经记者、气象播报员）和幕后（编辑、制片人）的职位。此外，由于有线新闻网经常直播突发事件，比传统的广播和电视要投入更多的时间在新闻的报道上，因此，新闻写作和即兴评论的能力尤为重要。现在，网络已经成为主要的新闻来源，记者要面对的竞争者还包括通过智能手机或其他电子设备上传现场报道的业余记者们。

媒体新闻报道利用电子媒体信号为广大受众准确播报事件背后的事实，包括信息的筛选、准备和展示。"newscaster（新闻播音员）"这一术语专指播报新闻的人员，通常略带贬义，即这种人只是一个很好的念稿员。因而，更为人们青睐的也更准确的称呼是"media journalist（媒体记者）"，因为这描述了从业人员不仅要播报新闻，还需完成采集、撰写、编辑等一系列采编工作。而且，这些人通常还会在其他媒体平台上发布新闻。本章重点介绍播音员及记者如何播送新闻资讯。但是，要完全理解新闻播音员的角色，必须对新闻的筛选和准备工作有一定的了解。

8.2 衡量新闻价值

何谓新闻？在英文中，"新闻（news）"由"东""南""西""北"四个词的首字母组成，这就意味着新闻是发生在我们身边的所有事情，是对公众具有影响力的本地、国家或国际性新闻。在大多数词典中，"新闻"是指新近发生事件的信息，通常经由报纸、广播或电视进行传播，如今还增加了网络、媒体播放器和智能手机。下一个问题是："什么是新闻价值？"大多数业内人士认为，记者本身并不能决定什么是新闻。新闻价值标准通常被新闻记者用来确定什么可以称之为新闻。为了确定某事件是否具有新闻价值，记者会使用各种标准进行衡量，包括贴近性、即时性、趣味性、重要性、冲突性及显著性。

本地节目播报的新闻一般是距离我们很近的事情，即符合事件的贴近性。例如，艾奥瓦州发生的银行抢劫事件并不能引起佛罗里达州人的很大兴趣，但是伊利诺伊州斯普林菲尔德的商场火灾对于斯普林菲尔德地区的观众却极具新闻价值。即时性是新闻价值的另一个重要的判断标准——新闻就是现在所发生的事情。新闻报道由于它的即时性而独具一格。如果某新闻事件在发生之后的第一天才予以报道，那么对于媒体来说已经大大失去了新闻的价值。互联网上的新闻报道对新闻的即时性要求更高。趣味性是指事件本身对人们的情绪和情感的影响。只要人们感兴趣，无论是重大新闻还是生活琐事，都具有报道价值。即使事情发生在很远的地方，如某孕妇产下了六胞胎，这个事件也会因具有情感趣味性，在全国范围内都具有相当高的新闻价值。

事件对于受众的影响及影响范围决定了其重要性和新闻价值。例如，俄亥俄州所得税税率的提高会对该州几乎所有人都有重要的影响，而酒类执照费的提高所影响的人群相对较小，新闻价值相应较低，因而对于受众来说意义较小。新闻之所以成为新闻，只因为事件不同寻常，例如，冲突具有较高的新闻价值。两个相邻的国家和平相处无法成为新闻，但若相互威胁即将宣战，便立即成为新闻。上文已指出事件的重要性是衡量新闻价值的标准，而新闻人物的显著性也是如此。邻居在一家脱衣舞酒吧喝醉了不能称之为新闻，但若同样情况下喝醉的是某国会议员，则会大大提高事件的新闻价值。

事件的视觉性可以决定电视和互联网新闻的价值，这种作用不容忽视。目前来说，这种作用不能一概而论，因为有时事件本身的视觉效果不一定能带来新闻价值。例如，对于某重要经济指标下滑这个事件，视觉因素（画面上只有一名发言人做报告，或者还有一些图片显示下滑曲线）可能会导致新闻价值降低；而某商场发生火灾，到处都是火焰，弥漫着浓烟，消防员忙得手忙脚乱时，这种事件的价值则会大大提升，因为电视画面能够吸引人们的眼球。现实生活中，上述经济事件比火灾事件对观众的影响更大，而且还可能具有更高的新闻价值。毫无疑问，电视新闻节目必须考虑视觉效果，但是，这种视觉效果只能作为补充而不能取代其他的新闻价值衡量标准。浏览网页时，你可能会在突发新闻消息旁边看到这样一句话："你是否在场？请把图片发给我们。"随着拍照手机的出现，任何人拍下的图片和视频都可能成为新闻来源。

还有一点须补充说明：大多数新闻事件都被归于硬新闻或者软新闻。提到新闻时，大多数人想到的是硬新闻，如银行抢劫、飞机失事或贸易赤字增加，通常是突发性或正在发生的事件。这类事件一般较为重要，对受众具有影响力，是人们应该了解的信息，即时性是其重要的衡量标准。软新闻也可称为专题新闻，通常传递的是人们乐意听但对受众影响较小的资讯。软新闻通常是不会过时的，虽然也有例外，但无论是当天播出还是下周播出，对于受众来说都是可行的。例如，当地的一位老人过去50年来一直收集米老鼠图案的故事，或如何防止冻伤的专题都可以成为很好的软新闻题材。每个新闻事件都会对特定的受众具有某种重要性，而这些受众对媒体平台至关重要。一般情况下，每个节目都有特定的目标受众，因此记者通常会采编针对目标受众的特定事件或题材。

8.3　新闻播音员的标准

衡量新闻播音员是否优秀的标准包括生理和心理素质两个方面。除了前文所述的对所有媒体演播者都重要的方面，比如外貌、声音、性格，新闻播音员应该尤其注意有助于提高个人可信度和树立权威风格的因素。可信度是观众对你的信任程度，毫无疑问对于新闻播音员来说这绝对是重要的。可信度是通过你叙述事件的风格、准确度和展现自己的方式而逐渐形成的。而在广播电台，权威性更大程度上取决于播音员的声音，新闻播音员需要以严肃的口吻、清晰的语音进行传达，不带任何方言，并始终使用正确的发音。

电台音乐节目的播音员可能会尝试一些个性鲜明的风格，但新闻播音员应该保持严谨的风格，因为任何修饰成分都会分散注意力，影响信息的传达。同时应该使用真诚的音调，并对事件表现出兴趣。无论所述题材有多新颖，无缘无故的音调变化都会让人觉得播音员在取笑某个人或某种情况，没有人会喜欢这种风格。清晰的口齿、准确的发音是必要条件。听众希望听到的是准确无误的新闻播报。发音错误或含糊不清极易损坏播音员的信誉以及电台的新闻价值。

对于电视新闻播音员，形象是另一个重要的衡量标准。播音员在镜头前的魅力指数主要取决于其穿衣风格、发型及其他物理特征。男播音员几乎都是穿西装打领带，女播音员在穿衣选择上较为灵活，但应该坚持选择传达专业精神的基础服装。她们不一定要穿量身定制的职业套装，但褶边短衫的穿着也不太合适，因为这很可能会分散电视观众的注意力。最好的经验法则是穿衣得体。谨记，浮华的色彩或复杂的图案会导致出镜效果不佳，如果采用的是抠像技术，那么有一些颜色是极其不适合的。同时，华而不实的珠宝也可能导致镜前眩光和放大，通常来说，最好佩戴保守一些的饰品。

发型也很重要，播音员应该避免比较极端的风格。对于男性来说，发型虽不是至关重要的，但好的发型师会通过发型来修饰播音员的脸型，从而提升播音员的形象气质。与男播音员相比，女播音员的发型更受关注，曾有一些女播音员由于突然改变发型或头发的颜色而受到观众的抨击。有些劳动合同甚至明确规定在未经许可的情况下不得突然改变发型。你只需要观察几位本地的播音员，就会看出什么样的发型最适合电视播音员。你还会注意到，大多数播音员都有着完美的牙齿和肤色，且很少佩戴眼镜出镜。很显然，外表方面的缺陷可以由专业人士予以修整。皮肤科医生可以处理大部分皮肤问题，牙医可以修复矫正牙齿。如果你真的想成为一名播音员，那么尽早开始纠正这些问题吧！

播音员在电视上是可以佩戴眼镜的，但最好选择隐形眼镜，因为眼镜往往会造成反光，同时阻挡了播音员和电视观众之间的眼神交流。由于电视新闻播音员的主要工作是播读提词器上的文稿，因此，良好的视力是必要的条件。在演播室，提词器和便携式提示设备一应俱全，外景拍摄也越来越普遍。以前，一些电视播音员纯粹靠外貌而被录用，但现在已不存在这种现象了。虽然让人赏心悦目的外表很重要，但要获得成功，首先必须具备良好的播音素质和演播技巧。

扎实而渊博的知识对于新闻播音员来说也很重要，有助于提升播音员的可信度。新闻题材一般涵盖范围较广，了解当地政府部门，熟悉教育、艺术等领域，对播音员的工作非常有利，因为这些都将是播音员要涉及的领域。如果对这些领域的知识不熟悉，那么最后肯定会被受众发现，播音员的可信度也随之降低。熟知当地、本国，乃至世界地理，有助于你准确地获悉新闻的发生地点，避免报道不准确。历史和政治知识有助于传达你对于新闻事件起因的理解。同时，新闻播音员还必须与时俱进，阅读报纸、新闻杂志，观看电视，收听网络电台，都有助于了解新闻事件，确保播报的新闻更具权威性。在大学里所掌握的其他技巧，如调查技巧、提问技巧，都可以提升个人可信度。

8.4　新闻来源

新闻人员通常根据各种信息来源来报道新闻，其中一个重要的新闻来源是通讯社，如美联社或路透社。某些网络渠道，如ABC，也可提供网络新闻。这些新闻机构的记者遍布全世界，并向各地分站发送各类报道。当信息传输到电脑终端时，相应的电脑软件便可以直接获取新闻数据。这些新闻资讯包括即时性的国际国内新闻、专题报道、体育信息、股市信息、娱乐新闻，以及其他即时的资讯。大多数通讯社还提供国家和地区新闻。对于地方台来说，采用通讯社新闻有利于提升新闻的可信度，因为获取国家或地区的时事新闻，是无须向任何记者支付费用的。

虽然通讯社提供的都是即播资讯，但当地的新闻人员通常会对新闻稿进行改写，以更符合当地电台、电视台的风格。一般改写主要是为了纠正错误（新闻通讯社资讯有时的确会出错），为新闻故事添加本地视角，或调整新闻片段的长度。新闻播音员还会阅读当地报纸和新闻网站，寻找灵感。通常播音员只通过报纸获得新闻信息，然后通过自己的人脉和资源来对新闻故事进行补充。媒体新闻编辑部还会通过实时监控警察以及当地其他紧急事务的广播来持续关注突发新闻。虽然选用的大部分都是小车祸这类的新闻素材，但是如果能与急救中心工作人员一样在第一时间得到高速公路重大车祸或是市中心起火的新闻来源，新闻记者就可以在最短的时间内对新闻进行报道，并立即派遣外景记者前往事发现场。

此外，其他的新闻来源还有互联网和受众。一些网站上会有根据众多新闻来源整合的新闻信息，这样你就能快速地在新闻进行过程中得到相关资讯。这可能意味着记者会被派遣到新闻现场，或是对新闻信息进行重写和审核。另一种新闻来源是受众。如果你在推特上的粉丝数很可观，那么他们可能会对你遗漏的地方进行提醒。现如今，很多新闻播音员都鼓励他们的推特粉丝随时随地向他们提供新闻线索。有的电台、电视台会开通专门的热线电话，让受众向他们提供新闻信息（"如果您身边有任何突发新闻，请致电WDMA，……"）并为一周内最佳新闻线索的提供者提供奖金。

地方台还可通过新闻发布会获取信息资源，其中包括视频新闻发布（VNR）。一般的新闻发布会主要是由公关部门为艺人或政府发布新闻事件相关的背景材料。新闻发布会使得电台直接减少了地方工作人员，而随着新闻发布会作为信息来源的广泛应用，新闻道德成为需要关注的问题，因为地方台有时候无法识别新闻发布的来源，导致听众误以为报道的信息都是正当真实的内容，但有时这只是某单位代表其客户所做的宣传而已。新闻稿通常不会以原始形式出现，虽然视频新闻发布可以用制作精良的故事填充节目，但大多都经过剪辑或已添加确认信息来源的免责声明。

媒体记者要利用自身的播报技巧。这些技巧包括调查研究、采访、发展新闻来源等。编写一个联系人名单，和名单上的知情人保持联络，可以帮助你更好地了解复杂的新闻事件或是为你提供相关的背景信息。这些人可以给你一些线索或是其他信息。大多数的媒体记者都有一个每天联系的联系人（个人或组织）名单，联系人为他们定期提供新闻线索。有的媒体记者会被派到指定的领域，比如教育、政府、保健或医药领域。媒体记者需要对相关领域有一定的了解，要定期和联系人保持沟通，以获得新闻故事。这样的新闻联系人名单在突发新闻事件发生时尤其重要。建立未来档案（future file）也是个好主意,它可以是一组文件夹(或是日历软件),其中的文件按日期或其他相似的排列方式进行标注。你可以在相应的日期下记录可能发生的新闻事件,比如一个月后某个新闻发布会要召开,一周后有一个重要的会议要召开。新手们还可以出去和联系人见面。穿着举止注意专业性。联系人会告诉你希望你打哪个电话号码联系自己,以及自己不方便时该联系谁。同时你还要建立一个电子邮件联络表。不要忘了对他们提供的信息表示感谢,是他们让你的工作变得更轻松。然后,把这些联系人信息按照一定的顺序放到对应的文件夹里,便于你快速准确地查找。重大紧急事件发生时你没有时间去疯狂寻找火警方面的相关联系人的电话。

8.5 为电子媒体撰写新闻

撰写新闻时,采用对话的风格很重要。一个基本要求是,按照你说话的方式进行写作,也就是"写给耳朵听,而不是写给眼睛看"。当然,你的用词要比实际交流时用到的更准确、更正式一些。例如,不能使用俚语或错误的语法,但同时你要记住自己的新闻是写给人听的,而不是让人去阅读的。学会这样的写作风格需要大量的练习,但遵循一些基本的指导原则可以让你的新闻更容易被受众理解,让你更高效地学会写出让耳朵听的新闻稿。在演播提示8.1中,经验丰富的梅根·莫萨克强调了新闻写作的重要性。

演播提示8.1

多媒体写作

如果回到刚进入广播行业时,我希望自己能事先懂得几件事情,其中最重要的便是理解新闻写作的重要性。毫无疑问,新闻写作是多媒体行业应该掌握的最重要的能力。事实上,写作能力好的话可以为你带来连你自己都不敢奢求的很多机会,前提是你要熟练掌握英语这门语言和如何使用单词组成句子。

——梅根·莫萨克

一般情况下,最好保持语言简单明了,句子简短精练。切勿涵盖太多内容,因为同时理解太多信息比较困难。数字应该进行四舍五入,如"$2586"应表达为"两千五百多美元"。避免使用简写和缩略词,除非它们为大众所熟知,如"Dr.(博士)"、"Mrs.(夫人)"或"FBI(联邦调查局)"等。广播新闻写作应力求简洁,删除不必要的字词。缩略

形式的使用使得文稿更加易懂和简练。准确性至关重要,切勿随意乱写。确保附上准确的信息来源,明确表明事件或声明的来源,如"麦克西市长告诉记者今年不会提高税收",而不要以为你就是信息的来源。信息来源者的署名力求简洁,间接引用时可以指明谁"说""告诉""报道"等,直接引用时可使用"用他的话说"等表达方式。这里要注意,与印刷品署名相反,广播署名要先于引言和重要细节,使受众更容易理解其中的关系。还有一种比较容易犯的错误,即在法庭未判决前便武断地声称某人犯某罪。在法庭正式宣判之前,要善用"被指""被控告"等字眼。

使用"引文""引文结束"等字眼时须谨慎,只有当不确定引用来源是否可靠时,才会采取这种方式。通常你可以使用"引文",但是省略"引文结束"的字眼,稍做停顿,然后变化一下语调即可。对于比较敏感的素材,也可以使用"引文结束"等字眼。

要记住,你所讲述的新闻故事含有受众需要了解的信息,且你的理解比他们深刻,因为他们只能听一次,不可能请求你"解释一下"。COIK(了解之后才能理解)法则对你会有帮助,它表示的意思是受众对事件要有所了解之后才能最终理解,因而不要报道一些只有少数人听得懂的新闻。COIK适用于写作的众多方面。这是很重要的一件事,一定要牢记。

在广播新闻报道中,新闻人物的年龄和职位要放在姓名前介绍,以便受众做好听名字的准备(例如,10岁的詹姆斯·史密斯)。鉴于广播的即时性,新闻写作需遵循以下原则:(1)句子使用一般现在时态;(2)使用主动语态,尽量少用被动语态;(3)把时间放在动词前面。例如"今天,总统发表了对于新税法的看法"比"针对新税法的看法今天由总统发表了"读起来更朗朗上口。参见下文中的示例。市面上有几部好作品,更全面地描述了广播新闻写作的细微差别,最新版的《美联社风格录》中有一章叫作"广播指南",这些都会对你有一定的帮助。

基础事实

- 78岁的珍妮特·海勒今早在斯泰茨伯勒遇害。
- 凌晨3点20分,她在法院北边某街区的北学院街515号的客厅沙发上睡着了。
- 来自佐治亚州普勒县的捷克·胡特驾车行驶在301号州际公路转弯时(途经海勒家门口)汽车失控,直接撞穿了海勒家客厅的墙壁。
- 该车最终停在海勒的身上。她被送往东佐治亚地区医疗中心,但在那里她被宣布因多处内伤死亡。
- 胡特因多处骨折和内伤在东佐治亚地区医疗中心接受抢救,目前伤势严重,他的病房由警察看守。

- 警方表示经检测，他血液中的酒精含量超出该州允许的酒精范围。
- 海勒女士的死亡是佐治亚州今年第28起由交通事故造成的命案，也是布洛克县的第二起。
- 截至目前没有任何指控。海勒女士的葬礼安排尚未完成。

改编为广播风格

有时候你在自己家里甚至都不安全。今天早上，78岁的珍妮特·海勒在斯泰茨伯勒被一辆汽车撞击身亡，而当时她正在自己家的沙发上熟睡。这辆汽车冲入她家的客厅，最终停在她的身上。驾驶这辆汽车的是普勒县居民捷克·胡特，事故发生时他血液中的酒精浓度超过了州限制。根据斯泰茨伯勒警方的说法，胡特在三点半左右途经北学院街515号转弯时，汽车失控，而海勒的家就在此地。海勒由于伤势过重在东佐治亚地区医疗中心去世。胡特多处骨折，目前正在同一家医院接受治疗。海勒的死亡是今年布洛克县的第二起交通事故死亡事件，也是佐治亚州的第28起。警方尚未提出任何指控。

8.6 新闻制作

广播电视的新闻写作还要注意特殊的文本格式。使用专业的电脑文本编辑软件时，把文本格式设定为纸张大小11英寸，一边边距为标准8.5，双倍行距。广播新闻稿的开头是说明文字，注明新闻通讯员的姓氏、播送时间、新闻标题以及新闻时长。文本占纸张的全宽，在文本最后一行后面插入一个标准结束符。广播新闻稿的结束符有两种，"###"和"–30–"。下页中展示了一个简单的广播新闻稿文本格式。如果新闻中有实况录音（录制的片段），文本中要注明实况录音的时长，并给出结束提示（out cue）。结束提示是录音的最后几个单词，这样新闻播音员就能在实况录音结束时做好再次播报的准备。电视新闻稿使用一些特殊的文本格式，见下页中的示例。

电视新闻文本在左上角的说明文字中注明作者姓名、播送时间，以及主题说明或标题。右上角一般是整条新闻的时长。电视新闻的文本页面要一分为二，因为它由两部分内容组成。左边是新闻的画面介绍——写给导演的一些技术说明，其中重要的指令使用全大写形式。右边是播音员播读的文字。通常在每个新闻故事的开头会插入提示，注明这条新闻是哪位播音员来读。文本的风格会根据新闻的复杂程度而做出微调，有些只需要播音员面对镜头播读新闻，而有些则是为连线外景记者读出导语。

广播新闻稿

化学品爆炸

3月27日上午9点　　时长：0:45

米勒

　　伊利诺伊州埃尔金陶氏化学厂发生大爆炸，至今天上午仍有一人下落不明。爆炸产生的威力极大，将半边厂房屋顶吹落到了西95街。事发时，一名工人距离现场仅约10英尺远，油箱爆炸后便下落不明，恐怕已经遇难。工厂调查员杰夫·丹佛认为，爆炸是工人在配制油漆稀释剂时由化学品混合而引起的。

插入#102调查员丹佛的录音

播放时长：0:10

结束提示："……审视我们的监控体系"

　　另有五名工人受伤，两名消防员受到轻伤。据报道，工厂周边7英里以内的房屋都能感觉到此次爆炸。对于本次事故的调查仍在进行中。

###

电视新闻稿

化学品爆炸　　　　　　　　　　　　　　　　　　　　　　　时长：0:45

3月27日上午10点

米勒

JM（出镜播音员）	伊利诺伊州埃尔金陶氏化学厂发生大爆炸，至今天上午仍有一人下落不明。
播音员画外音	**画外音** 爆炸产生的威力极大，将半边厂房屋顶吹落到了西95街。事发时，一名工人距离现场仅约10英尺远，油箱爆炸后便下落不明，恐怕已经遇难。工厂调查员杰夫·丹佛认为，爆炸是工人在配制油漆稀释剂时由化学品混合而引起的。
录音输出：0:12 调查员：杰夫·丹佛	**录音** 结束提示："……审视我们的监控体系"

JM （出镜播音员）	另有五名工人受伤，两名消防员受到轻伤。据报道，工厂周边7英里以内的房屋都能感觉到此次爆炸。对于本次事故的调查仍在进行中。

报纸新闻稿通常采用"倒金字塔"结构，即通常在导语（lead）中概括出新闻事件的重点，其他的细节按重要性从主到次予以描述。报纸的新闻记者会在新闻的第一句话（导语）中交代尽可能多的信息（何人，何事，何时，何地，为何，如何）。这样编辑可以根据节目时长从后往前删去部分内容，不用担心失去重要的新闻信息。在广播电视新闻领域也同样要求在一开始就用简洁的语句交代这些基本信息。导语用来告诉受众本条新闻讲的是什么和为什么受众需要关注，但是不会包括太多的细节。在广播写作中，通常导语只包括"是什么""何时"以及"何地"。报道通过多个短句添加更多的新闻事件。"倒金字塔"结构一般不用在广播电视新闻中，因为这会让人觉得很奇怪，没有人会那么说话，一句话涵盖所有信息会让受众理解起来有困难。在撰写广播电视新闻稿时，记得要简洁。何人，何事，何时，何地，为何，如何，这些信息都要涵盖，但是不要都出现在第一句话中。最后一句与第一句话同样重要。它应当为受众提供解决方案、行动建议等。

撰写广播新闻时要把握好时长。播音员大声朗读新闻稿的时候，会用秒表来计算时间。如果不大声读出来，时间上会有出入，因为多数人默读时都会比大声读出来速度要快。另一种计算新闻时长的方法是数新闻稿的行数或字数。每四行广播文稿（约40个单词）通常要读15秒钟。在电脑化的新闻编辑部，可以使用文本编写软件测定新闻稿的时长，也可直接在电脑屏幕上面显示新闻稿，以适中的速度滚动字幕。为了确保新闻播报用时的准确性，广播电视新闻播音员通常会准备一份备用稿，也叫附加素材（pad）或补充内容（fill），在时间有剩余时可以临时使用，如果不需要也可不用。

记者每天所采集的事件是当天的部分播音内容。在电台广播中，通常每小时中会有2~5分钟的新闻报道，所涵盖的题材一般由新闻部主任进行筛选，然后委派记者外出实地采访。不过，在很多无线广播电台里，一个人可能要完成所有的新闻工作。最终播出的新闻题材是根据新闻价值和目标听众而选定的。

一旦题材被选定，新闻的顺序就会定下来。这通常被称为"堆叠排序"。电台通常会有一个固定的新闻排序模式。如果所有新闻都是在当地制作的，那么地方新闻会首先播出，除非有重大的国家新闻或国际新闻出现。有的电台会先送网络上的国家和国际新闻，之后再播放本台记者制作的新闻。每个电台都会有一个新闻播报需要遵循的整体结构。通常情况下，交通和天气是新闻报道的重要部分，尤其是在开车时间。体育、股市信息和健康也已成为新闻的重要部分，但是它们的播送量会根据电台的目标受众和时长进行调整。

每条新闻的时长从10秒到2分钟不等，较短的新闻通常是直接读，这种比较适合无线广播。对于新闻报道，时间非常重要。如果每条新闻长30秒，那么5分钟的新闻广播就只能播出10条新闻。如果包括广告、天气和交通在内，实际播出的新闻数量就会更少。因此，每条新闻报道的时长应控制在30秒以内。

由于无线广播是一种听觉媒介，广播新闻应尽量采用实况录音。编辑时，可以以下面几种形式将声音融入节目中：单独的原声摘要，伴随自然声音的原声摘要，以及以低音量的原声摘要和背景音衬托着记者的声音配合播放。记者引入原声摘要片段时通常会使用最后这种方法。播放新闻时，另一种代替主播声音的方式是由记者给电台打电话，然后电台将声音录制下来，这是一种从新闻发生现场发来的口头报道。在一条完整的新闻中，可以将口头报道录音和实况录音相结合。实况录音的最后，记者必须提醒演播室内的播音员他的报道已经结束，通常可通过收尾语或标准的结束语表示，如"罗宾·史密斯在市政厅为您做的现场报道"。新闻播音员必须时刻注意，当听到收尾语时，立即准备好继续播音。

新闻内容通常都是比较正式严肃的，甚至是令人沮丧的，但电台电视台的新闻节目通常会用一个趣味故事（kicker story）收尾，例如可以博得受众一笑的幽默故事或趣味性十足的新闻报道。通讯社通常会在每小时新闻概要的末尾加上一个趣味故事，有时候还会有一些被称为新闻趣闻的特色报道。

8.7 社交媒体上的新闻

如今新闻报道的一项重要发展是社交媒体作为一种工具迅速崛起。一位经验丰富的无线广播播音员表示，她只用40%的精力进行传统新闻播报。电台电视台会通过使用各式各样的社交媒体让受众参与互动。新闻播音员要注册脸书账号并更新状态。他们中的大部分人同时还开通了博客。脸书上的状态和推特上的消息通常是用来引导受众点开其中的网页链接，观看上面的电视新闻。这也被称作推送。

制片人会通过向受众提出问题或询问意见来征集受众的电子邮件，并从中挑选一部分，在直播时做出回应，为热心受众"解决问题"。他们会建议大家投票选出当日的话题，还会使用推特来获得更快速的回应。这些消息比较简短，可以在直播时念很多个。新闻播音员和体育播音员同样会把推特当作一种新闻来源，因为在推特上可以持续关注警官、运动员、电影明星等人的账号，能够在第一时间更轻松地获取新闻素材和当事人的观点。

实际上，每个电台电视台都会有一个官方网站，每天会在上面发布各种信息。你可能要把你的新闻稿扩充一下发到这个网站上，网站也可能会发布一些没有在直播时播送的新闻。你拍摄的图片和视频也可以放到这个网站上。这正是宣传的好时机，要充分利用这些机会。

老一辈的播音员们之前是被迫参与互动，如今主动参与其中，可以想见是为了保住工作。参与互动会让受众觉得和这档节目的关系更为亲密，很多受众非常希望自己提出的意见或建议可以在直播时被念到。这也为电台电视台进一步调研受众的构成提供了机会，而这些数据也会成为和广告商谈判的筹码。虽然只有少量评论会在直播时被念到，但电台电视台还是希望能有更多的受众参与讨论。每一位前来应聘的播音员都会被问到他们会如何使用社交媒体来进行工作，这时你最好向面试官展示你的前瞻性，以及对这些社交平台的思考。

社交媒体或许是一把双刃剑。虽然它可以扩大你发布的信息的影响范围，但它也可能产生利益冲突，并会让你和你所在的电台或电视台都感到尴尬。因此，美联社为播音员制定了一套社交媒体指南，以下是其要点：（1）要意识到个人意见会对你或你所在电台或电视台的声誉产生负面影响，因此，在与受众互动时始终使用尊重和文明的语气；（2）记住，你的帖子的目标人物可能会阅读该帖子，这将影响到你与这个人的关系，而这个人不仅是你未来的信息资源，也是你所在电台或电视台的受众之一；（3）在评论你所在电台或电视台已经报道过的故事时，在你的帖子中链接到它，并在评论中做到公平公正；（4）避免和有争议的人物互动或对其进行"点赞"或"关注"；（5）熟悉你所在电台或电视台的社交媒体使用指南，它们可能比这些要求更严格。作为一名媒体演播者，你既要有意识地提升个人品牌，又要做一名客观的播音员；（6）确保你在互联网上找到的信息准确无误，因为存在许多虚假账号；（7）如果你在帖子中犯了一个事实性的错误，尽快道歉并改正；（8）在与受众互动时，保持礼貌，避免长时间的争论，因为争论很少能带来建设性的解决方案；（9）最后记住：互联网不存在真正私密的东西。

8.8 广播新闻主播

广播新闻主播是为听众播读新闻的播音员，同时也往往是电台的新闻主编。如今，电台新闻广播往往都是由一人独自完成全部操作，大型电台、网站以及全天候新闻台除外，这些机构通常会配备较多人员。但在大部分的无线广播电台中，新闻的撰写、编辑和播报都是由一个人来完成。

广播新闻主播的基础性工作是审查新闻,并把它们整合成完整的新闻信息。其中,除了播报,还要负责新闻的筛选和撰写。他们要完成的其他工作还包括介绍来自外景记者、新闻通讯社和网络等其他新闻来源的新闻资讯。因为电台不希望每小时都重复播放相同的新闻,所以新闻主播们还必须要花时间及时更新并重写新闻。

在地方电台,主播可能还要进行现场报道,然而,如果电台的规模较小,那么主播可能会被限制在工作室内。这意味着,新闻主播需要在工作室获得所有的播报信息。这种情况下,主播会特别依赖新闻通讯社、网络资源和热线电话。主播可能要负责跟进当地的新闻,但是对于小型电台的新闻主播,这项工作可能要通过给新闻联系人打电话完成。

在大型电台中,主播是新闻团队中的一分子。除了工作室内的工作,主播可能还负责跟进当地新闻,如市议会召开会议,这意味着工作任务会非常繁重,因为这种会议通常是安排在晚上举行,而播音员的播音时间通常是早上的上班高峰期。不管怎么样,主播这个职位通常能获得最高的薪酬,而大多数电台的新闻从业者选择当一名外景记者,都是为了向主播的位置靠拢。

现代无线广播的另一个现状是,一家公司旗下可能有好几家电台,很多新闻报道都出自同一间工作室,主播会根据不同电台或社区的特点,参考当地居民、地标和事件对报道进行适当修改。

8.9 广播新闻记者

广播新闻记者的工作是在新闻发生地完成新闻撰写并报道。一般情况下,这些报道会被录音,然后带回工作室进行编辑,优化音质和时长。在事件发生现场进行录制,虽然音频质量可能不如在工作室录的好,但是现场感会增强新闻的可信度。以前,记者必须依靠电话线从现场报道一个音频质量合格的故事,现在记者可以使用智能手机快速报道一个故事(但音频质量有限),也可以用数字编解码器来呈现符合广播质量要求的音频。只要有网络信号,就可以进行高质量的报道。但外景记者在很大程度上还是非常依赖便携式录音设备和麦克风。新闻记者的工作是将录音和现场画面通过手机传送到电台。鉴于如今可使用的设备众多,广播记者又常常是单打独斗,熟悉相关设备是很必要的。记者们现在一般会使用直接将录音录制到闪存盘或存储芯片上的数字录音设备。

虽然你可能了解现在许多商业广播电台快速播报新闻的方式,但你也许并不熟悉

NPR播报长篇幅新闻的形式。如果你还不熟悉，请访问该电台的网站，聆听其记者如何将故事、自然的声音和采访音频融合在一起。这种报道风格可以帮助你在任何媒体上为受众带来生动的新闻。

8.10 电视新闻部和新闻节目

广播新闻或许只用一两个人就能完成整个播报，而电视新闻往往需要一个团队共同努力完成播报。虽然观众看到的是直播时的播音员，但是在幕后有很多人为了让新闻能够正常的播出而在一起努力。新闻部通常会有一位主任、一位或多位责任编辑、多位制片人以及几名摄像师，但大多数的电视台如今更希望新闻记者可以自己完成录制和编辑工作。无论这个团队中有多少人，协同合作的能力在电视新闻中都至关重要。新闻节目对于地方电视台在社区中树立品牌形象尤为关键，而良好的品牌形象对提高收视率和增加广告收入至关重要。

制片人根据新闻价值和目标受众来安排新闻报道的内容和顺序。责任编辑负责协调与报道相关的一切事情，包括哪位记者报道哪个事件。白天不断发生的新闻贯穿电视台全天的新闻节目。现在，大多数电视台在每天早上、中午、傍晚和深夜都播放新闻。体育和天气是新闻节目中两个重要的部分。

时间是至关重要的。有的新闻时长只有30秒，而有的超过了2分钟。较短的新闻通常开门见山，由主播在镜头前播报，可能还包括一个过肩镜头。较长的新闻则包括额外的视频，如采录片段或现场报道。

作为一名新手，你应该意识到你的第一份工作可能既不是主持人，也不是主播，而是助理制片人或助理。新手经常要帮助记者整理资料，也可能要撰写额外的文稿。一旦你展示出应有的职业素养和新闻能力，就有机会执行更重要的任务，其中包括现场报道。

新闻播报

新闻播音员和DJ、体育播音员、气象播报员不同。你希望公众把你视作一种信息来源，这就要讲到我们最基本和最重要的要求——可信度，你要做到可信且可靠。可信度的一部分来自你的举止，也就是你如何展现自己。你所播报的新闻大部分是严肃的，这就要求你也是严肃的。在穿着、举止、讲话方式等各个方面都要展现出你的专业性。清晰的发音和准确的阐述都是至关重要的，要保证你的讲话没有任何问题。在无线广播中，播音员要想在和听众交流时展现自己的权威性，就要重视声音的作用。播送新闻时，有的时候需要保持严肃的语气，但这并不意味着要一直特别严肃。你需要根据你所播报的新闻的严肃程度适当调整播报风格和语气。在播送火灾造成人员伤亡的新闻前显然不适合热情地向观众问好。这时候要表现出你对伤亡人员的尊重。你可能会报道那些刚刚失去生命或是正在面临各种不幸境况的人。这不仅仅是新闻事实,更是一个人的人生,在播报时,你不能只是公式化地念出一串串的新闻词。可信度的另一个方面是准确性。你要尽全力避免出现事实或发音错误。纠正这些错误是一件很尴尬的事情,所以你要彻底确认自己的信息,保证万无一失。最后,无论是看文稿还是提词器,不要只是照读文字,要投入到新闻中,努力去感受它,关注它,向你的观众介绍当前状况。请看演播提示8.2,理查德·罗杰斯(Richard Rogers)向大家介绍如何使用正确的情绪进行播报。你做出的努力会体现在你的播报中,并且能让你更具吸引力。要控制你的力度,适中就好。你要表现得机敏、专注、充满活力,但是不要过度。

电视新闻主播

电视新闻中大家最常见到的角色之一就是新闻主播,其主要的工作就是为观众呈现新闻,其中包括播读新闻及引入外景记者的报道等。有的时候,一些新闻主播还担任制片人的角色,因此要对新闻的整体风格和内容负责。有的主播会撰写新闻稿并播报,但是不需要对节目的整体风格和内容负责。很多地方台的新闻主播都属于这一类。有的新闻主播在播音方面能力出众,但不会参与撰写新闻稿件或制作新闻。他们的工作就是将新闻以最佳效果播报给观众。新闻主播通常最为大家所熟识,并且也是广播电视新闻领域薪酬最高的人。

地方电视台的新闻节目一般有两位主播——男女各一名,他们会轮流播送新闻消息,避免观众产生视觉疲劳。一位成功的新闻主播通常需要具备的素质包括:良好的形象、对新闻的理解能力、个人可信度、良好的沟通能力。如果这位主播个性十足,又很机智,在谋求新闻主播的职位时会更加畅通无阻。

演播提示8.2

新闻主播对于播音的理解和看法

广播电视新闻最好的状态应是仿佛在和受众对话。不要把它想成是广播,而要想成是"窄播"。如果它听起来不自然,就去修改,直至听上去自然为止。当你在读稿时,从提前看过文稿的音乐总监那里拿一页,这样你就不会对接下来发生的事情感到意外。

——佐治亚州奥古斯塔WRDW电视台的新闻主播 理查德·罗杰斯

提词器

只要你在新闻播报中承担角色，尤其是演播室内的角色，那么你就一定会和提词器打交道。能够使用这项设备进行流畅的播报，是成为一名合格播音员的基本要求。即便一开始这对你来说有不小的难度，但每天都有成百上千的人做到了这一点，你也一定可以做到，一定能够学会。目标就是无论从视觉上还是听觉上你都是在交谈而非读稿。要实现这个目标，第一步就是要进行练习，同时还需要一些技巧。

在主播台上，有的人坐着，有的人需要站着。无论是哪一种情况，你都要保持端正得体的姿态和自然放松的状态，也就是要坐有坐相，站有站相，身体挺直，不要斜靠在桌台上。大多数时候，你会把新闻稿放到自己面前，最好是一条新闻一页，以备导播通过监听耳机提示你临时增减新闻。无论是摆摆样子还是有备无患（提词器会发生故障），你都需要在播报每条新闻前看一眼新闻稿。这个短暂的停顿可以提示观众，上一条新闻已经结束了。停顿时间不宜过长，但是要确保看到下一条新闻，以防提词器出现问题。很多电视台发现，虽然播报新闻时播报的内容100%来自提词器，但观众们更希望看到播音员使用新闻稿播音。大多数情况下，你会愿意将新闻稿平放，或把正对摄像机的边缘稍微向上抬起。如果以45度抬起新闻稿，会导致灯光反射在你的脸上，改变灯光效果。新闻稿也可能成为挡在你和观众之间的一面墙，而这是你不希望看到的结果。将播完的那一页新闻稿搁在一边，不过动作幅度一定要小。

播读新闻稿时，如何才能给人一种你正在和大家聊天的感觉呢？首先，要准确使用之前讲到的所有声音技巧——音调、停顿、强调、语速都是基本要素。在新闻节目中，单调的声音听上去会很奇怪。除此之外，尽可能地熟悉你要播送的材料，这会为你的播报提供极大的帮助。把那些难词多练练，熟悉每个新闻故事的发展脉络，如果故事最后的结局出乎你的意料，播报时你也不会觉得太惊讶。所以，要尽可能多地提前预习自己的播报内容。

其次，要把握好自己使用提词器时的语速。提词器会有专人来负责控制速度，有的时候也可能需要你自己负责控制。有的提词器的控制键在主播台下方，有的在地上，是一个像汽车离合器一样的脚踏板。如果你有一位提词器操作员帮忙的话，让他根据你的播读速度进行调整，而不是反过来让你跟着提词器走。不要总觉得自己应该念得再快一些，因为这往往是你的错觉。练习时，试着调整自己的语速，找到一个自己觉得最舒服的速度，直播时就一直保持这个速度。提词器上一般会同时显示4至5行文字，但是因为提词器上的文字字号都会很大，每一行可能只有几个词。把目光集中在提词器正中间那一行或上面一行，并努力保持注意力集中。不要用眼睛追着提词器上的文字跑。保持目光平视，可以用余光瞥一眼下文的一些词，并且记在脑中。也就是说你的注意力既要在播读的文字上，又要在滚动的字幕上，这听起来很难，但是其实是可以做到的。

最后，避免"死盯"提词器，因为这样会使你面无表情，身体僵硬。要想很好地利用提词器进行播读，面部的表情和手上的动作非常重要。当我们正常交谈时，我们会通过点头以及各种面部表情来表示强调。面部表情越生动，你看起来就会越真实。在交流过程中，眉眼之间的变化起着很重要的作用，而这也应该成为一个播音技巧。微笑、皱眉、点头等动作，都会表现出你的投入和激情，同时也有助于观众对新闻故事的理解。你还可以用不拿文稿的那只手做一些小手势。具有表现力但并不夸张的表情会使你更受观众欢迎，并且有助于树立你的职业形象。

如果你念错了字词，改正之后继续播报。这时候提词器操作员应暂时减慢提词器的提示速度，等你把错误改正之后再恢复正常速度。如果是错误较大或是有些可笑，微微摇摇头可以让观众觉得你很亲切，更容易支持你。当然，如果老出错就不太好了，因此，你需要集中注意力，准备充分，多多练习。

8.11 电视新闻外景记者

虽然如今的竞争愈发激烈，但是对新闻工作者来说，还是有很多机会。本章将主要介绍新闻工作的各种形式，因为现如今我们对新闻工作者的期待是能胜任各类工作。

本节着重讨论的是新闻外景记者，这是大部分新闻工作者工作的起点。虽然我们还能听到"背包记者（backpack journalist）"这类称呼，但是如今，我们更多地将从事这一工作的人称为多媒体记者（MMJ）。其实更恰当的叫法应该是"单人团体（one-man-band）"，因为这是很多情况下的真实写照。电视台会为你提供摄像机、三脚架和麦克风。你要一个人前往分配的地点，收集信息，拍摄连续画面。接着，架好三脚架，自己完成出镜报道。然后，回到工作室撰写新闻稿，编辑新闻，提交你的新闻成品。还有一种方式，有可能电视台还额外为你提供了一台用于外景工作的笔记本电脑，这时，你就需要在外景现场用笔记本电脑将拍摄的连续画面和相关的新闻报道直接编辑并上传。电视台会给你一个小配件，让你可以在外景地连上网，便于你传送新闻。完成这些工作后，你就需要去下一个新闻地点进行播报了。无论你采用的是以上哪种方法，你都需要在现场完成报道。这也就意味着你可能会在现场临时决定放弃或重新安排出镜，也可能临时决定增加一段即兴报道。然而，做完这些后，你的工作还没完，你需要把新闻发布到网上，包括上传新闻视频，撰写和发布新闻相关的博客以及推特评论。当然不一定都要按照这个顺序来进行。如果是重大新闻，你最先要做的就是在网上发布新闻信息。因为要抢新闻的时间差，所以务必在获取新闻后即刻发布消息。

背景

大多数电视新闻记者都是综合任务记者（general assignment reporter）。他们的任务一般是去报道制片人或责任编辑分配给他们的新闻消息，并找到合适的新闻点。新闻记者每天都在特定的时间内工作，也就是轮班时段。接到任务后，新闻记者要搜集信息，打电话，安排采访，到事件发生地进行实地报道。记者要对现场的部分人进行采访，并将各种内容整合成新闻进行报道。记者需要确保用于展现新闻事件的视频内容都出现在了报道中。在现场拍摄的视频片段被称为"原片"。在新闻报道过程中，新闻记者会在新闻现场停留一段时间，以跟踪报道一些突发新闻的后续消息。有些电视台以新闻快报为他们整个新闻播音的理念，尤其侧重新闻事件的现场直播报道。

外景报道

外景报道有两种形式，事先录制式新闻（成套新闻）和现场直播。如果你能很好的胜任这两种报道，那么被录用的可能性就很大。这两种形式中，当镜头聚焦在记者身上时，我们称这部分为出镜（standup）。事先录制式新闻是一种全面的报道，可能需要近一天或更长的时间进行整理。它需要提前录制好，编辑好，其中包括采访、画外音、空镜和新闻开头或结尾处的记者出镜。空镜是指没有人物讲话的画面，但可能会有环境音。有些情况下，记者可能会先做一个现场开场白，然后播放一个之前录制、编辑好的素材片段，最后再进行一段现场直播。其他情况下，所有的新闻片段都是提前录制好的。你的语调和语速要尽可能保持一致，这样现场直播和录制片段合到一起时差别就不会太大。阅读第11章中第11.10节关于画外音的介绍，会对你有所帮助。

在事先录制的镜头中，许多电视台都希望你能在录制的过程中做到三点：第一，你需要选定题材，陈述故事的有关内容，确定采用哪些镜头，以及确定日期；第二，"数节拍"，通常是"3、2、1"，然后停顿，还有些情况下，可能是"5、4、3"，然后心里默数"2、1"，这就为编辑提供了空白时间。在整个倒数节拍的过程中，需要保持均匀的节奏，便于编辑能够更好地把控。选定题材以及倒数节拍可以让你做好事先准备；第三，在开始报道时，向摄像机靠拢几步（3~4步）。这个动作给观众的感觉是你要告诉他们一些很重要的事实，因此先移动一下，然后再开始报道新闻。但要记住，每家电视台对于事先录制的节目在程序上可能会稍有不同，其中最普遍的不同点来自轻便型摄像机的使用，这种情况下，操作员需要向后退，而记者向前走，与摄像机的距离始终保持不变。这种动作有时会出现于整个报道过程中，记者必须时刻注意走的路线，尽管多数情况下，是沿着人行道走或穿过某栋建筑物。在直播时，你也可以边走边讲。记者比尔·麦金蒂（Bill McGinty）认为，新闻总监一般都希望记者边走边报道。

外景工作结束后，记者要赶回工作室，对录制的新闻视频进行编辑，并撰写新闻稿。在大型电视台，记者需要记录镜头，定位原声摘要、视频片段和背景音，并列出进出时间提示，然后就可以按照这些提示来撰写新闻故事。如果做得很规范，那么视频剪辑师能按照你的设计进行剪辑。这里还需要一项专业技能，即按照视频的时长撰写新闻，确保时间的准确性。一般情况下，这些工作需要在非常短的时间内迅速地完成。而如今，大多数情况下你都需要自己完成视频的剪辑工作。

现场直播

现场直播是一大挑战，因为预先录制的新闻节目你可以多拍几次，然后选出满意的镜头，但是现场直播只有一次拍摄机会，就是直接面向观众。出现在摄像机前，你需要做好几件事情。新手记者需要对所要报道的新闻理解到位，包括潜在的因素及其会导致的变动，认真思考新闻故事的要点，考虑在新闻开头你需要介绍哪些信息，帮助观众对新闻有一个整体感知。你可能需要交代一下新闻背景——之前都发生了什么，以及你所了解到的未来这个事件会有怎样的发展。你要意识到，即便你已经对新闻内容胸有成竹，一旦你接收到开始的信号，你的脑中也可能会变得一片空白，不得不依赖自己之前做的笔记。尽管翻看文稿没什么问题，但是一旦翻开，我们通常会出现过于依赖文本的倾向。在镜头外多练习几次，强迫自己不看笔记或是只瞥一眼。这可以帮助你测试一下自己对新闻内容是否已经充分掌握，之后需要在哪些方面继续努力。许多情况下，你的报道只能持续1分钟左右，因此确定和理解关键点是极其重要的。再次声明，许多新手都是因为不能真正理解所报道的新闻故事而出现状况。你应该在镜头外尝试不依赖文稿进行报道。关于比尔·麦金蒂的建议，请见演播提示8.3。

演播提示8.3

一位专业人士讲故事的经验

新闻记者要讲新闻故事，不要忘记故事要有开头、中间和结尾。讲故事时，要想着故事的"大框架"，不要总拘泥于讲述过多的细枝末节。把讲述的重点放在新闻故事中你觉得最重要的两三点上，然后寻找最合适的受访者，围绕这两三点把故事讲完。如果你要报道的新闻是关于财产税上涨，那么不要只去政府大楼里采访财产评估

> 人员,还要去社区采访那些需要缴纳上涨费用的纳税人。新闻和百姓息息相关。不需要连着采访十个人,只需要锁定一个人,向观众介绍他的故事,或是采访同一个街区的三个人,向观众介绍这些人的故事和他们对新财产税的看法。
>
> 迅速采集好你的新闻素材,学习成为一名写作速度快且准确度高的撰稿人,以及一位高效率的编辑。掌握了这些技巧,在一天快结束时你就不会出现恐慌的心理。在新闻部,千万不要因为"拖延"而错过播出时段。遇到天气、交通或设备等超出你控制范围的问题是一回事,而你没能安排好时间又是另一回事。出现后面这种情况,难免会被领导责问。
>
> 当你负责报道某个重大新闻时,可能一天之内需要向自己的电视台和其他电视台发回多条报道,而这些全部都要在新闻发生当天完成。时间就是一切,提前从办公室出发,如果相关人物不回电话,就直接到他的办公室去。受访者都不太了解新闻记者的最后期限是什么时候,因此你要给他们一点儿压力,让他们知道,"越快越好,明天肯定是不行的。"最关键的是,千万不要只坐在你的办公桌前打电话,或是从网上搜集信息。我的一位老朋友(上司)告诉我:"新闻不会发生在新闻编辑部里",所以,走出办公室,拿起你的手机打电话,哪怕是用街角小商店里的电话打,也会比你在办公室里打电话更可能获得新闻。
>
> ——WCNC电视台新闻记者和主播比尔·麦金蒂

通常主持人会就你报道中没有报道的部分进行追问,比如接下来会发生什么,或者观众何时可以得知更多细节。这会让观众感觉他们是新闻事实中的一部分。这些往往是事先计划好的交流,但你需要准备好以简洁的对话方式对这些问题做出即兴回答。如果你碰巧不知道答案,你可以这样回答:"这是个好问题,我会尽快找到答案,然后回复你。"然后兑现你的承诺。有时在交流过程中或当主持人问另一个问题时,提出问题和回答问题之间会有一两秒的设备延迟。在你的报道开始之前,工作人员会提醒你是否存在这种情况,在问答环节中你也需要牢记这一点。否则,听众可能会漏听报道中的一些词,或者你和主持人的问答交流不对应。如果没有意识到延迟,你们交流时会产生混乱,也会让观众感到困惑。

笔记

笔记要适量。你可能想把自己的开场白逐字写下来,但是新闻的主体用两三个关键词做提示就可以了。当然,你可以把一些不想记在脑子里的复杂的数字或引言写下来。思考自己的新闻结构和逻辑线,以及要怎么结尾。大多数新手都是开场容易结尾难。同时,你还要想好,一旦自己收到超时的信号,要从哪里结尾,一旦自己收到时间富余的信号,要补充哪些内容。在报道前就把这些内容都想好,比直播时面对观众现想内容要轻松容易得多。学生们一般都会过分依赖笔记。他们往往会写大量的笔记,甚至是一个一个的句子,然后就陷入了想去读笔记的困境。虽然新闻与新闻之间会有差异,但如果你在纸上写了20个以上单词,就是超量了。

笔记的实物形式是你要考虑的另一件事。如果你选择使用几张纸,那么就会遇到这样的情况:你正要看笔记时,纸却被风吹翻了。因此,最好是用一个硬皮的便签本,这样你就能用一只手拿着它。还可以用平板电脑或智能手机。你要确保笔记中的字写得足够大,颜色足够深,字迹足够工整,这样读起来又快又轻松。毫不夸张地讲,看一眼笔记的时间最多一两秒,要是一两秒内你不能消化自己记的内容,那就说明你的笔记内容过多。左手拿便签本放于腰间。要看笔记的时候也不要把手拿上来。尽量不着痕迹地看笔记。也不要看太多次,以免观众看你头顶的时间比看你眼睛的时间还多。

女性记者还需要注意头发的长度,看怎么把头发扎一下。如果你的头发又长又没有扎起来,那可以想象,遇到大风天,你的头发就会全部被吹到你的脸上。如果是阵风,那么当你努力完成专业播报的时候,你的头发可能先被吹向一边,一会儿又被吹向另一边。事实上,笔者曾经目睹过这样一件事情:一位记者虽然已经用发胶把头发固定起来了,但是一阵大风从她身后吹来,把她的头发全都吹到了她的脸上。遇到这种情况你是很难冷静处理的,因此无论什么时候,只要你出外景,就把自己的头发扎好,或是用一些其他工具把自己的头发整理好,别让头发分散你和观众的注意力。

8.12 外景报道的准备

让我们看看外景报道都有哪些准备步骤。拿出一张纸,把它分成四等份,在上面分别写上"必用""可用""附加"和"不用"。把你的新闻素材全部搜集在一起,慢慢过一遍,把每个小信息点都放到这四个标签下。这有助于你更好地把注意力集中在新闻要点上,并对每一项内容的价值有所评判。这样梳理一遍之后,你报道新闻会用到的绝大多数内容就都被放在"必用"那部分里了。你只需要根据新闻的时长,决定哪些内容是最重要的。假设你要完成一个45秒的现场报道,以标准的报道语速即每分钟180个单词计算时,所涉及的内容可以包含135个单词左右,包括开场白和结束语。这种方法有助于对报道的内容加以筛选，并对报道的简洁度加以考虑。

即兴发挥是一名外景记者所必须拥有的技能，而有效的即兴发挥需要知识的积累、持续的练习、强烈的自信心，以及优秀的语言组织能力。做即兴广告时需要制定一个计划。如何开始？用什么元素来作为线索或思路？需要包含哪些内容？以怎样的顺序展现？如何收尾？这些问题的答案确定之后，你就有据可循了。记者通常会习惯性地用一些方式来展现自己要报道的新闻信息，最简单的技巧是三步模式，即开头、中间、结尾。开头部分和结尾部分通常风格类似，都会包括记者的姓名和所在的地点。比如，许多报道都是以"WDMA新闻，贝斯·安德森在慈善医院为您报道"或"我是罗恩·桑德斯，在公共广场为您报道，现在交回给朱迪和苏珊"做结尾。新闻的中间部分按照新的思路，使用你之前准备好的笔记进行组织。

另一个技能是描述现场画面。先从基本情况开始介绍，如时间和天气因素，然后用细节加以描述。最好自己定一个方位顺序，比如从左到右，或者从远到近描述。最后，可即兴描述一下新闻发生地的范围，并对这个地方进行详细描述。例如，假设你在房屋着火的现场，那么你的描述顺序可以是大火，围观群众，然后是消防人员和起火房屋的情况。

此外，还要按照事件发生的时间顺序介绍。这就需要记者了解事件的发展过程，然后向观众介绍事件的最新进展。首先，记者要介绍当前的情况，比如便利店发生抢劫事件。其次，补充相关背景信息，如导致事件发生的相关情况。在抢劫现场，记者可能会介绍过去六个月这里还出现过哪些问题。最后，记者要对现在发生的事件进行总结。现场报道需要记者把自己的发现变成语言文字，因此理解事件的前因后果，认真想一下主要思路而非具体的文字内容，是非常必要的。

为了树立自信，新手播音员可以练习即兴播报小片段，就像新闻记者每天要做的那样，大声播报。如果时间有限，就选择性地播报观众最需要了解的片段。这种选择基于新闻播音员对目标受众的了解以及对新闻事实的认识。永远不要猜测或尝试播报你不了解的内容。临场报道和其他新闻报道一样，准确度和可信度都同样重要。无论播音员选择怎样的方式，有效的即兴发挥都需要提前做充分的准备和大量的练习，并且要具备快速组织语言的能力以及渊博的知识。

下文中介绍了解构新闻的一种方法。请思考，如果选用其他方法，这条新闻你要怎么报道。

新闻场景千变万化,你得学会适应,下面是一些有关如何为报道做准备的指引和建议。

1. 我在哪儿? 让观众知道你在什么地方进行报道。
2. 发生了什么事? 快速复述事件的概况,同时注意与主播的引入话语匹配。
3. 观众是否需要什么背景信息?
4. 什么比较重要或有趣?
5. 接下来会发生什么?
6. 如何结束比较恰当?

新闻故事

耗资1.56亿美元的"民俗文化村"购物社区日前盛大开幕,四面八方而来的车足有1英里之长,所有停车的地方都已无空位,小汽车还在四处转悠,期待不时会有空位出来。警方已经关闭大门,氛围有些异常。人们甚至从其他州赶来,就为参加这一盛会。建筑商曾承诺保留3500个车位,这一计划也予以批准,但事实证明,实际车位数仅在2600~2800这一范围之内。此外,文化村拥有员工3500人,其工作人员已经占了很多车位。之前反对建文化村的人告知新闻媒体,他们早就预测到交通堵塞问题,担心附近的居民无法开出车道。文化村的代表则认为这种堵塞场面只是因为开张时大家都比较兴奋,过几天就会平静下来。购物中心所在的主要路口是理查兹大道与雪松路的交汇点。

现在思考一下对于这条新闻信息,你会如何回答以上问题。要熟悉整个过程,你可以将报道时要讲述的内容写出来,然后做笔记,大声练习。

报道可以这样进行:

1. 我在哪儿?	我现在正站在雪松路和理查兹大道交叉路口民俗文化村的正门前,
2. 发生了什么事?	四面八方堵塞的车辆差不多有1英里长,主要原因是今日耗资1.56亿美元的购物中心盛大开张,吸引了远在他乡的人们前往参观。
3. 重要的是什么?	显然,停车位明显不足,警方已经关闭大门,但有些车仍然在不停地四处寻觅,期盼着能有幸找到一个空车位。

4. 观众需要什么背景资料？	当城市规划局批准该建筑群施工时，建筑商承诺会建3500个停车位。但据警方告知，事实上车位只有2600到2800个左右，其中许多车位已被其职员抢先一步占用。在购物中心拟建时，已经有反对者提出严峻的交通问题。今日，这种反对声音的倡导者评论道："看吧，这完全就在我们预料之中。"
5. 接下来可能会发生什么？	开发商声称，一旦开业初期的兴奋感消退，这些问题都会有所改善。
6. 如何收尾比较恰当？	约翰·史密斯在民俗文化村的交通堵塞现场为您报道。

当然也可以用其他方式来报道这条新闻。你可以考虑一下你会用其他的什么方式来报道这条新闻。

进行播报

如何开始你的报道取决于你要怎么介绍它，之后要讲述什么内容，以及你身在何地。你如果戴着耳机，就能够听到演播室中的主播是如何引入你的报道的。这时，你要调整自己的开场白，和导语相匹配。主播在把画面转接给你的同时可能会向观众介绍你，那么画面给到你后，你需要先回应问候，再介绍你现在在什么位置，这里和新闻事件有什么关联。"我现在所处的位置是……"是一个合情合理的开场白。确保记得开场时的情绪氛围，然后贯穿至整个新闻事件——这种情绪氛围必须适合所报道的新闻故事。

这里还有一些其他的注意事项。在着装方面有一个好的经验法则，那就是根据场合来选择衣服。虽然大多数报道中穿职业装就很好，但如果你是报道一个洪水场面，或是在一片耕地中采访一位农民，那么休闲一些的套装可能会更合适。在自己的办公桌下面放个包，里面放一些当季的衣服，牛仔裤、马球衫、厚袜子，以及基本的洗漱用具等。要准备好根据报道的事件选择合适的衣物，并做好出城报道的准备。

在镜头前站直，目视镜头。尽量用对话式的语气进行报道，用之前所学的播音技巧与观众交流沟通。不要晃动身体或表现得很烦躁，在镜头前要让人看起来舒服。不幸的是，记者们往往很容易陷入这种窘境——经常会不经意间用到"哦""呃"，甚至"你知道的"等习惯性语气词，给人一种很不专业的印象。右手持麦克风，举到胸前离嘴6英寸左右的位置。如果你佩戴的是领夹式麦克风，切忌将它别在衣服下面，或是上衣能摩擦到的地方，否则会影响收音或是产生噪声。杜绝某些习惯性动作，如有些人紧张时会频繁地把头发捋到耳后。忽略其他分散注意力且与所报道的新闻故事无关的因素。作为一名记者，你可能需要在人来人往的地方出镜，这时必须专注于自己所报道的内容。

一开始，你很可能不知道手要往哪里放。别老想着手的事情，忽略它，做一些小手势，但不要把它插到兜里。如果你用的是手持式麦克风，你很难用手指向某些事物。这时，最好的办法是用语言提及一下，或是通过描述它周边的可视性事物来吸引观众的注意。左手可以拿小一点的便签，这样当你需要用右手指向目标时，你可以用左手两个手指夹住便签，把右手的麦克风移到左手，再用右手来指。如果必须指向某事物，只要完成这一动作，达到效果即可，你的眼神需要迅速回到观众的视线中来。除非是极其特殊的情况，否则背对观众是非常不可取的事情。专业记者在回身后还会向观众就刚才的转身道歉。

这里要记的东西很多，但这些都是你可以通过练习学到的东西。练习时，把自己的播报录下来进行自评。经过充分的练习后，你的能力会得到很大的提升。

外景报道不一定都是短时报道。偶尔，你会负责跟进报道某些仍在发展中的新闻事件，这时就需要你进行长时间的即兴报道，而且可能提前未做准备。一旦事件有任何进展，你都要详细地向观众介绍。记住，你对事件的了解比观众要多，因此尽量多介绍一些。不要只描述事件本身，还要介绍很多环境因素，比如现场的声音、气味，人们的反应，人们都做了哪些工作，未来会有哪些变化，等等。用描述性的语言为观众描绘出清晰的现场画面，介绍火势大小，烟雾浓度或洪水的湍急程度等。花点时间看看CBS的爱德华·R. 默罗（Edward R. Murrow）在第二次世界大战开始时从伦敦发回的一些广播报道，看看这位大师是如何报道的。虽然他的报道是为电台而做的，但他的写作和播报足以教会你如何为听众描绘动态的文字画面。

更有难度的情况是现场没有什么进展，而你仍需要在现场进行直播报道。举一个极端的例子，一位持枪男子躲进一间房屋后，就再也没有动静，警察蹲守在屋外等待持枪男子从房里出来。然而，电视台希望前方记者能定期发回最新消息，于是记者需要尽最大努力寻找内容播报。你可以假设有些观众刚刚打开电视机，这样你就可以回顾一下现场情况，并把你所知道的其他信息都再介绍一遍。再次说明，你可以描述现场所有的情况，还可以在报道中猜测事件的结果，但是注意不要推断太多，否则你的分析可能会被曲解。如果直播时间冗长，那么你可能需要把事件完整地回顾一遍，把你之前所讲的话，所了解到的信息全部再说一遍。这种时候就把语速放慢，既可以给自己留一些思考的时间，又可以拉长播报时间。当你看到一条可用的新闻时，在脑海中把你要讲的所有内容，要描述的所有场景都过一遍，这是一种很有效的练习。它能让你的观察力变得更加敏锐,并为你将来遇到类似持枪男子事件做好报道准备。

一种新形式

如今,一种新的外景报道形式在美国越来越流行。我们一般称它为动态直播(active live),它要求记者更多地参与到新闻中来,而不仅仅是完成新闻播报。当然,记者不能去干扰事件本身,但是可以在不改变事件进程的前提下,通过其他的方式参与到事件中去。相较于硬新闻,动态直播更多出现在软新闻里。一位女记者做了一条关于夏天把小孩或宠物锁在车内的危险性的新闻。除了进行口头报道之外,在太阳底下,她还把自己锁在了车内,一手拿着麦克风,一手拿着一个温度计。她对车内温度升高后自己的感受进行了描述。几分钟后,她汗如雨下,温度计显示到130华氏度(约为54.4摄氏度),她的报道要比单纯站在镜头前有效得多。制片人可能会为你找一些可以进行动态直播的新闻话题,你要做的就是尽可能完成它。你可以边走边报道,同时也参与其中,因此牢牢掌握自己的新闻节奏是至关重要的。同行们讲,新闻导演特别看重动态直播这种报道形式,他们通常在应用型报道中找题材。

演播提示8.4

做有创造性的报道!做与众不同的报道!不要局限在定式里,不要怕和其他电视台记者的新闻思路不一样。一味从众永远无法成就卓越。多听多看,最棒的新闻和采访都潜藏在边缘地带。多多留意,抓住机遇。比如当我在坦帕报道一条有关在坦帕东部毒品和犯罪横行的地区开洗衣店的新闻时,就认为这条新闻非常有意义,因为它意味着让人绝望的社区获得了新生,这是社会活动家和警察部门试图为改善社会环境而奋斗的结果。当时市长、警察局长以及其他重要人物都在场,理所当然地吸引了众多记者……除了一个人——我。我注意到一位年长的妇人坐在对面门前的石凳上,观看洗衣店的开张仪式。我走过去,问她怎么看待眼前的这件事情,镜头最终都是有关她对于门前所发生的一切的看法。她讲到自己已经在那住了30年,当她全家搬来时这里是一个极适合居住的地方,她和我们分享了如何眼睁睁地看着这样好的生活社区这些年来堕落成为一个毒品和犯罪盛行的魔窟,她甚至还保留着一本有关30年以前这一地带风情面貌的剪贴簿。在其他电视台都纷纷采访各大要人时,我们的镜头却一直对准一位生活在此的普通人,讲述真实的故事。我们的新闻总监因为此事特别激动,因为这条新闻在其他所有媒体报道中间显得与众不同。

——比尔·麦金蒂

8.13 新闻中会遇到的其他即兴状况

新闻播音员需要掌握即兴发挥的技巧。新闻节目的转场部分，比如一名新闻播音员转换身份进行气象播报前，可以讲一些幽默即兴的话语。外景记者同样需要掌握全面的即兴报道技巧，到你负责突发新闻报道时这些技巧一定会用得上。作为新闻团队中的一分子，你要在节目过渡时和同事进行沟通交流，目的是让观众听上去觉得轻松自然。这些即兴片段通常都是提前做过准备的，但没有写在新闻稿上，偶尔会明显让人感觉到不够自然。不是所有的播音员都有幽默感，但是有些时候幽默感又是必需的。这时团队机制就会起作用，播音员可以相互协作完成播报。掌握基本的抛球技能（将话语权留给他人）会使得一条新闻顺畅地过渡到下一个部分。新闻播音员可能会从刚才所读的新闻稿上挑出关键词或词组来引入气象播报员的出场。例如，"好了，炎热的天气会持续，那么让迪克来告诉我们今后几天的天气状况，看是否会有阵雨来袭。"这时，播音员要考虑的重点是情绪的变化。从严肃的新闻报道转到轻松的话题并非易事，新闻稿要提前写好，确保观众不会觉得突兀。例如一位迟钝的播音员突然来一句"说到同情心的大肆流露，那么今早的暴雨是什么状况呢"，这种方式就显得让人摸不着头脑了吧。（见理查德·罗杰斯在演播提示8.5中的评论。）

播音员在新闻中"闲聊"的另一种情况是报道提前结束了——也就是新闻稿在规定时间还没结束的时候就念完了。这时播音员可能需要就最新的新闻报道进行评论。这也是为什么要对报道的新闻有足够的了解和相关的知识储备。

演播提示8.5

即兴报道如同一块需要经常锻炼的肌肉。你做得越多，它就会变得越强。可以在家里练习，也可以在车里练习。当你看到某个物件时，大声地描述它。你将会做得越来越好。当你与现场的主播或记者连线进行即兴播报时，不要陷入思考接下来说什么的陷阱，而是要真正去听他们在说什么。你也许会对你接收到的信息感到惊讶。

——理查德·罗杰斯

演播提示8.6

以下是比尔·麦金蒂的更多建议。

1. "在进电视台之前就要保护好自己的名声"

1989年,我完全不担心自己未来的上司能在网上查到我的过去,因为那时还没有互联网。如果你现在还是大学生,那你要知道自己在网上发表的一切内容都会留有记录。我认识的监督人员有很多都是在还没发现问题之前就在网络上搜索一些人的名字了。在面试时,应聘者经常会被问到,你的脸书账号密码是什么?你的上司会想去了解日常生活中的你是个什么样的人,这真的和对犯罪嫌疑人进行背景调查没什么区别。如果你觉得这种行为侵犯了你的隐私,那么你要记得,自己将成为一名公众人物,你将是电视台的脸面(或脸面之一),你的名声很重要。如果你曾经醉酒驾车,如果网上流出了你的一些不雅照片,那你要怎么让你的观众信赖你呢?你永远不会知道自己的酒驾记录或不雅照片将对你的采访工作造成怎样的影响,所以不要让类似的事情发生。你要从自己站到公众面前之前就开始保护自己的名声。在这个数字时代,不仅是从事电视工作,步入职场的每个人都需要有这个意识。

2. "做记者应该做的事"

近年来我所接触到的大多数年轻记者们都认为做新闻调查就是"上网搜索",查找一些能用在早上的例会中的素材。这种想法是错误的。没有什么比得上和新闻当事人面对面的交流。可以发短信,可以上网联系,也可以打电话,但是没有一样能比得上走出办公室,开上车,去和公共信息官员一起喝杯咖啡或吃顿午饭。记者要通过真诚的态度和自己的新闻天赋来获取对方的信任,这些通过网络交流都达不到。这意味着你要去警察局、法院(或你负责的其他任何地方)和相关人员进行交流,意味着你需要在犯罪现场进行交流,意味着你要"做一个活生生的人",而不是一个只会报道新闻消息的机器。我不是说要抛弃科技,而是说面对面的交流能让你了解更多,收获更多。

3. "公开记录是你最好的朋友!"

学习并理解本州公开记录的法律是很重要的。法院的记录在一段时间后会变成公开记录,包括视频录像带、音频录音带、文件、图片和电子邮件。所有这些都可以制作成精彩的电视节目,因此你一定要知道在哪里、什么时候、怎么拿到这些公开记录。如果你不知道相关情况,询问那些了解情况的人。

要知道所有公职人员（警察、法官、教师、政客以及为州、市、县工作的任何人）所写的东西都是公共文件。也就是说他们用单位电脑发送的电子邮件或短信记录都是记者们的好帮手。我常说："不要说给我听，要拿给我看。"也就是说，要有证据。同时你要确保自己的报道能自圆其说。在联系采访前了解自己想得到的是什么，充分的准备可以帮助你问出更精彩的问题。

2008年时，我对前任总统的养老金数额很感兴趣。《总统养老金法案》规定，前任总统离任后享受养老金待遇。这项法案从总统杜鲁门开始实行，金额定为25000美金，因为靠他微薄的军队养老金甚至没有能力支付邮票费用。而今时代变迁，养老金已经上调，而前任总统的收入也已经上涨。我曾经申请过一项公开记录，内容是前任总统办公室上交的发票单。这些发票单中包括差旅费、办公用品费用、办公场地费用和职员的工资。为了得到这些发票单我花了6个月的时间，但是当我收到它们的时候，我才了解到纳税人要为这么琐碎的事情买单，比如报纸的订阅费以及可以观看所有电影频道的有线电视的收看费。这件事的反响很大，很多需要自己缴纳以上费用的纳税人都感到很愤怒。这虽然不是什么巨额的开支，但是有的人就会想，我们的前任总统写书，做演讲，在退休之后自己也已经挣了几千万了。我们可以去质询政府是怎么花费纳税人的税金的，事实上，这也是我们的责任和义务。多刨一刨公开记录，一定会得到很好的新闻点。学习相关流程，知道到哪里去找。最重要的是，不接受对方说"不"，因为它们是"公开"记录。

8.14 总结

媒体新闻播音是一个要求较高的工作领域。除了具备所需的发声技巧外，新闻报道中还要对相关法律和道德有所了解（见第13章）。广播电视新闻的写作能力、新闻价值的判断能力和对观众的理解能力是成为一名成功的新闻从业者的关键。对无线广播新闻工作者而言，熟悉该领域各种设备的操作是必备条件，而对电视和有线电视新闻从业者来说，拥有后期编辑的技术技巧也很重要。除了上述这些技术技巧外，你还要学会调查、有可信度、对新闻报道感兴趣、愿意花功夫，这样才能成为一名优秀的广播电视记者。刚入行的媒体工作者也应该意识到，在新闻行业中记者的职位空缺要比主播的空缺多得多，而且绝大多数新人的职业生涯都是从新闻记者开始的。

自学题

问题

1. 媒体记者这个术语用来形容进行直播的人,尤其是那些进行新闻播报的人员。

   a) 正确 b) 错误

2. 州际公路上的一起多车追尾事故可能是一条＿＿＿＿新闻。

   a) 软新闻 b) 专题新闻 c) 硬新闻 d) 非时效性新闻

3. 下列哪项较少用来衡量故事的新闻价值?

   a) 贴近性 b) 冲突性 c) 受众 d) 记者

4. 下列哪一项最不可能提升媒体记者的可信度?

   a) 对地理环境有所涉猎 b) 时刻关注国际事务
   c) 语法和发音准确 d) 播报新闻时有幽默感

5. 下列哪个是媒体记者可能会作为新闻来源使用的国际新闻通讯社?

   a) 路透社 b) 全国公共广播电台
   c) 美国广播公司 d) 视频新闻发布

6. 下列哪项是成功的多媒体记者必须具备的能力?

   a) 拍摄素材 b) 经营自己的微博
   c) 进行直播演播 d) 以上三项都是

7. 下列哪项不是以交流式的语气进行新闻撰写的方法?

   a) 使用缩略语 b) 使用俚语
   c) 使用正确的语法 d) 引用时用词尽量简单,如用"说""告知"等

8. 新闻播音员用来填充时间的补充材料叫作＿＿＿＿。

   a) 附加素材 b) 额外新闻稿
   c) 结束提示 d) 趣味故事

9. 无线广播记者从现场打电话发回的口头新闻被称作＿＿＿＿。

   a) 收尾语 b) 口头报道录音
   c) 原声摘要 d) 实况录音

10. 下列哪项不属于无线广播新闻主播的职责?

    a) 制作新闻 b) 进行直播
    c) 制作成套新闻 d) 进行新闻播报

11. 以下哪个选项不会削弱新闻主播的形象?

    a) 框架眼镜 b) 牙齿不齐

c）着装保守 　　　　　　　　d）发型夸张

12. 新闻稿的说明文字中不包括下列哪一项？

a）作者的姓 　　　　　　　　b）结束提示

c）新闻标识 　　　　　　　　d）播送时间

13. 电视新闻团队中是谁来决定哪位记者报道哪一个事情？

a）综合任务记者 　　　　　　b）新闻部主任

c）新闻制片人 　　　　　　　d）责任编辑

14. 关于会议、新闻发布的消息，以及杂志的剪报、个人关于即将发生的事件的备注等，最可能在哪里找到？

a）指定领域 　　　　　　　　b）未来档案

c）新闻通讯社 　　　　　　　d）视频新闻发布

15. 下列哪项不是综合任务记者的职责？

a）现场报道新闻 　　　　　　b）录制成套新闻

c）制作新闻 　　　　　　　　d）直播突发新闻

答案：

1. b　2. c　3. d　4. d　5. a　6. d　7. b　8. a　9. b　10. c　11. c　12. b　13. d　14. b　15. c

实践项目

项目一　录制广播新闻

目的

给你一个在广播环境中播报新闻的机会。

建议、注意事项及背景

1. 从新闻网站上查找近期的各类故事，将其改写为广播风格的报道。大声播读这些新闻故事，时长控制在3.5至4分钟之内。（注意，这个新闻广播只能用于练习课作业。不要在广播或互联网上播放，因为你没有获得版权许可。）

2. 你的播报是直接读新闻，但要尽量调整播报风格，以符合每个故事的情感基调。例如，涉及死亡的新闻应该严肃地播报，而播报幽默事件时则应该面带微笑。

3. 故事类型不同，情绪语气也会不同，但要记得只有少数词需要通过停顿来表达意思。

4. 读新闻时呼吸非常重要。如果是一份语句很长的新闻稿，只在故事与故事间或每句话的结尾处换气。

5. 记得使用停顿，它对增加强调和表达意思有重要作用。

6. 使用广播新闻写作的风格撰写气象部分的文稿。表达要简单。

如何完成这个项目

1. 你需要增加一个20秒到30秒的气象报道。用广播新闻稿的书写风格撰写这条气象新闻。

2. 增加开场白和结束语，你也可以在每两个新闻中间增加一些接入片段（例如，"今天在这个国家的其他地方……"），但是要严格把握时间。对过渡话语我们不做硬性要求。

3. 整个新闻播报的时长应控制在4.5至5分钟。

4. 把你的新闻播报录制为MP3文件。

5. 不要把新闻稿装订起来——使用曲别针。

6. 把你的新闻稿和标记为"广播新闻小结"的录音交给指导老师，等待老师打分。

项目二　录制电视新闻

目的

给你一个进行电视新闻联合播报的机会。

建议、注意事项及背景

1. 你的观众是你所在城市的普通观众，他们将在网络早间节目中观看本地新闻。撰写新闻和即兴播报时都应该把这个背景信息考虑进去。

2. 记住，即兴并不是毫无准备，而是不照着文稿读。

3. 要有开场白和结束语，包括介绍你的名字和新闻事件的标题，并问候观众。

4. 选择不同情感的新闻故事，展示自己传达不同情绪的能力。最后一个故事应该是一则趣味故事。

5. 按照本章所讨论的指导建议，你的着装要得体，适宜当地的新闻节目。

6. 把握好时间以及接收现场导演的提示是很重要的。确保自己已经和现场导演确认过正确的手势。

如何完成这个项目

1. 你将在新闻团队中工作。这个团队可能使用提词器（如果条件允许）或新闻稿。

2. 一位播音员准确开场，另一位准备结尾。这两部分都会是较短的即兴片段。

3. 使用指导老师提供的新闻内容，但是要将它修改成电视新闻稿的风格。

4. 根据需要在新闻稿上标注演播提示标和音标，然后交给指导老师。

5. 整个新闻报道应该是一个5分钟的早间即时新闻，误差控制在5秒钟之内，不得超时。

项目三　录制外景新闻

目的

给你一次进行外景即兴电视新闻报道以及为多媒体平台准备材料的机会。

建议、注意事项及背景

1. 你的着装要按照本章讨论过的指导内容进行准备。

2. 你将录制自己的外景片段。你需要独自工作，调整摄像机，设置音频设备，打开录像设备，开始报道。

3. 记得要直视镜头，偶尔低头看一眼笔记。

如何完成这个项目

1. 根据第8.12节中的新闻素材进行1分钟的即兴新闻报道。记得带笔记本和笔，或是使用平板电脑或手机。

2. 阅读素材并做笔记，组织自己的信息点。不要记整句话，只记录一些关键词或词组。书写或打印时用大一些的字体，方便看清楚。

3. 使用手持式麦克风、便携式摄像机和三脚架，在外景地录制你的新闻故事。可以在校园内的某个办公楼前完成本次播报。

4. 以背景信息开头——你的姓名、故事标题及倒计时（5、4、3、-、-），倒数时和你平时读数的节奏保持一致。

5. 自我介绍，并介绍新闻梗概。介绍自己的时候朝摄像机走几步（三四步左右），然后介绍自己所在的位置，开始进行新闻报道。

6. 这条新闻要一次完成。

7. 使用笔记，但是不要照稿念。将自己的笔记和录像交给指导老师。

8. 以"WDMA报道，我是[你的名字]"作为新闻的结尾。在完成报道后仍然手持麦克风,目光直视镜头维持五秒钟。保持一个姿势不动。默数5到6秒钟。

9. 把视频编辑成一个30秒到45秒的新闻故事。把这条新闻发布到指导老师所给的网页上,并写一个简短的新闻稿使整个报道更完整。确保制作了相关链接。

10. 准备好在工作室中播报这条新闻,作为新闻团队实时直播的一部分。其中包括这条30到45秒的新闻的开场白和结束语,和发布在网络上的内容一致。使用相同的信息,你的目标是强调新闻不同的方面,这样你的新闻听上去会更准确,更即时。

第 9 章

音乐播音

9.1 引言

在很多广播电视演播环境中,播音员根据文稿进行工作。例如,新闻主播有新闻稿要读,画外音播音员有广告词要参照。然而,有的时候播音员要进行即兴发挥。电台DJ相较于其他播音员需要具备更强的即兴演播能力。

美国联邦通信委员会的数据表明,截至2018年11月,美国有超过15,500个无线电台,而电台评级调研公司尼尔森(Nielsen)发布的《2018年十大电台类型》显示,最受欢迎的是音乐电台(约85%)。此外还有众多的卫星广播音乐频道和成百上千的网络广播台,因此现在仍有一些从事音乐播音的机会。本章主要介绍电台DJ和他们的工作环境,还有他们可能会遇到的不同类型的电台。本章还会介绍其他类型的音乐播音员:互联网音乐节目主持人(Net-J),以及卫星音乐节目DJ。

尼尔森在2018年发布的报告称:"收听AM/FM(调幅/调频)广播的美国人比任何平台都多。93%的18岁及以上的美国成年人每周都听广播,比看电视或使用智能手机、电视连接设备、平板电脑或个人电脑的人还多。"对于想要从事广播事业的人来说,这是一个激动人心的消息。

9.2 电台DJ的职责

大多数人都低估了电台DJ的工作难度。听众心目中对DJ的典型印象就是介绍一首歌曲,在歌曲播放时闲着,然后再介绍下一首歌曲。电台DJ除了介绍音乐外,经常还要播报新闻、体育和气象信息,播送广告,采访嘉宾,发布社区活动信息,即兴谈论听众们感兴趣的各种话题。现代电台DJ是整个电台声音的重要元素,电台希望DJ既能吸引听众又能娱乐听众。正如前面章节提到的那样,DJ常常是多面手,要在播音的同时自己操作音频设备，而且还要负责很多"幕后"的杂事。

电台DJ的主要工作可以归纳总结成4"P"：直播之前的"准备"（preparation）和"制作"（production），直播时的"演播"（performance）和"程序性任务"（procedural duties）。准备工作包括DJ在直播前要做的所有杂事。有的准备工作完成之后紧跟着直播，而有的则是为第二天的直播做功课。其中可能包括设计音乐播放列表（尽管现在大多数播放列表由营销部门决定），收集广告和其他支撑直播的素材，准备并彩排直播信号，从各类信息来源处获取信息，例如通讯社、笑话书、互联网、商业刊物等。优秀的DJ通常会为每小时的直播做一小时的准备。

制作，意味着电台DJ要做的工作比直播更多。通常来讲，每位DJ每天可能会有4小时的直播时间，另外还要花费4小时的工作时间完成节目制作。制作工作包括录制电台将会播出的广告，录制其他直播时段的节目（预录开场、顺口溜等，用于夜间自动播放），为电台制作宣传广告，以及录制DJ第二天可能用到的小片段。

演播涉及电台DJ的专业能力，包括即兴演播、读广告、做铺垫、介绍歌曲、对时、播报天气和社区信息、完成采访以及其他各式各样的播音任务的能力。在本章后面的小节中，将会介绍一些适用于不同电台的演播风格。

程序性任务包括在直播中操作直播室设备。除了播放CD或音乐文件，DJ可能还需要介绍过渡部分，录制网络内容，甚至还需要接听电话。在这种情况下，对DJ来说最好的经验法则就是预见突发事件。操作广播电视设备时发生错误是很正常的事情。不过，如果你对此有所准备，并且想好一旦出现问题自己要怎么做，那么大多数情况下，普通听众不会意识到出现了失误。大多数电台都要求DJ做到环节紧凑（tight board），也就是一定要准确地操作直播设备，直播时你要顺畅地从一个环节转换到另一个环节，中间没有冷场。最后一个需要注意的方面是：电台DJ的职责往往和电台的规模成反比。换言之，在小型电台中，上文讲到的每项工作你可能都要去做。在大型电台中，你可能会把注意力更多地集中在演播这部分，因为会有人帮助你完成准备、制作和程序性任务的工作。

9.3 提升即兴演播能力

虽然即兴演播是脱稿的，但这不意味着不需要准备，或是在某种程度上不需要彩排。大多数DJ哪怕是进行即兴演播，都需要对自己要讲的内容有一定的安排。他们知道自己要先讲A，然后再讲B，接着再讲……他们还会想好自己将用什么样的播送风格把准备好的材料讲给听众听。他们不知道的是即兴演播时自己具体会用到哪些词。这种能力需要花时间来培养，不过你也可以通过以下几个简单的法则来提升自己的即兴演播能力。

第一，知道自己要讲的主题是什么，把可能吸引听众的点标注出来。电台DJ经常讨论的是他们播放的音乐。过去有段时间DJ会浏览专辑背后的相关信息，以此来准备自己的即兴演播内容，但这种方法在今天已经满足不了听众的需要。即兴演播时，找找看除了歌曲名称和演唱者介绍之外，有没有什么听众可能感兴趣的趣闻可以讲述。例如，这首歌或这张专辑的名称有什么特殊含义没有？这首歌是谁写的——是歌手本人还是哪位知名的词曲作者？这名歌手有没有为其他知名歌手制作过音乐？这名歌手会不会在未来不久到你所在的城市开演唱会或进行表演？这首歌或这张专辑有没有邀请著名的歌手进行合作？总而言之，假如你听到某位DJ正在介绍某位特定的歌手，哪几部分是最让你感兴趣的？

这意味着，你作为一名电台DJ，需要掌握大量的音乐知识。养成阅读音乐行业性杂志《公告牌》（*Billboard*）的习惯，还可以订阅在线服务，比如MusicWeek.com或CMJ.com等。上网浏览音乐明星的即时信息，例如，很多音乐明星都有自己的网页或是在唱片公司网站上有专门的介绍。大多数的搜索引擎能够根据你输入的歌曲名称、演唱者等信息搜索出成千上万条信息。当地书店内的"表演艺术"区域中会有很多音乐方面的书籍，比如排行榜冠军歌曲合集、昙花一现型作品集、音乐百科全书以及众多音乐表演者的传记。

然而，每次的即兴演播不能只介绍音乐，你还应该知道怎么设计自己闲谈的内容素材。和提升音乐素养的方法一样：阅读、阅读、更多地阅读。《事件追踪日历》（*Chase's Calendar of Events*）等年鉴会提供丰富的素材，包括每一天发生的事件、某位音乐人的生日是哪天等资讯。还有很多杂书或文章也都是即兴演播的好材料，如《吉尼斯世界纪录大全》（*The Guinness Book of World Records*）。如果你真的希望可以做有个人风格的直播，那么从建立个性化的即兴演播素材笔记做起。读报纸和杂志时，一旦发现有趣的内容，就把它剪下来粘到自己的笔记本上。报纸、杂志经常会用一些短小、奇特的故事，如"大白鲨的平均重量是……"来填补空白版块或是空白页。有些播音员会积累成千上万个类似的小故事，把它们分类整理好，在合适的时候用到自己的即兴播报中。类似这样的材料可以用平板电脑简单整理出来，在工作室里要用的时候就可以快速找出来。再说一遍，互联网上有大量的网站可以用来做"演出准备"，帮助你进行有趣的即兴演播，只需要简单搜索一下就能找到。正如第一章中提到的那样，接受基础广泛的通识教育，能让你在很多话题中有得可聊。

第二，你必须知道怎么进行即兴演播，也就是你要学会自己编辑即兴材料。两个最好的编辑法则是：（1）越短越好；（2）如果拿不准，就先不用！即使是最有经验的播音员也有可能在即兴演播时犯最大的错误——不停地说，说，说！有一个古老的电台故事，讲的是有一家电台使用设备手段限制播音员讲话——如果播音员的话过多，就会自动切断他的麦克风！从"不说话"到"不受限制地说话"，播音员进行即兴演播的时间长度受到电台相关政策的管理，但是大多数情况下，即兴是节目中的一个小片段。优秀的即兴技巧是在你张嘴说话前你就该知道自己要讲的重点是什么，怎样才能最快地切入主题，怎样才能简洁地结束自己的即兴演播。大部分广播电视中的即兴演播都由以下三个阶段组成：噱头、细节和升华部分。首先，无论你先讲什么内容，都要抓住听众的注意力，这就是噱头。其次，你需要给出一些特定的细节，进行详细的说明和深入的介绍。最后，你需要在结尾处升华一下或是再给一个包袱，这是整个即兴演播的高潮，听众会记得最清楚。鉴于它的重要性，虽然它是即兴演播的最后环节，但也可能是你需要一开始就考虑的部分。记住，在演播开始前，你就必须确定自己要怎么结束讲话！

9.4 如何成为一名高效的DJ

要想成为一名高效的电台DJ，仅仅依靠熟读教材的某个章节或整本书是行不通的，还需要通过长期的实践练习来培养个性、播音风格及播读或即兴发挥的技巧。利用演播提示9.1中介绍的PREP准则是一个良好的开端，同时还需考虑其他若干因素，确保朝着正确的方向发展，其中一半因素与正确地操作设备有关，另一半则直接关系到直播的表现。

首先，尽量保持音量一致，声音不能忽大忽小。在介绍歌曲时将麦克风的音量调至5，而在播放歌曲时却将音量调至10，这样的做法是不对的。时刻关注调音台上的音量计或是电脑监视器，保证音量大小的稳定。同时，留意麦克风和嘴巴之间的距离。新手可能无法很好地使用麦克风。当在工作室中需要同时做其他工作时，比如设置播放列表、录制网络素材，你会很容易忘记麦克风的存在。如果你的嘴巴和麦克风离得太远，不仅你的声音音量会变得很小，而且麦克风会收录过多的背景噪声或工作室环境音。如果你注意到自己头戴式耳机中的声音较小，你可能会升高自己的音量，而听众也会听到你的讲话声音突然增大。如果你在麦克风的一侧，你就离开了麦克风的拾音范围。在这些情况下，你和听众沟通的能力将会大打折扣，因此要避免出现类似情况。

其次，当把两种声音混合在一起时，要保持适当的平衡，例如你的声音和背景音乐的声音。在大多数情况下，要以你的声音为主。然而，背景音乐的声音也不能太小，不然无法达到背景音的效果。很多新手播音员会把背景音乐的音量调得过大，因为他们对自己的声音不自信，想用背景音乐遮掩一二。这种做法是错误的，应当避免。但你也不能真的用音量计判断它的大小，因为通常只有一套表盘，却有两个声音通过音频板。因此，你必须用自己的耳朵听，在混合两个声音的时候谨慎地判断，怎么调整两者才能达到很好的平衡。

最后，要能够熟练地操作设备，顺利地从一首歌过渡到另一首歌，或是从聊天环节过渡到歌曲播放。电台中的大部分过渡不是直接衔接就是声音叠化。两首歌曲间的声音叠化（cross-fade）是把上一首歌的结尾音量降低，逐渐淡出，把下一首歌的开头音量增高，逐渐淡入。这中间会有很短的一段时间两首歌同时播放。因此你要慎重挑选叠化的两首歌分别是什么，因为不是随便两首歌一起播放的声音都很好。直接衔接（segue）是指从一首歌直接切到另一首歌，两首歌之间没有重叠也没有停顿。直接衔接最好是在第一首歌是"冷结尾"时使用，也就是说这首歌是突然结束的，而不是淡出结束的。第二首歌也同样应该是迅速开场，而不是较慢地淡入开场。优秀的播音员会认真思考如何从一首歌过渡到另一首歌，确保过渡顺畅自然，悦耳动听。

想要成为一名优秀的电台DJ，你要能熟练地操作音频设备，但这还远远不够——你还需要把注意力集中在演播上。永远不要叠着歌曲的人声讲话。电台DJ通常会在歌曲前奏的10到30秒期间介绍歌曲的相关内容。这是一种很好的电台播音操作，在人声出来之前一瞬间结束自己的即兴介绍是一项真正的技能。如果人声出来后你还没有结束即兴介绍，那将是很糟糕的播音经历。在大多数情况下，播音时不能同时出现两个人声，只有在一首歌淡出时允许这种情况出现。这时，DJ一般会再次介绍歌曲名称和歌手信息。只要歌曲音量保持在背景音乐的音量范围内，就可以接受。

你的情绪语气还要和你正在播放的音乐所表达的情感相匹配。例如，当你正在播放一首轻柔的民谣时，就不应该用狂热的语气介绍相关信息。为了和一首情歌的开头相匹配，你应该有意识地降低自己的音量，甚至只用比说悄悄话稍大一点的音量进行歌曲介绍。在介绍一首风格奇特的歌曲时，可以加几声轻笑。在介绍排行榜上第一位的摇滚乐时，你的节奏也要适当地加快。你的播报风格应该和音乐融合到一起——两者听上去应该是一体的，不该有割裂感，两者各说各的。一般来说，我们要考虑讲话的三种方式——私密、公开、个人。私密谈话的声音非常轻，和离得很近的人进行秘密交谈时用的就是这样的说话方式。公开讲话的音量要大一些，这种说话方式是你给一群人进行演讲时用到的。个人的说话方式介于以上两者中间，音量大小标准，是你和其他人交流时用到的说话方式，音量也是你在电台中和听众交流的声音大小。你不是在和自己的听众互诉衷肠，因此不需要用私密的说话方式。你也不会想用公开讲话的说话方式和听众交流。因此，就用你的个人嗓音，像和朋友聊天一样和听众进行交流。记住，大多数人都是一个人听广播，你也要当成这里只有你和一位听众，因此，你要用对这一个人讲话的感觉进行播报。

你一开始就能学到的最好的演播技巧是永远持有一种积极、热情的工作态度。优秀的播音员听上去会很享受自己的播音过程,这样一来,听众也会很喜欢听他们的节目。即使是你心情不好或是不舒服的时候,一旦麦克风打开,你也要用饱满的状态迎接工作。避免装作什么都懂的样子嘲讽别人,展现自己并不真诚的魅力,或是介绍无聊枯燥的音乐——这些都不该出现在电台播音中。你会发现更好的方式是做自己,形成一种温暖友好的播报风格。

演播提示9.1

PREP准则

真正专业的播音是一门学问。播音可以被分解成一系列可重复、具有操作性的步骤。年轻的播音员一开始就要把基础打好。下面要介绍的流程与任何特定的音乐类型无关。当你从大局着手时,你就会发现这里没有什么爵士风、学院风、摇滚风,只要你掌握了基本的交流技巧,就可以胜任任何类型的音乐播音工作。流程包括准备(preparation)、排练(rehearsal)、编辑(editing)和演播(performance)四个部分。这个特殊的流程我们可以简称为PREP。

准备 播音是一种具有表演性质的工作。除了读其他人写的新闻稿,播音员还需要创造性地准备自己的播音材料,把音乐、媒体、文化、生活等等信息整合到一起。走进工作室前,准备充分的播音员就已经对节目做好了规划。这个规划没有具体到每一个细节,因为总有提升的空间,但是大体框架已经清晰明了。他们很了解自己的听众,了解听众的价值观以及关注点。他们对电台的类型和行销目标很了解,对嘉宾、趣闻素材、听众的"热度"、当日的市场也很了解。这些准备工作都是在"台下"完成的,在播音员走进工作室前就已完成。

排练 只有那些业余播音员会认为排练会影响节目的自然感。专业播音员会对自己的听众负责,在不上节目时排练自己可能卡壳的部分,这样在开麦直播时才能进行简洁、清晰、顺畅、自然、有个性的播报。他们不断训练自己在预先做好计划的情况下自我发挥的播讲技艺,这样哪怕是精心设计的片段,也能给人一种新鲜自然的感觉,就像是即兴发挥出来的。排练两次是最理想的。当音乐开始播放的时候,你可以大声准备自己的下一段文稿。不是默读,而是出声准备。这样你心中所想的和所讲的内容中有任何问题你都能明显地感觉到。然后把刚才卡壳的部分再练习一遍,看看是不是通顺多了,而且仍然保持着新鲜感。第三遍,上台直播。

编辑 很多人都说"少就是多",这话说得很对。这个世界充斥着各类信息,所以要学着让你的表达简洁明了、引人入胜、令人难忘。每个卡壳的地方都可以通过用更少的更有力的词来改进。你可以把两个小时的电影浓缩成内容提要:"堪萨斯女孩摇着头走向远方,她知道,没有一个地方像自己的家乡。"把细节性的内容都放到后面的故事里。在电台中,简洁就是力量。

演播 你以为你是一个人坐在电子设备闪烁的播音室独自工作,面对着看不见的人群。其实并不是那样。就像在剧院进行现场表演一样,播音是一对一的演播艺术。因此,激发自己的肾上腺素,在兴奋的状态下去演播。优秀的播音员就好似台上的演员——高度关注自己的观众们,并被观众们刺激着。但不同于与一群人交流,播音员的沟通对象就只有一位听众。当他们与他们的唯一听众进行眼神交流时,所有的演播痕迹和假"DJ主义"就会消失了。此时,"听众"不再是一个泛指,整个电台的世界就只剩下"你"和"我"两个人。现在,PREP的基本内容已经介绍完毕,下面给大家列出一些必须要做的事情和避免去做的事情。

必须要做的事:

1. 时刻准备着。你在工作室外做的努力越多,你在真正播音时就能发挥得越好。

2. 与听众保持眼神交流。假想一位听众,直接用和朋友讲话的语气和他进行交流。

3. 永远做自己。你讲的内容远比你讲的方式更重要。思考一下模特和演员间的区别,演员让人觉得真实,模特只是看起来好看而已。

4. 时刻修正自己的语言,用更简洁的语言和更有力的词汇产生更大的影响。

5. 时常评价自己的演播,和一位能提供帮助的导师一起回顾你的演播。这是你提升能力的最好方法。

避免去做的事:

1. 模仿他人。当你模仿的时候,你只是原创的复制品。当你做自己的时候,你就是原创。

2. 以自己为中心。这是不对的,一切都是为了听众。把他们当成明星,他们将会给予你所有你需要的爱。

3. 一成不变。太无聊了。

4. 一犯错误就觉得不自在。犯了错误,迅速改正,然后继续播报。很快你犯的错误就会被忘记。

5. 忘记了你正在进行一次表演。你可是正在舞台上呢,打起精神来。

——约翰·西利曼·道奇(John Silliman Dodge)

9.5 电台节目类型

尼尔森（原名阿比创"Arbitron"）分类列出60个电台节目类型，包括现代摇滚和成人时代以及综艺节目和世界音乐，用来对电台进行划分。天狼星XM卫星广播公司（SiriusXM Satellite Radio）提供了超过140个电台频道，涵盖音乐、新闻、体育、娱乐等类型。当你把子类别或把主要的类型分解成不同类型的时候，电台类型的实际数量会急剧增加。事实上，互联网广播网站Lave365.com提供了超过260种类型，其中包括一些内行才知道的类型，例如迷幻爵士、情绪摇滚、车库摇滚和迷幻舞曲。

尼尔森划分的电台节目类型

80年代精选辑	新成人时代（NAC）/柔和爵士乐
现代摇滚	新乡村乐
成人时代（AC）	新闻/谈话/资讯
成人流行乐	怀旧歌曲
成人标准/中档音乐	经典老歌
专辑导向摇滚（AOR）	其他
全新闻节目	当代流行音乐
全体育节目	宗教
另类音乐	节奏成人时代
忧郁布鲁斯	节奏当代流行音乐
儿童广播	节奏老歌
基督教成人	柔和成人时代
古典音乐	轻柔成人时代
古典乡村乐	南方福音
经典流行曲	西班牙成人流行乐
经典摇滚乐	西班牙当代音乐
喜剧	西班牙当代基督教音乐

当代基督教音乐	西班牙热门成人时代
当代灵感音乐	西班牙新闻/谈话
乡村乐	西班牙古典老歌
轻音乐	西班牙宗教
教育	西班牙体育
家庭音乐	西班牙热带风情
福音音乐	西班牙综艺节目
热门成人时代	谈话/名人
爵士	特哈诺音乐
拉美城市乐	城市成人时代
主流摇滚	当代城市音乐
墨西哥地区	城市老歌
现代成人时代	综艺节目
	世界音乐

虽然我们总是把电台播放的音乐的类型当作电台节目类型，但我们知道也有非音乐类节目。"电台类型"（format）其实是指电台中所有节目元素的安排，其中有音乐，也有新闻、气象信息、广告、电台宣传、竞赛、听众提问、DJ即兴演播等。大多数电台的每个节目都经过精心编排，以展示电台特色。电台会使用电脑软件设置音乐播放列表。电台中的音乐可以全天循环播放，相关参数（例如每首歌的播放频率）通常是由节目导演（PD）或音乐总监（MD）设定的。DJ只需要按着播放列表进行播音。音乐和其他的节目元素常常显示在轮盘（hot clock/format clock）（见图9.1）上。轮盘是一小时内电台节目的安排。音乐、广告、歌曲、新闻及其他所有电台类型元素都被放到轮盘上，便于DJ了解什么

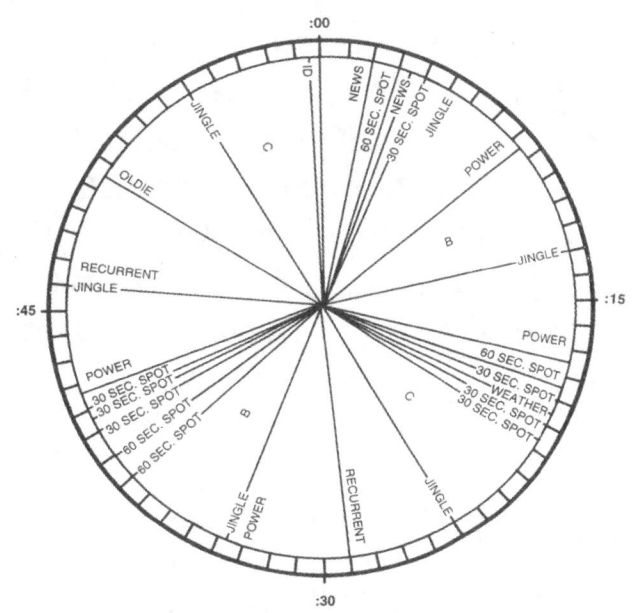

图9.1　轮盘

时候该播放什么内容。这类信息有时也会列在电台节目单上，但轮盘使得电台的节目安排更可视化。大多数电台的轮盘每天都会略有不同。如果你真的非常希望做一名电台播音员，那么除了本书之外你还要继续学习更多关于电台节目类型的知识。为了帮助你培养自己的播报风格，在接下来的几小节中，我们会带你了解几种最常见的电台类型，以及相匹配的播音风格。（记住，演播提示9.1指出，很多基本的播音技巧胜过任何一种特殊的播音形式，掌握这些技巧，你终将会成为一名优秀播音员。）

9.6　成人时代

　　成人时代（AC）是当今电台中最常见的节目类型之一。据尼尔森发布的《2018年十大电台类型》数据统计，成人时代位居第二，拥有8%的听众。热门成人时代拥有5.5%的听众，占总听众的13.5%。位居榜首的是新闻/谈话节目，拥有10%的听众。在绝大多数电台市场中，大部分成人时代的听众会在工作场所收听节目。这种基本的节目类型拥有多种版本，包括轻摇滚、热门成人时代、软摇滚、主流成人时代、现代成人时代，以及特色流行乐和摇滚乐及老歌的混合乐。轻成人时代电台偏向于播报更轻松的音乐，而热门成人时代电台会播放节奏更快、更新潮的摇滚和流行音乐。这里没有什么严格的规定，因此贴上了"软摇滚"标签的电台也可以播放"成人时代"电台播放的歌曲。很多情况下，成人时代音乐是最无害或最"安全"的，这意味着其中不包括说唱或重摇滚。在软摇滚电台中，老歌的发行时间通常限制在15年以内。成人时代类别下的歌手包括艾德·希兰（Ed Sheeran）、帕拉摩尔乐队（Paramore）、魔力红（Moroon 5）、肖恩·门德斯（Shawn Mendes）和阿黛尔（Adele），这些歌手的歌曲会在每小时3~4次的插播时段中播放，占据了较长的播放时间。成人时代电台的目标听众是年龄在18~35岁之间的普通听众，由于经常播放较舒缓的民谣类歌曲，因此更受女性听众的欢迎。大多数成人时代电台，在音乐之外还为听众播报大量资讯，尤其是在驾车时段内，比如短新闻、气象信息、时间和交通讯息。成人时代电台的大体节奏是中速，DJ的播报风格也要与之相匹配。DJ应该表现出友好的个性，扮演一个"朋友"的角色，像是在和听众聊天，不是单纯的播音，而是在交流中向听众提供必要信息。

9.7　当代流行音乐

　　当代流行音乐电台（CHR）是从40强电台演化而来的。40强流行于摇滚乐兴起初期至20世纪80年代。据尼尔森发布的《2018年十大电台类型》数据统计，当代流行音乐电台排名第四，拥有6.9%的听众。当代流行音乐歌手和乐队包括大量名列流行音乐排行榜前列的歌手和乐队，比如嘎嘎小姐、比莉·艾利什（Billy Eilish）、哈立德（Kahlid）、乔纳斯兄弟（Jonas Brothers）、利尔·纳斯（Lil Nas）、克里斯·布朗（Chris Brown）、凯蒂·佩里（Katy Perry）、妮琪·米娜（Nicki Minaj）。无论是单曲还是专辑，流行乐、摇滚乐和节奏布鲁斯（R&B）歌曲每90分钟就会循环播放一次。大多数电台会根据《公告牌》排行榜或其他类似的公开发布的榜单、当地专辑销量甚至手机音源下载量来选择播放的歌曲。由于有的打榜歌曲可以在榜单上占据30周以上，因此流行歌曲讨论的是过去一年内发行的音乐。当代流行音乐的主要听众群体在12~24岁之间，青少年是最重要的收听群体。大多数当代流行音乐的节奏很快、很疯狂。事实上，一些电台会将音乐的音调调高一些，以便听上去"更有活力""更明快"，而且节奏不会明显变慢。当代流行音乐频道的DJ需要精力充沛的播报风格，节奏要紧凑，不允许出现冷场。一些当代流行音乐DJ成了真正的明星，而其他播音员可能只是播读手卡——简短的电台标语或形象宣传词，或是电台的广告宣传语，这些一般都是由节目导演准备好的。当代流行音乐的DJ还需要对播放的音乐有所了解，因为大部分听众都是这些歌手的忠实粉丝，一旦你说错了，他们能立刻发现。

9.8　乡村音乐

过去一段时间，大多数的乡村音乐电台也被称为西部乡村音乐电台，电台中播放的音乐和播音员的播报都有很重的"鼻音"，迎合了美国南部和西部非常流行的乡村生活方式。然而，今天的现代乡村音乐类型已经大不相同，它里面也可以加入摇滚元素，包容度很广。据尼尔森发布的《2018年十大电台类型》数据统计，乡村音乐排名第三，拥有7.3%的听众。当代乡村音乐电台的特点集中表现为节奏舒缓，主要听众的年龄在25~54岁之间。主要的歌手和乐队有卢克·库姆斯（Luke Combs）、克里斯·斯台普顿（Chris Stapleton）、乔治·斯特雷特（George Strait）、泰勒·斯威夫特、米德兰乐队（Midland）、布雷克·谢尔顿（Blake Shelton）、凯莉·安德伍德（Carrie Underwood）、玛伦·莫里斯（Maren Morris）、流氓弗拉德乐队（Rascal Flatts）、托比·基思（Toby Keith）和蒂姆·麦格罗（Tim McGraw）。乡村音乐电台DJ的风格一般是明快、愉悦，对他们播放的音乐展现出浓厚的兴趣。要接地气一些，在播音时给人一种邻家的感觉。

9.9　柔和爵士

柔和爵士是一种融合了流行音乐和轻爵士演唱的音乐类型。它是成人时代类型（见

第9.6节）的一个分支流派，也被称为新成人时代（NAC），这种类型采用了很多当代爵士的器乐，整体速度是中速，给听众的感觉是柔和而不张扬。柔和爵士的主要听众是35~55岁的成年人。主要歌手和乐手有纳吉（Najee）、戴夫·考兹（Dave Koz）、诺拉·琼斯（Norah Jones）、彼得·怀特（Peter White）、肯尼·基（Kenny G）、莎黛（Sade）、布莱恩·库伯特森（Brian Culbertson）、戴维·桑德波恩（David Sandborn）、基姆·沃特斯（Kim Waters）、尤杰·葛洛佛（Euge Groove）、邦尼·詹姆斯（Boney James）和戴安娜·克瑞尔（Diana Krall）。柔和爵士电台DJ的声音要成熟、温暖、柔和、低沉（见演播提示9.2）。播音工作往往很简单，简单介绍歌曲，在两段长时间的音乐节目中间报时或介绍天气状况。

演播提示9.2

柔和爵士电台DJ

　　柔和爵士电台的流行始于20世纪80年代中期，融合了R&B和40强热门歌曲的封面歌曲和原创节奏元素。大多数柔和爵士电台都会播放当代著名演奏家的曲目，如邦尼·詹姆斯、布莱恩·库伯特森、戴夫·考兹和诺曼·布朗（Norman Brown）。此外，柔和爵士常见的乐器包括萨克斯管、吉他和钢琴。柔和爵士乐很时尚，节奏或快或慢，旋律优美、节奏感强，甚至适合跳舞。喜欢这种音乐类型的听众一般会寻求一种被动的消遣，可能会把它当作办公或开车时的背景音乐，以此放松心情。因此，DJ应该根据音乐传达的情绪调整自己的播音情绪。如果DJ的个人风格和音乐风格融为一体，听众会收获更加愉快的聆听体验。一个可以提升节目整体质量的技巧是，在音乐开始前和前奏部分对即将播放的歌曲进行简单介绍，前奏结束，介绍也同时结束，直接切入歌曲。要想学会这种技巧，DJ需要提前熟悉歌曲，如果对歌曲不熟，那么就要算好前奏时间，再想好自己要说的话，一直说到歌曲开始。当然，因为演奏家们所演奏的乐器可能并不常见或过于专业，所以与其在开头介绍这些信息，不如交代一些关于演奏家或CD的其他趣闻。这样能更好地取悦听众，因为听众是这一类型音乐的主动消费者。多了解一些柔和爵士乐的音乐流派和演奏家，将有助于你在介绍这种音乐类型时更游刃有余，让你获得更多听众的认可。

——金·林奇（Kim Linzy）

　　金·林奇生于新泽西州，从小在洛杉矶长大。从少年时期开始，她就对爵士乐的节奏很感兴趣。当时，大多数孩子都沉迷于摩城音乐，而她却会跟着艾瑞克·盖尔（Eric Gale）和乔治·杜克（George Duke）的音乐摇摆。从那时起，她开始扩展自己对爵士乐的了解。随后她去哥伦比亚广播学院（Columbia School of Broadcasting）学习了两年。搬到拉斯维加斯后，她在KUNV电台担任了13年的志愿DJ，并于2002年成为其全职员工。

9.10 摇滚

摇滚电台从专辑导向摇滚到经典摇滚再到现代摇滚，播放的音乐都很相似。据尼尔森发布的《2018年十大电台类型》数据统计，经典摇滚电台排名第七，拥有4.9%的听众。专辑导向摇滚（AOR）是为了对抗40强电台而发展出来的类型。相较于那些狂热的DJ按照单曲排行设计一个很密集的播放列表，专辑导向摇滚电台的DJ都很放松，兼收并蓄，把过去和现在的一些摇滚专辑中的曲目穿插播放。专辑导向摇滚是从20世纪60年代的地下摇滚电台和70年代的前卫摇滚电台发展而来的。摇滚音乐电台的听众年龄为12~34岁，其中以男性居多。经典摇滚类型的电台大多播放20世纪60年代到90年代之间的摇滚歌曲，节目的时长也相对较长。其中滚石乐队（The Rolling Stones）、空中铁匠乐队（Aerosmith）、齐柏林飞艇（Led Zeppelin）、奥兹·奥斯本（Ozzy Osborne）、谁人乐队（The Who）、平克·弗洛伊德（Pink Floyd）、鲍勃·迪伦（Bob Dylan）和埃里克·克莱普顿（Eric Clapton）等音乐人的作品在这些电台中被大量播放，而一些现代摇滚电台也会把更新的音乐人的作品放入自己的播放列表中，比如黑乌鸦（the Black Crowes）、丝绒左轮（Velvet Revolver）、玛丽莲·曼森（Marilyn Manson）、眨眼182（Blink 182）、摇滚小子（Kid Rock）、软饼干（Limp Bizkit）和珍珠酱（Pearl Jam）等。摇滚电台的DJ要保持轻松、交流式的播报风格，同时还往往需要理解听众的生活方式，能够就日常经历进行即兴播报。

9.11 新闻/谈话/资讯

虽然新闻/谈话/资讯（N/T/I）不是音乐类型的电台，但数量也很多。据尼尔森发布的《2018年十大电台类型》数据统计，N/T/I排名第一，拥有10%的听众。这类电台有不同的组合方式——有些是全新闻电台（all news），有些是全谈话电台（all-talk），但更多的还是两者兼有。大多数N/T/I电台都用的是AM无线电波段，但是近年来也有很多电台发展到了FM。这些电台往往是在驾车时段内播报新闻，在午间和晚间时段播送谈话类节目。全新闻电台经常是循环播放10分钟到20分钟的突发新闻、当地新闻和其他国内新闻，再播放体育、娱乐、气象和交通新闻，和一些特色的新闻节目。全谈话电台中除了有一些当地的电话接入节目，还会经常播送全国性的脱口秀，比如《早间节目》（*Morning Edition*）、《拉什·林堡秀》（*The Rush Limbaugh Show*）和《肖恩·汉尼提秀》（*The Sean Hannity Show*）。现在脱口秀主持人开始转向播客。例如，脱口秀主持人劳拉·英格拉姆（Laura Ingraham）离开电台，活跃在播客节目中。这类主持人往往拥有活跃的推特账号。N/T/I电台经常会融合当地播音员的播报和卫星传送的国家新闻节目。听众年龄会更大一些，平均年龄为58岁，几乎所有的听众都在25岁以上。N/T/I的播音员需要博览群书，同时对时事感兴趣。此外还需要具备较强的采访能力，并能围绕各种各样的话题进行即兴评论。

9.12　当代城市

当代城市（UC）是一种音乐类型，当代城市电台中播放的音乐以黑人音乐家的作品为主，还有一些其他年轻城市居民感兴趣的节目。据尼尔森发布的《2018年十大电台类型》数据统计，当代城市电台排名第十，拥有3.6%的听众。当代城市电台的听众有2/3的年龄不超过35岁，其中75%是非洲裔美国人。说唱、嘻哈、R&B、灵魂、迪斯科和当代流行等音乐风格均可融入节目之中。当代城市电台中介绍的音乐家在当代流行和成人时代电台中也能听到。事实上，城市成人时代是当代城市类型的一个子类别。当代城市音乐的重要音乐人包括威肯（The Weekend）、卡特（The Carters）、碧昂斯（Beyoncé）、玛丽·简·布莱姬（Mary J. Blige）、蕾哈娜（Rihanna）、里尔·乔恩（Lil Jon）、纳斯（Nas）、詹妮弗·洛佩兹（Jennifer Lopez）、杰黑木（Jaheim）、柯克·富兰克林（Kirk Franklin）、艾丽西亚·凯斯（Alicia Keys）、查理·威尔森（Charlie Wilson）、史提夫·汪达（Stevie Wonder）和斯努普·道格（Snoop Dogg）。与当代流行和成人时代电台类似，当代城市电台的听众也以青少年和年龄在18~35岁之间的成人为主。当代城市电台的DJ需要对音乐有所了解，播报风格应当积极、欢快。

9.13　经典老歌

那些播放20世纪50年代后期到60年代后期摇滚音乐的电台属于经典老歌类型。无论是AM还是FM电台，模拟的都是60年代流行的调幅电台的风格。有些电台会把自己的音乐库扩展到70年代到80年代早期，这些电台经常会被称作经典流行曲（classic hits）

电台。据尼尔森发布的《2018年十大电台类型》数据统计，经典流行曲排名第五，拥有4.9%的听众。有些电台只关注一个音乐时代。另一种类型变体是"杰明老歌（Jammin' Oldies）"，它播放的一般是20世纪60年代末至70年代的R&B和摩城音乐。经典老歌受到婴儿潮一代的大力追捧，这一代人是听着这些歌曲长大的。经典老歌电台听众的男女比例很平均，年龄在45~64岁之间，但让人惊奇的是，现在有很多年轻朋友也在收听。摇滚乐的先驱埃尔维斯·普雷斯利（Elvis Presley）、披头士（The Beatles）、查克·贝里（Chuck Berry）、海滩男孩（The Beach Boys）、四季乐队（The Four Seasons）、英伦入侵（The British Invasion）和摩城音乐家的音乐作品，是经典老歌电台经常播放的歌曲。大多数经典老歌电台的播音员需要掌握很深厚的音乐知识，能够围绕播放的歌曲和创作者做即兴评论。经典老歌电台的DJ同样需要和自己的听众搞好关系，因为电台会经常和听众进行互动，还会设置听众电话接入环节。

9.14 另类音乐

另类音乐类型是指人们说的新摇滚、现代摇滚或前卫摇滚。自20世纪80年代后期至90年代初期起，这种类型成为最前卫最先锋的类型。促使其发展的因素之一，是校园广播电台比商业广播电台更早介绍新摇滚乐队和音乐人，包括U2、快转眼球乐队（R.E.M.）和传声头像（Talking Heads）。现代摇滚电台播放的大部分音乐都是刚发行不到一年的，颇受"朋克""垃圾摇滚"和"金属"风格的影响。音乐人包括贝克（Back）、杀手乐团（The killers）、吸血鬼周末乐队（Vampire Weekend）、眨眼182乐队（Blink-182）、梦龙乐队（Imagine Dragons）、绿日乐队（Green Day）、红辣椒乐队（Red Hot Chili Peppers）、威瑟乐队（Weezer）和北极猴子乐队（Arctic Monkeys）。他们的作品上了排行榜后，也有很多会出现在当代流行或专辑导向摇滚电台中。这类电台的主要听众年龄在18~34岁之间，分为新一代（Gen X）（25~34岁的听众）和年轻一代（Gen Y）（18~24岁的听众）。现代摇滚类型必须同时为这两代听众服务，而收听率显示，要想做到这一点是非常困难的。2/3的另类音乐的听众是男性。另类音乐电台DJ的播音风格经常是尖刻、前卫的。因为这类电台给人的整体印象就是播放另类音乐，所以DJ的播音风格也要与之保持一致。然而，随着越来越多的另类音乐歌手被越来越多的听众所接受，很多另类音乐电台和其DJ的风格已经越来越趋近于经典摇滚类型了。演播提示9.3为另类音乐电台DJ提供了一些建议。

> **演播提示9.3**
>
> 另类音乐播音
>
> 　　另类音乐电台是与众不同的，因为播放的不是最"流行"的音乐。"另类"这个词本身就与主流相悖。另类音乐的歌词往往不像流行歌词那么普通，可能会更关注社会，更复杂、更尖锐或更情绪化。另类音乐通常只会吸引一小部分音乐迷。他们关注音乐，穿着得体，会听音乐会。作为一名DJ，你必须清楚谁是你的听众，了解你正在播放的音乐及其演唱者。永远不要停止搜集资料。尽可能多地找到关于歌手的信息。他们来自哪里？乐队是如何形成的？谁影响了他们？在得到唱片合约之前，他们的最后一份工作是什么？向你的听众提供一些可供他们使用的相关信息。
>
> 　　我认为展示你的个性也很重要。不要害怕分享你的观点。当你谈论一个乐队、一个事件或分享一个故事时，如果你也有过相同经历或有所触动，请分享你的看法！再说一遍，这会让你更容易与听众产生共鸣。有了社交媒体提供的附加功能，你就要做好准备，捕捉听众的感受并给予他们反馈。广播在很大程度上受到了社交媒体的影响，因为它可以让你随时与听众互动。听众能在社交媒体上让你在几分钟内得知他们的反应以及是否认同你的观点。可以将其看作一种工具，将这一特点发展为优势，从而与听众建立起更亲密的关系。然而，想在节目中掺杂多少个人感情，完全取决于你自己。
>
> 　　如果我忽略了广播行业存在的竞争，那就是在自欺欺人。这并不是一个门槛低的行业，且刚入行的工资并不高。你可能会发现自己需要三班倒，或者在周末和假期加班。尽管如此，广播为你展现自己的创造力提供了一种独特的方式，能让你通过音乐的力量与听众联系。每种职业选择都有利有弊。做真实的自己，而且要明白，只要你努力，一切皆有可能。
>
> 　　　　　　　　　　　　　　　　　　——蕾切尔·斯蒂尔（Rachel Steele）

9.15　古典音乐

　　古典音乐不是一个主要的电台音乐类型，然而，无论是从节目还是播音角度看，它都是独一无二的，因此我们在这里也对它进行介绍。古典音乐电台不到250个，其中大部分是公立的非商业电台。然而，除了高清无线广播和互联网流媒体，古典音乐的资源平台还有很多。虽然只有少部分的电台会播放古典音乐，但这些电台都有一批忠实的听众，他们都有较高的收入和较好的教育背景。一些古典音乐电台非常成功，因为有的广告商会很想向这些听众推荐自己的产品。其他的古典音乐电台都是非商业电台，不通过广告来获得经济支持。古典音乐电台通常都会从古典音乐中选择播放各种器乐和声乐作品。虽然经常播放一些较短的曲目或片段，但是会完整播放交响乐、歌剧等音乐作品。

在大多数情况下，古典音乐电台中最吸引听众的是音乐，DJ只是一个次要的角色。但他们仍要向听众简单介绍所选择的音乐。除了音乐名称和作曲家姓名，古典音乐电台DJ还经常介绍管弦乐队（演奏家）名称、指挥、独奏者和专辑名称。有的时候还会介绍音乐的背景信息。大多数古典音乐电台DJ的声音和其他类型的播音员相比更权威更正式。要想成为一名古典音乐电台DJ，必须掌握以下三个重要的技巧：第一，必须对古典音乐有广泛的了解。不是不懂装懂，而是真的了解、享受、欣赏这种音乐类型。第二，要有基本的音乐理论知识。划分古典音乐的音乐类型时，我们通常会用到节拍、力度（强或弱）和其他很多音乐特性，这些术语的发音要准确，DJ也要对它们有所了解。第三，大多数作曲家和音乐类型都是外国的，因此DJ的外语发音也要标准（见演播提示9.4）。德语、俄语、意大利语、法语、日语还有其他很多外语，DJ在播报过程中都有可能会用到。虽然你会记住那些外语单词或词组的正确发音，但是如果你真的拥有很好的外语背景，这些内容讲起来会更自然轻松一些。显然，不是每位优秀的电台播音员都能成为一名优秀的古典音乐电台DJ。但只要你有这方面的技能和兴趣，古典音乐播音就可能成为你的专长。

演播提示9.4

古典音乐发音指南

如果你希望成为一名古典音乐播音员，可以阅读克里斯·温德尔（Chris Wendl）发布在网上的"古典音乐播音指南"，网址是www.pronunciationguide.info。20世纪90年代末，温德尔曾在哈佛学生电台WHRB任古典音乐总监。该指南是在一些现有的指导准则和参考书的基础上发展而来，旨在帮助业余的（学生）古典音乐播音员做得更好。该网站的目的在于"教北美英语发音者其他语言的发音方法——尤其是那些对于探讨古典音乐有用的语言，让他们具有足够的自信和准确度"。该网站还解释了他的"反完美宣言"，即针对电台节目，有时采用一点英语化的德语发音或许比纯正的德语发音效果更好。该网站对于正确发音提供了可视化的指导，还列举了许多音频实例，以便你能够听到发音指导。

9.16 不同时段的播音

不管是哪种类型的节目，从某种程度上讲，你的播音风格还需要和直播时间相匹配。电台的全天播出时间可以分成五个重要的时段：早间驾车时段、午间时段、下午驾车时段、晚间时段、夜间时段。类型化的电台全天的播音风格都应保持一致，但根据情况每位DJ的播音风格会略微有所不同。

早间驾车时段大约是早上6点到早上10点，这是全天听众最多的时间段。这个时段的听众打开收音机要听的是音乐、资讯、新闻，并得到娱乐。正因为此，早间驾车时段DJ的工资是所有电台员工中最高的。在早间直播时段由一个播音团队主持也不足为奇，通常情况下是一位主DJ搭配一两个搭档——这种形式被称作"晨间动物园（morning zoo）"。当然，早间驾车时段的DJ要风趣幽默、具有娱乐精神，同时他们播报的内容也比其他播音员要多，因为除了播放音乐，他们还需要播报大量的即时资讯。报时对时、最新气象、交通状况、常规新闻与早间时段非音乐播放部分的即兴评论、电台推广、互动讨论相互补充。哪怕是类型最鲜明的电台，早间驾车时段的DJ也比其他播音员有更大的发挥空间。

午间时段是从早上10点到下午3点，这个时段节目的重头戏从播音变成了播放音乐。虽然有些听众是在工作场所或车上听广播，但绝大多数听众是在家里，而且以女性为主。午间时段的DJ应具备温暖、友善、有魅力的风格，相较于早间驾车时段的播音员，播音方式应当相对悠闲。

和早间驾车时段类似，下午驾车时段（下午3点到7点）的节奏再次加快，DJ的播音风格也应对此有所体现。气象、交通状况的播报很重要，但没有早间驾车时段时那么重要。下午驾车时段的听众除了有开车回家的上班族，还有刚刚放学的青少年。无论是播放的音乐还是DJ的播音，都要同时考虑到这两部分听众。下午驾车时段的DJ经常还会预告晚上的节目或活动，并且向大家传递出一种信号：一天的工作（学习）结束了，现在是娱乐时间。

晚间时段的DJ从7点一直工作到午夜12点，这个时间段会有大部分的听众转去看电视，尤其是那些成年听众朋友。晚上的广播节目比下午的节奏更快，因为它的听众是更年轻的群体。这个时段会更依赖听众的互动参与，因此DJ更需要和听众保持良好的关系，让他们积极参与到节目中来。

从午夜到早上6点是夜间DJ的主场。这个时段的电台是相当沉寂的，因此，基本没有广告，也不会有非音乐类节目，会长时间地播放音乐。新手DJ往往会从这个时段开始做起，因为即使在直播中犯了错，也不会对电台和DJ本人造成什么致命的影响。这个时段的播音工作也更简单，DJ只需要尽力满足通宵听众的需求。

9.17 卫星广播的播音

21世纪初，两个卫星广播开始在美国播送节目——XM卫星广播和天狼星卫星广播。2008年，美国联邦通信委员会允许两家公司合并为一家卫星广播服务公司（天狼星XM卫星广播公司）。这家公司拥有140多个数字频道，包括音乐、体育评论、赛事转播、新闻热点、娱乐脱口秀、喜剧节目、交通气象新闻等，可提供众多不同的订阅套餐，基础资费在每月15美元左右。

音乐频道播放各种风格的音乐，从流行、摇滚到乡村、爵士、古典，以及其他所有子类别的音乐。很多频道都不含广告，有的会为了维持较低的订阅价格而播放少量的广告。

其他节目包括特色演播节目，比如《霍华德·斯特恩秀》(*The Howard Stern Show*) 和《鲍勃·迪伦主题时间广播节目》(*Theme Time Radio Show with Bob Dylan*)。从一名电台播音员的角度看，卫星广播可提供播音职位。虽然卫星广播还不是汽车和家庭的标准配置，但很多汽车都配备了这个选项，而且家庭接收器的销售量也在逐渐增长。因此，卫星广播现在已经在和传统广播争夺听众了。然而，由于巨大的启动成本和持续的节目制作成本，卫星广播的经济收入低于预期。

卫星广播公司的播音职位对应聘者的专业技能要求和广播电视播音员的一样。你还要通晓很多这个岗位会接触到的特色音乐类型，而且由于很多设备都是自动化的，因此你还需要了解电台的自动化播出系统和语音追踪系统。为了不让自己成为自动点唱机，你需要把音乐和个人风格、制作技巧、节目创新结合起来。卫星广播也会在行业出版物上刊登招聘信息，利用自己的官方网站发布供职机会。如今，传统电台的播音机会越来越少，但是新的机遇随时都在出现，精明的电台播音员不会错过成为一名卫星广播播音员的任何机会。

9.18 播客播音

有了合适的软件和设备，你可以通过播客（见第2.9节的讨论）开始音乐播音员的职业生涯。虽然尼尔森尚未统计播客收听率，但在未来可能会统计，因为播客是媒体中不断增长的一部分。播客音乐播音员需要和其他音乐播音员一样的技能，使用传统的播音手段。但是也存在一些特殊的设备要求。大多数成功的播客节目，时长不会超过一个小时。这与文件大小有关：播客时长与下载所需时间成正比，而听众更倾向于下载省时的节目。

音乐授权是需要考虑的一个重要问题。如果音乐受版权保护，你就必须支付版税才能播放它。杰克·赫林顿（Jack Herrington）在《播客建议》（*Podcasting Hacks*）一书中写道：在美国，ASCAP（美国作曲家、作家与出版商协会）、BMI（美国广播音乐协会）和SESAC（欧洲戏剧作家和作曲家协会）持有播放许可证。拥有版权的音乐将在这三家机构中的其中一家进行注册，机构会在音乐作品被演奏时向作者支付版税。机械许可证是基于演奏歌曲的目的。歌曲的机械许可证由表演者、唱片公司和美国唱片工业协会（RIAA）颁发。要在你的播客中播放一段音乐，你必须同时获得作曲许可和机械许可。

如果你一年的播客收入低于1.2万美元，收费会低一些，但是最好还是在每个机构的网站上确认一下。可以使用独立音乐人的音乐，因为其中的大部分音乐都没有版权，但还是需要得到音乐人的许可。

你要选择录音软件并将音乐存储为MP3文件。许多网站都提供设备和编辑方面的指导。无论在哪个平台上播出，高效的音乐播报都是相同的。我们之前讨论过的关于音乐播报的所有演播要素都适用于播客。要想做一档成功的节目，关键在于策划和组织。你可以使用非正式的播音风格，但仍需要调整嗓音，确保易于听清。作为独立播音员，所有的宣传和节目类型都由你决定！

播客是观众收听音乐和新闻的一个重要方式。NPR制作了很多广受欢迎的播客，而世界各地也有很多音乐播客。批判性地收听广受欢迎、制作精良的播客，可以帮助你发展自己的风格。部分受欢迎的播客包括：《歌曲皆晓》（*All Songs Considered*，NPR制作）、《超越：集体治疗》（*Above and Beyond: Group Therapy*）和《达达人生：播客》（*The Dada Life: Podcast*，瑞典电音浩室）。

9.19 电视音乐节目主持人

和电台DJ相对应的电视音乐主播被称作VJ，即电视音乐节目主持人。20世纪80年代以前，电视音乐节目主持人这个职业尚不存在，但随着有线电视台MTV和一些其他有线电视音乐频道的出现，VJ这个职业开始走进人们的视线。介绍音乐视频、采访演播者、播报音乐资讯，从事这种新兴职业的广播电视演播者，很大一部分都是新潮的年轻人。由于没有"前人"的经验可以参考，VJ们形成了自己独有的风格。和电台中的DJ一样，VJ也热爱音乐，对即兴评论有深入了解，虽然经常要在无法看到音乐视频的情况下假装自己已经看过，却依然能用自然的播报风格进行演播。尽管机会有限，卡森·达利（Carson Daly）一开始就是从VJ做起，后来因主持MTV电视台的《互动全方位》（*Total Request Live*）而出名。2019年5月以前，他一直是NBC深夜电视节目《达利访谈》（*Last Call with*

Carson Daly）的主持人。他现在是NBC《今日秀》（*Today Show*）的社交媒体主持人，也是《美国之声》（*The Voice*）的主持人。

像MTV这样的电视音乐频道会公开寻找下一位明星VJ。个性和魅力要比演播能力更重要，但VJ仍然必须要有和观众进行有效交流的能力，也就是要在一定程度上掌握本章中所提到的所有类型的演播技巧。如今，MTV把重心从音乐转移到真人秀和流行文化节目，以年轻群体为目标。不过，MTV和其他音乐频道仍然还有播音机会。

9.20　互联网音乐节目主持人

音乐播音的另一个发展方向是互联网音乐节目主持人，又称为Net-J。很多网络广播商都开始把自己的广播电台放到网络上"播出"。有几家重金属音乐电台是针对传统电台所忽视的听众，其他电台则主要播送当代流行、另类音乐或其他传统的节目。应当注意的是，这些非专业电台的播音员大多数都没有受过专业的播音训练，电台节目的质量也参差不齐。不过，如果电台的数量继续增长，有越来越多的人将互联网视为另一种形式的"电台"时，那么专业音乐播音员到商业性网络电台工作的机会也会增加。

9.21　总结

在广播电视与其他媒体领域，即兴演播从来都不像你想象得那么随意。虽然即兴播音时播音员不能念稿，但是要提前安排一下自己想讲的内容。即兴演播的关键是了解你所谈论的内容，有修改自己评论的能力。电台DJ相较于其他广播电视演播者会进行更多的即兴演播。电台DJ要做的工作也比大多数人想象的要多。电台DJ的职责包括完成一般类型节目的准备、制作、演播和程序性任务，以及自己操作设备。大多数电台DJ就职于某个音乐类型的广播电台，播音风格要和电台的音乐类型、节目播出时段的风格相匹配。电视音乐节目主持人、卫星广播电台播音员、播客播音员和互联网音乐节目主持人是新兴的音乐播音职位，为音乐播音员提供了新的工作机会。

自学题

问题

1. 大多数DJ的即兴演播都是完全未经准备的。
   a）正确　　　　　　　　b）错误

2. 下列哪种方法不能帮助DJ准备待播音乐的即兴评论材料？

　　a）搜索相关网站　　　　　　b）阅读行内杂志

　　c）浏览CD的内页文字说明　　d）阅读表演者的传记

3. DJ在即兴演播时会犯的最大的错误是不停地说、说、说。

　　a）正确　　　　　　　　　　b）错误

4. 下列哪项不是电台DJ的演播职责？

　　a）即兴介绍歌曲　　　　　　b）录制广告

　　c）播报社区新闻　　　　　　d）完成采访

5. 在以下哪种音乐电台中，我们最想听到DJ用精力充沛、心情愉快的播音风格进行节奏紧凑的播音？

　　a）成人时代　　　　　　　　b）另类音乐

　　c）当代流行音乐　　　　　　d）柔和爵士

6. 下列哪种音乐电台最不可能吸引大量青少年听众？

　　a）当代城市　　　　　　　　b）专辑导向摇滚

　　c）当代流行音乐　　　　　　d）经典老歌

7. 下列哪项播音技巧对古典音乐电台DJ而言最不重要？

　　a）进行紧凑播报的能力　　　b）广泛的音乐知识

　　c）熟悉外语发音　　　　　　d）对音乐理论有基本了解

8. 在哪个时间段内相比于一位DJ，DJ团队更常见？

　　a）早间驾车时段　　　　　　b）午间时段

　　c）下午驾车时段　　　　　　d）晚间时段

9. 引入式介绍是指先即兴介绍歌曲名称/表演者信息，再开始播放音乐。

　　a）正确　　　　　　　　　　b）错误

10. 对电视音乐节目主持人来说，个人风格和魅力往往比广播电视演播技巧更重要，但仍要具备即兴演播并与听众有效交流的能力。

　　a）正确　　　　　　　　　　b）错误

11. "环节紧凑"属于下列哪项广播电视播音员的职责？

　　a）准备　　　b）制作　　　c）演播　　　d）程序性任务

12. 电台DJ在和观众交流时使用的是哪种讲话方式？

　　a）私密　　　b）公开　　　c）亲密　　　d）个人

13. 电台DJ的工作量和电台规模大小成反比。

　　a）正确　　　　b）错误

14. 下列哪一项不是大多数广播电视即兴演播的发展阶段之一?
   a) 刺激　　　　b) 过渡　　　　c) 细节　　　　d) 噱头

15. 下列哪种音乐类型的播音风格会有些刻薄,不落俗套?
   a) 当代城市　　b) 经典老歌　　c) 现代摇滚　　d) 乡村

16. 播音的基本流程可以分解成多个可重复的步骤,我们把它简记成PREP准则。请问,PREP中的"E"指的是?
   a) 热情　　　　b) 学习　　　　c) 强化　　　　d) 编辑

17. 优秀的DJ每播音一小时通常都会提前用30分钟做准备。
   a) 正确　　　　　　　　　　b) 错误

18. 下列哪项内容是优秀DJ应该做的事情?
   a) 以自己为中心　　　　　　b) 回顾自己的演播并进行总结
   c) 一成不变　　　　　　　　d) 一犯错误自己就变得不自然

19. 经著名电台调研公司尼尔森调查,一共有多少种主要的电台类型?
   a) 60　　　　　b) 90　　　　　c) 140　　　　d) 300

20. 下列哪种类型的电台会"拉高"音乐的音调,让歌曲变得更有活力、更明快?
   a) 成人时代　　　　　　　　b) 专辑导向摇滚
   c) 当代城市　　　　　　　　d) 当代流行

答案:
1. b　2. c　3. a　4. b　5. c　6. d　7. a　8. a　9. b　10. a　11. d　12. d　13. a
14. b　15. c　16. d　17. b　18. b　19. a　20. d

实践项目

项目1　即兴介绍歌曲

目的
给你一个机会去调查一些歌手的资料,然后即兴介绍他们的歌曲。

要点
1. 本项目假设你已经能够熟练操作工作室中的相关设备。
2. 要想完成本项目,你需要准备一些歌曲。

如何完成这个项目

1. 选择五位知名歌手。确定自己能找到他们的音乐作品。

2. 每位歌手的歌曲找两首，在本项目中进行介绍。

3. 查找相关材料，看看哪些可以用到你的即兴歌曲介绍中。

4. 利用互联网、行业出版物（如果你能拿得到的话）和其他资源搜集歌手们的趣闻，你要寻找的是歌手或某首歌曲背后具有独特性或娱乐性的故事，并把它们用在你的介绍中。

5. 不要把你要讲的每个词都写下来，记下要点，以作提醒。

6. 设置好音乐播放器、麦克风和音频录音设备，便于录制你的音乐介绍。

7. 开始录制，即兴介绍其中的一首歌。每位歌手的两首歌曲，一首用引入式，一首直接介绍。

8. 介绍完毕后，播放歌曲30秒，然后淡出。暂停录音。

9. 录制另一首歌曲的介绍，不断重复以上步骤，直到10首歌曲全部完成。

10. 在你的录音文件上标明"即兴介绍歌曲"，并检查是否写好你的姓名。

11. 把录音交给指导老师，等待老师打分。

项目2　录制一档DJ演播节目

目的

让你学会一名电台DJ应掌握的技巧。

要点

1. 在本章介绍的音乐类型中选择一种。

2. 记住，你的播音风格要根据选择的音乐类型做相应的微调。例如，当代流行音乐电台DJ展现的是愉悦而精力充沛的播音风格，轻柔爵士电台DJ的风格则较为柔和、慵懒。

3. 可以去听听当地同类型广播电台的节目，对播放的音乐、DJ的播音风格、播送节奏等有个大致的了解。

4. 本项目假设你已经能够熟练操作工作室中的相关设备。

如何完成这个项目

1. 根据你所选择的音乐类型选择一些合适的歌曲。大约需要6~10首。

2. 在节目中安排一些非音乐的环节，至少要有一些广告、公益播音、天气资讯、新闻消息等。你可以用现成的材料，也可以自己写，但是内容要真实，就像我们平时在广播中会听到的那些一样。

3. 编写一份节目流程，把节目中的各个环节都列出来。

4. 真实地录制节目；换言之，录制开始之后就不要再暂停录制。节目全程都要有音乐，就像一档真正的音乐广播节目。

5. 记住，你的播音风格和音乐风格要符合节目类型的特点。你准备的即兴材料也应该考虑到该类型的目标听众。你的节目要从各个方面模仿该类型的电台。

6. 录制完成后自己听一听，不满意的话就再录一次。

7. 如果你对自己的录音足够满意，就在录音文件上写下自己的姓名并注明"DJ 演播"。

8. 把完整录音交给指导老师，等待老师打分。

项目3 比较传统电台、网络电台和卫星电台

目的
给你一个机会去调查为广播播音员提供工作机会的各种广播电台。

要点
1. 本项目要求你关注各种不同的广播电台，从互联网上获取所需的材料。
2. 在调查前，列出你想要提问的问题。
3. 你可以利用任何一种电台类型完成本项目，但摇滚类的效果最好。

如何完成这个项目
1. 听至少1小时的当地广播电台。不要选择全国性的脱口秀或是其他一些电台自动播放的节目。你要听直播节目，播音员进行现场直播的那种。记下该电台使用的呼号、调频、广告语以及你听广播的时间。当然，如果这个电台有官方网站，你也可以获取更多信息。

2. 记录电台日志，记录节目中播放的音乐、广告、竞赛、新闻或其他非音乐环节。注意DJ的播音风格——如何介绍歌曲、幽默片段和常规信息。

3. 现在使用任意一个搜索引擎搜索一个和你刚才听的传统电台相同类型的网络电台。不要选择那些传统电台上传到网络上的广播节目，你要找的是一个只能在网上听到的电台。

4. 至少听1小时的网络电台节目（记下时间），并像记录传统电台日志那样记录网络电台日志。记下电台的呼号或名称、网址、广告语。

5. 接下来，听至少1小时的卫星广播电台。

6. 如果不认识该电台的用户，你可以在本地音像店里收听，也可以到该电台的网站上收听，并通过互联网找到其他类型的节目进行收听。

7. 和之前一样，记录卫星电台日志。记下电台的名称、类型（记住，它应该和你之前所听的传统电台和网络电台的类型相同或相近）、广告语以及收听时间。

8. 即使你是通过卫星广播收听电台节目，也要访问电台网站，了解更多关于卫星广播的背景信息。

9. 最后，把你收集的材料整理成一份信息报告，比较这三种广播电台的异同。试着回答下列问题：

  a. 它们有什么相同或相似之处，又有什么不同？从它们各自的风格、广告以及DJ在电台中扮演的角色等方面谈一谈。

  b. 你最喜欢哪个电台？为什么？

  c. 你最希望成为哪个电台的DJ？为什么？

  d. 围绕这三种电台，你能得出哪些结论？

10. 在报告上注明"电台DJ报告"并写下自己的姓名。

11. 把报告和电台日志交给指导老师，等待老师打分。

第10章

体育播音

10.1 引言

在播音行业中有一个非常吸引年轻人的领域,那就是体育播音。虽然竞争激烈,但年轻人还是可以在这里找到工作。不一定是大公司的职位,但也算是迈入这个行业了。由于受众广,体育节目依然受到电台电视台、互联网的欢迎,并且随着数字服务的发展,频道也越来越多。这意味着机会将留给有准备、有能力的人。如果你愿意努力工作,那么就可能得到工作机会。体育播音领域工作种类多样,包括体育记者、体育主播、实况解说员、专业评论员、体育访谈节目主持人等。

10.2 体育播音

体育播音看上去充满魅力和激情,所以很少有体育媒体从业者会不喜欢自己的职业。有机会和明星运动员亲密接触,并在漂亮的体育场馆里工作,让人觉得这似乎是一份理想的职业,但这也意味着经常要去你已经去过很多次的地方出差很长时间。这个领域的竞争很激烈,每一个空缺的职位都会有大量求职者应聘。现在大多数的大学生都对体育活动兴趣浓厚,而专业人士的播报使其更有趣、更具魅力。此外,许多已经和媒体有过互动的前运动员和教练,往往在体育播音时更有优势。体育播音可以分为体育报道、体育访谈、现场播报和比赛分析。在一些重大赛事当中,播报团队至少由三人组成,此外还有场边的连线记者,不过更多时候只有两个主要的播音员。有些体育播音员在电台、电视新闻网和有线电视公司任职,有些受聘于团队,还有一些是自由职业者,哪里有工作机会,就到哪里去。

当我们考虑到进入体育广播行业的机会时,我们很欣喜地看到,有线电视和互联网的不断发展促使节目覆盖了更广泛的体育项目。有了ESPN以及其他有线电视频道,越来越多以前没有播出过的体育项目得以播出。此外,数字电视的出现使得ESPN这样的节目原创者可以拥有多个频道。在广播电台和电视台竞争越发激烈的情况下,电视台力求为付费观众提供每一场比赛的转播,这意味着转播的覆盖面和工作机会在未来会不断地增加。当我们提到体育播音,我们首先会想到让播音员声名鹊起的全国性电视台的大型体育项目转播,但提到播报行业中的其他工作时,大部分的职位都会被认为低了一个档次。很多大专院校都会进行体育赛事播报,一些高中亦然,特别是那些希望把体育成绩作为招生宣传工具的私立学校。有些公共电视台一贯推行的策略就是转播一些被其他电视台忽视的高中生体育赛事。虽然这些赛事经常延迟播出,但是对于体育播音员来说,他们有了额外的积累经验和增加曝光率的机会。很多学校已经开始把不太重要的体育活动以流媒体视频和音频的形式播出。

10.3 体育报道

体育报道在广播和电视机构中提供了很多就业机会,因为在大多数的电视台里,起码会有一名记者负责体育新闻的采集和报道。虽然电视台会以简讯的形式在日间节目中插播当地观众感兴趣的体育消息,但大多数体育新闻报道都是在晚间播出。广播电台也经常会把简要的体育新闻报道作为其常规新闻报道的一部分,而播出的频率和时长要视广播电台的节目排档和新闻方向而定。现在,成功的专业体育广播电台有很多,它们每天要播报大量体育信息,提供了充足的体育报道就业机会。

体育记者任重而道远,在工作中要做到精益求精。就常规的要求而言,体育记者首先要意识到,很大一部分观众是接近专家水平的,他们未必会容忍你的错误与疏忽,所以优秀的体育记者需要对体育领域保持高度的兴趣并拥有深厚广博的体育知识。一些记者可能会被派去报道自己并不是很感兴趣的比赛,而这个项目的很多忠实粉丝会打开电视收看节目,所以认真地对待自己的播报内容是至关重要的。

如果你去看那些团队体育项目的相关照片,你会看到成百上千的疯狂粉丝。他们有的在脸上涂上他们所支持的队伍的颜色,有的穿着奇装异服,有的还会设计五花八门的海报和标志来支持他们喜爱的队伍。这些粉丝不会回应一位看起来很沉闷的体育记者提出的问题。但一些体育记者展现出的热情有些过度。有的记者似乎处于一个永不停歇的兴奋状态,不断地挥动他们的手臂呼喊着;有的记者没有那么夸张,但依然表现得高度兴奋。适当的兴奋是体育报道中至关重要的一环。首先,它能让你在直播中拥有极具吸引力的个性,你要向观众表现出自己对正在播报的内容感到兴奋。其次,它能够支撑你度过忙碌的一天。出席有关体育的宴会或者新闻发布会,大多数时候是令人愉快的,但有时也会让人感到厌烦。

体育记者还应该牢记,体育包含了很多娱乐元素。听听专业人士在实际播出中的表现,体会如何做到谈笑风生、出口成章、热情洋溢,并设计一些制造娱乐气氛的噱头。例如一位年轻的记者,在季前赛的时候加入很多的高中运动队,然后根据自己的亲身经历写出了一个系列报道。这些行为都是经过教练们的批准的,但他的队友们都以为他是从其他学校转学过来的。这种独一无二的经历为这位记者提供了一些有趣的角度和观点,在很多年之后他仍然活跃在电台中。有些记者打算让自己"与众不同",来帮助他们变得极具辨识度并取得成功,但效果往往很难长久维持,同时还会限制他们进步的步伐,减少拓宽业务领域的机会。

体育记者应当对自己的工作有一个可持续的规划:参加各式各样的体育赛事,做赛前赛后的采访,追踪种子选手或队伍的最新进展以及记录主客场双方运动员的成败得失。这意味着你要经常阅读体育出版物,比如《体育新闻》(The Sporting News)杂志和《体育画报》(Sports Illustrated)杂志,以及重要的几个对方队伍所在城市的日报。当你出席运动队晚宴或者颁奖晚宴的时候,你就有可能要对那些曾经是这一体育领域明星的颁奖嘉宾进行深度的采访。运动队和学校会频繁地召开新闻发布会,宣布重大决定,让教练和运动员接受媒体采访,还会向媒体提供收录了运动队和运动员各项统计数据的年度盘点特刊。

与此同时,你需要花时间去收看其他地区的赛事转播,做电话连线、采集新闻,或者联系、确定一些特约采访。在每一次的实践中,无论是一场比赛还是一个采访,做好记录都是必需的,它能为你的报道提供准确的第一手材料。而说到统计数据,互联网无疑是首选的来源。有了这些信息,你就能在直播中应对自如。

要说到可能让体育记者最为兴奋的工作,采访明星运动员和教练肯定是其中一项。这种采访可能是媒体开放日、新闻发布会的一个环节,也可能是你预约来的一段私人采访。需要牢记的是,对于这些受访者来说,接受采访已经成为他们的日常工作,他们往往会对采访感到厌倦,不可能有太多的耐心。还要知道的是,有些问题他们已经被反复问了几百次,同样的答案他们也已经重复了几百次,这就需要你做足功课,时刻追踪他们最新的情况。你可以尝试去发掘受访者感兴趣的东西,使他们把你和一般的采访者区分开来,然后去设计一些与众不同的问题进行发问。做到上述这些事情,运动员、教练和你的观众会对你刮目相看,同时会让人觉得你有潜力达到更高的境界。

有一项不成文的规定你需要铭记于心,就是永远不要在一个投手热身的时候采访他,除非他主动提出要求。绝大多数投手在热身的时候都不愿意别人干扰他们,而这项不成文的规定同样适用于橄榄球比赛前的四分卫们。事实上,任何体育项目的运动员都倾向于在比赛开始之前保持高度专注,不希望别人打扰他们。在其他场合和时间,运动员们一般都很愿意配合，但他们也有其他的事要忙，所以不要擅自拖延采访的时间，除非他们自己愿意继续聊下去。大部分的运动员都有自己的家庭，他们想要和家人团聚，特别是那些频繁在外比赛的运动员。

一些采访可以安排在特定的时间，不一定非要在比赛结束之后进行。安排在特定的时间，可以让采访时间更长，气氛更轻松，如果你准备充分的话，运动员会很享受采访的过程。运动员和其他人一样，也拥有自己的兴趣爱好。谈论他们的兴趣爱好和他们对某样事物感兴趣的原因，能够让他们打开话匣子，展现出真实个性，而这正是观众非常感兴趣的内容，因为观众喜欢那种对一个人了如指掌的感觉。你做的这些努力会让采访更成功。你还需要赢得运动员的信任。他们知道采访是你的工作，只要你守时，有所准备，认真高效，他们就会尊重你。

运动员们的个性各不相同，有些人会用不太友好的回答和反应来考验你对采访的掌控能力，因为运动员总是在压力下工作，所以他们也想看看你在压力之下会变成什么样子。自信、耐心和充分的准备能让你赢得他们的尊重并完成一个高质量的采访。如果运动员选择在整个采访过程中刁难你，那也可能是你值得报道的一个方面。要记住，不是每个运动员都能做到礼貌友善。

在体育界，记名字一直是一个不小的挑战。有很多日本运动员在职业棒球联盟（MLB）打球，很多萨摩亚运动员在NFL打球，还有越来越多来自世界各地的运动员效力于不同的运动项目，这是一个日益显著的趋势。你不能乱读运动员的名字，你必须每次都把运动员的名字读准读全，否则将会失去观众对你的信任。在体育报道的历史上，曾经有一些体育解说员，虽然读错了运动员的名字，但未受指责，因为这种行为被归结为他的个人风格。但这种解说员毕竟是少数，也不值得效仿。

无论是在广播领域还是电视领域，你所在的频道要么是电视新闻网的一部分，要么从属于一个或者多个体育机构，这些机构为你提供音频和视频。你需要根据这些资料去调整你所计划的报道方案。日常的工作量要视实际情况而定，并和市场的规模、是否有本地学校运动队和专业运动队、管理层对体育节目市场价值的态度等息息相关。电台的体育记者每天一般要做8到10条时长为1~3分钟的报道，一部分报道是直播的，一部分可以在离开赛场之后再进行录制。小型电视台一般要求每天有两到三条时长为5分钟的报道，时间或许会安排在下午5点、6点和晚上11点。而在规模较大的电视台，你可能要负责一项体育赛事，和演播室里的主持人进行电话连线，也可能会在镜头前进行实时直播报道。如果恰逢一项大型赛事，往往会有不止一个项目或者一场比赛插播进来，但大多数情况下都会采取事后报道的形式。你还要经常按要求把直播评述和赛后采访录音中的一些精彩片段剪进节目中。每一项工作都做到精确、详尽、生动，是最基本的要求。

10.4 体育记者报道什么

虽然不同的体育项目、不同的社会团体、不同的电台政策对体育新闻报道要求各不相同，但体育记者需要具备报道多种体育赛事的能力。其中一个关键要素是，你需要搜集整理大量的统计数据，保证数据的准确性。很多体育迷会时刻关注相关体育项目的统计数据，看到数据就会很兴奋，同时希望你能够随时提供最新最完整的数据。他们所关注的数据包括比赛情况、受伤统计、排位变化、联盟排位，甚至还有落后场次分析数据，用于指出主场球队必须赢几场才能让主队晋级到第一梯队。你需要了解那些体育明星所获得的荣誉、队伍最近的发展、新队员的贡献，甚至某个球员在对抗某个对手时曾经做过什么。对于大联盟球队而言，你会发现他们对小联盟球队有价值有潜力的年轻队员的发展情况充满兴趣。你需要把各种赛程内外的消息和影响比赛胜负的因素都收集起来。这些因素可能会马上影响到一个队伍或者运动员的数据。你需要把所有足以改变比赛结果的重要变化记录下来。

展望未来，互联网的应用使得体育媒体对数据的挖掘更加深入。事实上，现在完全可以在网上查询到任何一个队伍或者运动员的各种详细数据。体育数据分析者在大多数情况下不是播报人员，但他们可以提供各种数据，偶尔也可能会在直播中露面。另外，虽然你擅长体育运动，但你要记住自己是一名记者，你需要发挥记者的长处，发现一个报道的点后，去跟进它，确定它的来源，核对事实，用有趣而正式的风格将它报道出来。

写作的重要性是万万不能轻视的。大多数体育报道看上去都是即兴报道，实际上只有少数体育赛事的直播报道是脱稿的。持续磨炼自己的写作能力是对记者的基本要求。优秀的写作能力可以让你在入职时就获得比那些写作能力欠缺的前辈更好的工作机会。你可能会遇到截稿时比赛还未结束的情况，而比赛很可能在最后几分钟上演绝杀。报道的内容要多写一些，考虑一下如果比赛提前结束或加时，或出现一些其他的戏剧化情况，你可以怎样改写自己已写好的新闻稿。如果一篇报道中最为亮眼的一场比赛的赛况和你所设想的情况不同，出现了某些意外事件，你将会采取怎样的应对方案？这些内容你事先是不是已经准备好了？

和新闻记者一样，你的部分文稿要上传到网络上。很多情况下，你要经营自己的博客。一旦节目时长有限，一些内容没能全部播出，你就需要把自己跟踪的新闻的拓展阅读内容上传到网络，同时你还需要定期在推特上发布推文，及时更新自己的脸书，甚至还要更新播客内容。和新闻记者一样，你的大部分时间将会投入到其他媒体平台上。通过推特和电子邮件与粉丝互动交流后，你可能会发现之前被你忽略或没想到的报道角度。因此，把社交平台当作你的一种资源，而不要把它看作负担。

你的职责还包括录制实况录音和原声摘要。在现场，如果是电台报道，你可能需要高质量的录音设备和麦克风；如果是电视报道，那么你还需要携带一台摄像机，拍摄自己的出镜画面。不要盲目信任自己的记忆力，把有用的资料都记录下来，包括时间、不同时段的比分，这些会帮助你在稍后重新把比赛流程流畅地还原出来。你的出镜画面中还应该出现记分牌，让观众看到即时的时间和比分情况。在报道的时候，随身携带比赛流程表，密切留意比赛信息发生的任何变化。不要只依靠现场广播来获取信息，有时候广播也会出错。你需要记录下那些比赛关键时刻的音频、视频和细节，如制胜的本垒打、长距离达阵传球，或者最后一秒的跳投。回到工作室，你不仅要回顾和整理自己收集到的素材，还要看看其他媒体对于国内其他地区关键赛事的报道。也就是说，对于国内什么时间会进行什么重大比赛，以及比赛什么时间结束，都要做到心中有数。

10.5　体育主播

在很多电视台，体育记者还要承担新闻直播的任务。在一些大型电视台，会有一位体育导演，他还兼任体育主播或主要的直播播音员，为观众播报前线记者发回的报道。通常情况下，体育导演需要在安排其他记者的任务、播报广播电视新闻的同时亲自跟踪新闻内容。体育主播需要整合所有报道，并将当地和国内其他地方的报道内容糅合在一起。体育主播可能在直播前的最后一分钟仍然在打电话，及时获取最新比分数据，并在直播中对其进行播报。遇到大型比赛，体育主播会在节目中一边放着现场画面一边进行解说，以便及时获得最终的比赛结果，或是在直播中让现场工作人员为节目提供最新资讯。这意味着主播要向观众介绍和补充最新的信息，报道中不能出现错误，也不能表现得慌张，要涵盖所有需要介绍到的信息。

体育主播和体育记者都会遇到一个问题，就是如何将赛果报道得更加有吸引力。一些职业联赛已经发展到有超过10场比赛的赛况需要直播。如果是报道大学橄榄球，可能最少有20场比赛需要报道。赛事报道的难度就在于如何简洁又不失风趣地报道一个队伍击败另一个队伍取得了胜利。如果用"天使队击败了老虎队，比分是4比3；红魔鬼击败了主教队，比分是6比1"这种表达方式去报道，观众很快就会觉得乏味。因此，主播需要具备杰出的能力，能用不同的动词报道某支队伍或者某位运动员获得了胜利。

最好的方法是先传达出胜利的重要性。一边倒的胜利可以用"横扫、压倒、打趴下、摧毁、消灭"等词语去描述，差距微弱的比赛可以用"险胜、艰难过关"等去报道。一些与比赛有关的词语也可以用来报道，例如橄榄球的比赛可以用"撞倒"，棒球比赛中一支球队几次偷垒成功后赢得比赛，可以用"偷走胜利"来形容，冰球比赛可以用"挥倒"对手来报道。相比之下，诸如"战胜""击败"等词就显得不够生动，不过偶尔用一下也无妨。

多种多样的报道方式是关键，虽然观众可能会注意到你是在有意地变换表达方式，但是也比他们连续听到25个"击败"要强。事先列出备用的词语会有所帮助，这样你就不用在直播时纠结到底要用哪些词去报道比赛。把这些词语都写在清单上，在直播时不要过于依赖自己的临场发挥能力。直播时把比赛队伍和比分简单地写下来就可以了，不用一直重复地写那些播报词语。注意不要过度使用那些比较新颖的词，否则它们很快就会被用滥了，就像"击败"一样。公布两队的比分时，你还可以试着省略动词，通过音调的细微变化来体现比分的差异。

跟体育记者一样，活力、激情和专业知识对体育主播来说同样重要。除此之外，很多媒体机构都希望他们的体育主播像之前所提到的那样，更加有个性。就是说你可以试着穿得休闲一点，不用穿得像其他新闻播音员一样，也可以让自己的直播风格更加轻松一点，使得节目更加人性化，更加吸引人。这是你工作的一部分，也给你提供了一个即兴演播的锻炼机会，可以加一些幽默的段子，也可以风趣地点评比赛。然而，你毕竟也是一位新闻播音员，最好还是要有所保留，有些时候过于热情和机智可能会惹上麻烦。你需要注意不要冒犯同事或者使他们在公众面前丢脸，不然你可能会得罪同行，导致你的前途受到影响。太聪明或者太狂热都是不好的。还是把那些"狂野"的举动留到你的事业有了一个很好的基础之后吧。

10.6 比赛实况解说、场边报道和比赛分析评论

比赛实况解说是体育报道中一个很能吸引新入行者的领域。可以想象，跟着球队外出参加比赛肯定会令人感到特别激动和兴奋。但比赛实况解说也分为很多种，对应的工作量也会有所不同。你可能受聘于电台或电视新闻网，也可能受聘于运动队，或者有线电视公司，甚至还可能是大专院校和中小学。除此之外，你还可能受聘解说一个系列赛。保持中立对于新入行的体育实况解说员来说无疑是最好的选择，但在一些场合，特别是当你受聘于运动队的时候，你或许要公开地支持你的东家。如果你表现出对主队的偏爱，会被视为"主队支持者"。虽然这种情况十分常见，但这样会削弱你解说的权威性，给观众留下的印象是你对主队只褒不贬。如果球队表现不好或运动员状态不佳，而你却总是报喜不报忧，就会出现问题。更好的解说方式应该是只去解说运动本身的技术动作以及好与不好，当主队情况不妙的时候也应该坦诚为上。

为一次实况解说做准备所需要的时间要视情况而定，不同的情况下差别会很大。

跟随一支小职业联盟的棒球队做解说，你可能需要在五天的时间内解说六场比赛，然后跟随球队离开，再重复相同的工作，有时这样的生活会一次持续几个月的时间。如果你被聘请去解说大学生橄榄球比赛，你很可能会在超过三个月的时间里解说十场比赛，每一场比赛之前都可以有一个星期的准备时间。但对于绝大多数的新手解说员来说，不太可能只跟随一个运动队做事，更多时候会有两到三个运动队的合同在身。这就意味着长期的舟车劳顿，你今天晚上在密尔沃基解说，明天晚上要去奥兰多，后天晚上在奥马哈还有工作，这是很可能会发生的情况。紧凑的日程安排和睡眠不足的现象变得习以为常，而你还必须在每一次的解说中去展示一个激情洋溢的形象。如果能定期为固定的一支球队服务，就不用为记不住运动员的资料而烦恼了。运动队的体育信息主管会对你有很大的帮助，他们可以在转播解说方面帮助你，也可以为你提供食宿等信息。设法和他们熟稔起来，他们工作的一部分就是为你提供帮助，只要你的要求不是太过荒唐。不要忘记感谢他们，山水有相逢，难保下次不会麻烦别人。

　　实况解说员最主要的职责就是做好准备工作和对比赛的过程进行解说。事实上，在一场棒球或橄榄球比赛中，可能会有相当长的一段时间只有很少甚至没有任何技术动作，这时候你赛前所做的功课就派上用场了。你可以针对球员、教练、球队荣誉甚至是球队的趣闻轶事和创造的纪录搜集大量资料，用于填满没有技术动作可解说的时间。如果最后你发现所搜集的资料仅仅用去了一半，你就可以知道你不仅填满了时间，还为听众或观众提供了有趣的视听享受。棒球比赛因为下雨而推迟可能是最棘手的情况，因为这种情况可以持续一个小时甚至更长时间，你除了说说雨下得多大之外就无话可说了，还不知道比赛何时能够恢复，这时你需要给气象局打电话，了解一下有关天气的信息。幸运的话，你可以安排一到两个采访来帮助你填满时间。有时候，热心的体育信息主管或其他的球队工作人员会了解你的困境，主动来到你的工作间接受你的采访。在手提电脑非常普及的今天，建立一个资料文档并随身携带是十分有价值的。一些体育解说员会订阅对手城市的报纸，了解对手们都在说些什么。当然你每到一个地方，当地的报纸都是你的信息来源，其中很多都能够在网上找到电子版进行阅读。

　　对于一名新手解说员来说，花一整天的时间去为一个小时的解说做准备是司空见惯的事。更有经验和对球队以及运动员更为熟悉的解说员可以不用花那么长的时间去做功课，但每一位体育解说员都知道做好准备工作是至关重要的。吉姆·多诺万（Jim Donovan）是一位经验丰富的体育解说员，他表示自己为了记住球员的名字和球衣号码，每个星期要花上四个小时的时间。有线电视的烹饪明星埃默里尔·拉加斯（Emeril Lagasse）总结出了一条非常适用于体育解说员的准则："提前做好妥善的准备，能避免出现糟糕的表现。"所有的准备都是为了让你在解说比赛的时候能够得心应手。你的第一个工作机会很可能会来自电台，因为很多规模较小的电台会转播当地的高中生或大学生比赛。实况解说领域的专家艾尔·帕夫洛夫斯基（Al Pawlowski）认为电台是开始解说生涯最理想的地方。

> **演播提示10.1**
>
> 在电台解说中，最重要的事情是你要时刻意识到你是在绘制一幅图像。如果你想向体育实况解说这个方向发展，从电台起步再转到电视台工作是最好的途径。当你从电台跳槽到电视台工作，你在电视解说中说的会比实际需要你说的更多，但这反而要比你在电视台起步然后跳槽到电台工作要来得容易。
>
> ——艾尔·帕夫洛夫斯基

对大学生而言，他们的起点很可能是网络平台，对一些小联盟的比赛进行现场报道。很多学校都有校队或俱乐部球队，这些队伍没有多少宣传和赞助，但是如今已经开始用流媒体视频进行报道。你可以从这种报道入手，打开体育报道的大门。虽然你的观众可能比较少，但是你会收获来自世界许多地方的观众。也正因为观众少，你初入行时犯下的错误也就鲜有人知了。

电台解说和电视台解说有很大的区别，有的时候甚至可以说是大相径庭。在电台，你就是听众的眼睛，你必须通过语言来刻画比赛的进程，还要很好地为听众描述比赛的环境。要把所有的元素都融入你所刻画的画面里，包括气温、风力、紫外线指数、场地的状况、现场观众的数量和情绪等。在棒球比赛中，你需要描述投手的行为，他是怎么应对比赛变化的，他投出了什么样的球和球是怎么运行的。此外还应该描述击球手的行为，还有场上其他球员的位置和跑位情况。

最令人感到惊艳的电台解说出现在20世纪30年代到40年代早期，体育广播和电视网尚未发展起来的时候。那时的体育解说员们仅仅通过电传打字机传回的简单描述，就能在空荡荡的播音间中进行二度创作，解说一场完整的比赛。罗纳德·里根（Ronald Reagan）总统就是在美国中西部的一家小电台开始他的媒体演播生涯的。体育解说员通过"下一个投出的是低平球"这样简单的信息，就可以引申出投手、击球手和观众的行为。他们甚至有观众欢呼的音效可以使用，在击球手击球瞬间还会用手杖重击物体的声音来进行模仿。当所有的技术动作展现在你眼前时，小小的思考和设计就能为你提供大量的素材。

在电视里情况就大不一样了，因为观众能够看到比赛的画面。在这种情况下，解说员说的内容会有所减少，重点关注观众不能亲眼看到的方面。在橄榄球比赛里，要用简短的语言帮助观众识别持球队员和其他关键球员，介绍画面以外发生的事情，例如一位接球队员甩开了防守队员的追赶。你的工作是为观众补充信息，而不是死板地重复观众从画面中获得的信息。帕夫洛夫斯基说过，如果你实在不知道该说什么，那就什么都不说，反正比赛的情景就呈现在观众的眼前。通常说的更多的是比赛本身，同时你也可以为观众提供更广泛的资讯。当你遇到有球员受伤的时候，千万要注意你的表达方式，永远不要去猜度运动员的受伤状况，特别是运动员的伤情看起来比较严重的时候。你要记住，受伤运动员的家人和朋友可能正在收看你的转播，所以千万不要夸大运动员的伤势或者低估可能出现的糟糕状况。

演播提示10.2

艾尔·帕夫洛夫斯基关于篮球比赛解说的建议

在电台解说中，你要竭尽所能地通过行为动词和描述性形容词去描绘一幅比赛的画面，但在电视上，观众对此可以一览无遗。如果一名新手电视解说员有自制力（因为说话是一种本能），一开始只说运动员的名字，其他什么都不说，观众会觉得你的解说很精湛、很到位。与其说"丹尼尔·吉布森把球传给了凯里·欧文，欧文运球，在15英尺外投球，好！"不如把它简化为"吉布森……欧文……好！"当然，随着你的解说水平的逐渐提高，可以添加更多词语。不过从一开始就学着简化用语，有助于你尽快找到电视解说有别于电台解说的感觉。

尝试从远处辨认橄榄球队队服上的号码，很容易出错，特别是在恶劣的天气中。如果你更正号码的次数太多，观众会认为你并不称职。在解说比赛时，应该等到能清楚地看见运动员的时候再介绍其姓名。在大学生比赛和职业比赛中，会有一名观察员来帮助你辨认运动员，他可能是比赛双方的内部人员，也可能是与你一起工作的固定助手。但是在低级别职业联盟的比赛和其他一些情况下，你可能会孤军作战。切记要在了解情况之后，再把信息说出来。

无论是否有观察员帮助你，有一样简单的工具都能够对你有所帮助，那就是标识板。鉴于没有标准的样式，你可以根据自己的喜好去设计标识板，上面应该有你想要的一些具体的数据。标识板上面通常会有能插入纸片或硬纸板的小口袋，每张纸片或硬纸板都写有一位运动员的姓名和号码。口袋的布局会与球队的布局相同。这就意味着在橄榄球比赛里，会有七个小口袋水平放置在五码线处，而另外四个小口袋则会放在后场。应该用不同颜色的纸片把不同球队的球员区别开来，提醒自己不要弄混。

除此之外，还可以在纸片上加上球员的年龄、身高、体重以及一些额外的信息，如毕业的学校、加入联盟的时间、职业生涯的闪光点和独一无二的事情等，所以你的纸片应该足够大，让你能够看得轻松，并允许你在替补队员出场后快速地更改球员的信息。标识板对于橄榄球比赛是最有价值的，因为场上的球员数量较多，他们的替换也非常频繁。你可以把标识板弄成双面的，一面是进攻的情况，而另外一面则是防守的情况。

观察员的帮助是很有价值的，因为这就意味着有一个人可以帮助你敏锐地捕捉场上的换人状况。你的观察员会在需要的时候帮你说出关键球员的名字，这样你就不用花心思去寻找了。迅速准确地获取信息是必要的，所以明智的做法就是和你的观察员制定好分工合作的计划。比赛是你在解说，因而你需要想出最适合你的方法。在足球和棒球比赛中，因为队员的替换不那么频繁，所以你可以有不同的处理手法。艾尔·帕夫洛夫斯基在解说美国室内足球大联盟（MISL）比赛的时候，就喜欢用一个按号码顺序来排列的球员列表。他标记出首发球员并在页边的空白地方做记录，这样他在有需要的时候只要扫视一眼，就能获取他想要的名字，他觉得这样比赶时髦地弄个标识板要来得方便。不论你用什么处理手法，目的只有一个，就是在不需要查找条目和笔记的情况下快速地获得你想要的信息。

了解运动员的名字和号码应该是准备工作中的一部分，这样你就不用在解说时再去寻找它们。如果你定期为一支运动队工作，你对这支队伍的情况肯定已经了如指掌，那你就可以把大部分的精力投入到客队的身上。保证名字的准确性是很重要的，即使要打电话询问客队的体育信息主管也在所不惜，否则你就很容易陷入让自己和老板都感到十分尴尬的险境。一位初出茅庐的嘉宾评论员曾经在整个锦标赛的季后赛过程中把一所大学的名字说错了。你的准备工作做得越充分，你的解说听起来就会越流畅、越专业，成功之门也会为你而开启。

当然，你需要了解你所解说的项目的规则和战术。在赛季开始之前，以及当你将要解说一个很长时间内不曾涉猎的运动项目时，了解清楚规则的变化并牢记于心是十分重要的。特别对于橄榄球来说，几乎每一个赛季都会有规则上的变动，而且职业比赛的规则和大学生比赛的规则还可能有所不同。不要让自己陷入解释不清规则的尴尬境地，否则半数的观众都知道你没有与时俱进。

在做好所有准备工作后，就要去解说比赛了。要提早到达工作岗位，以便让你有时间去获知关于比赛的最新变化，避免因车辆故障、堵车这样的麻烦事而影响到工作。穿着打扮也要专业一点，即使你是为电台解说，你的穿着也会影响教练、球员和同行对你的认可程度。当你在进行解说时，可以放开地说，展示你的兴奋之情和活力。如果你很喜欢体育比赛，这对于你来说就是易如反掌的事情。

解说比赛时，首要规则之一是经常播报比分。用于提醒解说员播报比分的设备很多，但仍然有电台听众抱怨比分播报间隔的时间太长。当你在忙碌地解说时，时间会过得很快，所以记得要经常播报比分情况。球在场上的位置以及一些统计数字也是需要经常提到的元素，例如橄榄球中的第几档进攻和达阵的距离。另外还需要记住，你的听众并不是全部都在不间断地收听，有些听众在比赛过程中会不断地换台，所以你播报比分的间隔不应该超过两分钟。一些内容需要你在每场比赛的一开始都再说一遍。

受众关心的信息还包括比赛的剩余时间、局数或者节数。频繁地去复述部分比赛过程，受众就可以知道现在的比分是怎么来的，受伤下场球员的伤情，以及一些值得被记住的比赛的精彩瞬间。特别在橄榄球中，需要介绍阵型，有时棒球、足球和冰球的比赛也需要介绍阵型。对于橄榄球，即使是高中的比赛，也会使用很多不同的阵容，每一场比赛都可以有所变化。虽然在屏幕上可以看到阵型和球员，但镜头很宽，所以你要抓紧机会去介绍关键球员在场上的位置。诸如"在屏幕的最上方"这样的词组可以帮助观众了解运动员的场上位置。由于橄榄球比赛换人太过频繁，除非有重要队员上场或者离场，或者之前受伤的队员重新上场，否则解说员不会提及。你需要考虑和决定哪些内容值得你在比赛中提到。

在你所有的职责之中，还有一项必须做到的就是密切留意放在你附近的监视器，确保你的解说与观众看到的画面保持一致。同时它还有助于你判断需要解说什么，因为你可以清楚地知道镜头覆盖的范围和观众能够清晰看到的事物。你还会知道哪些方面需要更多的口头描述和应该说多少内容。如果你使用的是监听耳机系统，你的制片人还会给你镜头切换的提示，或提醒你注意一些需要进行解说的内容。

在大多数情况下，与新闻播报不同，你需要在比赛的间隔时间中推送商业广告，在节目的特定环节提及赞助商，因此节目中可能会出现琼斯超市开球和山姆餐厅半场报道这样的说法。这些信息会由你身后的工作人员通过3英寸×5英寸大小的手卡提供给你，或者在比赛开始时就给你一大堆信息，你需要在比赛的过程中加入这些信息。这时候，你要转用较为正式的语气使你的推介变得更具专业性。完成这一切之后，你要再次迅速地进行调整，重新投入到紧张刺激的比赛当中。

活力、激情和兴奋是体育实况解说员所要展现的重要品质，也是你需要小心使用的工具。在绝大多数体育比赛中，对于那些常规的时刻你还是要解说得有活力一点，但应该根据这一时刻的重要性来调整你的反应。当棒球比赛的比分是6比1的时候，任何一方的球员打出一记本垒打，你都应该肯定他的成绩，并介绍他在本赛季已经打出了多少记本垒打，但不应该展现出和在第九局（棒球比赛最后一局）末段有球员打出决定胜负的本垒打时同样程度的激情。表达你的兴奋会增加你解说的吸引力，但要适合时宜，如果你对任何事情都要兴奋一番的话，你就会失去自己的公信力。你要根据事件的重要程度来决定你解说时的兴奋程度。

一些体育解说员会自创解说词，这些词也变成了他们独特的个人标志，但自创解说词对于新手来说是很困难的，因为一旦处理不好，就会让人觉得很不自然。与其刻意去自创一些解说词，不如回听自己的解说片段，从中找出听起来很自然的解说词。你可以尝试在解说过程中多说这些解说词，看看效果怎么样。不断重复你用过的解说词会带来一个问题，就是让人觉得你老是在用陈词滥调，同样的解说词说多了就会让人感觉很乏味。对于经验尚浅的新手来说，不断重复一些解说词是很简单的，但会让人觉得你很业余，要努力去尝试在你的解说中避免过度使用这些词。

有一个很容易被忽视的情况，就是有时候你的存在会成为影响比赛的因素，特别是在高尔夫球比赛中，解说席通常都离果岭很近。按照惯例，观众在球员推杆的时候需要保持安静，即使你认为你发出的声音很小，对球员来说也可能是非常嘈杂的。所以你要计划好你需要说什么和说多久，当球员准备推杆的时候你必须停下来，直到击打结束之后再开始说，这样做会让你显得专业并避免遭到白眼和抱怨。类似的还有网球比赛，解说席也离球场很近，这个时候你也要记得，当球员准备发球时你就该停止说话了。

还有一点我们经常会忽略，那就是，当你负责报道的球队一直在输时，你要如何把握报道的节奏。在高中生、大学生甚至是小联盟的比赛中，经常会遇到一些球队在一轮比赛中输掉了6场或以上，又或者10场中输了9场的情况。专业的播音员会建议你保持积极的心态，同时维护好自己在观众心中的可信度。哪怕赛场的情况不容乐观，也要有激情。你要记住，那些一直落败的球队非常渴望赢得一场胜利。

不要去粉饰任何事情，也不要攻击任何球队。当然，如果一方球员失球或是进攻被截下，你是可以发出遗憾的声音的，因为你知道他们可以做得更好。但是请保持积极的心态，同时始终为你所报道的球队感到骄傲。

场边报道

近年来场边报道越来越受欢迎，大多数体育转播会安排一名记者在比赛期间进行场外巡视，并对赛事解说发表一些见解。其中虽不乏表现出色的记者，但许多记者由于缺乏准备和专业意识，常成为被打趣的对象。一名优秀的场边记者首先必须具备一名优秀记者的技能，即具备采访、观察、即时思考、写作和即兴发挥的能力。其次是快速讲述故事和收集信息的技能，因为场边记者的直播出镜时间通常只有几秒钟。

场边记者在发表评论时需要牢记的最重要的问题是："我还能为节目添加什么内容，而这些内容解说员和评论员还没有向观众介绍？"为了尽可能做好准备，你需要在比赛开始前构想12~16个想法，当体育主播在比赛期间请你发表见解时，你便可以使用这些想法。在赛前为这些内容列出核心提纲是个好主意。记住，你的工作场地经常变化，因此除麦克风和一些便签外，你无法随身携带太多东西。比赛开始前，解说员会让你进行实况转播，帮助观众熟悉比赛场所。你还应该准备好更新后的伤员和球员名单，以便传达给观众。在球队离开更衣室进入赛场时，采访教练或训练员往往是收集资讯的最后机会。无论何时何地，出现受伤事故或有争议的裁决时，不要妄加猜测，而是去了解事实，坚持真相。

在比赛中，你必须时刻留意球队坐席处的动向，比如受伤的球员正在接受治疗，意外换人，教练对球员进行指导或是裁判对判罚做解释。在比赛开始前的几分钟、中场休息和比赛结束后，准备好在教练进场或离场时对他们进行简短的提问。教练们忙于为比赛的球队做准备，或在更衣室与队员交谈，他们回答问题的时间非常有限。因此，你的问题需要具体和简短，这样才能得到简洁的回答，而且最重要的是可以让观众了解更多内容。不要问那些刻板老套或众所周知的问题，例如："教练，你在半场时落后了五个触地得分，你还能赢得这场比赛吗？"最后，注意观察比赛场地周围和看台上发生了什么。你可能会看到或听到解说员和评论员无法捕捉的信息，而你的工作就是提醒他们注意这些信息。关于发言的时机，你必须根据比赛动作的快速变化，随时准备改变关注点。你是观众的眼睛和耳朵，这样会帮助观众更加身临其境地感受比赛氛围。

专业评论/分析

对于一名接受过专业解说训练的解说员而言，最难担任的角色莫过于专业体育评论员，因为现在有越来越多曾经做过教练和运动员的人投身到这个工作当中，这些人对体育项目有更深层次和更敏锐的理解，可以带来很多内行的观点，这是没有从事过职业运动的人所无法企及的，所以通常专业评论员会比解说员更受观众欢迎。在网络电视上，专业评论员的角色几乎都是由做过教练或运动员的人充当，但很多解说员在转播大学生或高中生赛事的时候也会担任专业评论员的角色。当你一个人进行解说的时候，例如解说小联盟的比赛，你也需要自己来进行专业评述，所以要充分了解你自己所解说的体育项目。

专业评论员不会受到很多严格的条条框框的限制，但切记，专业评论员也是解说团队的一分子，其核心职责是对解说员的解说进行深层次的补充。赛前双方要商讨评论的内容和谈话的时机以及双方如何互动，特别是首次与解说员合作时。不要重复解说员已经说过的话。如果解说员刚刚说了四分卫一个长传把球传给了边锋，那么你就应该去解释边锋在接球前是怎么把防守球员甩掉的。你通常都会在大多数进攻结束之后或者官方暂停时间里说点什么，但不是每一档进攻之后都要进行评论，实际上解说员如果希望你说话，会给你提示，否则他们可能更愿意你保持安静。当你进行评论的时候，注意在下一档进攻开始之前结束，这样就不会和解说员的话重叠在一起。

解说员和专业评论员可以对比赛中的一些事件有不同的看法，但应该尽量避免在直播过程中纠正解说员的错误。最好是先粗略地做个记录，然后等到广告时间再去提醒你的搭档他刚才出现了口误，让他在之后的解说中改正过来。虽然很多时候会出现一些必须马上进行纠正的错误，例如认错了场上球员，但你也应该尽可能委婉地去纠正你搭档的错误。绝大多数的解说员和专业评论员在合作多场比赛之后都会建立起良好的默契并形成一种轻松、自然的工作状态。

10.7　体育播音中的女性角色

珍妮·莫里斯（Jeannie Morris）和盖尔·加德纳（Gayle Gardner）这两个名字你可能不太熟悉，但她们是体育播音领域的先驱。1972年《教育法第九篇修正案》的颁布，为女性进入这一媒体领域奠定了基础。50年前，由于妇女和儿童不得进入新闻工作室，莫里斯被迫在明尼苏达州的一家媒体工作室外的暴风雪中报道一场NFL比赛，但这并没有阻止她在24年的体育播音职业生涯中脱颖而出。后来的女性体育播音员，例如莱斯利·威瑟（Leslie Visser）和安·梅耶尔·德莱斯黛尔（Ann Meyers Drysdale），也不得不克服这一领域普遍存在的偏见和刻板印象。但近几年来，此类现象发生了积极的变化。

虽然她们仍然是少数，但越来越多的女性在体育播音的各方面已经取得成功。她们担任当地电台、电视台和网络体育节目主持人、记者、解说嘉宾、场边记者和脱口秀主持人等角色。十年前，女性解说NFL、NBA或美国职业棒球大联盟的比赛是闻所未闻的，但是这些障碍现已不复存在。然而，女性若想要进入体育播音领域，必须做好充分的准备并下定决心。由于大部分观众是男性，他们很难认可女性解说体育赛事的权威性，因此女性解说员必须准备好面对他们的质疑。从事体育播音的女性知道她们必须更努力地提升自己，了解更多知识，努力工作，少出错。佐治亚州萨凡纳市WJCL电视台的体育主播艾米·齐默尔（Amy Zimmer）说，女性"必须明确自己的工作！研究，投入额外时间，不局限于统计数据，寻找独特的故事和视角，这些努力将使你充满信心并脱颖而出，而这正是建立信誉的关键"。

女性必须时刻准备优雅地处理男性无须应对的各种状况。例如，当女性进入男性更衣室时，她必须保持谨慎和尊重。虽然大多数男运动员已经习惯了女记者出于工作需要在赛后出现在更衣室里。但无论如何，这类情况都会很尴尬。大多数女体育播音员认为,非常有必要注意自己的衣着、见解和语言。绝不能掺杂任何暗示。因为是与男性互动,你的头发、着装、妆容都会被当作评价依据。尽管这不公平,但这的确是事实。你可以在不断提问、评论和互动中体现你严格的专业水准,以避免运动员试图将你与男性记者区别对待。"女性的着装可能会损害她们的可信度,从而影响自己的报道。要想得到认真对待,着装得体和谦虚是关键。要让观众关注你在说什么,而非你的穿着。"以上是来自齐默尔的建议。

从事体育事业的女性拒绝接受对其工作的刻板看法。德莱斯黛尔是一支NBA球队的女性评论员,她对女性新手体育播音员的最好建议是"学会解说。由于这个职位上的女性并不多,因此她们还有更多的机会"。威瑟补充道:"对体育播音员来说,最重要的三件事是了解赛事、对体育职业保持热情以及具备奋斗的毅力。"女性体育播音员认为,所有想要进入体育播音领域的年轻女性必须认同没有什么工作是不适合自己的。"踏进这扇门"是关键。如果你得到了一份统计数据、摄像或者业余体育解说的工作,那么就把它做好。一旦你展现出你是一名可靠的"团队成员",并对运动充满激情,那么机会随之而来。从事新闻工作也可以转向体育播音部门,因为前者所使用的许多技能均适用于后者的报道。

随着女性在体育播音方面不断取得进步,就业要求也有所提高。新体育媒体(Newsport Media)的莱昂德拉·赖利(Leandra Reilly)说:"在过去,广播电视网总是根据女性的样貌来挑选人才,但现在增加了更多条件。"尽管如此,作为NFL名人堂中唯一的女性,威瑟表示,一位可以证明自己有过人的能力并高质量完成工作的女性能够脱颖而出。她说:"当女性被赋予更多的责任并证明能履行这些责任时,她们就会建立起良好的声誉。"加德纳是有抱负的女性体育节目主持人的榜样。作为20世纪80年代ESPN电视台体育中心的首批主持人之一,她改变了女性在体育节目中的形象,将单纯的女性形象转变为被人尊敬的"专业人士"。加德纳说:"没有人会随便交付你一份工作,尤其是对于女性来说,这个职业需要承受永无止境的打击并要不断地与其作斗争。"

这一领域的积极发展包括:女性体育越来越受欢迎,越来越多的女性成为体育迷,有线电视、卫星和互联网上的体育频道数量有所增加,因此岗位也不断增长。随后,男性体育播音员开始认识到女性在体育播音中的特殊能力。用芝加哥小熊队前代言人杰克·布里克豪斯(Jack Brickhouse)的话说:"女人有区别于男人的另一个维度。她们知道如何用女性的视角观察游泳、高尔夫、篮球、网球等领域的女运动员。男性如何知道女性在某项运动中会遇到什么问题呢?"事实证明,男性与女性一起工作,会组成一个互补且强大的体育报道团队。ESPN电视台和CBS的贝斯·莫文斯(Beth Mowins)就是一个例子,她是第一位在黄金时间段与男性一起解说NFL比赛的女性。

当今的体育播音行业,女性以"进步"作为口号。女性虽然已取得许多成绩,但仍在不断地证明她们超强的体育报道能力。尽管如此,挑战依然存在,但如同本节中提到的人一样,对那些愿意学习且渴望成功的女性体育主播而言,机会无处不在。对于精心准备的女性来说这是一个令人兴奋的职业。美国体育主持人协会(ASA)鼓励热衷这一职业的女性并以她们为荣。其总裁路易丝·施瓦兹(Louis Schwartz)在讨论女性从事体育节目时说:"虽然进入该行业需要付出很大的努力,但一旦加入,所有磨炼都是值得的。"那些热爱体育事业的女性十分赞同这一观点。

> **演播提示10.3**
>
> 体育主播艾米·齐默尔为缺乏经验的年轻女性提出的最优建议是:
>
> 在这一领域不要总拿自己和他人比较。并不存在确切的时间规划和行动指南。每个人都要独自摸索实现职业理想的方式。因为欲实现自己的任何目标都需要建立并维护人际关系网,并且要努力工作。

10.8　旅途之中

　　有一个潜在的问题,很多刚入行的体育播音员可能不会有所准备,那就是赶赴比赛地点路上的安排。尤其是大学校园级别的比赛,你可能会和球队一起前往比赛地点。这时,教练可能会向你提出一些很特殊的要求。你可能会被安排坐在大巴车的前部,和队员的座位隔开。如果你有搭档,那么请和他坐在一起。如果大巴车要停靠休息或是队员们吃饭,请不要和球员们坐在一起。穿着要职业。这种时候不要穿运动裤或运动鞋。确保自己把所有的设备都带齐,并妥善保管好。如果入住酒店,确保知道从哪里拿到房卡。离开大巴车时,把设备也一并带走。确认第二天球队在何时何地集合,大巴车什么时候出发去赛场,不要被落下。自己调好闹钟。

　　到达现场后,先去找当地的体育信息主管,了解自己要去哪里。如果你是使用电话线路进行传送,请立即检查线路。比赛结束后,你可能没有太多的时间对你的节目进行收尾就要回到大巴车上了。这时候也容易被落下。你要清楚地了解电视台所需要的内容,并在第一时间完成。最重要的是,你的穿着和工作能力将会决定你有多少机会进行沿途报道。你只要有一两次不合格的报道,就会被电视台列为候补。

　　与之相对的,我们也要讲一讲富有经验的体育记者被派去专门报道某一支球队的情况。这种情况下,俱乐部会替你安排好所有的行程,你也可以和队员们一起吃饭聊天，酒店也会随时待命，同时会有丰厚的每日津贴来满足你的衣食住行。这是一个不错的职业目标。

10.9　体育访谈节目主持人

体育访谈主要是在电台播出的节目模式，一些有线电视公司也会播出类似的节目。对于优秀的体育访谈节目主持人来说，最需要具备的素质应该是有渊博的知识。假设你正在做现场连线，下一个与你连线的人可能会谈论任何内容，而你则需要一一进行回应。大多数体育访谈节目主持人都有一定的主持经验并且已经通过较长的时间积累起自己的知识架构，但也有年轻的主持人把体育访谈节目做得很成功。

要想成功的话，你就必须成为一个专家型的体育通，这意味着你要阅读大量全国性体育报纸、杂志和其他一些中心城市的报纸。在网络高度发达的今天，你没有理由不知道全面的体育信息。之前也提到过，大多数主流报刊都会有网络电子版，还有很多信息量大的有用的网站，这些地方的信息都可以为你的节目提供话题。你要不断地去阅读报刊、收听收看其他同类型的节目以及在电视上收看比赛。你永远都不会知道你的下一个想法会来自哪里。还要关注最近人们都在谈论些什么，人们谈论、关心的话题就是节目中应该出现的内容。

每一次节目都该准备一个列表，列表上写着你要谈论的内容，但你要知道最终谈论的内容可能与你准备的大为不同，所以你要有一个初步的框架，但不需要强迫自己死板地遵从它。节目通常是在一段单人播报中开始的，主持人会评论各种各样的事件，并向观众交待接下来会谈论到的内容。多准备不同的话题会帮助你建立更庞大的观众群体，即使一些人对你说的大学生橄榄球比赛不感兴趣，但他们会继续收看你的节目，因为你提到过将会谈论有关高尔夫球的话题。

如何去打造高质量的体育访谈节目？佐治亚州萨凡纳ESPN电视台海岸频道的联合主持人凯文·托马斯（Kevin Thomas）认为，一档优秀的节目需要兼具娱乐与资讯功能：

"永远不要为了得到他人的回应去说你不赞同的话。相反，只有当你拥有且始终捍卫一个明确的立场时，才能在与嘉宾和来电者辩论时产生良好的效果。一位魅力十足、真实可信的主持人可以创造许多精彩的对话。"

托马斯补充说，你理应表现你的个性，小心不要过度依赖来电者去掌控节目："当听众觉得自己了解你并与你建立联系时，完美的广播就会产生。"因为你并非面向全国联合节目，所以要打造与众不同且带有地方特色的节目。如果听众只能从中获得同全国性节目一样的内容，那他们为什么还要费心去听你的节目呢？可以聊聊当地高中、业余和大学的体育活动，并利用本地化方式讲故事。也许NFL中的明星或主要大学球队的明星人物毕业于当地的高中。看看你能否采访他或他的家人。

在体育播音节目中，主持人通常都是以自我为中心的，但体育访谈节目的核心是其他人，而不是主持人。不要责备与你连线的人或者使他们感到难堪，因为不是所有人都像你一样机灵睿智，他们有时候会说一些你认为是很愚蠢的话。但请你记住，有很多同类型的节目都在播出，你承担不起失去任何一名观众的责任，否则你的节目很快就会消失在公众的视线中。给他们说话的机会，不要唐突地去打断他们。众所周知，各式各样的观众都有可能打电话进来，一些会废话连篇，一些会在你谈论一个比赛的时候试图把话题引到别的方面，甚至有些是专门来搞破坏的，或者就想听听自己在电台里的声音。你应该有一个切断按钮，用来切断与连线者的通话，但除非他们说的是一些太过出格的话，不然你最好的处理方法还是先回应他们的言论，再按程序切断与他们的通话。这样当你完成连线再去接听下一个电话的时候，会显得自然得多。你有时会接听到两位观众的电话，他们在一些问题上站在不同的立场，你可能想把他们都接进来，让他们根据自己的观点进行辩论，而你则扮演调解员或裁判的角色，让这场辩论不至于失控。这会使你的节目变得有趣起来。

你不仅需要通晓体育发展的历史，还必须把世界各地新近发生的体育事件的有关信息不断地补充进自己的知识体系。一些打电话上节目的人会想去讨论球员受伤后的影响以及球员交易的有关问题和交易的效果，一些主持人会让他们提出交易的建议，然后再分析他们的建议是否可行。这些都需要你熟知很多球队和很多球员的情况。

一些节目会安排多位主持人，这对你来说就会轻松很多，因为其他主持人可以和你交替接听电话，使你有休息的机会，他们也可能会知道一些你不知道或你想不起来的事情。通常你的搭档在很多话题上都会和你站在不同的立场，这样你们就可以来一场生动鲜活的争论。有时候你们分工相同，有时候则会由一个人引出一个话题，然后另一个人去跟进评论。接听电话的时候，你们两个人都需要参与进去。再说一次，你们要准备一个话题列表，然后确定谁先在节目中开腔。一位很有抱负的体育访谈节目主持人和他的朋友在大学的广播台开设了一档热线节目，当节目吸引到一定数量听众的时候，就被一家商业电台收购了。

在ESPN电视台海岸频道，主持人凯文·托马斯有两位合作主持人，B.J. 贝内特（B.J. Bennett）和本·特鲁普（Ben Troupe）。他对合作主持提出如下建议：

"认识各自的优缺点，我们中的一些人会在某些问题上展现出优势。清楚彼此的性格如何相互影响是至关重要的。我们会在节目开始前的会议上讨论主题，经过讨论我们已经清楚各部分将如何呈现，以及谁会引导这一主题。明确每个人的谈话要点，有助于产生令人满意的直播互动效果。"

他说节目受欢迎的关键在于：

"首先也是最重要的是要享受这份工作带来的乐趣。不能每天与不喜欢甚至无法和睦共处的人一起工作，你必须在接受批评并和彼此开诚布公的对话中不断优化节目。要了解彼此的志向与热爱的事情，从而在直播中做到配合默契。"

关于节目的准备工作，托马斯补充道："充分的准备是关键，互联网背景下，人们很容易陷入繁杂信息的泥潭。从听众最关心的内容着手准备，可以更高效地收集信息。"在节目中，你有可能会收到一个重要运动员受伤的消息，比如NFL的首发四分卫。自然，你们的讨论将会转移到这件事情对球队和联盟的影响。体育活动越来越多地和政治、劳工谈判、药物滥用和其他具有影响力的新闻联系在一起。虽然体育报道是你的主要业务，但你不能脱离社会而独立存在。了解世界上正在发生的事情并关心其与体育的关系。如果你缺少充分而全面的准备或难以将其融会贯通，你将失去你的信誉和听众。

有些来电者是常客，几乎每天都会打电话来对某事发表评论。体育访谈节目主持人很高兴他们打电话来，因为没有其他人打电话时，至少还有他们。有些来电者甚至使用昵称来赋予他们特殊的身份，而其他来电者用他们自己的名字，这样就显示出主持人和这些常客之间的友情。主持人也总是愿意有新人加入来电的行列，并且可能会用音乐来欢迎他们。宣传也是你的一项任务，因此可以用印有节目名称、电台或电视台名称和座右铭的T恤来奖励来电者，宣传你的工作。此外，可以考虑在体育酒吧和其他地方做活动，在那里结识受众、宣传节目，进一步了解人们想要讨论哪些内容。

演播提示10.4

体育访谈节目主持人

时刻准备改变定位。有时候，一档节目会展现不同的风格，而你却常常停留在某一话题，并花费大量时间。不要害怕偏离常规。在你制作（体育访谈）节目和塑造风格时，要问自己一个十分必要的问题：我和其他的人有什么不同？你要和全国性主持人做同一档节目吗？虽然吸纳与借鉴其他内容是一个好的思路，但发展自己的风格也很重要。你谈论什么内容可以让你与众不同？

——凯文·托马斯

> **演播提示10.5**
>
> 一位年轻体育主播的想法
>
> 注意细节：体育运动有太多的数字和纪录，很容易混淆。但从我的经验来看，提供错误的信息是最快失去信誉的方式。每个人都会犯错误，但是有些错误不可以发生。
>
> 要有创意：不要害怕跳出思维定式。当我到达布里斯托尔的时候，我做的第一个报道是参加一位NFL球员没通过的体能测试。我们设置了测试，我与一位当地的橄榄球教练一起来做测试，在我跑的时候他来做评论。结果非常有趣，和你每天在电视上看到的内容大不相同。
>
> 做你自己：不要试图模仿你在电视上看到的人。我们很容易就能分辨出哪些人在读电视上的文字，哪些人是在进行正常的对话。你的谈话要有交流感，就像你和家人、朋友的谈话那样。
>
> ——凯西·戈茨（Casey Goetz）

10.10 总结

从事体育报道能够让你的播音主持生涯更加熠熠生辉。这是一份让很多人向往的工作，每一个空缺职位的竞争都异常激烈，甚至朋友之间以及前运动员与教练之间竞争同一份工作也是司空见惯的。为了成为一名体育记者或者体育解说员，准备工作应该从你的学生时代就开始，并且永无止境，因为每一场比赛都意味着新的情况和新的挑战。你对赛场的一切越了解，你能把握住机会的可能性就越大。哪怕是一场无足轻重的比赛，你都要抓住每一个机会去积累经验和知识，永不停歇地改进自己的工作。经验丰富的资深从业者都会记录和回顾自己所做过的一切，你也可以通过这个方式来不断提升自己。此外，还应该抓住一切机会拓展人脉。

自学题

问题

1. 下面哪个选项不是对体育记者的基本要求？

   a）对体育有浓厚的兴趣　　　b）对体育有深入了解

c）充满活力 d）让自己与众不同

2．与10年前相比，关于体育报道的工作职位更多了。

　　a）正确 b）错误

3．体育主播可能会创建一个用于播报比分的行为动词列表，因为_____。

　　a）观众喜欢

　　b）可以使用不同的词，避免播报变得枯燥

　　c）每个体育项目都应该用一个专用的词语来播报

　　d）应该尽可能地使用戏剧化的词语

4．"主队支持者"的意思是_____。

　　a）球队的吉祥物 b）当地的运动队

　　c）偏爱主队的解说员 d）当地媒体的体育主播

5．以下哪一项不是体育赛事电视实况解说技巧？

　　a）用简短的词语帮助观众识别运动员 b）描述画面外的动作

　　c）对画面中的信息做补充说明 d）重复画面中出现的信息

6．体育播音工作中，难度最大的岗位是_____。

　　a）体育主播 b）专业评论员

　　c）实况解说员 d）体育记者

7．激情、应对突发状况的能力、对体育历史的了解、对体育明星的现场采访、自我控制和保持冷静，这些都是对_____的素质要求。

　　a）体育记者 b）体育主播

　　c）专业评论员 d）体育访谈节目主持人

8．对于体育访谈节目主持人而言，成功的最重要因素是下列哪一项？

　　a）以自我为中心，认为自己是节目的主角 b）处理恶作剧来电的能力

　　c）推送现场广告的能力 d）对体育深入的了解

9．下面哪一项可能不会为体育播音员提供工作机会？

　　a）网络电视 b）运动队

　　c）自由记者中心 d）都可能提供

10．哪一项是体育记者收集运动队数据的最佳途径？

　　a）运动队的媒体指南 b）运动队的网页

　　c）《体育画报》 d）赛后新闻发布会

11．新手体育解说员常常需要花费多少时间准备比赛的解说工作？

　　a）解说一小时需要一小时时间准备 b）解说一小时需要四小时时间准备

　　c）解说一小时需要一天时间准备 d）解说一小时需要四天时间准备

12. 下列哪项关于场边记者的说法不正确？

a）在中场休息时，向离场的教练提问题，问题要简短，以便得到简洁的回答。

b）因为场边记者是即兴报道的高手，所以无须花费大量时间做赛前准备工作。

c）场边记者的价值在于向观众讲述现场正在发生的事情，这是解说员和评论员做不到的。

d）几乎所有发生在体育场内的事情，只要能增加观众对现场的了解，都可以成为场边记者谈论的话题。

13. 下列哪一项是评论员最重要的责任？

a）分析解说员对赛事的解读

b）对解说员提供的信息进行补充

c）从不反对解说员的评论

d）纠正解说员的错误

14. 女性在进入体育广播领域时必须考虑的内容不包括以下哪一项？

a）和男性同事一样努力工作

b）穿着

c）她们的体育视角可能与男性记者不同

d）男性占大多数的观众是否认可她们的专业性

15. 优秀的体育访谈节目主持人会阻止经常打电话来的人，因为这些人通常会占用节目很长的时间。

a) 正确　　　　　　　　b) 错误

答案：

1. d　2. a　3. b　4. c　5. d　6. b　7. d　8. d　9. d　10. b　11. c　12. b　13. b　14. c　15. b

实践项目

项目1　为电台体育比赛进行实况解说

目的
练习如何做准备工作，解说一支运动队的比赛。

要点

1. 记住，要想成为一名优秀的实况解说员，关键是要做好准备工作。

2. 准备工作包括了解比赛的规则、运动员和教练的名字，还有关于比赛队伍的一些有趣的事情。

3. 将信息记录在卡片或笔记本上，在比赛节奏较慢的时候可以快速查找到信息并用其填充时间。

4. 电台听众不习惯冷场的局面。

如何完成这个项目

1. 选择当地学校的一支运动队。

2. 为解说一场主场比赛准备材料。

3. 坐在比赛场边，使用便携式录音设备和麦克风，录制你对比赛的现场解说，时长为10分钟。

4. 回听你的录音，并且写下自己的意见。

5. 标注并提交你的录音、意见、准备材料，等待指导老师评分。

项目2 观看一场体育直播

目的

通过分析一场体育比赛的网络电视直播，学习更多体育解说和评论技巧。

要点

1. 本项目要求观看一场橄榄球比赛的直播，但是如果指导老师允许，也可以换成其他体育项目。

2. 可以把直播录下来，以便更好地分析比赛。

3. 从比赛开始时录制，跳过赛前的部分。

如何完成这个项目

1. 录制时长为30到40分钟的橄榄球比赛网络直播。

2. 带着以下问题观看和分析：

　　a. 评论员的活力与激情跟比赛的节奏匹配吗？举出一个例子。

　　b. 评论员是退役运动员或者教练吗？

c. 解说员有没有使用口头禅？如果使用了口头禅，请解释一下。

d. 比分被提到了多少次？多长时间提一次比赛剩余时间呢？

e. 除了比赛的画面，还提到了比赛队伍或者运动员的哪些信息？举几个例子。

f. 有多少数据方面的资料被提到？举个例子。

g. 如果有运动员受伤，评论员是怎么处理的？

h. 评论员在每一档进攻后都进行评论吗？

i. 解说员和评论员的话出现过重叠吗？

j. 解说员或评论员播读广告了吗？

k. 他们是互相纠正了错误，还是未经提示就自己改正了错误？

3. 对这段比赛视频进行总结，并对如何更高效地进行广播电视报道提出自己的看法。

4. 确保你的论文是完成状态，错别字和语法错误都已经纠正，否则这些错误会影响到你的最后成绩。

5. 不要用塑料封皮或把论文放在活页夹中，只需要在论文上方加一张简单的标题页，注明你的姓名和论文题目"体育播音"。

6. 论文最后留出一张空白页，以便指导老师为你书写意见。

7. 将完成的论文交给指导老师，等待老师打分。

项目3　准备一期体育访谈节目

目的

了解主持一期电台体育访谈节目需要做的准备工作。

要点

1. 重新看第6.10节和第8.11节的"现场直播"部分，虽然这两节针对的是广告和新闻节目，但基本原则是一样的。

2. 你的目标是准备一期体育访谈节目的单人播报部分。单人播报通常出现在体育节目的一开始，为后面的节目内容做好铺垫。

3. 这一部分是时长为10至12分钟的即兴播报，节目的最后你需要说明现在是时候接听第一个电话了。

4. 这个项目完成的作品适用于一档广播或电视节目。

如何完成这个项目

1. 查看当地或者全国的报纸、体育杂志或者其他资料,为你的节目选出几个有时效的、合适的话题。

2. 研究话题,设定节目长度。最多能谈五个话题,不过四个话题能更好地证明你具备研究、开发和持续谈论一个话题的能力。

3. 收集数据资料和趣闻轶事,使你的谈话更生动。准备一些能够引起听众回应的话语和问题。

4. 准备好你的记录,安排好怎么开头、话题的顺序,以及观点和意见的顺序。

5. 因为这是模拟直播,所以你只有一次机会,不过可以提前练习一下。

6. 确定如何结束每一个话题,以及如何在接听来电之前结束这一部分。

7. 录音,在作品上标注"体育访谈",提交作品,等待指导老师打分。

第 11 章

社会服务节目播音

11.1 引言

虽然电台播音员、广告配音员和记者所在的演播领域为专业人才提供了大量的机会，但其他播报领域也值得我们关注，比如气象、交通、财经、专题节目、多媒体评述、电影预告片、电子游戏以及电视购物。每个领域都有其特殊的要求和独特的魅力，但都必须遵循本书之前提到的基本的演播规则。要想在某一个专业领域中取得成功，不仅要掌握基本技能，还要满怀激情。

11.2 气象播报

气象播报早在无线广播和电视产生之初就已出现。一开始的设想是气象播报很枯燥，必须在广播中尽快完成播报或在电视上用一些娱乐的方式增强播报效果。虽然气象播报仍然是广播中一个较小的组成部分，但是现在已经受到了更多的关注，并且更为频繁地在许多电台电视台播放。一些电台会每十分钟播报一次天气状况，比如数字中带"9"的时间点。"逢9气象播报"已经成为电台的特色之一。受众中有一部分人对天气极其关注，比如农民和度假区运营商。除此之外，国家也会对潜在的突发性大风暴较为敏感，对这些气候现象的播报价值有了进一步认识。电视台花费了大量的资源和时间让观众了解最新的天气信息。当有可能转化为龙卷风的大型夏季雷暴来临时，电视台会放弃播放常规节目，长时间地对天气进行实时播报。电视台投入大量资金购入先进的雷达系统，以保证能够展示最新的气象变化。随着听众和观众对气象越来越有兴趣并且越来越专业，气象播报已然成为年轻的媒体演播者认可的专业性职业。24小时专门播报天气的有线电视频道"气象频道"的存在和成功印证了这一点。

如果你有机会从事气象播报，你应该尽自己最大努力尽快熟悉掌握这一领域的专业知识，因为观众中会有很多人指出你犯的无知错误。需要强调的是，一些几乎没有进行过或是只接受过少量气象训练的人也会得到机会并且成功。不过，如果你把气象播报当作自己的事业，那么最好接受专业训练。一些重点大学会提供线上或线下的培训。多年来，美国气象协会会请专家对个人工作进行评审，并为通过特定测试的个人授予"认可印章"。这种方法后来被一系列笔试和评审取代。

如果你了解一些气象播报的知识，会有助于自己在广播电视领域找工作。而对于喜欢气象播报的播音员来说，尽快拿到专业的证书是非常重要的，不仅可以让自己显得更加专业可信，也能为职场竞争增加一个重要砝码。

除了当地的气象播报，美国国家气象局也持续不断地通过电话和网络提供天气信息。电台电视台通过卫星电视天线和网络，可以获得全球卫星云图和风暴图。像天气预报软件Accu-Weather这样的商业气象信息服务已经得到发展，可以给电视台提供多种内容，包括基本信息、气象地图以及精美的图像和动画图表。电台可以获得完整的本土化报告。其中，气象播报员可以获得自己所在社区所购买的相关服务，还包括当地或指定路段的情况。除此之外，美联社和其他新闻通讯社也会为订阅用户提供很多的气象信息，这些信息正是许多电台播报的基本内容。

如今，电台电视台都想要将自己的气象播报员发展为台里稳定的人员。个人可能会作为常驻气象专家和一家电视台签约很多年。当风暴或严重灾害来临时，这些专家就会受邀出现在电视里。在正常情况下以调侃的方式播报天气的气象播报员，在危急时刻需要摒弃那种风格。观众知道调侃只是一种表演，当天气稳定转好下来之后，这种风格还是会受到欢迎的。如果你拿龙卷风开玩笑，那么可能很快就要卷铺盖走人了。这是一种常识。

气象播报有许多术语，刚毕业的学生对此可能不熟悉。虽然大多数报道更专注于对观众做简单的解释，但是在准备你的报道时，你需要知道这些术语和它们的意思。电脑技能也很重要，因为许多图表资源就是通过电脑来处理的。更进一步讲，大型电视台会用自己的系统来生成地图和图解。在很多情况下，图表中还包含动画。

11.3 气象节目中的色键抠像系统

对于刚开始接触电视气象的人来说最具有挑战性的一件事情就是使用色键抠像系统。电视气象播报员身后的气象地图实际并不存在，播报员通过看监视器来工作。制作人员将播报员的形象叠加在地图上。网上可以找到两个很好的例子。第一个是气象播报员德米特里·艾沃蕊（Demetrius Ivory）在"匹兹堡行动新闻"的报道。第二个是"无色键气象播报"视频,气象播报员柯克·克莱特站在一块没有叠加气象地图的绿屏前。但是如果你看看这位播报员的右边,就会看到电视机前的观众所看到的内容。看向镜中的自己,如果我们向右移动手,镜像中的手也朝相同的方向移动。但你仔细想一想,镜像中的手实际上是向左移动的。与之相反,电视影像是"真实"的。如果你向右移动手,影像中的手也向右移动,这与我们习惯的方向相反。当你要看着监视器中的图片,手指向地图某一处并不存在的特定地点时,就可能会出现问题。因此,练习十分有必要,但在你熟练掌握之前切勿过于追求精准。手掌伸开的手势比单指指向要好,这样可以减少指向一个城市而说另一个城市的可能性。

色键抠像是一种电子系统,系统中的摄像机会被设置,它"看"不到某种颜色,通常是绿色,早期是蓝色。事实上任何颜色都可以做到,但绿色最常见。通过电子设备把其他资源中的图片安插到空白地方。当播报气象的时候,显示的是电脑或存储器里的地图或动画。播报员站在绿色或蓝色的背景前,指向不同的重要信息,但实际上背景屏幕表面什么都没有。通常,在播报现场两边都有摄像头,有时候可能前面也有,播报员看着监视器指向某个地方。对于观众来说,这看起来就像是气象播报员指着气象地图。

通过练习,你可以通过判断监视器里自己的位置而很熟练地指向正确的位置。试着在脑海中设想布局的位置。当你背向屏幕时,波士顿在你的左手边,旧金山在你的右手边。通过练习你会掌握大多数城市的位置。当然,无论你选择什么样的播报风格,播报时手势必须流畅。刚开始时别太计较精确性。摊开的手掌比一根手指更能减少失误。你甚至可以略微分开手指,以增大指向正确的概率。另一个值得新手注意的问题是,色键抠像系统对任何屏幕上的绿色和蓝色都有作用,所以如果你穿了一条绿色的裤子,它会消失不见,观众只能看到地图而看不到你的双腿。全绿色的套装会导致观众在播报中看到你的头和手在地图上游走。因此,着装颜色必须正确。色键抠像屏幕原本都是蓝色的,但后来发现,在镜头离得较近时,从播报员的蓝眼睛中可以看到色键屏幕。色键抠像屏幕在新闻播报中应用多年,从记者眼中看到战争镜头的情况时有发生,因此绿色色键抠像屏幕为解决此问题应运而生。

11.4 气象播报风格

全国各地气象播报员的播报风格多样,不过,他们至少有三种共同的品质:兴趣浓厚且全情投入,富有活力却不浮夸,为观众考虑。大多数情况下,作为一名气象播报员,在问候和评论时你可以适度表现得随意些。除非天气非常恶劣,否则应该保持微笑,展示个人魅力。基本上，你是在与观众分享相同的天气，所以你可以评论一下高温、低温或者降雨，就像是你和他们一样正经历或享受同样的天气。另外，记住观众是通过镜头看到你的。与观众保持交流是至关重要的，眼神交流是重要途径。别太关注旁边的监视器，以免忘了观众是在你的正前方。现在，已经有一些电视台在镜头正下方加设了监视器，这样你可以在直视前方的同时用余光从监视器中检查自己的站位。当你不确定自己要指的城市或地区在哪里时，可以从侧面的监视器进行验证，但是请第一时间将视线转回正前方的镜头。这个时候，可以根据你个人的播报风格表现出适当的热情。用你的手势和面部表情配合你要讲的话，但不要摇摆或是走来走去，保持站姿平衡及稳定。在播报过程中你可能需要从地图的一侧走到另一侧，介绍不同地区的情况，这时候也要对自己的动作加以控制，不要在过程中背对观众。最后，注意你的语速。在这种情况下，语速过快通常会使观众的注意力从你的展示中转移。

　　电台气象播报经常是读稿的，不是来自通讯社就是临时抄录，而电视气象播报大多是即兴的，可能需要提示板的帮助。播报过程中你可以用地图或图表进行提示，但提前理清播报思路是非常有必要的。比如可以先评论当地即时的天气情况，之后回顾全国各地的天气情况，最后回到当地气象播报。当全国地图出现时，以某种地理顺序播报，这样就不会出现满地图来回指点的现象。既然大多数播报都是从左向右的，那么从西海岸开始向东播报是一个合理的选择。但是如果有一个重大的天气事件你想要先播报，如飓风或龙卷风，记得哪些是新闻主持人说过的，这样你就不会重复着结尾了。如果你正在播一条重要的当地暴风雨信息，例如一场大的雷雨有可能转化成为龙卷风，除非你的发现真的得到了证实，收到了紧急预警，否则请保持冷静，不要说任何带有警示性的话语。你可以提醒观众躲避或者储存一些补给，但一定不能夸大事实。

　　详细地计划好你将要说什么，尤其是你将如何结尾。一两个总结句通常是最好的选择。但是请记住，千万不要指望在现场即兴创作出这样的句子。尤其要注意的是，这时候很容易插入"嗯"一类的词。此外，你应该牢牢记住文稿内容，因为有时不可避免地会发生技术中断的事故。当事故发生时，要确保后续的播报依然清晰有趣，通过语言向观众描述出相关的天气情况。能够做到这一点，就标志着你已经成为专业人士，可以凭借自信和充分的准备迎来成功。一般情况下，专业人士做这些看起来很容易。你会发现，即兴做清晰有趣的播报并期望内容涵盖你想说的一切是有挑战性的。监视器两边的提示板上可以列出全国各地的温度，提示你并且帮助你记住你接下来应该要说什么。字体要大，字迹清楚，内容简单，使你可以一瞥就能读懂。和准备其他即兴节目一样，学生通常低估了准备工作的工作量。找个地方，多次大声地播读你的文稿，是你要做的一项准备工作。最后值得注意的是，在播报结束之后保持当时的状态不变或者做些恰当的事情。一结束马上离开主播台，留给导演的只有空白的屏幕。

> 这是一篇气象播报稿。
>
> 　　下午好，我是简·史密斯。今天是个好天气。温度76华氏度，伴随有时速5英里的西南微风。纵观全国，西雅图也有一样的阳光，这可是不太常见的。旧金山和洛杉矶同样一片晴朗。有一气锋从落基山脉向西移动，将会给阿肯色和内布拉斯加带来急需的雨水。此外东部地区大部分晴朗无云。纽约76度，波士顿74度。再往前看，明天我们还将迎来好天气。今晚会有阵雨，但明早8点前将会结束。今晚最低温度61度，明天白天最高气温77度。下午6点将为您带来最新情况。
>
> 　　这篇播报稿用时大约45秒。请注意，开始不会过早给出一些预测，只介绍当前的温度、阴晴和风向。从西向东进行全国气象播报，然后转到当地播报。

　　许多电视台把气象播报看作整个新闻节目的"可变因素"。如果一些节目延时，或者遇到突发新闻，你很可能在正要继续的时候被要求将播报缩减到30秒，而一些图表系统早已设置好，所以不可能跳过任何一个步骤。还有些时候，当你正要开始播报，一个现场报道落空，制片人要求你增加整整一分钟的播报时间。所以当你在准备的时候应提前考虑好你将如何应对这些问题。

　　穿插播报当地不同社区的信息，使得每个人都感觉自己和这个播报相关。如果你的播报覆盖面够大，你可能会想要安排一些观众打进电话来介绍他们所在地区的情况。你需要给他们提供一些温度计或者其他简单的气象设备，不需要很贵。为了更进一步联系你的观众，提升你的社区影响力，你可以积极参加一些当地的慈善活动，甚至创办临时活动，如为宠物寻找收养家庭。

　　很多电视台为了让自己的新闻团队看起来更人性化，会在节目中设定聊天环节。这个环节一般会从主持人抛出某个问题或观点开始，比如"你觉得周六比赛的时候雨会停吗？"或者"我在暴雨前打一轮高尔夫还来得及吗？"观众期待你给出一个令人愉快而有趣的回答，所以再次强调，提前讨论这些话题会对你有所帮助。

　　特殊天气情况让你有机会做深入报道，还有机会做专题片或纪录短片。电视台可能会根据你所处的位置安排你做一个深度故事报道，内容涉及龙卷风、即将来临的飓风季、长时间的干旱或洪水等方面。这些报道中必须有一部分围绕本地区展开，并且涉及一系列的采访。较大的电视台也许有许多气象播报员，其中一些会在重大气象事件发生时被派往一线。所以你在暴风雪等灾害性天气下报道也不是不可能。这种情况下，你既是播报员又是气象专家,除了描述天气情况,还要分析信息、预测未来的发展趋势。随着收视竞争的加剧,现场出镜的气象播报形式越来越普遍。重大赛事、游行以及其他活动期间的气象播报除了演播室播报还有现场出镜播报。播报技能加上气象技能都可以使你在电视台更有价值。

在电视台,气象播报员会被认为是一名科学家,对所有自然现象都能进行解读,比如地震和潮汐现象。拥有渊博的科学知识储备将对你的职业生涯很有帮助。

许多观众都认为气象播报背后有很多人在做幕后工作,负责绘制播报中要用到的所有静态和动态图表。除非你在一个真正的大台工作,否则这个想法并不成立。你很可能要自己完成以上内容,因此你还必须学习相关的电脑知识。

还有一点你要了解,所有的地图、图表、视频都是通过你手中的一个简单的"控制器"控制的。在真正的多任务处理工作环境中,你要能一边和观众进行交流,一边确保图像在正确的时间出现在直播中。

请阅读罗伯·邓斯(Rob Duns)在演播提示11.1中的观点。

演播提示11.1

电视气象播报员在竞争时代的重要性

虽然气象播报节目始终是彰显电视媒体重要性的不可或缺的部分之一,但现在,新闻消费者更倾向于通过手机应用程序来获取气象信息。除非你给观众一个看你播报的理由,否则他们就会用手机查询信息。

天气应用程序听起来好像是气象播报员的敌人,但我更愿意将此视作一个新的机会。如你所见,消费者只能从靠电脑驱动的应用程序中获得千篇一律的气象数据,这让我们有机会脱颖而出并展示我们的重要性。这些机会以多种方式出现,我们每次都要牢牢把握。例如,现在大多数人看新闻是为了获得天气情况的预报而非简单的播报(因为他们总是专注于手机),你要向观众解释出现这些天气现象的原因,分析它们对观众的生活有何影响,以此来展示你的播报价值。现在你应该让他们了解这些现象发生的原因,而非重复他们已知的信息。

强调当下气象的重要性,也是电视气象播报的关键内容之一,尤其是出现恶劣天气时。当你所在的区域发布预警时,应用程序可能会向你发送提醒,但它们几乎无法分析和传达预警对该区域的实际意义。相反,气象播报员不仅可以利用他们在气象方面的专业知识,还可以利用其对当地地标的了解,将当下发生的事情与观众的经历结

> 合起来。人的因素在这里很重要,因为应用程序无法传达感情,也不能以冷静平和的方式讲述如何应对恶劣天气。只有电视气象播报员可以做到,这是一项需要花费数年时间锻炼和精进的能力。
>
> ——罗伯·邓斯

小　结

气象播报已经从一个新闻节目的附带板块逐步发展成为一门受人尊重的学科。气象播报员需要具备详尽具体的知识,以及解说和分析的能力。气象播报现在应用大量的电脑动画图表。其中有一些是来源于国家的资源,但更多的资料都是由内部准备的,以完全实现即时化和本地化。旅行者喜欢看热门旅游城市的气象播报,比如纽约、芝加哥和洛杉矶。但大多数人还是想知道当地两三天内的天气情况。对于那些对气象感兴趣并且乐于学习相关知识和技巧的同学来说,气象播报是一个有所回报的专业方向。

11.5　交通报道

交通报道为媒体演播提供了一条新的思路,这是其他新闻所做不到的。交通报道令人振奋,充满挑战,同时又错综复杂,综合性强。多家媒体运营商一般都会从同一个信息中心获取从警察、火灾监查、航拍记者、随机热线和推特等各个渠道搜集到的信息资源。更有趣的是,你可能会为不同的电台做新闻报道,有的时候只相隔一两秒。而这些电台的风格各不相同,例如有摇滚电台、轻松调频,以及公共广播电台。各个电台都希望你用本台惯有的风格进行报道。此外,他们可能还希望你在报道中播送一些广告。在不同的电台报道时你可能会用到不同的姓名,时刻记住你叫什么也是一项挑战。在不同的电台都使用相同的名字,可以在紧急情况下为你提供帮助,你可以直接省略姓氏,用名字自称。

如果你得到了一个报道机会,在一开始可能会觉得压力很大。众多新闻信息从四面八方向你涌来,你必须将它们安排成一条条短报道,涵盖所有必要内容。做笔记是你要做的第一步,你甚至可能需要在获得信息的第一时间就一气写完几条短报道文稿。交通报道的长度从30秒到90秒不等,其中包括广告时长。大多数从火灾监查渠道得到的信息都需要进行速记,并将信息在短时间内尽可能多地加入报道之中。当然,要想快速将这些信息翻译给你的听众知晓,你必须对你所处的城市了然于心。这意味着,你不仅要知道城市内的各条主路和各个十字路口,而且要把城市内的标志性建筑、场馆、工厂、机场背得滚瓜烂熟。在你的脑海里要有一张城市地图。

你可能会遇到的一种极端情况是，少数公司拥有多家电台，这种"合并"意味着你可能会为不同城市的电台进行报道，甚至是为一些距离较远的城市进行报道。这种情况下多任务工作会达到极致。显而易见，你需要尽可能多地获取其他城市的交通资讯，很可能是通过互联网进行搜索。

自始至终，你都要保持专业水准，使用适宜的风格为你所服务的电台进行报道。报道时会很容易语速过快，因此，你需要时刻注意自己的语速。报道过程中，你可能会稍稍提速，但清晰的吐字永远更重要。如果你觉得交通报道非常有趣，或是打开了新世界的大门，可以多多收听交通新闻报道，在实习期间好好学习相关技能。你可以用实习期间所学的技能录一个样片听一听。尽量营造真实的氛围，获取大量的交通信息，包括清晰准确的路面状况。

11.6 财经报道

过去的25年，美国人越来越关注财经市场。个人退休账户（IRAs）和养老金计划（401k）使得数千人把一大部分退休金都投向了股票市场。这引起人们对股票和债券的极大关注。基于观众的需求，两个全天候的财经资讯有线频道应运而生，内容全部与股票债券有关，同互联网流媒体一起为观众提供最新的财经信息。除此之外，许多广播电视新闻报道开始重视股市，这一风潮还将持续下去。虽说这是一个专业领域，但许多人从中得到了乐趣。

对于一般性的财经新闻报道，学生需要知道大众最感兴趣的因素是什么，以及如何报道它们。对于有线频道的主持人来说，经济学知识、股市经验和新闻写作及报道技能都是必要的。这就意味着每天必须通过报纸等渠道了解财经新闻，了解世界金融动态。除此之外，财经评论员也是媒体中常见的职位，财经评论员需要拥有更专业的知识储备，一般要有丰富的股市从业经验，能将相关经验运用到实际操作中。

许多电视台的财经节目时长两个小时，内容包括在提词器辅助下播读的大篇幅最新资讯以及在演播室或通过卫星连接对专家所做的采访。采访都是即兴的，也许会用一些事先准备好的问题来开场。主持人需要理解并陈述受访者的观点，然后问些有意义的问题。通常主持人必须从受访者的发言中筛选出一般观众无法理解的行业术语，通过进一步提出问题来向观众解释清楚。在一些情况下，主持人会问一些自己已经知道答案的问题，尽管如此，还是要以一种诚恳的态度问出这些问题，以免显得做作。有些受访者喜欢用傲慢的态度讲话，有些受访者说起来滔滔不绝，这时候主持人必须加以制止。可见好的社交技巧也很重要。有些受访的执行官试图成为他们公司的公关代言人或者掩盖公司已经存在的问题。这时，财经主持人就要问一些苛刻的问题，并识别受访者是否在回避这些问题。玛丽亚·巴提罗莫（Maria Bartiromo）是最早的女性财经记者之一。她承认女性从事财经报道很困难。2019年《职场女性研究》（Women in the Workplace Study）报告发布后她接受采访时表示：女性在美国企业界的代表性仍然不足。

许多因素会影响到股价的波动，尤其是新闻事件。认清世界政治经济格局会起到积极作用。当国内或国际大事件发生时，股价会快速地上涨或下跌，财经节目的观众数量也会快速增长。股价快速下跌之所以会引起成千上万股民的关注，是因为这意味着他们会损失大笔的钱财。轻松的说笑在股市平稳的时候是可以接受的，但是股市大幅波动时需要镇定地报道，不能带有任何"恐慌性"的评论或者会导致观众过度痛苦的评论。

财经评论员对他们的观众有着巨大的影响力。他们推荐的股票会在短时间内暴涨，一个负面的评论会导致投资者损失几百万。在这个行业中，个人的责任巨大，需要谨言慎行、避免暗示个人喜好。另外，无道德原则的人也存在于这个行业中，他们试图影响主持人，让他们说些有利于股票的话，甚至采取赠予礼物、提供旅行以及直接贿赂的方式。接受这些东西是毁掉职业生涯的最快方式。近些年我们看到一些主持人直播时公开推荐某些股票。这种做法成了一种普遍现象。不过，财经主持人一般是不能够投资购买他们在节目中推荐的那些股票的，如果在这些股票上进行了投资，就必须承认。

每天都讲股市行情，也能听到很多炒股技巧和股票推荐，还可能知道有些人在股市赚了一大笔钱，这时候你也许也会生出投资股市的念头。关于这件事，你的电视台会有规定，告诉你这绝对是危险的一件事。如果你购买了一只股票，并在直播的时候表示看好它，你有可能被指控"兜售"这只股票以抬高股价，让自己从中获利。这是不道德且违法的行为。你的职业生涯将因此断送，所以不值得你一试。如果你从事财经报道工作，还有其他合适的投资方法，但在开始前请做好咨询工作。

11.7　财经记者说什么

财经报道中说什么完全取决于你的时间。如果只留有一小段时间报道财经新闻，那么第一个选择就是道琼斯指数。事实上，道琼斯会发布三个指数：工业、运输业、公共事业。大多数人更关注工业指数。这个指数是通过30支主流股票的卖出价格推导得出的，包括IBM（国际商业机器公司）、GE（通用电气公司）和通用汽车公司等。受众想要知道自上个交易日结束以来的指数和变动量。另外，人们还想知道这些变动是涨还是跌。

第二个受欢迎的指数是标准普尔500指数，由标准普尔公司创建，包含500家公司。虽然很多人倾向于道琼斯指数，许多专家还是视标准普尔为更好的标准依据。最新的指数、变动量和趋势同样是它所关注的重点。第三个是纳斯达克，一个独立的电子证券交易机构，主要交易小型低价股票。很多没有太多资金的投资者会更倾向选择这个交易平台，因为它的价格更低。关注的重点依然是最新的指数、变动量和趋势。

这是一篇关于股市的播报稿。

下午好，这里是下午3点股市播报。道琼斯工业指数上升十个百分点到一万三千一百四十一点。标准普尔500指数上升两个百分点至三千零二十二点。来看广泛持有股票的价格，IBM上涨五十美分至一百九十美元四十美分。通用电气二十一美元二十美分，下跌了十美分，微软没有变化，仍然是三十一美元四十四美分，脸书二十四美元七十八美分，上涨了二十六美分。一小时后为您带来最新数据。

这篇报道大约用时30秒，涵盖了普通投资者想知道的内容。

如果还有时间，下一步就是要列举当前价格和几支广泛持有股票（如IBM、GE、微软）的价格变动。通常会介绍当前的股价、变动量和趋势。如果你所在的城市有家大公司，受众也会很关心它的情况。许多公司以股票的形式分红，所以你可以和很多股票持有者对话交流。

在证券交易所或者网络上，股票常以二至五个字母做代码。有些很容易识别，比如GE和IBM，有些则不是。杜邦公司的股票代码是DD，联合太平洋铁路是UNP。

诸如美联社之类的通讯社会提供定期报告，但不会列举出你需要的具体的当地股票信息。这种情况下，你可以致电当地的股票经纪人，或者浏览大量的免费网站，以得到任何需要的信息。较长的报告也可以从通讯社获取。要寻找涉及面最广或与当地相关的内容。不要对公司报告表现出过多的热情，不然看起来像是你在鼓励受众购买或者抛出股票。播报时镇定自若且精力充沛。如果股市下滑严重，要收敛情感，保持客观。受众此时已经够沮丧了，不需要你再多加渲染。

11.8 专题节目主持

一些电视台会有专人负责准备讲述新鲜故事的专题片。它能否在新闻节目或脱口秀节目中播出，取决于节目时间的长短。专题片也可能会有自己的固定播出时间。有的专题片本质上就是户外旅行视频，可能会拍摄一个故事或是制作一个采访。有一家电视台制作的一档系列专题节目《一箱油旅行》（One-Tank Trips），已经播出多年，一直是同一个主持人带领观众在周边历史遗迹或度假胜地旅行。这些地方都在用一箱油就能往返的距离之内。主持人会专门设计路线，而且还会有意途经当地景点，增添一些趣味。另一个专题节目叫作《戴尔的朋友们》（Del's Folks），它着重关注个体户和小商人。主持人戴尔给每位受访者一个印花，采访过后受访者都会骄傲地拿出来展示。这是对他们的成就、善举的认可。对于这些主持人来说，他们在镜头外还有其他的职责，如销售广告、撰写脚本，这些都是开机时所必需的。本章前面的部分，我们介绍了气象播报员罗伯·邓斯，他还在一档名为《漫游威斯康星州》（Wandering Wisconsin）的周播专题节目中担任主持人、制片人和摄像师。

专题节目的主持人必须要有良好的观众基础，受观众喜爱，并且与观众有默契。节目中，你要在短短几分钟时间内和观众建立起联系，向观众介绍节目主题以及涉及的几个方面。这部分节目通常情况下是提前录制的，有时也会直播，或是在直播时被接入演播室。吉姆·西斯罗（Jim Sislo）是电视时段销售，他做了一档名叫《西斯罗的孩子》（Sislo Kid）的节目，节目内容是关于创新科技的。他将自己的观众定位为对这一领域不是很了解的个人。每隔一周的周四，他有三分钟的时间娱乐他的观众。吉姆会寻找具有趣味性和娱乐性且又便宜的小装置，而且这些小装置必须是容易呈现出来的。作为专题节目专家，确定你的受众群，你要做什么样的主题，这是一个很好的开端。和其他优秀的主持人一样，吉姆花费大量的时间计划和准备，而且还要做好出错的准备。

虽然经历过多次直播，吉姆还是喜欢尽量预录制他的节目。因为他的节目时间长度相对固定，开场还要花去几秒，所以他就必须认真准备。他的节目模式大致是这样的，分一些时间问候观众和介绍主题，接下来关注两三点与主题有关的内容，最后快速引出有力的，有时是戏剧性的结尾。因为时间有限，所以效率变得很重要。他必须要在很短的时间内清晰地向观众介绍主题内容，即使时间再短，也要清晰地阐释主题。他还需要决定自己要讲的两三个点都是什么。最后，他还需要设计有趣的结尾。哪怕是很短的节目，都不能即兴播出或临时准备。他说："表演部分十分重要，因为那就是主持风格，但是事先计划确实需要投入大量工作和时间。"自小吉姆就是一名专业魔术师，他经常利用自己的魔术知识给节目增添光彩。他的魔术也给了他表演和公开露面的经验，这促使他取得成功并证明了任何形式的表演经验都是有价值的。

吉姆发现制造商非常乐意把产品提供给他使用。很多人会联系他。尽管如此，当他亲自与制造商接触的时候，还是会邀请他们看电视台网站中自己主持的那一部分节目，以此建立信誉度。此外，他每次用完产品后，都会第一时间归还产品，这是一个道德问题，他不想损害自己的信誉。吉姆视自己为推销者，并且喜欢自己的这份"本职"工作，但也感激可以受邀主持专题节目。

11.9 购物节目主持

电视购物频道主持是新兴的专业播报领域之一。虽然这一领域的长期潜力有待讨论，但是当前的成功如此之大，有线频道每天24小时播出的购物频道数量与日俱增，并且给主持人带来更多的机会。虽然主持人的风格各不相同，但对他们来说最重要的一点都是尽可能多卖产品。虽说幽默怀旧之类的元素是可以接受的，但重心还是要放在销售上。谈到技能，长时间即兴演播的能力至关重要。节目中你需要围绕产品展开话题，全面介绍产品，展现出对它们强烈的喜爱与好奇，要用幽默的方式进行介绍，不能显示出一丝的紧张，也不能表现得很平静。在这过程中，要不断地说明产品的编号以便观众订购，当然还要说明价格很便宜。有时你会催促观众说，没有多少时间了，赶快下单吧。

这个行业需要伶牙俐齿。至少在最初，需要你对所介绍的产品有专业的研究。产品可能是珠宝，也可能是电子产品，比如GPS（全球定位系统）接收器。除了有时候介绍体育纪念品、工具、车展时大多数观众为男性，你可以假定你的观众绝大部分都是女性。考虑一下自己的个人形象，一定要友好、真诚、有趣、有见识。你看起来要时髦、高雅，但不能让观众觉得与你有距离。做一位观众认为可以成为朋友的主持人，观众可以崇拜你，却不会惧怕你。

如果你的观众认可你，他们就会通过购买产品或拨打热线电话的方式支持你的工作，而管理层在评估你的工作表现时会考虑这两点。很多时候，在节目中你也可以接通一些观众的热线电话。QVC电视台有一条"表扬"专线，观众打进来说他们有多喜欢现在正在销售的产品，同时也希望能和自己喜欢的主持人通话。你应该对观众保持热情，但交谈也要简短、友好。你应该问他们买了什么产品，为什么买，从而得到关于这件产品的评价。有些观众很可能"真情流露"，和你说话时紧张发抖。这时，要礼貌地感谢他们的支持，然后回到产品的话题中去。警惕那些别有用心、无缘无故地发火，或者太激动以至于控制不住自己的人。

当有一批产品待售时,你要和采购商开会,让其了解产品的特性、优势和用途。虽然相关的个人经验和一般常识都有用,但这些产品信息是需要你关注的推销点。成为某一产品的专家,比如黄金,可以让你对已经知道的产品信息加以补充。通过使用或佩戴该产品,你可以向观众描述亲身体验,而这种做法通常可以取悦观众。你该准备一套提示卡,或由工作人员为你提供,并将其放置在不显眼的地方,供你参考。当你说话的时候只需一瞥就能看见,记好这一点。除了产品之外,可能还有展示衣服等产品的模特。最好用他们每个人的名字称呼他们,当然不要忘记恭维他们的衣服有多么好看。

虽说这是销售,但它也是娱乐。产品是节目的出发点,但你是主持人、指挥人、顾问。你的表演能力迟早有用,因为你需要在闲聊或分享小窍门和经验的时候对产品表示兴奋。只开自己的玩笑,不开产品、组织、顾客的玩笑。尽量做自己,向观众展现你的个人魅力。这会让你在观众面前更有吸引力。偶尔会有在售产品的开发人员作为嘉宾到场,他们将会在一段时间内和你一起完成销售节目。有些人直播经验丰富,有些则需要帮助。你可以向他们提问,也可以进行话题讨论。你要知道,这些嘉宾要比你的销售欲望更迫切。和任何一位脱口秀主持人一样,要保持节目在正轨上,注意时间,关注商家的目标和要求,尽可能让你的嘉宾看起来有吸引力,这是主持人的工作。当然,有时也会要求主持人穿在售的服装,这时你要迅速换装,在广告时间或录制的产品评论中身着新服装亮相。

显然,为这类节目做准备的关键就是知识。你对产品、生产商、应用、时尚、趣闻知道得越多,就越容易有激情、更详尽地介绍产品。你自己的爱好,比如烹饪、摄影、珠宝、收藏,可以给你一个好的开始。因为大多数的产品都是服装,所以对于当前流行趋势的了解是一种优势。你与日俱增的专业知识加上讲话能力,会使你的表现更加生动。别完全依赖你的讲话能力。尽可能通过研究、事实、细节来充实自己。你不会一直用这些信息,但如果你不这么做,意味着一切都太过于平淡。陷入无话可说、不断重复的境地,是一个痛苦的经历。然而,套话过多也不好。还有,不要忘记展现你专业的嗓音。咬字清晰、语速适中、发音准确将为你加分不少。

电视购物台QVC曾经公开举办直播导购的试镜。几百名应征者聚集在一起,从业余到专业,甚至有些人完全没有经验。候选人有两分钟的时间售卖产品,有些是他们随身携带的,有些是QVC提供的。成功的销售人员售卖产品时使用的是简单的对话而不是喋喋不休的推销辞令。按照QVC人事副总裁杰克·康斯托克(Jack Comstock)的话讲,"你要有那种对着摄像机说话的能力,就好像它是你最好的朋友一样。"

11.10　配音

画外音是指电视画面内说话人没有出现但其声音出现的情况。我们经常会在广告、新闻报道、纪录片和公益广告中看到这样的例子。电台电视台播音员的额外收入可能来自配画外音。也有一些人专门通过做配音工作取得丰厚的收入。这是一个不在意年龄和外貌的职业。专业配音员有老有少，有男有女，年龄跨度从20出头到80多岁。首要的要求是有好声音，有读稿能力，有责任心，乐于推销自己，善于抓住机会。那么配音员又是怎样工作的呢？笔者做了一项简单的行为实验，连续观看10分钟的广告，发现有9分钟都或多或少涉及画外音，仅有1分钟由电视广告中的一位女演员进行口头介绍。

在校期间就可以开始学习配音，毕业之后通过工作和训练可以一直持续下去。戏剧训练将是额外优势。有些人专注于一个领域，经常是广告，另一些人专注于人物配音和动画配音。到专业级别时，配音员可能会有一位经纪人，但因为竞争激烈，他们仍需要参加试镜或者提交工作样片。（回顾演播提示11.2中丽莎·布鲁克斯·克雷兹的评论。）试播录制很重要。通常只有两三分钟时间，用你自己的声音开场之后，播送6到8个广告，用声音展示你的风格的变化。这时要表现不同的态度、活力程度和性格。这些部分要一气呵成，不能停顿，因为制片人总是很忙，只能给你几秒钟的时间来使他确信你就是最好的声音人选。如今，专业的配音员需要一个专门的网页来展示他们的个人能力，可能还会在社交媒体上设立个人主页。制片人不会再通过CD或磁带来试音，往往是进入相关网页进行选择。你可以将自己不同风格的作品进行分组，这样制片人可以在第一时间找到他们想听的片段。

另外两个涉及配音的领域是电影预告片和电子游戏。电影预告片配音是一个新手很难进入的行业。然而，一旦你获得电影界的认可，就可能会事业有成。其中最著名的配音员之一是唐·拉方丹（Don LaFontaine）。他录制了5000多部电影预告片，包括《王牌大贱谍》《尖峰时刻3》和《辛普森一家》。这仍是一个由男性声音主导的配音领域，而塔西娅·瓦伦扎（Tasia Valenza）是这个领域为数不多的女配音员之一。

电子游戏的配音工作很有挑战性，和电影预告片配音一样竞争激烈，入行困难。最关键的演播技能是赋予游戏中的角色鲜活的生命力（参见第11.12节）。此外，一些脚本需要尖叫或咕哝声，可能会导致配音员声带紧张。因此，运用本书所提供的技巧来保护你的声音是十分必要的。女性在这一领域取得了成功。其中一位比较著名的女配音员是玛雅·塔特尔（Maya Tuttle）。

> **演播提示11.2**
>
> 来自丽莎·布鲁克斯·克雷兹的工作提示
>
> 近年来,配音工作的机会逐渐增多。电视游戏、网站、播客、网络电台都需要用到配音员。薪酬的多少取决于客户和工作本身,还有台词的数量。有一些基本工作,如为语音信箱配音,都可以成为收入的来源。一位女演员在家中为公司更新语音信箱系统。公司通过电子邮箱将脚本发给她,她拨号进入公司的电话系统,录入诸如"找汤姆·史密斯,请按67"这样的话语。她和每家公司都签有合同,公司每月支付她30分钟的更新费用。如果超过这个时长,公司会给她更多的报酬。这不是多么光鲜的工作,但一样能赚到钱。

11.11 培养配音技巧

大多数具有挑战性的配音都出现在电视、电影和视频工作中,因为你不仅要用最好的方式呈现剧本,还要协调你的演播和节目视觉部分。计时在这里又一次成为重要的因素。声音部分经常和音乐片段、录制好的开机陈述、各种各样的音效混合在一起。在一个甜甜圈广告里(见第6章中的第6.3节),适时的切入切出是很困难的。虽然编辑和时间压缩工具使得这件事变得更加容易,但你不能理所当然地认为这些工具是万能的。尤其是在动画领域,你可能在视频制作之前就要配好声音。当然,也可能会有一些配音计时指南需要遵守。

如果你为现有的视频配音,在熟悉剧本之后,需要检查你要录制的画面。明确每一部分要从哪里开始,到哪里结束。事实上,在一个较长的片段里,会有20到30个这样的点,通常被称为起点和出点。镜头切换、身体动作变化、一个词、一个音符等都可以提示你什么时候开始下一部分。显然,这一线索必须离起点非常近。把这些提示写在剧本上,接近每句对应的台词。同样的,要非常熟悉读稿时会看到的视觉元素。你需要一个提示,告诉你视频片段还有几秒就要结束,这样你可以做一个微小的节奏调整以按时完成这部分。这也就意味着你不仅要关注发音、音调变化、情绪和其他演播因素,还要注意你现在配到哪里了。这一技巧主要是练习和专注的结果。成百上千的专业人士每天都做的事情,你也可以掌握。幸运的话,你可以使用相关软件完成自己的配音部分。你可以反复练习每个片段,如果自己或制作方对音频不满意,也可以随时重做。了解如何做起点和出点仍然是一项非常有用的技巧。

有的制作方会给你大量的内容说明，告诉你他们需要什么样的配音，有的则尽量不限制你的发挥，之后再告诉你需要进行怎样的调整，如增减你的力度、激情、重点或语速。认真听取他们的意见和建议，可以帮助你更好地了解他们的想法，更好地满足他们的需求。更重要的一点是，你要聆听并感受制作方想要的人物特点和风格，这样你就可以通过配音满足制作方的需要，或是在被打回重录的时候对人物进行再创作。

11.12 声音塑造角色

作为一名媒体演播者，除了用你自己本身说话的声音外，还可以通过声音塑造角色，提供不一样的配音形式。许多人依靠给卡通人物配音建立了自己的事业。梅尔·布兰克（Mel Blanc）是最著名的卡通配音员之一。在他的早期职业生涯中，他经常参加杰克·本尼（Jack Benny）的电台节目，在节目中他扮演了很多不同的声音角色，比如勒布朗教授（本尼的小提琴老师），本尼的麦克斯韦汽车的溅射引擎。对于年轻一代来说，他最为人熟知的还是给华纳兄弟公司配的卡通声音，如兔八哥、达菲鸭、波基猪、艾尔默法德、西尔维斯特、翠迪鸟、法国臭鼬和山姆大叔。在1988年的电影《谁陷害了兔子罗杰》中，他重塑了许多声音。他还为汉纳–巴贝拉工作室工作，在影片《摩登原始人》中为巴尼·罗伯和恐龙迪诺配音。据说他的声音在广播史上比其他任何人出现的次数、地方都要多，年头更长。如今，视频和电脑游戏成了新的工作资源，通过更丰富的配音可以让游戏变得更具吸引力。

为卡通片配音成了好莱坞演员们的流行趋势。他们获得配音机会完全是因为名气和为人所熟知的声音，而不是特别的配音能力。华特·迪士尼公司制作了很多部这样的电影。比如安吉拉·兰斯伯里（Angela Lansbury）在《美女与野兽》中给茶煲太太配音，罗宾·威廉姆斯（Robin Williams）在《阿拉丁》中给精灵配音。有特色的配音员也许不能为著名卡通形象配音，但有时可以模仿外国口音或特色声音来配音。

广告尤其需要借助配音员塑造不寻常声音的能力。你可能听说过广告要求吸血鬼风格声音、南方佳丽声音、爱尔兰土腔等特定的语言风格。如果你不能做到最好，那么就不要做。实际上，有的播音员有配音天赋，有的却没有。许多新手常犯的错误是，当他们试图模仿角色声音时，他们只能做到接近角色的声音风格，因而读剧本的时候时而进入角色，时而跳出角色。声音需要练习并经过时间的磨炼才能达到专业水平。配音是个好职业，但没有捷径可走。如果你拥有模仿不同声音风格、创造声音的能力，那么你将获得更多的工作机会,而这些机会是你凭借正常讲话风格无法得到的。

11.13 节目主持

一些学生梦想着主持自己的节目,不论是访谈、专题、体育还是游戏节目。虽然大家可能觉得"主持"不是一个专业,但是许多人都以此为职业。人们经常有这样一个错觉,那就是谁都可以做主持。对角色定位和职责的分析有多个方面,本书总结了很多不同的建议可供参考。

如果你是主持人,那么你将出现在镜头内,每个人都要看着你怎样表现自己。主持人迈克尔·卡达蒙(Michael Cardamone)说:"你必须意识到你是在公众的注意下,所以即使是地方级别主持人,不论在演播室还是在外面,你做什么都会受到密切关注。即便在餐厅你也得小心留意自己的所作所为。"

地方电视台访谈节目主持人卡达蒙说,通常他先走向嘉宾,并且设法使他们感到舒适,因为有些人会非常紧张。"我就坐在那里谈话聊天,甚至讲些笑话来保证他们和我在一起时感觉舒适。"

在地方电视台,你可能要在没有提词器的情况下工作,这就需要你发挥自己的即兴演播能力。卡达蒙强调你必须想好再说。学生们容易忽视的一个地方就是在演播室外和朋友们交谈时的语言。卡达蒙说:"在即兴谈话中你一定要非常小心,粗俗的话语一说出口你可能就会失去工作。"学生应该在谈话中考虑到这一点,剔除粗俗的话语是一个明智的方法。

不论你是主持整个节目,还是主持其中一部分,你都要对节目走向和流程负主要责任。这意味着要熟悉你身边的一切,这样你可以准备好着手下一项,处理延误,帮助嘉宾处理突发情况,避免出现意外,一切以节目效果为出发点。任何一个节目都有可能发生意想不到的事情,甚至是紧急情况。你的反应和处理方式将会大大影响你在行业内的名声。保持冷静,做解决问题的事情,而不是增加问题。

不管你做的是哪一类节目,都可能会受到观众的批评。卡达蒙说:"你必须要坚强,每一个观看节目的人都会有意见。你不可能取悦每一个观众。你要明白,你受到的批评可能要多于赞扬。如果你是女性,那么就可能会有一群女性观众站出来说不喜欢你的样子,不喜欢你的衣着,又或者会因为你能上电视而她们不能感到抓狂。网络使得观众更便于发表评论了。"

很多情况下,你要成为最有经验的一位主持人。这意味着,你要在他人紧张时给予支持,在他人过于兴奋或低落时给予安抚,并且保证所有人不跑题。本书的其中一位作者在导演一次15分钟的直播采访时,就遇到了嘉宾紧张得目瞪口呆的情况。那位富有经验的主持人,不但要提出问题,还把存在可能性的答案进行了分析,促使已经惊呆了的嘉宾跟随着点头、摇头以表示回答。主持人完成得天衣无缝,以至于很多人都没有发现,嘉宾连一句话都没说过。

显然,优秀的即兴表达能力对工作很有利。不管发生什么事情,你都需要表达清楚、用语恰当。这种能力是可以通过练习来得到提高的。从最基础的开始,选择一个话题、场景或者一个信息点,把自己说的话录下来。争取用专业的声音,构思好说话内容,避免出现结巴、长停顿和填充词。给自己设定一个时间目标。然后开始用有趣的方式就任意话题进行至少三分钟的讲述。语速慢一点,保持恰当的热情,并带有娱乐性。录完后,认真地进行自我评价,也可以让别人来听听。你的语速合适吗?稍慢的语速可以给你更多的思考时间。"嗯""啊"这样的语气词经常出现吗?有没有听到重复的音调变化模式?最后,从电视商业广告配音中,你可以学到专业人士的示范。一定要认真分析他们是怎样说的。

如果你在电视主持方面已经做得很不错,那么你将有可能受邀担任晚宴或者其他特殊场合的司仪,这会给你带来额外的收入,而你在主持界的地位也可以得到提高。同时,这还会给你带来更多的工作机会,例如出现在企业的宣传视频上。这不仅能给你带来可观的收入,并且有利于开辟新的事业。有一点你要记住,学习怎样当一名专业的主持人,最好的方法就是看电视。认真观察吉米·坎摩尔(Jimmy Kimmel)、大卫·莱特曼(David Letterman),或者是其他专业人士,看他们怎样处理各种情况,如何表现自我,你会受益匪浅。

互联网为你制作自己的节目提供了许多可能性。网上有各种主题的视频,这些视频是由对体育或时尚等话题感兴趣的普通人制作和主持的。虽有时播报缺乏专业性,但这些是锻炼技能的机会,可以帮助你进入专业播报领域。要记住,由于访问网站十分便捷,未来的老板可能正在关注你,因此要始终保持专业的状态。

11.14 总结

专业播报是进入大众演播领域的一条有趣路径。除了具备大部分的演播技巧,还需要掌握一些特殊的技能和知识。气象播报员要接受气象学的培训,交通记者需要深入了解所报道的城市,财经记者要对股市有所了解,购物频道的主持人必须熟悉产品及其销售技巧。专题节目主持人要有创造性和个人魅力,同时,还要有幽默感。配音员则需要拓展多样化的声音风格和表达方式。这些例子并不能代表所有的专业播报领域，电影节目主持人、消费者报道员、产业媒体讲解员等也都是演播人员可以尝试的职业。

自学题

问题

1. 对演播者来说，使用色键抠像效果工作时最大的问题是_____。
   a) 移动时会遭遇尴尬，因为画面是镜像的　　b) 地图看不清
   c) 绿色背景使得演播者看上去面色苍白　　　d) 选衣服的问题

2. 下列哪项不属于财经新闻报道工作所需的技能？
   a) 经济学知识　　　　　　　　　　　　　　b) 股市运作方面的知识
   c) 新闻写作和报道经验　　　　　　　　　　d) 美国气象协会认可印章

3. 购物频道主持人具备的一项重要技能是_____。
   a) 熟悉纳斯达克或标准普尔指数　　　　　　b) 让自己与众不同
   c) 长时间即兴演播的能力　　　　　　　　　d) 写作和播报经验

4. 哪一位配音员以为华纳兄弟公司的兔八哥、山姆大叔和其他卡通人物配音而闻名？
   a) 罗宾·威廉姆斯　　　　　　　　　　　　b) 安吉拉·兰斯伯里
   c) 梅尔·布兰克　　　　　　　　　　　　　d) 吉姆·西斯罗

5. 购物频道主持人不应该对将要销售的产品了解太多，以便在推销时保持新鲜感和兴奋感。
   a) 正确　　　　　　　　　　　　　　　　　b) 错误

6. 哪类专业播音员在正常的播音工作中最不可能需要解释专业术语？
   a) 气象播报员　　　　　　　　　　　　　　b) 交通记者
   c) 购物频道主持人　　　　　　　　　　　　d) 配音员

7. 所有的电视气象播报员都必须有美国气象协会授予的认可印章。
   a) 正确　　　　　　　　　　　　　　　　　b) 错误

8. 下列哪一项不是大多数气象播报员在播报时会做的？
   a) 使用特殊嗓音或者用外国口音
   b) 兴趣浓厚，全情投入
   c) 富有活力而不夸张
   d) 为观众考虑

9. 财经主持人在夜间节目中最不可能报道以下哪一项？
a) 当前道琼斯指数　　　　　　　b) 当前标准普尔指数
c) 当前纳斯达克指数　　　　　　d) 当前不适指数

10. 电视购物主持人无论采用哪种风格，最重要的任务都是_____。
a) 正确描述待售产品　　　　　　b) 即兴描述待售产品
c) 尽可能多卖产品　　　　　　　d) 与购买者多交流

11. 哪一类专业播音员的年龄和相貌最不重要？
a) 气象播报员　　　　　　　　　b) 财经记者
c) 电视购物主持人　　　　　　　d) 配音员

12. 很多新手播音员在试图模仿外国口音时很容易犯的一个错误是，念稿的时候时而进入角色，时而跳出角色。
a) 正确　　　　　　　　　　　　b) 错误

答案：
1. a　2. d　3. c　4. c　5. b　6. d　7. b　8. a　9. d　10. c　11. d　12. a

实践项目

项目1　扮演电视购物频道主持人

目的
以电视购物频道主持人的身份用劝诱推销方式练习即兴演播。

要点
1. 即兴演播要求做好充分的准备，熟知产品信息。
2. 即兴演播要求使用正确的语法和发音。
3. 主持人要了解产品的优点。
4. 在整个即兴演播过程中保持精力充沛，不要变成强行推销。
5. 应当以对话的方式和友好的态度播报即兴材料。
6. 记得加入娱乐元素，必要时使用表演技巧。
7. 重复是优秀销售员的法宝。

如何完成这个项目

1. 选择两件同类产品，如两件珠宝或两件衣服。
2. 对每一件产品，列举出观众可能会有兴趣的一些优势。
3. 每件产品准备一个定价和一个产品编号。
4. 按照你的指导老师制定的程序，对你的即兴演播进行录像。
5. 用劝诱推销方式，每件产品即兴推销三分钟，中间不要停顿。
6. 推销产品时运用手势。遵循第3章和第6章的指导。
7. 把你的产品优势表和录像交给指导老师，等待老师打分。

项目2　录制电视股市报道

目的
体验股市报道的准备过程以及对专业术语的使用。

股市信息

收盘价格

道琼斯工业指数：9751，上升17.5

纳斯达克：1755，上升2.4

标准普尔500指数：1022，上升2.4

纽约证交所交易量：1,517,000,000（每日）

纳斯达克交易量：1,821,000,000（每日）

纳斯达克521只上涨，478只下跌，341只不变

股价21只创新高，16只创新低

广泛持有股票的收盘价格（美元）

IBM：97.57，上涨0.05

GE：22.12，下跌0.12

微软：21.25，上涨0.14

埃克森美孚：77.67，下跌0.20

英特尔：19.05，上涨0.52

通用汽车：5.85，下跌0.26

时代华纳：13.30，不变

戴尔：14.76，上涨0.50

联合太平洋铁路：122.75，不变

花旗集团：7.78，上涨0.15

维亚康姆：17.46，上涨0.35

每盎司黄金：1702，上涨1.00

每桶原油：71.97，上涨0.10

要点

1. 复习本章关于财经报道的内容。

2. 用所给的信息准备一分钟的电视股市报道。

3. 可以准备一个简单的提示卡。

4. 准备一些即兴演播材料,用于报道的开场、结束和过渡部分。

如何完成这个项目

1. 选择上文股市信息中适合你播报的任何内容。

2. 在镜头前演示你的报道。集中精神在以下几方面:语调和节奏的变化、词语重音、音质、时间安排和精力。

3. 注意穿着得体。

4. 以友好但是严肃积极的态度报道。

5. 像直播一样在工作室录制。换言之,应该一次性录制完成。

6. 完成后标注你的提示卡。

7. 录像上标注"股市报道",加上你的姓名,然后和提示卡一起交给指导老师,等待老师打分。

第12章

媒体演播者的法律和道德问题

12.1 引言

主持人在工作中可能会陷入若干关乎基本道德的困境，或面临受到法律制裁的境况。比如，电台DJ要为是否播放一首歌词有问题的歌曲做出决定；配音员要决定是否为一个他们在道德上不认可的产品做配音，如毛皮大衣；体育记者要决定是否接受免费提供的职业赛事或高校体育赛事的门票。联邦通信委员会要求所有电台和电视台对其员工进行严格约束，DJ要遵守相关法律法规和电台电视台的行为规范。

法律抉择主要基于"可以做什么"。所谓遵循法律法规，通常不是主持人会不会参加非法活动的问题，而是主持人对行业的规章制度有没有清楚的认识。另一方面，在涉及道德的问题上做出决定是很不容易的，往往需要谨慎考虑和权衡。而使问题更为复杂的是，道德选择的标准会因为时间和地理位置的不同而改变，具体问题也会随着时间而发生变化。比如，能在凌晨1点播放的歌曲放在下午3点可能就不合时宜；主持人所说的评论在纽约市也许能被接受，而在堪萨斯州的托皮卡却不能；新闻采访的做法在20世纪80年代可能不会被采纳，但是在21世纪却很受欢迎。一些直播的音乐节目和网络广播，可能没有多少可遵循的方针准则，但不管出于道德还是法律的考量，在每天决定哪些话该说、哪些话不该说以及如何开展自己的工作时，播音员都应随时保持自律。

道德抉择是基于"什么事情是对的"。道德行为的好或坏取决于个人的道德观、价值观和哲学观。哲学观可以是亚里士多德的中庸之道（在道德抉择中持中立态度），穆勒的功利主义（什么是对大多数人最有利的），也可以是康德的无上命令（把你的行为当作是普世的法律，不要把人当作达到目的的手段）。媒体工作者可能会用到很多哲学思想，如何用这些思想做道德抉择，需要学习和实践。对媒体行业感兴趣的同学可以去参加一些媒体道德的课程，学习如何运用哲学理论和价值观处理道德问题。媒体价值观包括真实性、责任感、相互尊重等。即使没有法律条文约束，也要遵守社会公德。例如，利用互联网平台进行赌博或性行为就可能违反了公德。对于播音主持从业者来说，职业行为规范通常会对道德规范做出解释，员工手册的指导方针中也会有详细说明。总的来说，行为规范对播音主持从业者提出了很高的要求，而媒体中的道德规范更是受社会关注，因为媒体对大众，尤其是儿童有着重要影响。如果媒体一再出现道德不良的行为，便会失去大众的信任，引发人们对媒体社会角色的高度关注。

职业道德规范提倡新闻要和比赛一样保持公平原则，要求在节目制作过程中避免过多涉及性和暴力，并确保在直播中不会出现嘲弄的话语或是误导性的信息，此处仅举出几项为例。然而，这些规范是没有法律效力的，即使有人违反了也不会受到处罚。具有法律效力的是政府机关制定的规则，如法院和联邦通信委员会的规定。联邦通信委员会的规则在整个美国是通用的，但其他法律则在不同的州和不同种族间各有不同。联邦通信委员会的规定主要是针对无线广播而制定的，不适用于有线电视和网络。在今天，随着有线电视和广播电台铺天盖地的媒体信息来源，法律和道德准则的界限变得更加模糊不清。法律和相关条例影响着媒体业务的方方面面，例如，广播记者需要对采集和报道新闻相关的法律有基本的了解。此外，电台播音员需要了解如何正确介绍广播公司的立场和紧急警报系统公告的主要法律内容。违反法律法规可导致广播电台受到制裁，处罚小到一个简单的调查、一笔罚款，大到吊销营业执照，而播音员个人失去的可能是自己的饭碗。

本章介绍了一些可能会使刚入行的播音主持从业者犯难的最为常见的道德和法律案例。虽然其中多数法律和道德热点是所有媒体演播者都可能碰上的，但是本章的重点放在新闻记者将会遇到的道德和法律热点上。新闻行业是媒体道德标准发展最成熟的领域。

12.2 道德标准规范

如前文所说，一些播音员（还有广播公司）承诺遵守由专业组织制定的各种道德规范。例如，许多广播记者都遵循由广播电视数字新闻协会（RTDNA）设定的自愿标准。这一标准激励记者在新闻播报的每一个环节进行符合道德规范的决策，并强调新闻的真实性、准确性与透明度，对公众负责。

然而，这些标准并没有真正强制实施，近年来的情况也表明记者们并未完全遵守这些标准。作为代表主持人群体的主要机构，美国影视演员协会和美国广播电视艺人联合会（SAG-AFTRA）就没有具体的道德规范。其会员指导方针包括接受机构安排的工作和完成合同签订的工作。NPR花费了大量时间和精力总结出一份供公共广播新闻工作者参考的道德准则和行为规范。

12.3 受贿和插播广告

接受金钱并以在广播中播放歌曲作为回报的行为属于受贿,而在未经声明的情况下,获取报酬(现金或实物)后播放歌曲是违法的。如果一名DJ收受金钱,影响节目选择或内容,会被罚款甚至监禁,同时电台也会被处罚。受贿行为将面临一年的监禁和一万美元以下的罚款。很多广播电台要求播音员必须填写一份表格,表明他们已经了解受贿和插播广告是什么,并且不会参与此类行为。插播广告是指播音员通过免费推广产品或服务而获得经济利益或其他好处。例如,播音员在直播节目中即兴谈论某家餐厅,以得到这家餐厅每天免费提供的晚餐。而播音员播读或播放已经支付了广告费的商业广告,即使涉及经济利益,也是合法的。2005—2006年间,四大唱片公司(索尼博德曼、百代、环球和华纳)被查出违反了广告付费条例。网络电台里,出现了新问题,播音员在播放一首可以获利的歌曲前会事先说明,他们觉得做这样的说明(让观众知情)就不算违法了。

12.4 策划新闻

通过筹划扮演或场景重现等方法篡改或伪造事件,达到操纵新闻报道的目的,这样的做法不仅违反了联邦通信委员会的法规,同时也不符合道德准则。这里的道德关注点恰好是记者所扮演的角色。记者应该做的是观察、记录、报道新闻事件,而不是通过策划没有发生的事件或重演没有看到的场景来改变、操纵或影响已经发生的新闻事件。新闻记者绝对不能筹划事件,比如,记者要求街上的行人加入抗议队伍,让观众看起来好像有很多人参与,从而达到更好的视觉效果。最著名的"筹划事件"发生在20世纪60年代晚期,一个芝加哥的电视台在关于大麻毒品的新闻中报道了美国西北大学的"吸大麻聚会",但遗憾的是,这个聚会最终被证实是这个报道的记者发起和策划的,目的是获得他想要的镜头。

职业记者协会(SPJ)告诫记者不要参与新闻故事。鼓吹、营销自己或将自己融入报道之中会破坏客观性,有可能导致观众质疑记者的可信度。再一次申明,记者的工作是观察和报告,不是参与事件。然而,场景重现未必都是不道德的。例如,如果你正在报道一则关于消防安全的新闻,你可能会请一名消防队员重新检查烟雾报警器或重新进入一个房间,这样你就可以用这些镜头来编辑视频。场景重现应尽量少用。要使用时,一定要注明是重现。最后，考虑使用场景重现时，应有良好的判断力和常识。

12.5 骗局与恶作剧

竞争，有时会导致不道德甚至非法行为。例如，在克利夫兰电台，霍华德·斯特恩在做直播报道期间，就被竞争对手切断了广播电缆。1990年，联邦通信委员会对广播中的骗局做出了规定，最高处以25万美元的罚金。此前，洛杉矶的两名DJ在广播中伪造谋杀犯的忏悔书，导致全国警察搜查一个不存在的凶手。联邦通信委员会对"骗局"做出规定，出现以下任何一种情况时，电台都不得播出有关"犯罪或灾难"的虚假信息：

第一，播音员知道信息是虚假的；
第二，播音员可以预见到可能导致严重危害公共安全；
第三，广播的内容本身引起了这样的危害。

一些电台播放关于旧版20美元面值的钞票在新版钞票推出几个小时内变得毫无价值的恶作剧评论，就是违反了这一规定。

12.6 付费新闻

一些记者说，付费新闻不符合道德准则，既损害了新闻机构的公信力，也使信息的真实性遭受质疑。也有人认为，在某些情况下，付费新闻是合理的。大多数新闻机构表示，必须确认收费的一方在新闻中的身份，如医药或经济学等特定领域的专家。如果这种身份被隐藏或掩盖，观众可能会对记者或新闻机构产生怀疑并出现偏见，或认为其缺乏客观性，这将会产生严重的后果。

《国家询问报》(*The National Enquirer*)等出版物定期为新闻报道付费，尤其是关于名人的报道，这已经影响了专业人士和公众所认可的观念。最近，对这个问题的关注度似乎有所降低，因为一些人认为信息是信息源有权出售的商品。然而，所有认真的记者都需要谨记，付费新闻严重违背了新闻制作过程。

12.7 政治报道

另一个令人关注的问题涉及现代的政治运动。政治家们经常利用"政治代言人"发表评论和意见。这些代言人给出的往往是党派色彩严重的、一边倒的或编造的回答。候选人往往会避开记者的采访,而选择和友好的观众交谈。在这种情况下,记者不应该接受这种带有倾向性的信息,而应该对这类信息提出质疑,有时还要寻找其他渠道的消息,以便提供全面公正的报道。

近年来的政治报道,发展到了对政治人物或候选人家庭成员的角色进行报道。在2008年的大选中,共和党副总统候选人萨拉·佩林(Sarah Palin)的家庭成为新闻报道的一部分。但大多数正统的新闻机构认为这类报道是不恰当的。

政治报道的一个最新动向是有关"假新闻"的辩论。由于争夺首发的压力和互联网的即时性要求,信息可能会在未经事实核查的情况下发布。在过去,这被认为是不道德的,但如今,这种行为已被接受。结果就是观众和记者之间产生了信任危机。通常,当得知事实与报道相矛盾时,就要撤回报道,但往往无济于事。其他问题还包括如何报道那些存在道德问题的视频片段、包容性和代表性(政治引语是否体现选民的性别、种族平衡)、社会责任(在网上建立个人品牌,保持记者的真实身份,转发信息)、透明度和隐私(候选人的隐私是什么,以及记者是否有义务公开自己的身份)。

12.8　体育报道

随着有线电视对体育报道的增多,以及国际体育观众的出现,体育新闻中的道德问题也受到更多的关注。2008年,联合国教科文组织在中国为即将对第29届夏季奥运会进行报道的中国体育记者召开了一个会议,主题为"体育新闻道德标准"。会议讨论了包括兴奋剂和其他在国际体育赛事中备受争议的问题。体育记者可能不会想到,他们需要坚持与新闻记者相同的道德标准,因为运动可能被认为是娱乐或休闲的一种方式。但无论在哪个新闻领域,包括对体育名人的报道,所有的记者对公众都有一个特别的职责,那就是要坚持最高的职业道德标准。2019年初,ESPN电视台播出了一张勒布朗·詹姆斯(LeBron James)在照片墙上评论安东尼·戴维斯(Anthony Davis)的假截图。ESPN电视台承认了其错误并在同一节目中进行了纠正。

体育新闻编辑联合会(APSE)已经为报社体育记者制定了相关的道德准则,但这份新的准则对所有体育新闻记者都适用。这些准则表明,体育记者不应在棒球比赛中担任官方的记分员,不应该为社团联盟或球队撰写媒体指南,不应该接受免费的门票或会员身份。APSE还表明,体育记者应该遵循他们所在报社的道德准则。体育记者还可能面临包括赌博和体育调查中的投票等其他问题。在电子媒体中工作的体育记者应遵循类似的指引,并始终遵循工作单位所设立的道德标准。

12.9　追求轰动效应

报道谣言、暗讽以及使用轰动性画面的现象正在不断增加。造成这种现象的部分原因，是有线电视和互联网新闻机构的不断扩张以及人人都可以在社交媒体网站上发布内容，导致了争抢观众的竞争不断加剧。新闻的报道应保持客观全面，事件的来龙去脉也必须包含在内。看到愤怒的抗议者的特写镜头可能会让人比较兴奋，但同时也需要给对抗议不感兴趣的行人几个远景镜头以作平衡，这也是旁观者角色的一部分。追求轰动效应的报道不仅仅出现在含有色情或暴力成分的故事里。近日，一家地方电视台在报道一起救护车事故时，三次对受伤男子的头部和脸部进行了特写。这对于这起事件的报道完全没有必要，并且这个画面对于观众来说实际上是非常可怕的。收视率的竞争和以广告经费为标准的评价系统使得追求轰动效应这个问题持续存在。

与此相关的一个问题是资讯娱乐节目的发展，这类节目将娱乐和信息融合在一起。记者通过对音频和视频进行处理，使新闻变得耸人听闻，客观而又有新闻价值的"纯粹的新闻报道"越来越少。电台花时间将娱乐信息包装成新闻，观众越来越难以发现两者之间的区别。有一点需要关注的是，电视台往往聘请那些长相佳但缺少专业培训的人员担任主播或记者，而这会影响公众的认知，会使公众认为电视台更倾向于追求好看的电视而非优质的新闻。社交媒体增加了道德规范的难度，因为智能手机为每个人提供了记录和发布信息的机会。通常，这些视频会卖给合法的新闻来源。记者有义务核实电视台一切原始资料的真实性。

12.10　利益冲突

很多记者希望能参与自己所在社区的新闻报道，特别是在小台。但这仍然需要客观报道，因为他们在报道自己的社区。一些记者在新闻工作之外兼职，如果在新闻报道中涉及他们所兼职的公司，这可能会影响报道的公平性。此外，广告客户希望得到正面报道。如果记者避免从单一的角度去报道问题，而努力从多方面来呈现，会有利于建立记者的公信力。最好不要报道记者本身从中获得既得利益的新闻。当利益冲突非常明显时，记者应该放弃其中一个工作，或者退出对利益冲突事件的报道。

12.11　隐私权

人们普遍认识到，人有独处的权利。当今的高科技时代，人们在未经授权的情况下通过电脑可以获得许多信息，与此同时，隐私的问题越来越引起关注。当记者的出现妨碍了一个人独处时，侵犯个人隐私的行为就可能因此发生。当很多人都在社交媒体网站上分享他们所做的事情时，公共和私人之间的界限会变得模糊。记者应该考虑采访对象对隐私的期望值。例如，名人和政治家作为公众人物，会放弃一定的隐私权。普通公民则是另一回事。记者应该考虑报道的新闻价值和可能造成的危害。

这也是国家法律条例涉及的方面。记者可以通过获得允许、避免进入个人私密空间、使用公共财产进行记录采访来避免这些问题。电话录音、隐形摄像头或者迷你麦克风的使用则是另一个潜在的问题。事先取得并记录下被拍摄者的同意是避免发生矛盾的最佳方法。如果未经许可就公开披露不具有新闻价值的私人事情，那么可能被视为一种侵犯隐私的行为。公众人物可能不包括在内，为了获得公众信任，他们得放弃一些自己的隐私权利。公职越高，隐私透明度越高。现在某名人年轻时的草率行为已经成为一篇报道的常规内容。比尔·克林顿（Bill Clinton）承认他吸食大麻，但没有"吸进肺里"。乔治·W. 布什（George W. Bush）在大学期间曾多次喝酒。巴拉克·奥巴马（Barak Obama）在2008年总统竞选时承认，他在大学吸过毒。记者必须始终考虑，一个人过去的生活经历可能会对他们的工作能力产生什么样的影响，但这个故事不应成为单纯的八卦。唐纳德·J. 特朗普（Donald J. Trump）一直拒绝公开自己的纳税申报单，虽然这并非过去生活的一部分，但涉及个人的隐私。

如果一个新闻报道提供的信息没有准确地体现一个人的人品，就会出现一种特殊类型的侵犯个人隐私行为，通常称为"歪曲报道"。当记者炒作或美化一个故事，试图使报道更加富有戏剧性时，就可能出现这种情况。这也意味着，记者应小心使用档案片段。一旦采用，要准确清楚地标明日期或者影片的来源。电视台通常会在屏幕上嵌入小字标明"档案片段"。

12.12　诽谤

诽谤是用无中生有的话语损害一个人或一群人的品格或声誉。其中包括口头诽谤和书面诽谤。大多数国家都将口头诽谤包括在他们的诽谤法里。记者需要知道每个国家的具体法律，但一些常见的准则可以帮助记者了解什么是适当的范围。促使诽谤发生的条件是：言论是公开发表的。广播（口头言论或图片）都被认为是公开的方式，当第三方听到这个言论时，诽谤由此产生。同时，该言论必须被证实是假的，并且非常清楚地指向认为自己被诽谤的人。被诽谤的人还必须证明该言论已经损坏了他的名誉，而且该言论的发布是电视台或电台的疏忽造成的。换句话说，这个行为是恶意的，并且记者知道该言论是错误的但仍公开发表。

记者有义务核实所有的事实和内容，并精确地报道出来。一定要精确到姓名和头衔。不要加入自己的主观意见。录音是一个不错的方法，能正确记录所有受访者的姓名、拼写和发音。有时也可签订内容同意书。如果你不确定该怎么做，可以咨询新闻部主任、电视台管理部门和法律顾问。如果你遭到诽谤罪起诉，常见的辩护包括受质疑的内容的真实性（这可能很难在法庭上证明）、当事人的同意、特权声明（合法过程中取得）或者法定诉讼时效到期。每个州都制定了自己的规则和指导方针。

12.13　竞猜和彩票抽奖

收视率是广播业务发展的推动力。如果公众没有兴趣收听或观看某个节目，那么这个节目的演播人员无疑是失败的。追求成功的压力可能会导致主播做出违法或不道德的行为。媒体喜欢用竞猜作为赢得观众的一个策略，尤其是在收视率出现之后。竞猜很受欢迎，只要不变成彩票抽奖，都是合法的。联邦通信委员会认为，如果竞猜具备以下三要素，就变成了彩票抽奖：奖励（有价值的东西），报酬（如收取报名费参加），随机性（随机选择赢家）。显然，大多数竞猜都有奖金，而获胜者是随机产生的，但通常情况下，为了避免竞猜变成彩票抽奖，竞猜向所有人开放，不需要有购买行为或付出其他形式的代价就能参加。只要缺少三要素中的任何一个要素，那么就不算彩票抽奖。除了国营彩票和一些慈善组织的活动外，电视台不能播出有关彩票的信息。有关竞猜的道德问题涉及获胜的实际概率、实际获得的奖励与设定的奖励以及评比期间举办的竞猜活动的推广时机。

吸引观众的方法还包括推出耸人听闻的新闻主题（如深入报道情色商店）和使用猥亵的言行来俘获观众。有时候新技术是电视台用来建立公信力和提高收视率的手段。最近，电视台运用先进的气象设备争先提供最新信息，从而使竞争更加激烈。然而，在不必要的时候过度使用这类设备，可能会造成公众恐慌。这些设备应该在紧急情况下用来向公众发布天气预警，而不是被当作提高收视率的工具。

12.14　保护来源

当被要求公开消息来源时，记者应该知道如何处理要求保密、匿名、保护隐私的新闻来源。见多识广的记者需要了解的领域包括传票、编辑部调查和消息源保护法。传票是法院为了获取信息或者验证相关案件而发出的政府命令。美国国会在1980年通过的

《隐私保护法》中，除了少数几种情况（涉及犯罪、用来阻止死亡或严重身体伤害，或可能防止破坏国家安全）之外，禁止搜查联邦和各州的所有新闻编辑部和记者的家。受保护的材料包括原件、编辑视频和音频磁带、笔记、工作草稿、剪接片段和照片。49个州和哥伦比亚特区承认记者拥有保护消息源的特权，并制定了消息源保护法，以进一步保护记者不泄露消息源的权利。然而，目前还没有适用于联邦案件的统一保护法。RTDNA主张联邦完善消息源保护法。当记者拒绝上交文件或者透露消息源时，就会以藐视法庭罪被捕入狱。如果记者不服从法院命令或使用嘲笑法庭或妨碍司法的材料，可被认定为藐视法庭。联邦及州法律适用，可能会罚款或监禁，或同时罚款和监禁。《纽约时报》的朱迪思·米勒选择坐牢85天，而没有泄露关于中情局特工瓦拉里·普莱姆身份泄露案的信息。两名《旧金山纪事报》的记者被判处有期徒刑，因为他们拒绝透露有关向职业棒球大联盟球员非法销售类固醇的消息源。最近由美国地方法院法官对记者施加的罚款标准是第一个星期每天500美元，第二个星期每天1000美元，以后的每一个星期每天5000美元，直到记者再次出现在法官面前为止。

12.15　获取政府信息

联邦《信息自由法》规定了获取政府文件的程序，同时限制政府运用权力向公众隐瞒信息。此外，每个州对获取正式会议记录都有自己的管理条例。这些法律被称为"阳光法案"，并因州而异。

12.16　公平原则

1987年，联邦通信委员会投票废止了公平原则，该原则要求广播公司报道具有争议性的重要公共问题，并合理安排时间呈现不同的观点。虽然有很多人呼吁恢复公平原则，但是这似乎成为一个悬而未决的问题，大多数电视台看起来好像都在自愿的基础上遵循这一原则。这也是一个很好的区别道德准则和合法原则的案例。虽然没有相关法律条文规定电台电视台在公共问题上提供不同观点，但大多数媒体工作者认为服务于公共利益，对重要事件提供不同的观点是他们应尽的道德义务。

12.17　第315条法规

记者和其他广播从业者在政治报道方面负有特殊义务。1934年的《通信法》有一个特别条款，即第315条法规，这条法规解释了广播有义务为所有的政治候选人提供平等的机会。如果一名合法的政治候选人在电视台上出现，必须给予所有其他合法的候选人同等时间。不受这条法规约束的节目包括新闻广播、访谈、纪录片或其他包括政治候选人的新闻报道。如果播音员，如气象播报员，成为政治候选人，那么该广播公司将面临两难选择，因为每当气象播报员出现在广播或电视上时，该广播公司将有义务提供相等的时间给其他候选人。当罗纳德·里根（一位演员出身的政治家）竞选总统时，广播公司不播出他的老电影，这样就不必给其他候选人提供同样的免费播报时间。虽然这项法规专指广播，但卫星和地方有线电视的运营商均有义务遵守相同的规则。

12.18 版权问题

某位娱乐明星已过世而你想要使用他的歌曲录像带；当地的运动队赢得了比赛的冠军，有关录像发布在别的网站上，你希望能够使用其中的片段；你的电台正在做一部电影的评论节目并且想要播放电影的精彩片段。所有这些情况都涉及版权问题，你需要得到版权所有者的同意才能够使用这些资料。创造性作品的版权在作者去世后50年内都会受到保护。作者可以是个人也可以是公司。作者有时可能并不持有这些版权，版权和所有权可以被移交或者出售给其他个体或者公司。这时想要使用这些素材就得获得版权所有者的同意。通常情况下，新闻机构提供的资料都是经过批准的。版权有两种特殊情况：公共领域和合理使用。那些已经陈旧到不再受到版权法保护的资料处于公共领域，使用时不用担心违背版权许可。合理使用包括在非常短的时间内使用具有版权的资料或者用于教育用途。《数字千年版权法》（Digital Millennium Copyright Act）适用于全球范围，《2018音乐现代化法案》（Music Modernization Act of 2018）保护1972年以前录制和发行的可通过流媒体收听的歌曲版权。随着技术不断进步，法律也在不断更新。作为媒体演播者，你有责任了解这些变化。

12.19 亵渎、不雅及淫秽传播

所有亵渎、不雅及淫秽信息的传播都被美国刑法视为违法行为，联邦通信委员会负责执行这些规章。所谓亵渎就是不敬地使用上帝的名字。实际上，联邦通信委员会很少因为现场直播时主持人使用弱化的咒骂语或歌曲或其他节目中出现此类用语就对电台进行罚款。如果传播的语言和资料中使用明显带有冒犯性的词语描述性器官、排泄器官、性行为，就属于不雅传播。不雅传播已经越来越受媒体工作者关注。在20世纪90年代，联邦通信委员会对无线广播公司（Infinity Broadcasting）处以200万美元的重罚，因为摇滚DJ霍华德·斯特恩在现场直播中说了有关性行为和生殖器的言语。虽然无线广播公司起初极力反对这项处罚，但最后还是支付了罚金。不雅言论的传播受到《第一修正法案》一定程度的保护，没有被完全禁止。2012年6月，美国最高法院全票（8-0）通过了一项判决，驳回了联邦通信委员会对亵圣和裸体的评判。法院否决了联邦通信委员会对福克斯和ABC的罚款和制裁。此前联邦通信委员会认为它们未删减一场颁奖典礼上的不雅词语，而且播放的电视剧《纽约重案组》中出现了短暂的裸体画面，拟对ABC和旗下45家附属机构处以120万美元的罚款。法院认为，直播中，网络平台无法提前得知颁奖典礼中将要出现不雅词语，而极短暂的裸体画面不应当作不雅视频处理。2016年，对不雅节目的罚款进行了调整，单次不雅传播罚款38.3038万美元，持续违法的不雅节目最高罚款达到353.5740万美元。

联邦通信委员会设定了深夜时段，也就是儿童不太可能收看节目的时段，作为可以播放成人内容的时段。目前，联邦通信委员会规定，从半夜12点到第二天早晨6点允许播放相关内容。淫秽内容比不雅内容更加极端。要构成淫秽传播，内容必须符合基于1973年米勒诉加利福尼亚州一案法院判决的以下三方面的条件：（1）根据大众的标准，普通人发现该内容能够引起人的淫秽思想；（2）该内容描述了被法律明确定义为明显令人厌恶的性行为；（3）该内容缺乏真正的文学、艺术、政治或者科学价值。淫秽已经不再是一个很大的问题，因为广播公司已经开始避免不雅的节目，因此更不可能播出涉及淫秽因素的节目。广播公司还发现带有淫秽言论的演讲不受《第一修正法案》保护，因此在任何情况下这些演讲都不会被播出。但是，无线电台和录像节目的DJ们可能会遇到这个问题，因为现在有些歌曲的歌词会涉及这方面的内容。

有线电视在这一方面可能也会受到更为严格的审查。有线电视没有严格规定禁止播放带有不雅内容的节目，因为有线电视节目并不向普通大众播出。观众主动订购有线服务后才能收看节目。但是，有线电视仍然禁止播放任何淫秽内容，因为这不受宪法的保护；有线电视法规允许有线电视台拒绝在他们出租的频道上播放他们认为属于不雅内容的节目。

12.20 网络主持人的道德和法律问题

迄今为止所讨论的基本法律和道德问题同样适用于网络主持人。本节将简要介绍他们特别感兴趣的三个方面的最新情况。

现有的许多道德准则很有必要被运用到网络问题上。多数的准则内容包括对于准确性、披露的秘闻、是否接受礼物和公正性的指导。这些准则适用于任何媒体。对于个别特定的媒体来说，我们可能还需要加入一些额外的准则。例如当网站的链接由广告商提供时，我们就需要对网站的赞助有明确的鉴定。

正如本章前面所提到的那样，消息源保护法用于保护新闻记者以及他们的新闻来源。但是，现在产生了一个新的问题，就是如何定义新闻记者。在网络新闻和网上日志发展之前，新闻记者就是为新闻组织收集新闻信息的人。如今，任何人都可以收集新闻并且在个人主页上"报道"。具备拍照功能的智能手机问世后，博主不仅可以通过文字告诉观众发生了什么，而且可以向他们实时地展示正在发生的事情。

随着博客的流行，传统意义上的新闻记者面临挑战。记者发布未经所在电台或电视台许可的私人博客，很可能会危害他们的职业生涯。之前就有一起这样的事件，一位记者晚上发布自己的私人博客，白天为一个传统媒体做报道，被发现后遭到辞退。联邦法院已经做出裁定，维护个人网站并不能使个人获得新闻记者的权利。需要特别牢记关于保护记者的法律，比如消息源保护法以及《隐私保护法》。报社已经开始制定关于博客的政策，就是允许人们表达个人情感，但是要保护报社的利益。总体来说，如果记者开通了私人博客，他的老板需要知晓并且该记者需要遵守规范准则或者关于博客的政策。如果没有正式的指导规范，遵循通用的准则是比较稳妥的办法，即永远不要把你不会对外大声说出来的内容发布在博客上。其他适用准则还包括不要对仍在发展中的事件进行评论，不要说任何不利于报社的言论，不透露消息的来源，并且不要谈论任何可能让你或者你的同事尴尬的事。社会的网络化已经模糊了专业和个人之间的界限。年轻一代的媒体专业人员必须学会在使用科技时让自己的专业行为合法而且不违背道德。虽然新闻与大众传播教育协会（AEJMC）和RTDNA已经在会议和他们的网站中解决了线上问题，但是仍然没有出台正式的规章。相关人员必须意识到可信度是成功的关键，而丧失了个人道德准则的博客可能给职业生涯造成很多困难。由于这些要求都是道德准则而不是法律法规，每个人都需要对自己的道德标准有一定的考量。

网络作品的版权法与传统商业世界的版权法相似。虽然法律可能不会改变，但是对于那些法律的解释是可以由法院不断更新的，以此来加大版权法的保护力度，使其能够覆盖网上的个人作品。因为互联网导致了许多新问题，所以法律在一定程度上是不确定的。对于从业者来说特别重要的领域有音乐、视频流、电子出版等。使用纳普斯特（Napster）和类似程序来下载音乐的权利之争只是漫长的网络版权之争的第一步。

12.21 总结

行为规范鼓励媒体演播人员遵守更高的道德标准，因为媒体对社会的影响很大。法律和道德准则及标准在不断调整，尤其是在互联网的使用方面。这意味着媒体演播人员一定要了解当前的演播标准。无知不是违背道德或违法的借口。这些行为的后果可能会影响到其他媒体演播人员、电台所有者、公众和播音员个人。此外，媒体演播人员必须知道哪些道德标准对他们很重要，并意识到他们做的有些选择甚至可能会让他们丢掉工作。

自学题

1. 接受金钱并以在广播中播放歌曲作为回报的行为属于_____。
   a）插播广告　　　b）受贿　　　c）有偿新闻　　　d）恶作剧

2. 由RTDNA等专业组织制定的道德准则是自愿标准。
   a）正确　　　b）错误

3. 要使诽谤成立，该言论必须满足以下哪一项？
   a）公开发表　　　　　　　　b）毁坏个人声誉
   c）记者知道该言论是错误的　　d）上述所有条件都满足

4. 如果新闻报道涉及记者兼职的公司，会被认为是_____。
   a）歪曲报道　　b）诽谤　　c）利益冲突　　d）付费新闻

5. 竞猜通常被用来吸引观众，而且_____。
   a）被视为是非法的　　　　　　b）如果不变成彩票抽奖，就被视为是合法的
   c）与播音员的利益有冲突　　　d）被视为资讯娱乐节目

6. 以下哪一项不是为诽谤罪辩护？
   a）此言论是正确的　　　　　　b）当事人同意陈述事实
   c）特权声明　　　　　　　　　d）名誉受损

7. 1980年的《隐私保护法》禁止_____。
   a）搜查新闻编辑部
   b）搜查记者的家
   c）搜查新闻编辑部，特殊情况除外
   d）逮捕记者

8. 以下哪项对记者获取信息没有帮助？
   a）《信息自由法》　　　b）阳光法案

c）《隐私保护法》　　　　　　　d）允许获取官方会议记录的各州法律

9. 为了服务大众，广播电视必须保证对争议性话题进行全方位报道解读。

a）正确　　　　　　　　　　　b）错误

10. 《通信法》中包含的关于广播电视政治报道的特殊责任被称为_____。

a）第315条法规　　　　　　　b）公平主义

c）利益冲突　　　　　　　　　d）公共领域

11. 在第315条法规中讲到的电台电视台的职责是_____。

a）给所有合法的候选人均等的时间

b）当候选人受到攻击时，给他们相等的时间为自己辩护

c）给所有合法的候选人提供免费的时间

d）提供免费的辩论时间

12. 版权保护的一个特例是旧资料，这些资料_____。

a）可以合理使用　　　　　　　b）处于公共领域

c）处于安全使用领域　　　　　d）是一种消息源保护法

13. 在广播电视中对上帝名字的不敬使用被认为是一种_____。

a）亵渎传播　　　　　　　　　b）不雅传播

c）淫秽传播　　　　　　　　　d）非法行为

14. 《第一修正法案》对广播电视节目中不雅内容的限制有限，并没有完全禁止。

a）正确　　　　　　　　　　　b）错误

15. 网络记者与传统的广播电视记者不同，大多数道德准则对他们并不适用。

a）正确　　　　　　　　　　　b）错误

答案：

1. b　2. a　3. d　4. c　5. b　6. d　7. c　8. c　9. b　10. a　11. a　12. b　13. a
14. a　15. b

实践项目

项目1　讨论影响个人责任的道德问题

目的

思考和讨论媒体道德问题及其对个人责任的影响。

要点

一定要理解诽谤的意思。有时候在做决定时法律和道德问题是混在一起的。也许你的行为并不违法,但不一定是合乎道德的。核实一下广播电视播音员的行为规范。其次,也查看一下无线广播公司和有线电视/互联网广播公司的法规。

如何完成这个项目

阅读下面的个案研究,写一篇两页的答复。准备班级小组讨论。

你受聘于一家小型电台,主持一档早间驾车时段的节目,主要负责更新天气和交通情况。最近你很烦,因为早晨一起主持节目的DJ在节目外对你很无礼。他说你播报的声音太单薄,不够专业。你认为自己是新手,不应该和他计较,以免失去工作。你决定在自己的博客上宣泄自己的感受。你的老板看到了你的评论,担心电台被控告诽谤。电台里其他人不知道你的评论。你如何为自己的行为辩护?这是诽谤吗?如果你在网络电台工作,你的回答是否会有所改变?

项目2 讨论影响记者的法律问题

目的

讨论一个媒体法律问题,理解记者行为的含义。

要点

查阅《隐私保护法》并作答。如果时间允许,跟当地的调查记者了解当地的法规,理解记者的法律责任。

如何完成这个项目

先阅读下面的个案研究,写一篇两页的答复。准备班级小组讨论。

> 你是当地电视台的一名调查记者。你一直在调查贩毒,特别是对当地高中附近的青少年贩毒。你有两个很好的线人,也答应给他们提供完善的保护,因为你担心一旦他们的名字被泄漏,他们的生命就会有危险。
>
> 在调查过程中,你发现一些证据显示,一个恐怖主义团伙通过贩卖毒品资助海外恐怖主义组织对抗美国政府。这个信息和你的报道不相关,你也不打算在你即将播报的三部曲中使用这个信息。
>
> 在播报前,你被要求透露有关该恐怖团伙的消息来源。拒绝透露消息来源受法律保护吗?恐怖团伙的所在地在美国大陆以外。你会怎么做?这种情况下你是否有道德方面的义务?

项目3 媒体道德个案研究

目的

根据媒体中发生的真实事件来讨论电视新闻记者面临的道德困境。下面两个案件都是经过许可改编自《媒体道德》杂志。

要点

下面描述的情况都取材于发生在美国和欧洲的真实事件。两个节目的目的都是让公众受益,同时提高电视广播的收视率。播放节目时要考虑到这些相互矛盾的法律和道德问题。

如何完成这个项目

先阅读下面的个案研究,写一篇两页的答复。准备班级小组讨论。考虑以下问题:新闻记者应该报道它吗?下面所描述的事件如何影响媒体公信力?如果记者的行为可能对公众有益,是否也要限制这种行为?

> NBC的《追捕捕食者》(*To Catch A Predator*)节目设置了诱捕行动,诱引和揭露利用网络聊天室来与潜在受害者见面的恋童癖者。得克萨斯州的一位市长因为允许NBC在社区录制节目而被解雇。在诱捕行动中,邻县的一名助理检察官自杀身亡,此前他被揭露涉嫌在网上和一名冒充13岁男孩的成年人聊天,内容露骨。虽然恋童癖者被揭露了,但是美国当地的检察官拒绝起诉这类案件,因为它们是由媒体而非执法者发现的。

荷兰电视真人秀节目《大捐赠者》（*The Big Donor*）宣布，该节目的主角是一位病入膏肓的女性，她将从三位参赛者中选择一位，在她死后将自己的肾脏捐赠给对方。节目收视率很高，然而政府要求取消该节目。播放该节目的电视网声称，该节目有助于提高公众对器官移植需求的认识。在节目结束前几分钟，制片人宣布节目内容是虚构的。捐赠者是一位女演员，而潜在的接受者也参与其中。节目的一位导演说，他们策划这个节目已经有一年的时间，但从未想过它会"大获成功"。

第13章

开启演播生涯

13.1 引言

　　这一章将帮助你落实在播音主持领域的第一份工作。演播提示13.1提供了一些很有价值的建议。即使你已经积累了一些播音经验,当你想更上一层楼的时候,这里提及的方法也可以为你提供一些帮助。如果你初涉这个领域,请先评估一下自己进入此领域的初衷,如果你想要一份高薪工作或一个明星头衔,那你将不会如愿,至少不会一蹴而就。刚入行的薪水不会高到哪里去。当然,未来你可能会挣非常多的钱,这也是为什么这么多人削尖了脑袋想成为主播。尽管如此,还是现实一点吧。如果你是新手,那么你的薪水会很低。需要的话,可以翻回第一章看看入行者的标准薪水。作为一名新手,你将接手那些业已成名的主播不愿意加班加点干的乏味工作。你也许要在圣诞夜、跨年夜通宵达旦地工作。一些刚入行的主播不可能一开始就在纽约、芝加哥、洛杉矶工作,或者这么说吧,不会在任何的主流市场。绝大多数刚入行的主播通常都在一些中小型的市场。虽然也会有例外,但是你很可能还是需要自己为自己铺就一条通向更广阔市场的路。即便是在一家小电台,能成为一位名主播也是充满诱惑的,但你不会一下就成为一个吸引大众眼球的名人。记住,播音是人际传播,观众真正渴望的是主播能成为一位知音和朋友,而不是超级巨星。

　　在成为一名主播的路上,另一件你不应该顾虑的事情是工作的稳定性。很多主播并不是因为自己犯错而被解雇,而是因为公司想要更有个性的人,或者是新老板想要清除老员工。这一点是需要留意的,但也不至于让你因此失眠。如果你太顾虑而失眠,那你最好不要进入该领域。你真正需要寻找的是主播生涯中的快乐、挑战和荣誉感。你要是觉得没什么工作比成为一名主播更令人享受,并且愿意全身心投入到求职的准备阶段,那么就要持之以恒。找到你的第一份主播工作,也许是最艰难的一次求职经历。这个行业的竞争十分激烈,每一位求职者的差距只在毫厘之间。你需要努力工作，以最好的一面展示自己，这样才能在人群中脱颖而出，让潜在的雇主对你感兴趣。如果你在求职前有一些模板可循，那将对你是莫大的帮助。记住，最佳人选不一定入选，但充分准备的人往往会笑到最后。求职前需要准备以下材料：一份简历、一份求职信（也有一些求职申请不需要）、一份播音记录或录音样片、一份联络簿。大多数播音员都用专属网站展示个人作品。在职场社交平台领英（LinkedIn）上创建一个看起来很专业的主页对你而言至关重要。同时由于许多岗位都不登招聘广告，因此还要建立稳固的职业人脉网。

求职者应该知道，电视台只有在网站上听到或看到你的成果才会对你感兴趣。这意味着，对有经验的求职者而言，个人主页是最好的展示平台。如果你刚开始准备，那么可以将自己之前的作品上传到油管，但也有很多学生会建立自己的个人主页。一定要列出可以找到你的作品的网站。把作品的展示平台移到互联网的原因是如今这些电台和电视台会运用多种媒体，而他们希望看到你也在与时俱进。而且，这样他们可以更快更便捷地找到你的作品。

在求职时别忘考虑你所有的社交平台。你可能没有在简历中展示这些信息，但招聘方会利用互联网检索你的所有细节，而这些信息很容易被找到。留心电视台关于社交媒体的管理制度是个好主意。请参考演播提示13.2中一位资深记者的建议。他的评论对记者至关重要，也适用于所有对媒体工作感兴趣的人。

虽然应聘流程各不相同，但知道如何有针对性地撰写求职信都是非常重要的。你可能是个讲话的高手，但如果你的求职信写得很糟糕，就不会得到面试机会来展示你的能力。把你的求职信当作连通你和各个电台和电视台领导的信使。要想得到机会，就要让自己看上去很专业。

演播提示13.1

热情与耐心是成功的关键

最重要的是：踏出第一步并坚定走上播音道路的决心。接下来，开始你的旅程。我希望我有一个"万能的答案"来告诉你如何正式"开启"你的职业生涯，但很遗憾，我并无此答案。从我认识和尊敬的播音员那里，更准确地来说应该是那些极其成功的播音员，他们在职业生涯的"开始"阶段，我能找到的唯一共同点，就是他们对该领域有着真正的热情和动力。你也是如此吗？承认它的存在并接受它。现在让我们来计划你下一步应该做些什么。

找到你的理由。你为什么想从事播音工作？为了讲故事？为了让有权势的人承担责任？为了娱乐？想清楚原因，要知道仅仅是因为你"想上电视"是不够的。如果是因为有人说"你有一副适合播音的嗓音"或者"你在镜头前会很好看"，那么这些理由并不够充分。你需要有个性、特点、深度、目标和意图。想清楚你的原因，并利用它来驱动和指引你。

了解该行业。你们社区的地方电视台主持人是谁？谁在主持受欢迎的早间电台节目？他们的竞争对手又是谁？谁是电台主管和节目导演？先从做一名观众/听众/消费者开始，这会让你成为一个更杰出的采访者、同事和候选人，在申请的任何职位中脱颖而出。

要愿意在自己的岗位上不断努力，最终获得成功。在我们这个行业，没有什么工作是微不足道的。每一个职位——从实习生到制片人再到主持人——均被置于广阔的播音环境之中，同时每个环节紧密相连，从而构成完整的节目。

谁能激励你？当地有没有你崇拜或尊敬的人？有没有人在做你未来渴望做的工作？尝试接触他们。看看能否请教他们一些关于他们如何起步的问题。看看能否观摩他们的工作或是参观他们的电视台。咨询实习事宜。从正在从事该工作的人那里，你能获得如何实现工作理想的最佳建议。

接下来，努力参与和你选择的领域有关的一切活动。如果是电视领域，请参观能看到播音员活动的当地远程直播现场。还要留意播音的内外部工作。要认识到熟悉自己的工作十分重要，了解周围人的工作也很重要。若你熟悉节目的各个环节的工作，当你播音时，你会变得更加积极自信。

建立人际关系网。维护这些关系，可以写感谢信。保持好奇心。播音工作激动人心、充满能量、很少乏味且十分有意义。你是否也这样描述你每天起床上班要做的工作呢？请心存感激。

——珍·图希（Jen Toohey）

演播提示13.2

社交媒体：既能助益也能终止一段职业

想拿到第一手资料吗？想要推文被转发数十万次吗？想成为社交媒体明星吗？没有那么快。诚然，社交媒体可以帮助你。你可以利用其与受众建立联系，这在过去显然是不可能的。互动反馈是即时的，想法创意源源不断，你可以通过社交平台进行采访和评论。看似一切都好，但事实并非如此。这里有一些建议。

> 首先，不要在一个问题上表明立场，否则会使你的声誉和形象岌岌可危。保护自己的同时保持中立，毕竟，这是记者应该做的。
>
> 其次，虽然一些电视台并不介意你发有关聚会的照片和留言，但有些电视台介意。穿着暴露的泳衣或赤膊在海滩上享受美好时光可能会导致你的工作能力遭到质疑。你当然可以在空闲时间做你想做的事，但请不要公之于众。要当心别人给你拍的照片，以及这些照片可能会出现在哪里。信誉是变幻无常的，若周末还在社交媒体上发布铺天盖地的海滩照片，那么采访州长时便很难被严肃看待。
>
> 最后，任何你点赞、转发和分享的东西都是对你个人想法的表现。社交媒体应被视作直播节目的延伸产品。若你有不想在电视上说的话，那在网络上也请不要说。想想这句老话："不要把你不想在法庭上大声读出来的东西写下来。"犯此类错误的人在互联网上比比皆是，许多帖子和推文已经让人们失去了工作，甚至是结束了他们的职业生涯。这类错误也许就发生在你点击发送帖子和推文时，还是小心为妙。
>
> ——一位资深电视记者（应要求匿名）

13.2 撰写个人简历

你的简历会更加突出你的优秀品质以及你迄今为止的工作经历。这是对你进行评判的书面材料，和你的录音样片一样重要。如果你没能利用简历来吸引到招聘方的目光，你就没有机会通过播音记录和个人面试给他们留下深刻的印象。如果你是在应聘你的第一份工作，你的简历内容不会很多，说实话，一页纸就足够了。只有在很少的情况下你需要两页纸的简历。不要犯许多人一开始会犯的错误——把所有你能想到的事都写到简历里。简历要完整，但不是要你从出生讲起。不用说，你应该知道这份简历需要用电脑打出来，并且不能有任何错误。电脑的文字处理功能很简单，但是使人吃惊的是，很多人发出去的简历都存在着打字和拼写等错误，大大影响了简历的内容。绝大多数情况下，这样的一份简历不可能获得进一步的面试。那些不舍得花时间精力去逐字逐句检查简历，也不愿意花心思去想简历应该写些什么内容的人，是不值得获得这份工作的。如果你觉得你值得拥有这份工作，那么就要在简历上花点功夫。

制作简历的第一条规则就是，简历没有固定的模式。你可以从图书馆或者网络上找到很多这类的资料，电脑软件也可以帮助你完成。此外，你还可以找广告公司帮你做简历，只是要付费而已。学校的就业中心不是简历撰写服务机构，所以不会给你支付这笔费用。无论你采取哪种途径完成简历的排版，都要确保页面整洁，并且便于阅读，页边距和间距要规范。用人单位会通过你的简历所包含的信息来对你进行评价。简历字体应该用很传统的Arial或Times New Roman字体（译者注：此处为英文字体，中文常用黑体、宋体、楷体等），字号应在11到12号之间。简历应该封装整齐，给招聘方提供你的相关信息，让你脱颖而出。如果你决定使用纸质版简历，请使用20磅重的纸（带水印），颜色为白色、奶油色或浅灰色。

你的个人简历应该包括你的名字和电子邮箱。考虑到安全因素，地址和电话最好不要出现在网络发布的简历上。因为传统邮件已经不常用了，地址不再像电子邮箱那么重要，但是要确保你的邮箱名足够专业。招聘方可能不愿意回复类似BigStud@aol.com或SquirrellyEyes@yahoo.com等邮箱发出的邮件。你可能还需要开设一个个人网页，其中包括你的个人信息和你的作品展示。这些必不可少的信息一般放在简历的开头。尽量精简内容，便于阅读。简历也要使别人能够很方便地联系上你。不要在简历里面用昵称，如果要写播音名，就附在实名之后。不要犯那种令人尴尬的错误：把实名写在简历和求职信上，而后只把播音名录到播音记录里面。如果两个名字分开写的话，你就会失去一个工作机会。

现在的简历中，"资历总结"已经取代了"目标陈述"。目标陈述仅仅说明了你想"要什么"（例如一个初级职位或晋升空间），而资历总结会表明你能为雇主"做什么"。措辞不用太华丽，将你的技能与应聘工作对应起来。

教育背景中应该介绍学习情况，但要用倒序的时间顺序。如果你是本科学历，那么就不用提及你的高中成绩。突出你获得的荣誉和奖学金，确定囊括你就读过的所有学校、就读时间、研究领域和相关学位。如果你的平均绩点在3.5以上，那么就值得你在简历里记一笔。记住，学历固然重要，但是很多公司更期待你具备广博的知识和良好的沟通能力。如果你没有很广泛的教育背景，那么你就要强调那些与播音或沟通能力相关的课程。如果你在本科或研究生阶段做过助教工作，别忘了记一笔。作为备用策略，你也可以提及你参与过的学校或社团组织，如果你在某一组织里当过领导者或获得过什么荣誉，那么这一信息将会尤其重要。如果你在找一个初级职位，那么在大多数情况下需要把你的教育背景放在工作经历之前。然而，如果你已经就业一段时间了，把工作经历放在教育背景之前会更有利。

对于大多数的媒体职位，你的工作经历是简历中最重要的部分，可以决定你是否被录用。即使你的工作经历很有限，这也是一个你向招聘方强调你的经历和你可以付出什么的机会。列出你参与过的所有工作及日期，同时附上职位名称、工作任务和工作责任。提到工作责任的时候，适当地利用动词——"管理""完成""组织""促进""达成"，以及一些相关的能够表达能力和成就感的词。工作经历通常也是倒序的时间顺序，所以把你最近的相关工作列在最前面。别忘了把你在校园媒体的工作、实习和兼职的工作包括在内，尤其是与播音主持相关的职位。在校园媒体担任管理者也许比在麦当劳派送汉堡包来得更有分量，但如果麦当劳的工作帮助你支付了大学学费，就可以将这一信息列在简历中，让招聘方更加了解你。要充分利用你所有的就业经历。

如果还有其他技能没有在资历总结中列出，你也许想找个机会说明一下。譬如说，你熟练掌握一门外语，而它又刚好是某个职位的加分项，或者你在志愿者组织担任领导职位，又或者你是电脑编程的高手，这些都可以写进简历。甚至你参加的体育活动也可以写进去，以展示你的领导力或团队精神。

是否应该在简历中附加推荐人的姓名与联系方式，现在仍然存在争议。有的人认为没有必要，因为人们会假定你有相关信息，但是某大学对15个新闻编导进行了调查，所有编导都认为这些信息应当加到简历里。之后如果面试官在面试前想看这些信息，就可以省却再让你发送的麻烦。有的人会认为你不提供是因为你可能在隐瞒什么或是根本就没有。因此，无论你做何决定，请确保准备好两到三个推荐人的姓名，面试官问到时就可以提供。如果你选择不附上这些信息，可以把符合要求的推荐人信息写在另外一张纸上，这样当你被问及的时候，你就可以随时拿出来。其中包括推荐人的姓名、工作地址、电话号码和电子邮箱等信息。请确保你跟你的推荐人之前已经联系过，并且他们也很乐意并有资历从正面评价你的性格、工作习惯和能力。如果你是即将毕业的大学生，你的教授应该会乐意为你写推荐信，前提是不要翘太多的课或迟交作业。推荐人要了解你的性格和你在学校或工作单位的表现，并且你们至少已经建立起了某种关系。最好能邀请到不同类型的推荐人，譬如教授或者是以前雇佣你的人。如果你曾师从一位知名的传媒人或为其工作过的话，那就再好不过了！不过，别仅仅写个名字就完了，这个人还必须对你的能力有较深的了解。

对于大多数电台或配音工作，没有必要在简历上附上照片。事实上，如果招聘方对某种体型、发式或表情有偏见，也许未见其人先见其照，对你的第一印象就已经打了折扣。你的外貌并不是你能否被录用的首要原因，你的声音才是他们所关注的重点。相比之下，电视或视频传播更注重外貌。招聘方肯定会评估你的录音样片，但如果你对正在寻找特定"角色"的电视广告职位感兴趣，那么就要备上一张照片。此照片要在你的个人网站上呈现，参加面试时也应该带上一些纸质版照片。8×9英寸的彩色照片最佳，不过黑白照也完全可以接受。不要用毕业照和艺术照这种喧宾夺主的照片。直观的职业照最好，并在背面附上姓名和联络地址。注意要确保是近期的照片，真人和照片反差太大会让招聘方有一种受骗的感觉。

记住，你的简历是你在正式面试前推销自己的好办法。而且还要知道，招聘流程实际上是一个筛选的过程。面试官都在不断权衡是否录用一个人，别让自己输在简历上。

相反，要让它成为你获得面试的敲门砖。简历中常见的一些问题会让粗心的求职者无法获得工作，譬如简历冗长、无端夸大的成分、语法错误、缺乏细节、没有列出成就以及提供了不相关的信息。记住，媒体职位的简历应控制在一页纸以内。同时，简历一定要真实可信，如果你仅仅上了一门"电视入门"课，就不要把自己说成是经验丰富的摄像师。显而易见，简历中不能出现错误，而且还要做到语言简洁。记住用动词表述你的具体工作职责和成就，并且附上与应聘职位密切相关的背景信息。

13.3 电子简历

简历的基本目的一直都没有变，就是为应聘者赢得面试的机会，但简历的格式必须适应技术的发展，在这种情况下，形式就比内容重要了。

如果你的电子简历是通过电子邮件发送的，或者是输入或粘贴到在线提交表中，那么可以使用标准简历，但需要将它另存为ASCII（美国信息交换标准代码）、RTF（富文本格式），或其他纯文本格式。这样就可以在很大程度上消除复杂的格式，便于在任何一台电脑或阅读软件上准确查看简历，但需要对简历进行编辑。一方面，冗长的语句不受欢迎，所以要简化表达。加粗体、斜体、下划线不适用电子阅览。但是你可以用大写字母、加号、星号标出。一个比较好的测试方法，是把电子简历用正文通过电子邮件发给你自己，如果看起来有不妥的地方，那么就要做出修改，直到满意为止。当你向招聘单位发送邮件时，把求职信和个人简历以文本形式放在一个单独的邮件中。大部分的面试官不喜欢附件，因为打开附件很麻烦。

一些公司会通知你，你的简历会被OCR（光学字符识别）软件进行扫描或者阅览。这种软件可以分析简历中与用人条件相符的关键词，包括教育背景、工作经历以及技能。再说一次，你可以从你的标准简历入手，但是你要注意格式正确并注意关键词的使用，确保关键词包含在检索范围内。仔细阅读招聘广告，了解行业的流行词，对你都是有益的。注意，简历的第一行（左上角）只需写上你的名字。然后，应该是关键词摘要，以及简历中必不可少的其他信息。不要装订或折叠将要扫描的纸质简历。通常情况下，每行65个字符为宜，不用担心空白太多。相比于Arial或其他比例字体，尽量使用等宽字体（例如Courier）。

13.4 附加一封求职信

线上求职申请通常需要包括一些具体的内容。在求职要求清单上也许不会特别提及求职信。然而，即使没有特殊要求，也应该发送一封求职信。求职信能够向招聘方说明你所具备的技能是否适配这份工作，而无须招聘方通过阅读简历来判断你是否是最佳人选。在播音这样竞争激烈的行业中，求职信能凸显你真正的优势，让你脱颖而出，有机会告诉招聘方为何选择你是一个明智的决定。每申请一个职位都要写一封有针对性的求职信。不要用只包含一些通用信息的套用信函，它虽然适用于任何电台或媒体公司，但也透露出这样的信息：这仅是你投递的众多申请之一，而非真正对该电台或公司感兴趣。

你所递出的信件应该干净整洁，并且以符合商业礼仪的方式呈现。内容简洁，不要超过一页纸，但要充分表达你对职位的兴趣，并且感谢招聘方聆听或观看你的播音记录，以便留下一个积极印象。对求职信的重视程度要不亚于简历，因为招聘方首先读到的就是它，由此对你有了第一印象。就像简历一样，求职信没有固定格式，但下页中展示了一种可行的办法。

求职信的收件人应尽量具体到个人。如果你回应的是一则招聘广告，广告中可能就有收件人的名字。如果没有，就要找到确切的名字。可以登录招聘方的网站进行查找，但也要致电招聘方，进一步确认收件人的名字和职务。如果你是"盲投"，那么就要避免使用"尊敬的先生"，因为一些节目导演（无论男女）会认为有歧视嫌疑。也不要写"敬启者"，这跟用复印信件的负面效果是一样的。如果你实在找不到收件人姓名，起码要写清楚正确的职位名称，比如"尊敬的节目导演"，或者完全避开称呼，使用简单的"您好！"作为信件的开头。

第一段应该阐述你为何写这封求职信，所以要提到你申请的职位，并表达你对该职位的兴趣。如果你是通过州广播协会的网站发现这个职位的，或者是同事告诉你的，在这里要提到这一点。在这一段中一定要用一句话来表达你对这份工作的渴望，并提供一些关于你自己的信息。

第二段要凸显你现在的职业水平或者是针对这个职位的特殊价值。阐述你的背景是多么适合这个职位，并且告诉招聘方，你入职后能够为他们带来什么，以此来提升他们对你的兴趣。如果你当下正在播音系统里任职，写明你的工作，必要时也可以说明你为何放弃之前的工作来求职。如果你是职场菜鸟，就不要申请市场主管的职位，因为以你现在的资历显然无法胜任这种工作，而且还会暴露出你缺乏判断力这个事实。如果你申请的是跟你当前的工作相似的职位，你可能会被贴上"跳槽族"的标签，也就是经常换工作的人。而大多数电台和电视台都不愿意聘用这样的人。频繁地更换相似的职位不会带来职业生涯的飞跃，所以尝试去申请一份更好的工作，也许是在一个更大的平台工作，也许是从播音员升到播音指导或编导，类似这种对你职业生涯有帮助的职位。这一段的结尾，要说明你随信附上了播音记录和简历。

第三段是可选段落,可以对招聘方说些溢美之词,但是不要显得不真诚。不要说你是因为它是这个国家最好的电台而投向它的怀抱,这听着很谄媚。然而,若是由于个人兴趣爱好,你可以提及。你需要了解一些这个公司的背景资料,确定你真正对此感兴趣,然后再开始申请。不要仅仅为了确认能否被录用而去申请工作。

求职信的最后一段应该重申你对这份工作的兴趣,提供额外的联系方式,并感谢招聘方的关注。这实际上是在请求面试的机会。如果除了简历上的信息,你还有其他的联系方式,也写进去。为了继续跟进,你可以这样说:"我下周会给您打电话,看看您是否收到了我的材料,并进一步讨论这个工作机会。"最后,出于礼貌,在这段话的结尾,应该感谢招聘方花时间考虑你。记住,你的求职信应该是对简历做出的补充,而不是重复提供简历中已经包含的信息。

里克·E. 瑞迪奥

印第安纳州埃文斯维尔市华盛顿街765号

邮编13404

reradio@aol.com

2020年6月17日

约翰·哈克特先生

WLHM-FM电台节目导演

印第安纳州洛根斯波特市93854信箱

邮编46947

尊敬的哈克特先生:

  我写这封信是为了申请WLHM-FM电台网站于6月15日刊登的晚间播音一职。该职位对我来说极具吸引力,并且我深信我的教育背景和经历可以让我很好地胜任该初级职位。

  作为堪萨斯州立大学的应届毕业生,我以前未曾担任任何关于广播的专业职位。但是,我过去三年曾经在校园广播电台KSDB工作,负责一档周播节目。这一经历锻炼了我的广播才能,能吸引观众注意并为观众所喜爱。过去的一年,我也曾担任过站长,负责我们电台的日常运作。同时我拥有比较出色的领导技能,善于和管理人员及同事合作。按照要求,随信附上MP3格式的播音记录和简历,供您参考。

  如果您有任何关于我个人资历的问题,请给予我一个解释和回答的机会。白天您可以通过拨打 (716) 832-5547联系我,其他时间可以通过简历中的电话号码联系到我。感谢您花费时间考虑我。我下个星期将致电询问录用情况。期待与您通话。

  此致

敬礼!

里克·E. 瑞迪奥

13.5 制作样片

  本章所提供的大多数求职方法对广播播音求职和电视播音求职都适用。事实上,你可以用这里所提供的信息在大多数媒体平台寻找演播工作。不同之处在于,广播播音求职需提供音频文件作为样片,而电视播音求职需要的则是视频文件。

广播播音样片

  广播播音的样片(也称为作品演示集)通常是指经过精简的播音记录。其要求是简短,以3~5分钟为宜。样片应存储为MP3或其他常见的音频格式。这样不仅能展示最佳音质,也能让节目导演更容易倾听你的作品。电台也可能要求你用电子邮件发送音频文件。用MP3或者其他的压缩格式来进行存储时,一定要保证其能够在最常用的媒体播放器上进行播放,比如RealPlayer或者是Windows Media Player。

  样片需要尽量精简,因为节目导演并不需要去欣赏你没有参与制作的音乐或者节目片段。事实上,停顿只需要做到停顿应有的效果就好,无须过长,音乐亦可放置在这些停顿之中。要知道,最好的样片通常就是你不经修改的现场播报版本,如果你近期内做过现场播报,那么这份播报就可以作为你的样片。但是如果你是刚刚入行的新手,你就需要去制作室模拟现场播报来进行样片录制。录制样片的关键在于你需要在一段连续的时间内真实地进行播报。如果你中途停顿,尝试剪辑音频,比如暂停录音,开始播放歌曲或停止播放歌曲,那么你的样片将不是真正意义上的节目。所以你应该做的是,录音不停,让音乐持续播放。等到录制全部完成,才是需要做剪辑的时候。鉴于许多节目导演亦希望在样片之中听到完整的停顿,所以别只挑出完美的停顿而忽视了其他的停顿。许多新手的样片中包含非常出色的歌曲介绍,异常精彩的视点内容和无可挑剔的中间停顿。这就是我们常说的"采样"法。记住,样片的意义在于能让你平时的能力得以完整的表现。如果你只把自己最好的播报放进样片之中,那么在将来的工作里,你将很难重塑如此出色的表现。但是，在你精简样片的时候，要把最开始的几个停顿剪掉，一是由于节目刚开始你需要一点时间来进入状态，二是由于头几个停顿听上去有点奇怪。听到一个合适的停顿时开始，然后从这里继续下去。

针对播音员职位，所备样片应该包含六个停顿，若干播报片段和一则新闻报道。如果你明确知道电台有专门的新闻播音员，那么就可以在你的样片之中省略新闻播报部分。但是展现出你可以播读台词卡或插播广告以外的其他内容，也不失为一个好的办法。录制样片最需要强调的是，你只有15~30秒的时间来抓住听者的注意力。第一个停顿以前的内容一定要足够精彩，因为这样你才能让他们眼前一亮。而如果一开始的内容不够吸引人，绝大多数的节目导演就不会接着听下去。不用多说，这意味着你的样片必须是一流水准。同时，设备操作失误不能成为样片质量不佳的借口。样片内容可以选择常见的节目类型，比如成人时代，这样的内容适用于大多数广播电台。当然，你也可以根据自己应聘的职位，针对电台特色进行内容的选择。第二种方式更好。显然，你不能给乡村音乐电台寄送一份满是摇滚元素的样片，所以在内容的选择上，还是应该多加考虑。

如果你应聘特定的播音职位，就需要对样片内容做出适当的调整。如果你应聘的是新闻播报的职位，那么你的样片就应该用新闻来作为开头。但是一定要注意，纵使这样，你的播报依旧需要引人入胜。播报之中需要出现新闻内容，但应尽量简短。同时你还可以对某些内容进行压缩，比如广告、其他记者的报道和实况录音。但需注意的是，这些内容再简短也需要达到可被听众理解的标准。播报内容需要涵盖方方面面，别总是播报火灾和死亡事件，可以加一个财政预算报道，一个法院的报道，再加上一个软新闻报道或一则特别报道。要知道，这是一个展现你能驾驭各种内容的绝佳机会，你应该牢牢地把握住！播报的内容需要保证具有时效性，别在样片中录制六个月以前的新闻内容。面向专业播报的播音职位，例如赛事解说或者是旁白配音，都可以用同样的样片来进行求职。只是在样片之中，要针对职位需要更有侧重点的对你的能力进行展示。

电视播音样片

要顺应当下的趋势，用网页内容向别人展示自己的能力，应该认真考虑创建一个个人主页，展示你的个人作品。建立一个社交媒体网页是不错的选择。

电视播音样片也是一种展现能力的方式，它可以比广播播音样片长一些，但是通常6~8分钟就已足够。选取一些你表现得最好的视频素材，但是要记住，这里的最佳表现必须是你日常能够再现的最佳状态。这份样片必须面向你的求职职位，具有强烈的针对性，而且和广播播音样片一样，最精彩的内容应该放在开头。因为你最多只有30秒的时间来抓住观看者的注意力。在你进行进一步的面试之前，样片要能够展现你的才能，至少要引起观看者的兴趣，这样他们才会仔细观察你的风格和能力。如果做不到这一点，你的样片就会被弃置一旁。在样片的开始部分，别加入色条和色调，因为这不是"用于播出"的内容，这样做不仅浪费时间，还会让节目导演厌烦不已。同样，也千万不能在样片中对着镜头做自我介绍，例如出现在屏幕上说着"你们好，我是托尼娅·特里维斯庸。我十分想要为你们工作，以下是我的样片内容"这类话。但是，请务必记得在开头插入关键信息，以免简历和其他材料与样片不在一起时出现不便。样片的开头可以有停格镜头，展示你的姓名、联系电话、电子邮箱。

很多样片的开头都是3~5个出镜播报片段的蒙太奇。这部分你可以充分展示自己的创造力。紧接着，编排两三个成套新闻，展示你的新闻播报能力、剪辑技巧和画面语言的运用能力。要确保把最好的片段放到最前面。如果是应聘新闻类职位，样片中要包含一个现场出镜报道（比如火灾现场）、一个采访当地政要的片段和一个主播台前的新闻播报小片段。不过，很多经验丰富的前辈不推荐使用坐在主播台前的片段，因为这可能会让新闻导演认为你并不是真的对报道感兴趣，只是想坐在演播室做主播，而这样的想法是行不通的。建议你加上一个在主播台前念提词器的简短片段，向对方展示你能够熟练使用提词器。

和广播播音样片一样，在电视播音样片中也要努力表现出你能够胜任不同风格的新闻报道。但是，如果这个职位专门针对的是消费者记者，那么你必须首先证明你能做这种类型的报道。列出样片的内容纲要是值得提倡的。可以将其作为一个单独的页面通过电子邮件发给电视台。制作的样片质量一定要高。你需要注意你的着装、灯光的运用、音质的好坏以及诸如此类的很多细节。一定要像真正上节目一样对待样片。在发出样片之前，还要记得，仔细检查你的样片，保证音质、灯光等细节都几近完善。发出一份低质量的样片是毫无意义的尝试，因为它只会被不加考虑地扔到一旁而已。

请保证样片之中你的播报达到专业水平。至于你的个人网页，请确保所有信息完整且便于查找。

13.6 建立联系人名单

能为你提供工作机会的人和拥有此类人脉的人，都应该出现在你的联系人名单里。如果这是你初次求职，那么你的联系人名单上人数会很少，但是也不至于没有。如果你还在学校实习，也至少会有一两个可以联系的对象。许多学生毕业以后都进入了自己曾经实习的电台电视台或公司工作。而且就算实习的地方没有空缺职位，你也可以联络那里的同事，因为他们会帮助你联系更多的地方寻找职位空缺。回想一下，你的专业课堂上是否曾经请来过业内的知名人士举行讲座？你从他们那里拿到名片或电话号码了吗？如果答案是否定的，那么就证明你失去了一名联系人。通常情况下，能够前来向大学生讲授经验的人，对新手都比较友善，甚至，他们了解哪里有空缺的职位。在校期间就要建立和发展人际关系，别错过任何扩展人脉的机会。还有，为什么不到本地电台电视台寻找工作机会呢？对于大平台而言这样做可能成效不大，但是本地电台电视台经常会招聘毕业生。所以千万别小看了本地电台电视台提供的工作机会。

当然，通常你所能想到的途径就是在杂志或者杂志网站上寻找工作信息。但是要知道，这些求职信息通常面向那些比你有更多经验的业内人士。当然，有时候这之中也会单独列举出适合新手的求职信息。行业出版物也常常替求职机构发布广告。而这些求职机构是有偿为你提供求职职位信息的。虽然这些广告的求职信息来自各种渠道，但依然不失为一种可取的办法，只是你可能要按要求订阅一定期限的服务。浏览业内网站也可以得到一部分信息，www.tvjobs.com就是一个不错的资源。同样的，在本地的广播电视协会也可以得到信息，尤其是有学生会员的话更方便。如果你刚毕业没多久，那么千万别忘了学校的就业指导处、人才中心或校友办公室。虽然就业指导处广播职位不常有，但这也是一个能得到信息的好地方。看看有没有已经进入业内的校友能够帮到你，相比别人，他们通常更乐于向母校毕业的新手提供帮助。这些校友哪怕自己手头并没有工作机会能够提供给你，他们也会乐于和你交谈。而往往他们的人际关系网中，会有空缺的职位存在。求职本身就是一项工作，所以你需要为此付出努力并且尝试任何可能的手段。

如果你已经工作了一段时间，就应该拥有一份实时更新的联系人名单。即使是那些已经离职的同事，你也不应断了联系。记住，人脉非常重要！本书的一位作者和第一份电台工作中的播音员同事一直保持着联络，哪怕时间已经过去了两年而他们已经都换了工作电台。但就是这样的联系，让他有机会得到了电台管理职位。如果你去参加播音行业的会议，那么就一定要和各级播音人员打交道，播音员、节目导演、经理抑或是行业代表，这些人都属于你的人际关系。在这种场合不要害羞，能结识尽可能多的人对于你而言绝对是一大优势，因为不知道其中的谁就能为你的工作提供帮助。

播音行业其实是个很小的圈子。你会惊讶于一个人怎么可能在那么短的时间内认识业内的那么多同行。这让我想起了这个行业的一个注意事项：不要过河拆桥，给自己留条后路。努力做到和雇主好聚好散。要始终做一个有风度的人，无论对方态度如何，你都要友好地离职。要知道，身为你的领导，他一定在业内拥有更广的人脉，而说不准其中的某个人就是你下一份工作的上司。如果离职弄得大家都很不愉快，你会在以后的工作中吃到苦头，甚至可能失去竞争你真正满意的职位的机会。

联系人名单可以写在纸上，或者存在电脑里。也可以制作索引卡，写上关键信息。

务必保证名单上有联系人的姓名和职位名称，还要给联系人标注电话号码、传真、电子邮箱，还有工作地址。甚至有时候你需要记录你们的相识过程。联系人名单要时时更新，不断添加新的联系人，因为这些小小的积累将会在你的求职之路上发挥巨大的作用。

13.7 求职面试

　　首先，联系相关负责人，找到空缺职位。如有意向，则发送求职信、简历和样片各一份。面试机会是求职成功的一半，但面试时的表现也同样重要。面试使你有机会证明自己能够胜任该职位，但如果你给人留下的印象不是那么深刻，就可能与该职位失之交臂。因此，大多数面试会使你一方面有些担心或紧张，另一方面又感到精疲力竭。但是，如果在求职面试过程中你能够侧重于以下两方面的努力，就会让你轻松自如地去面对并且一举获得成功，那就是事先准备和临场表现，即面试前的准备工作和面试过程中的表现力。

　　准备的内容主要是预测面试过程中可能会被问及的问题，然后训练自己如何针对上述问题进行作答。有些问题可能在大多数面试过程中都会被问到。大多数情况下，面试官会以一些轻松随意的话题入手，让你能够迅速回答这些问题，以缓和紧张情绪，使你们的对话更轻松一些。首先，准备谈一些具体的技能和成就。你需要能够简单描述一下自己对之前工作过的电台所做的贡献，这是一个让自己从候选人中脱颖而出的绝佳机会。因此，多练习思考一下自己引以为豪的成就，以免在实际面试过程中回答得不够流利或遗漏一些细节。如果你是第一次面试一份全职职位，那么需要总结一下在兼职、校园活动或实习过程中所积累的经验。遇到诸如"谈一下你自己"等问题时，必须小心谨慎。这些问题比较宽泛，你可能喋喋不休地进行长篇大论，但这样可能会让你与这份工作擦肩而过。组织一下自己的思路，可将答案集中于一两点上以及你的技能水平上。你有可能被问及"你有什么优势？"或"能为公司做些什么？"等问题，这时应该展现出自己最厉害的地方，并且表明这些优秀的素质与电台以及空缺的职位非常吻合。最可能被问到的问题是"你有哪些缺点？"，可避重就轻地幽默回答，比如"我唱歌不好听"等。但是，前提是必须得察言观色，事先想清楚这样作答是否合适。还可以尝试这样回答："我有点工作狂倾向。"因为大多数电台的人不会真的把工作狂的态度视为一个弱点。当然，回答的内容必须是事实，而非嘴上说说而已。如果一定要求你说出一些缺点，那么你也必须恳切地提出一二，但最好能够补充说明自己正积极改正缺点，完善自我。

你可能经常会被问到"你为什么希望在本电台工作？"或"我为什么雇佣你？"等问题。写求职信的时候你应该已经充分了解了这家电台，如果自己的某些能力或技能和电台的特点相匹配，那么回答这些问题就会游刃有余。但是，当被问及诸如"你对现在所工作的电台怎么看？"等问题时，就应该更小心谨慎，因为问这类问题的目的就是看你是否和其他雇主有矛盾。千万不要说其他电台的任何不足（即使是事实）。尽量将回答内容集中在职业发展、技能水平的提高以及能够在更大的平台工作等意愿上。如果是因为电台被合并或收购而使得现有的职位被撤销——这在新闻业很常见，直接表明事实也无妨。如果你已经辞职，那么准备回答"为什么离开上家公司？"等问题。

诸如"你的职业目标是什么？"或"你希望自己五年后是什么样的？"等问题非常普遍，因此事先思考一下这些问题。此外还要准备好回答这些问题，如"你的承压能力如何？"或"你的才华有哪些？"等。

面试结束时，你可能会被问到"你对薪资有什么要求？"，这个问题也需要谨慎作答。不要设定工资下限，因为一旦招聘方了解到这个数字，可能正式建立合同关系时，就停留在这个水平上了。针对这类问题的最好回答方式是反过来问该职位的薪资范围。显然，你心里已经有了一个最低薪资标准，以便确定是否会接受该工作。当然，你还必须考虑整体的薪酬待遇。大多数电台会提供基本薪资和一些福利。

你需要综合考虑该职位的所有津贴，如健康福利、假期时间和奖金等，这些往往能够弥补薪资上的不足。当然，如果是小型电台的初级职位，就应当理解该职位的薪资可能不会特别高。但是，当工作任务逐渐增多后，你的收入肯定会提高的。

记住，没有人能百分之百地保证你会得到某一份工作，但如果准备充分，可让你超越许多求职者。而面试过程中的表现也是求职成功的关键所在，要记住几点该做的和不该做的。首先，提前一点到达面试地点，以便能够事先理清思路，并稍微放松一下，但如果由于不可避免的原因而迟到了，一定抽时间打电话告知电台。求职者如果迟到且没有提前打电话告知，就可能已经失去了这个工作机会。无法准时到达求职面试现场的可接受原因寥寥无几，因此尽量不要迟到。不要让任何人陪你去面试，雇主只是对你感兴趣，如果还有几位朋友在电台走廊上等你的话，这是不可接受的。穿戴得体、仪容整洁，表现出良好的职业形象——第一印象尤为重要。记住，大多数广播行业的高管是相当保守的，因此面试场合下不要追求时髦，偏向于保守型对你较为有利。

随身携带一支笔，因为你可能需要填申请表格，找人借笔会给人留下不好的印象。虽然很多信息与简历上的大同小异，但许多招聘方仍然会要求你填一份求职申请表，因为这样可以获得该职位所有求职者的标准化信息。电台可能还会通过表格收集求职者的民族信息，以便于联邦或州政府保存平等就业记录，当然这是可选项。同时，填写求职申请可以让电台看到你的理解能力以及字迹是否清晰，因此如果让你填写一份求职申请，一定要面带微笑地认真填写。

在面试过程中，避免负面或防御性的身体语言。与面试官得体地握手，并致以真诚的问候。绝对不要将双臂交叉在胸前或靠在椅背上远离对方，因为这些姿势都传达出一种抵抗性的或冷漠的态度。面试过程中不要吸烟，即使吸烟是你平常的习惯或者面试官也吸烟。不要呈现出任何夸张的面部表情，但确保在整个面试过程中都保持良好的目光接触。优秀的面试官会注意你的举止，而你自己也同样应该如此。

另一件要考虑的事情是社交媒体，如今社交媒体在演播领域的角色愈发重要。一位前辈说自己60%的时间会花在脸书、推特、汤博乐（Tumblr）等社交平台上，只有40%的时间会专注于广播事业。另一位受访者也承认，他的老板要求他多多应用社交媒体。这也再次强调了知道如何使用社交平台系统，并在自己的求职信中注明这一点的重要性。了解电台电视台如何使用社交媒体，并在求职信中简要说明，使你有机会脱颖而出。在面试中，你也应该和面试官讨论一下这方面的问题。电台和电视台通常会用社交媒体拉近自己和受众之间的距离，让受众觉得自己也是参与者。节目过程中，受众会通过社交媒体抛出一些问题，进行投票，或是讲几个笑话。一些受众的回答会直接在直播中播读。一位新闻记者讲述了如何通过联系她的推特粉丝寻找到一起罕见新闻事件的参与者。这条新闻最终成了全国性新闻。另一位记者说，她是依靠自己的粉丝获取正在发生的新闻资讯。还有一位主持人会在直播时邀请观众通过电子邮件或推特向自己提问，问题会在节目中进行解答。哪怕回答的只是众多提问中的一小部分，观众也会获得参与感。你能不能和自己的面试官讨论类似的案例？能不能向面试官表达自己的想法或建议？你可能还没有意识到社交媒体在广播电视领域的作用有多大，但这一点你要知道，并且要能和面试官在面试时进行探讨。

对面试进行准备工作可让你对所有的问题了如指掌，以一种积极和自信的态度进行回答。态度很重要，尤其是对于初级的职位，许多求职者可能无任何经验，背景也基本相同。通常来说，你会有机会询问有关该电台或电视台的问题。注意，不仅是电台或电视台面试你，看你是否适合某个职位，你也要考虑是否选择在该电台或电视台工作，但避免提出诸如"薪资是多少？"或"假期有多久？"等无法传达出职业形象的问题。求职者所提出的问题应与职位和电台或电视台的运作相关，如"工作中可能会遇到哪些问题？"或"电台（电视台）的长期目标是什么？"等。你也可以问"本职位的主要职责有哪些？"或"每天上班通常需要做什么？"，但前提是相关主题尚未被提及过。在针对你所提出的问题进行后续讨论时，最好寻找机会谈及针对该电台或电视台运作你的优势所在。记住，如果在面试过程中未提出任何问题，那么很可能会让人误以为你对该职位并不是很感兴趣。因此，事先可想好一两个问题，以便在面试结束时提出来。

通常来说，面试时间可能持续30分钟，但有时也会持续到90分钟。注意在适当时机优雅自如地退出面试现场。例如，当面试官记笔记然后放下笔并且将便笺纸收拾好时，也就意味着可能是时候离开了。有时，如果你很适合该职位，面试官可能会表示对你非常感兴趣。但一般来说不会当场录取，所以尽量保持足够的耐心，因为表现得过于着急可能会丢掉这个工作机会。大多数情况下，面试官会告诉你回家等候通知，电台（电视台）需要一点时间挑选出最适合该职位的人。

　　面试结束后，即使感觉不太顺利，还是要一如既往地发一封感谢信。感谢面试官抽时间给予你面试机会，并且表示自己对该职位的兴趣有增无减（如果你真的还感兴趣的话），再次希望考虑聘用你。许多求职面试者不习惯发送感谢信，但如果你这么做了，势必会占有一定的优势。感谢信是一种商务礼仪书信，同时也可将你的名字再次呈现在招聘方面前。如果面试结束两周后，仍未收到任何消息，可致电节目导演或面试官，询问一下该职位的录用状况。你可能不会得到正面的回复，但有时电台或电视台挑选合适雇员的时间可能会比预期的要长。

里克·E. 瑞迪奥
印第安纳州埃文斯维尔市华盛顿街765号
邮编13404
reradio@aol.com

2020年7月8日

约翰·哈克特先生
WLHM-FM电台
印第安纳州洛根斯波特市93854信箱
邮编46947

尊敬的哈克特先生：

　　很高兴上周与您讨论WLHM电台和目前空缺的晚间播音职位。感谢您对我的礼貌，我想向您保证，我始终希望您能考虑录用我，填补该职位空缺。

　　期待您的回信。

　　此致
敬礼！

里克·E. 瑞迪奥

13.8 如何对工作邀请做出答复

大多数人在面试结束后感到放松，并且常常对面试结果的好坏有所判断。如果你觉得进展得不太顺利，尽量吸取经验。如果你被告知未能被录用，同时你觉得有必要的话，可进一步询问自己的劣势有哪些。可能其他候选人有更多的经验，也可能你的个性与面试官根本不合拍。如果问题在于某种能够提高的技能，那么后续进行努力，并且可考虑一下重新编写简历中针对自我能力的描述。

另一方面，如果所有的事情都朝着对你有利的方向发展，你得到了这个职位，那么恭喜了！如果是初级的职位，你可能会收到一份口头邀请。但是，最好能得到书面邀请函，所以可询问招聘方是否会发送一份书面邀请函。确保录用条款明确清晰，包括薪资、福利及到岗日期。大多数情况下，你可能会有一到两周或更短的时间考虑是否接受这份工作。确保在截止日期之前对邀请函做出答复。如果你决定不接受邀请，应尽快告知招聘方，以便他们能够继续寻找下一位适合的候选人或启动新一轮的招聘。这是一种职业素质，便于将来在与该电台或电视台合作时能够保持一种积极正面的关系。如邀请函中有些内容与面试中所讨论的内容不同，则立即联系招聘方。有时无心之过确实会发生，所以最好立即弄清楚，不要推迟到你给予答复的最后截止日期。如果招聘方拒绝发送书面邀请函，这时就要谨慎了。你可以给招聘方写一封信，详细陈述自己对该职位细节方面的理解，并要求招聘方对此表示确认，在此之前不要有任何举动。如果目前你正处于在职状态，最好保持谨慎的态度，不要慌忙辞职，直到你从招聘方那里收到一份书面邀请函。否则，如果招聘方在最后一分钟改变主意，你可能会陷入没有任何工作的两难境地。接受工作是投入大量精力求职的最后步骤，但应该与之前的每一步一样，仍然保持一种职业和谨慎的态度。

13.9 工会、经纪人和合同

如果你申请的是一份广播类的初级职位，可能不会与工会有什么交集。大多数小型电台电视台不受工会会员制的约束，但是随着职业的晋升，你后来受聘的电台或电视台可能会要求你加入工会。广播业的主要人才工会是SAG-AFTRA。国家广播成员协会-美国通信工人协会（NABET-CWA）是另外一家代表部分广播从业人员职业的工会。在工会性电台，入职时不要求你必须是工会会员，但必须在较短的宽限期之后加入工会。加入人才工会的主要优势是：它能够保障最低薪酬、工作时数和工作条件，并且记录下职位的剩余费用；缺陷是：需要支付工会费用，并且职责有所局限，因为工会合同中对具体职责内容做了规定。

如果你初入广播行业，可能不大需要经纪人。但是，随着职业生涯的发展，你可能会需要一位经纪人。经纪人为你工作，你要为其支付薪资，所以很明显，你的薪资水平足够高时才可能愿意聘用经纪人。经纪人可帮你寻找到合适的职位、协商薪资水平以及福利待遇，并且在你本人与电台或电视台管理层之间扮演调解人的角色。优秀的经纪人会采用自己的方式尽力为你谈成更好的价格。但要记住，经纪人只在一定程度上发挥作用，许多广播从业者并未聘请经纪人，但他们的事业却很成功。

演播提示13.3

你需要经纪人吗？

是应该选择经纪人还是选择猎头公司？两者实际上各有利弊。通常情况下，经纪人之前都是新闻制片人或其他各类新闻专业人士。他们从你手上收取费用，为你制作样片并负责样片的寄送。如果他们帮你求职成功，那么你收入的5%到10%都将归他们所有。收入越高，相对的支出也就越少。就我个人而言，并不提倡雇佣经纪人。曾经在20世纪90年代后期，我请过经纪人，而他基本没做什么事。所有的事情，所有的合同，都是我自己完成的。

经纪人总让你产生错觉，那就是你是他们唯一的雇主。而事实上情况并非如此。当我在CBS工作的时候，新闻制片人常常会搬来一大箱他看过的样片供其他人使用。这些都是求职者自己或者他们的经纪人寄来的样片，而我在其中发现，有的经纪人会针对同一个职位寄送不止一位求职者的样片。仔细想想，他们这种做法也是情理之中的事。如果制片人想要的是金发碧眼且有五年工作经验的女播音员，经纪人就会寄出所有符合这一要求的雇主的样片。如果经纪人就这一点对你矢口否认，那么他一定是没有说实话。事实上，制片人会看每一位求职者寄来的样片，而不仅仅只是看经纪人寄来的样片。离开内华达州雷诺市后，我收到了五份工作邀请，其中三份还是来自大的电台。这其中没有一份是通过经纪人获得的。

我知道，有些人非常信赖经纪人，他们觉得自己找工作太麻烦。要好好调查一下经纪公司的底细，并且尽量与人多沟通，无论对方是否有经纪人。同时，在经纪人帮你找到工作之前，切切别付钱。我强烈建议你把自己的钱好好留着，自己着手做样片。如果你足够优秀，有没有经纪人都不会影响你的事业发展。第一份工作也不需要经纪人帮你去找，因为只要你足够上心并且愿意搬到任何一个州，那么自然就会得到工作。试试在www.tvjobs.com上找信息，那里通常会发布广播类初级职位，也许这是新世纪的最佳求职方式。

> 当然，我建议你把样片送交给大型广播猎头公司，比如得克萨斯州达拉斯市的人才动力公司。他们会一次性收取100美元以下的费用，然后把你的样片放置在他们的"人才储备库"里面。而电视台或者制片人会付费给他们以得到许可去收听或是收看这些样片。我当时从雷诺市收到工作邀请，就是因为制片人在猎头公司听到了我的样片。这绝对是一种让更多电台电视台发现你才华的绝佳途径。
>
> ——比尔·麦金蒂

初级雇佣关系中劳动合同不是必要条件。大多数小型电台电视台不采用合同形式，但许多大中型电台电视台需要与你签订书面劳动合同。大多数合同协议有效时间持续1~3年，并且明确规定了雇佣条件。虽然合同上一般会规定雇佣持续时间，但广播人员在合同到期之前即跳槽的例子非常常见。大多数电台电视台允许你这么做，只要你去的是不同类型的电台或电视台。许多劳动合同包括一项"非竞争"条款，不允许你在合同期限内转向同类型的另一家电台或电视台。AFTRA和其他劳动工会反对此类条款，并且认为在某些国家该类条款是违法的。此外，与许多法律性文件一样，劳动合同也需要通过谈判而订立。一般来说，合同形式对你是有利的，因为可对薪资以及涨薪方式、工作时数和条件以及合同解除条件等有明确规定。当然，在未经经纪人或法律代表仔细审视之前，不应草率地签订合同。

13.10 失去第一份工作：演播从业者面临的现实

从事广播行业，尤其是演播者，几乎就意味着在你事业发展的某阶段，你一定会失去工作。事实上，许多从业多年的广播从业者都表示，只有被解雇过才算真正进入到该行业。广播从业者的生活不稳定——节目形式上的改变会导致人员的变动，新的电台业主会带来全新的工作班底，而收听率降低也会导致节目的改版。最终结果便是，解雇不可避免。该行业中失业似乎是不可避免的，而在广播行业被炒鱿鱼不会像在其他行业那样被视为一件不光彩的事情。当然，如果持续被炒，对未来的雇主来说当然不是一个好的征兆。演播提示13.4针对丢失第一份广播类工作提出了相关见解。

> **演播提示13.4**
>
> **被解雇**
>
> 像其他大多数在常规电台电视台工作的人一样，被解雇实际上在我看来是意料之外也是情理之中的事，但是这样的心态并不会让你的心情好起来。当我在经理的

> 办公室内和他进行那场不愉快的对话时，我感到胃里翻江倒海。我的手心里全是汗，虽然我竭尽全力让自己看上去若无其事，但我依然无法控制满身大汗淋漓。经理坐在他桌子后面的皮质椅子里，时而靠着椅背，时而身体前倾，双臂交叉放在办公桌上。他说，这个决定跟我平常的直播表现没有半点关系。"哦，好吧，"听完他的话，我想，"但是你现在还是要炒掉我，对吧？"只是这后一句我没有说出口，然后就赶紧换了话题。
>
> 事实上，说到底，这样的结果和我的工作表现有很大关系。但是还好，这一点并没有违反我的工作合约。通常工作合约都会明显的偏向于电台一方，所以他们没有不近人情地直接把我解雇已经算很不错的了。得到的那句模棱两可的"不适合这份工作"的理由至少表明我还可以选择继续在这里工作，只是需要换个岗位并培训接替我的人。而自负的我居然考虑过这个选择。直到我和妻子及好朋友讨论之后，我才决定离开（电台给了我一晚上考虑这个问题，而通常没人会得到这样的优待）。促使我改变想法的是，我拥有大多数人没有的优势：我的合同还有10个月到期，而电台同意给我支付合同期内剩余的工资。
>
> 在同一座办公楼里的朋友同事听到这个消息，一致表明："我简直不敢相信他们解雇了你！你是电台最优秀的播音员了，简直不知道他们在想什么！"虽然这样的说法让我心里好受了一点，但是还是很让人难过。毕竟不管电台里的人怎么说，也不管你对自己和自己的才华多么有自信，被解雇这件事，还是会让你觉得自己是个失败者，也许那些说你不适合广播业的人是对的。其实不管你转不转行，不管你是在被解雇后第二天就重获高职还是在被解雇的低谷里摸爬滚打很久，面对这样的情况最好的治愈方法只有一个，那就是时间。迟早你会发现，当你刚刚得到那份工作的时候，你会觉得这是你得到的最好的工作，但终究它并不是你生活的全部。也许它对你而言很重要，但是要相信，总还有更好的。一定有人会发现你的才华，然后给你机会，让你尽情施展满身才干。
>
> ——内森·坦嫩鲍姆（Nathan Tannenbaum）

如果你真的丢掉了工作，怎么办？首先，不要太在意，因为被解雇不是由于你这个人，而是你的工作方式或你在节目中的表现，或者根本就不是你的过失而导致的。尽量不要放在心上，记住这种事情在广播业佼佼者身上也同样发生过。是的，对于你来说是一个打击。大多数广播从业者绝对想不到他们会以这种方式离职，也很少有人能预见到自己会离职。要做到这一点很难，但还是要再次强调，收到解雇通知书的时候，不要太放在心上。

其次，保持足够的耐性和持久性。你要利用本章所提出的所有方法来找工作。充分利用你的联系人名单，行业内的朋友和熟人可能是助你短期内找到另一份工作的最佳人选。联系你所认识的节目导演。你是否与某些顾问一起共事过？你能联系到有过工作交集的其他业内人士吗？利用这些人脉关系，看看是否有人能够给你推荐一些适合的职位。当然，一旦你利用了联系人名单，就需要更新简历，准备好优质样片。最重要的原则是，你应时刻备一份近期的播音记录。优秀的广播人员会经常自我检查播音记录，以便随时都有最好的材料供参考。如果你的简历和求职信为电子版本，那么更新起来会非常地简单。一旦联系好合适的职位后，应确保你的求职资料能够随时发出去。

求职期间还应当明白两件事情。第一，你必须意识到下一份工作可能需要你变更工作地。越年轻越好办，因为一旦你在某个地方扎下根，就会很难有所变动。但是，广播本身也是一个短暂性的行业，你可能毫无选择，只能随工作迁移。第二，失去一份工作时需要能够控制住情绪，尽量让自己越忙越好。求职总需要一些时间，但你还应该顺便找找兼职类的工作。或许你可以找些配音工作，或者可针对小型电台办一些咨询类项目，抑或利用这段时间寻找其他的机会。对于该行业的主流群体而言，广播业是他们能够看到工作希望的唯一行业，虽然可能对目前的状况有些失望，但他们仍然热爱这个行业，并且总是寄希望于尽早回归本职工作。而对于另一些人来说，这可能是决定隐退广播业的阶段。作为一位演播者，你获得了一些技能，而这些技能在新的行业领域中也可能会有用武之地。下文中简要介绍了广播业演播人员可能会转入的一些行业。

大多数演播者的嗓音都很出众，对语言的掌控能力也较好，所以他们喜欢"说"。而正是这些优势造就了成功的销售员。不一定非得是广播销售，可以是任何领域的销售职业。如果说销售职位不那么吸引人，那么公共关系也是广播从业者非常适合的一个领域。如果你喜欢并且善于写作，可以从事广告业的文案编辑或行业出版物的专题撰稿人。还有音乐行业可考虑，这取决于你的教育背景，你也可以考虑投入教学中去。许多演播人员持有学士学位，积累了扎实的经验，可在社区大学中教授广播类相关专业课程。你甚至可考虑返回校园，继续深造，这样更有可能会从事教书育人的行业。当然，如果你真的考虑选择一条全新的职业发展之路，那么准备新技能的最佳时间是在你工作期间。这样可让你更顺利地从广播业过渡到新的行业，并且使得你在求职过程中不至于太过急切。

演播提示13.5

新手的求职路

我从大学毕业的时候，不像我很多其他专业的朋友们那样已经找到了工作。坦白地讲，这快吓死我了。我花了4个月才找到自己的第一份工作，这期间不知道想过多少次，万一我的体育播音梦在找到工作前就幻灭了该怎么办。

我的第一份工作是在匹兹堡的KDKA电视台。大四暑假我在KDKA实习过，给他们留下了一个不错的印象。我接到了他们的电话，问我有没有兴趣做一个临时的体育制片人。虽然他们告诉我这份工作可能只持续三四个月，我仍然毫不犹豫地去了。

在KDKA的四个月工作结束后，我又一次待业了。有两个月的时间，我向我能找到的所有体育类工作都递交了简历，甚至也找了一些和体育完全无关的工作，只是为了自己能够有一份工作。有一天，我接到了西弗吉尼亚州布卢菲尔德一家电视台的电话（我向对方递交了新闻制片人岗位的简历）。为了面试，我从匹兹堡开车四个半小时到布卢菲尔德，最终得到了工作。我很激动，终于结束了兼职生涯（毕业后我做了10个月的兼职），但这份工作和体育并不相关。

在从事了2个月的新闻制作工作后，有一天我问领导，自己能不能在一位体育主播休假的时候做代班主持。经过几周的努力和请求，领导终于答应了。这是我以体育主播的身份首次亮相电视节目。在我进行体育主播处女秀的前三天，我们台里一位周末体育节目主持人递交了自己的辞呈（他在弗吉尼亚州布里斯托尔得到了一份工作）。因此我的替补主持成了一次试镜。我的老板对我的表现很满意，向我发了全职周末体育主播的职位邀请。

之后两年，我一直做周末体育主播的工作，直到有一天，这个职位的前任，那位去布里斯托尔工作的前辈告诉我，现在他们电视台有一份体育类工作的职位空缺。我去面试，得到了这份工作。直到现在我仍然在这里工作。

我从约翰卡罗尔大学毕业到现在在布里斯托尔工作，包括这中间的各个转折就像坐过山车一样。这中间我不止一次想过放弃，放弃自己的梦想去做一份朝九晚五的工作。但是每次我一这么想，自己就会对自己说不。我不想因为自己的梦想因此中断而余生都在"如果当时"的遗憾中度过。

我个人的建议是，如果你想从事电视工作，就先找到一份（无论这份工作你喜不喜欢），因为第一份工作永远是最难找的。一旦你进了电视台的门，那么之后在这个领域里再找别的工作就容易了。

> 做好远离家乡工作的准备。
>
> 和别人建立良好的人际关系。当时你可能不这么想,但你永远不知道关系网中会不会有人可以向你提供另一份工作。
>
> 要进入电视行业,竞争非常激烈,如果你想上电视,竞争就更激烈了。但是,我从很小的时候就想当一名体育播音员。如果这是你的梦想,就要勇往直前,只向前看,因为再也没有比得到梦想的工作更让人开心的事了,你再也不会因为工作而工作。
>
> ——凯西·戈茨

13.11 总结

寻求一份演播类工作并非易事。许多优秀的竞争者都希望从事你想要的工作,但是,也不要因此而放弃你想从事的工作。运用本章所学的知识点和技巧准备求职材料,清楚地展示你的技能和成就,并且确保这些材料具有准确的针对性,以便提高你获得初级职位的机会或促使你在广播行业更上一层楼。记住,如果不尝试自己想要的工作,就永远不可能知道自己是否能够胜任。如果被拒绝,就去寻找另一份自己喜欢的工作,继续努力尝试。

自学题

问题

1. 制作简历时,下列哪项信息最不需要?

a) 个人信息　　　　b) 工作目标　　　　c) 工作经历　　　　d) 教育背景

2. 以下哪项最不可能是广播行业演播领域初级职位的特点?

a) 工薪不高　　　　b) 小型电台的职位

c) 特殊的工作时间　d) 稳定的职位

3. 在简历中提到推荐信时最好的处理方法是注明"需要时可提供"。

a) 正确　　　　　　b) 错误

4. 鉴于你从事的是媒体行业,所以简历中应附带一张照片。

a) 正确　　　　　　b) 错误

5. 如果招聘广告中没有明确的联系人,求职信上最恰当的称呼应该是什么?

a) 尊敬的先生　　　b) 你好　　　c) 尊敬的节目导演　　　d) 敬启者

6. 为应聘一个广播电台DJ职位做音频样片时,应使用下列哪项技巧?

a) 只挑选自己表现最好的片段

b）以新闻报道为开端，表明自己不仅仅只是会念台词

c）尽量确保样片成本不要太高，因为求职面试需要寄出去很多样片

d）寄送一份3~5分钟长的无线广播实况录播

7. 下列选项中哪项不利于求职面试？

a）事先练习回答面试过程中可能会被问及的问题

b）盛装出席，就像走进秀场，给对方留下一个闪亮的第一印象

c）在整个面试过程中，保持良好的眼神交流

d）面试完之后，发送一份感谢信，对面试官给予面试机会表示感谢

8. 面向广播电视演播人员的工会是AFTER（美国电视、娱乐和广播联盟）。

a）正确　　　　　　　　b）错误

9. 在广播电视演播领域工作所面临的一个现实就是失业在所难免，公司股东的变动、节目形式的变化都可能造成失业，而非员工的能力不足。下列哪种关于广播电视行业内失业的说法是正确的？

a）现在你有了一定经验，之后再找工作会简单一些。

b）如果你的合同中包含非竞争条款，那么合同到期之前，你都不能另找广播电视领域的其他工作。

c）最重要的是不要因为被炒而过于自责，保持积极心态另找其他工作。

d）不要在找工作时耽误时间，即便你的简历和样片已经过时，也应该立刻投递出去。

10. 下列哪项不是联系人名单的优质来源？

a）互联网　　　b）学校请过的嘉宾　　　c）商业刊物　　　d）经纪人

11. 校园经历，如校园媒体的实习和工作经历，不应包含在简历的工作经验内，因为这些都是无偿的非正式工作。

a）正确　　　　　　　　b）错误

12. 在为电视类求职准备视频样片时，你应该＿＿＿＿＿＿＿＿。

a）将最出色的部分留在样片最后

b）将样片时长尽量控制在10分钟以内

c）包括不同类型的工作样片，例如新闻、采访、体育、天气和商业广告

d）包括完整的节目

13. 下列哪项不是简历中常见的问题？

a）简历过长　　　　　　　　　　b）简历内容不实

c）简历太短　　　　　　　　　　d）简历含有拼写错误

14. 电视播音样片上的第一项内容应为＿＿＿＿＿＿＿＿。

a）色条和色调　　　　　　　　　b）出镜简介

c) 出色演播片段的蒙太奇   d) 个人信息字幕

15. 如果你得到一个初级职位的口头工作邀请，你应立即接受，以表示自己对该职位的强烈兴趣。

     a) 正确   b) 错误

16. 下列哪类信息是电子简历专门为电脑扫描步骤设计的？

     a) 工作经历   b) 关键词摘要   c) 教育背景   d) 个人信息

17. 有些演播人员在丢失一份工作后有时会考虑转行，因为他们所掌握的技能在其他职业领域同样适用。在不接受进一步教育的前提下，以下哪个领域是演播人员最不可能获得成功的？

     a) 销售员   b) 行业出版物撰稿人   c) 教师   d) 理财规划师

18. 规定演播人员在被炒或离职后的数个月内不得在同行业工作的非竞争条款是不合法的。

     a) 正确   b) 错误

19. 在求职面试时可能会被问及"你的期望薪资是怎样的？"，最好的回答方式是什么？

     a) 亮出底线，告诉对方低于多少就放弃职位

     b) 觉得自己得到的会比提出的少，因此报一个高价

     c) 询问对方薪资范围，衡量自己的底线是否在范围内

     d) 告诉对方多少都愿意，因为自己很想得到工作机会

答案：

1. b   2. d   3. b   4. b   5. c   6. d   7. b   8. b   9. c   10. d   11. b   12. b   13. c   14. d   15. b   16. b   17. d   18. b   19. c

实践项目

项目1 准备专业简历

目的

学习如何撰写广播职位相关的简历。

要点

1. 记住，没有所谓的标准简历格式。不过，可以查看本章第13.2节，了解简历中应该包括哪些内容。

2. 简历不应含有拼写错误、打字错误、擦除痕迹或任何偏离实际的内容。

3. 简历页面应整洁易读。

4. 大多数情况下，你的简历应控制在一页纸之内，上下左右应采用标准的1英寸边距。

如何完成这个项目

1. 打印出简历的抬头，包括姓名、地址、电话号码和电子邮箱地址，内容通常居中排列。

2. 在抬头下方创建"资历总结"栏，简要突出你的资历。可以参照下方的招聘广告突出你的资历条件。

3. 创建"教育背景"栏，从最近的上学经历开始列出。记住，如果你已从大学毕业，就无须介绍高中相关的教育信息。列出受教育时间、取得的学位、获得的荣誉以及主要的学术成就。

4. 接下来，应展示自己的"工作经历"。列出所做过的工作，同样按照时间倒序予以列出。记得列出实习和校园媒体工作的相关信息。内容应包括工作时间和工作职责，用动词说明你做过的每项工作。

5. 在另一张纸上列出三位推荐人的信息，分别给出姓名、职位、办公地址、电子邮箱和电话。确保你已经跟这些推荐人谈过，并且确定他们同意对你的资历、态度、技能等发表意见。

6. 现在应该有一页完整的简历和一页推荐人的相关信息。记住，简历上不容许出现任何错误，页面应保持整洁，便于阅读。

7. 如果你用的是电子文档，一定要保存好，便于今后使用和更新。

招聘广告

俄亥俄州中部新调频电台招聘夜间播音员。最好有过播音经验，热衷经典摇滚类节目，具备电台工作室操作相关知识，拥有良好的制作技能。具备数字技能及大学学历者优先考虑。提供舒适的生活工作环境。希望大家一起成长，我们提供优越的晋升空间。请将简历和试音样片发送至：俄亥俄哥伦布钻石广播集团WRNO电台运营总监保罗·琼斯，信箱41006。钻石广播集团秉承机会均等原则，鼓励女性和少数民族人士踊跃投递简历。

项目2 写一封求职信

目的

学习如何撰写求职信,与简历一同发送出去申请广播演播类工作。

要点

1. 记住,没有所谓的求职信标准格式。不过,可以回顾一下本章第13.4节,了解求职信应包含的相关内容。
2. 求职信不应有任何拼写错误、打字错误、擦除痕迹或任何脱离实际内容的其他错误。
3. 页面布局采用一般的商务函格式,力求简洁易读。
4. 求职信应控制于一页纸内,上下左右采用标准的1英寸边距。

如何完成这个项目

1. 根据项目1的招聘广告内容撰写求职信。
2. 以招聘广告中所提及的姓名为收件人。
3. 第一段提及广告中所描述的职位,表达自己的兴趣。假定该广告是公布在相关的电台网站内的"招聘"栏。
4. 第二段中表明自己针对该职位所具备的特别资历。记住在段尾处表明你已附带一份简历和样片。
5. 第三段内容可选,但是如果该职位有些与众不同之处,且你特别希望在该电台工作,可在此段中提及。
6. 最后一段应重申你对该职位的强烈兴趣,并且对提供面试机会表示感谢。字里行间应透露出自己希望对方给予面试机会的强烈愿望。
7. 记住,你的求职信应该是简历的补充而不是信息的复制。
8. 如果使用电子文档,一定要保存好。虽然每次的求职信都应该具体化并实时更新,但之后再写其他求职信时这一份也可以作为参考。

项目3 录制广播试音样片

目的

学习如何录制试音样片,以便将样片与简历一起作为求职资料投递。

要点

1. 回顾第13.5节，了解试音录制时应包含的内容。

2. 如果可能，试音样片应为实况广播的剪辑样片。但是，这可能需要在工作室内进行。

3. 尽量将最出色的部分放在试音开始时录制，如果比较独特，容易让人记住。大多数招聘方只听开头部分，除非他们真的在一开始便听到自己喜欢的东西。

4. 应将本项目的音频内容录制在光盘或指导老师指定的其他存储介质上。

如何完成这个项目

1. 使用项目1的招聘广告录制试音样片。

2. 规划好准备录制的内容。记住，如果你做的是一档音乐直播节目，不要在第一次间奏就开始说话。后面的节奏会更强烈些，所以选择后面的间奏开始说话，如此循环往复。

3. 如果你是在制作室模拟播报，要安排好录音顺序，让人听起来就像是一档连续的音乐广播节目。

4. 节目内容必须是独特的，以凸显你的才能。但还应包括若干即兴插入部分（歌曲介绍和即兴材料等），然后是自己的作品，最后以较短的新闻收尾。

5. 在进行录音和编辑后，仔细听一下你的样片。如果没有很好地展现自己的播音技能，那么重新录制。

6. 用录制好的样片制作一份电脑音频文件，并将原始样片保存到安全的地方。

项目4　准备一份电子简历

目的

学习制作一份适合电子投递或公布在网上的广播电视演播职位相关简历。

要点

1. 在尝试本项目前你可以先完成项目1，这样你就有了一份可供参考的常规简历样本。

2. 电子简历同样没有标准格式，不过，可以回顾第13.3节，看看简历应该包括哪些信息。

3. 文件保存为纯文本格式（ASCII或RTF），以便你的简历能在任何一台电脑上进行编辑。

4. 简历的页面要简洁易读。记住，电子简历需要关键词摘要。

5. 简历应控制于一张纸内，每行不多于65个字节，以确保无词内换行的现象。

6. 简历不含有任何拼写、打字等错误或其他偏离实际内容的错误。

如何完成这个项目

1. 打印出简历的抬头，包括姓名、地址、电话号码和电子邮箱地址。

2. 抬头下面应包括关键词摘要。

3. 左侧创建"教育背景"栏，从最近的上学经历开始列出。记住，如果你已从大学毕业，就无须介绍高中相关的教育信息。列出受教育时间、取得的学位、获得的荣誉以及主要的学术成就。

4. 左侧创建"工作经历"栏。列出所做过的工作，同样按照时间倒序予以列出。记得列出实习和校园媒体工作的相关信息。内容应包括工作时间和工作职责，用动词说明你做过的每项工作。

5. 现在应该有一页完整的简历了。记住，简历上不容许出现任何错误，页面应保持整洁，便于阅读。还应记住，电子版本的简历不允许采用粗体、斜体、下划线等，因为纯文本格式不支持。所有标题部分采用大写格式。

6. 如果你用的是电子文档，一定要保存好，便于今后使用和更新。

项目5 录制电视视频样片

目的

学习如何制作视频样片，以便将其作为电视演播类工作的求职材料。

要点

1. 回顾第13.5节，复习视频录像中应该包含哪些内容。

2. 视频样片应尽量采用实况广播的剪辑样片。但是，这可能需要在电视演播室内进行。

3. 尽量将最出色的部分放在样片的开头，如果比较独特，容易让人记住。除非一开始就在你的样片中看到了感兴趣的内容，否则大多数招聘方都不会再看下去。

4. 应将本项目的视频内容录制在DVD或指导老师指定的其他存储介质中。

如何完成这个项目

1. 使用下方的招聘广告设计视频内容。

2. 规划一下视频中包含哪些内容，在视频开始处要有一屏简单的字幕，包括你的姓名、地址、联系电话、电子邮箱地址等信息。

3. 下一步，你要考虑怎么用一段蒙太奇片段展示你在不同新闻报道中的表现。

4. 视频内容要有吸引力，能同时展示出你的天赋和招聘方需要的能力。试着挑选三个片段，两个不同主题的出镜新闻报道和一个专题采访。还可以加一段你使用提词器的片段，但是不要坐在演播室完成。

5. 录制编辑结束后，认真看一遍你的样片。如果没有很好地展示出广播电视演播水平，就重新制作一遍。

6. 用录制好的样片制作一份电脑视频文件，并把原始样片保存到安全的地方。

招聘新闻记者

位于北卡罗来纳州罗利-达勒姆的福克斯所属电视台WVDK急聘一名新闻记者。应聘者应具备一般新闻报道相关经验，包括现场进行电子新闻采集（ENG）和卫星直播等工作，必须能够搜集并报道硬新闻，并且对突发性新闻做出快速反应。虽然这个职位主要与硬新闻相关，但专题报道的能力同样重要。要求具有优秀的写作能力，善于运用绘图和制作软件。有意向者请将简历和样片（恕不退还）发送给：北卡罗来纳州达勒姆林肯大道东411号WVDK电视台新闻主编迈克尔·斯特赖克。不接受电话咨询。本台提供公平就业机会。

第14章

全球视野下的媒体演播

14.1 引言

无论身在何处，媒体演播都是所有媒体的重要方面之一。无论你是在印度、中国还是在加拿大从事播音工作，本书前面的章节中介绍的所有基本法则均放之四海而皆准。不同之处在于文化：受众可以接受什么内容，以及媒体演播者能够传播哪些独特的文化特性。看过印度音乐电影的人都知道了解文化对理解电影的重要性。

本章旨在宏观概述国际媒体和播音。一个章节的篇幅不足以对全球媒体的播音进行全面的探讨，故本章将重点展示行业现状及新闻、体育、广告和音乐领域的一些播音实例。

人们用各类词语描述国际现象，媒体亦是如此。除了"国际"，其他常见用语还有"跨国""多国""全球""全球化"以及"世界范围"。"跨国公司"通常指跨国经营的大公司或组织，例如CNN等媒体机构。对跨国公司的理解通常包括一种认识，即这些公司也传播价值观和文化。"全球"或"全球化"指的是不同国家及其民众互动和融合的过程。这种相互作用可以使国际贸易更加便捷顺畅。"全球化公司"通常指那些颇具国际影响力的公司。"世界范围"意思是覆盖世界各地的，万维网（World Wide Web）中就用到了这个词。为了达到本章的教学目的，"跨国""全球"和"世界范围"均被用于描述全球媒体。

跨国文化或全球文化为各国之间和各种文化之间存在的相似性提供了切实的证据。这类文化的象征包括商业广告、电影和媒体。受此文化影响，媒体演播者迎来更多机遇。不过，不同国家的媒体仍彰显着当地文化的元素。

14.2 文化

由于卫星和互联网的发展，无论是否是专业的媒体演播者，都可及时地与世界各地的受众交流。然而，这些来自不同国家的演播者拥有不同的价值观和文化。文化是指某个群体间语言与非语言交流的行为。经验、观念和文化影响人们的语言和行为方式。媒体演播者只有理解这一点，才能与受众建立起联系。在演播者中，男士通常穿西装打领带，女士一般身穿保守的套装或连衣裙。然而，女士的着装往往能够更灵活地反映其文化。例如，在印度，女性经常穿纱丽。

好莱坞电影对全球的影响固然很大，然而，表演者可以通过更多的变化来反映本土的文化。例如，西班牙肥皂剧以及印度电影为观众打开了多元的文化视角。在印度，多样的语言（23种语言和146种方言）和文化为全球媒体带来了机遇和挑战。

印度公共广播公司（Prasar Barati）经营67家电视台和420家广播电台。它是世界上最大的公共广播公司之一。其任务是提供资讯、教育和娱乐内容，并为机会稀缺的印度人民提供个人发展所需的内容，因此其大量节目涉及教育、卫生、农业和妇女问题。印度有13亿人口，全印度电台（AIR）覆盖了99%的人口，而都达山电视台（DD）覆盖了90%的人口。它们面临的难题在于受众的流失，因为受众已经转向卫星转播节目。通过卫星，人们更易接触跨国形式的媒体。

印度电影是其媒体行业的一个独特存在。印度印地语电影业通常被称为宝莱坞（Bollywood）。这个词是Bombay（孟买，现被称为Mumbai，是印地语电影业的所在地）和Hollywood（好莱坞）的合成词。印度电影业的另外两个组成部分是泰米尔语和泰卢固语电影。这三者共同构成了印度电影，由此形成了世界上最大的电影产业。

语言是印度电影的一个重要方面。宝莱坞电影结合了多种方言，这样一来讲印地语和乌尔都语的人就能听懂电影中的对话。包含英文单词的印度英语，其使用频率也在增加。独具一格的马沙拉电影是印度国产片中最受欢迎的类型。马沙拉电影是根据印度饮食中一种独特的混合香料而命名，通常是音乐剧与其他类型影片的结合，如喜剧、动作片、爱情片和戏剧。这种电影风格是印度独有的，因此既能体现语言（印地语、泰米尔语、泰卢固语）的重要性，又是发展中国家的媒体文化与跨国电影文化同步发展的一个范例。

14.3 新闻

报道新闻的国际机构始于19世纪，当时报纸已发展为一种大众媒体。通讯社收集新闻并将其出售给订阅用户。在美国，有两个机构会帮助美国报纸从国外获取新闻，这样各报社便无需将记者派遣到世界各地。成立于1907年的合众国际新闻社（UPI）为其会员提供新闻、照片、音频和视频。1999年，它把大部分资源卖给了竞争对手美联社。美联社成立于1846年，服务于美国报纸和广播会员。如果你对新闻播报感兴趣，那么你理应熟悉这些新闻来源。它们为新闻播音员提供用于广播的信息内容。在世界各国也有其他的国际新闻机构。你所工作的电台或电视台也许就是这些信息源的成员之一，但是很多信息都可以在它们各自的网站上找到。这些机构包括：新华社（中国）、路透社（英国）和法新社（法国）。

电子媒体的发展为20世纪新闻的播讲方式创造了新的可能性，如今的技术持续影响着新闻播报领域的工作机会。2018年，中国国家新闻通讯社——新华社推出了首个人工智能（AI）新闻主播。这位说中文的人工智能主播表示："只要提供文字，我就能像真人主播一样播出新闻。"此外还推出了一位讲英语的Al新闻主播，这位主播阐释了Al在新闻播报中的重要性："我不仅可以全年无休地陪伴你，还可以被无限复制，在不同的场景中为你提供新闻。"这些通过机器学习生成的数字图像可以模拟真人的声音、面部动作和手势。

14.4 体育

体育是一个庞大的产业，而且是国际化的产业。各式各样的体育项目提供了大量播音工作机会。足球大概是观看人数最多的全球性运动。安德烈斯·坎托（Andres Cantor）是最著名的播音员之一，他用西班牙语评论和解说了包括足球在内的多项体育运动。在解说一场足球比赛时，球队得分后他拖长音高呼"球进了"的场面给人们留下了深刻的印象。拉丁美洲各国和西班牙的许多体育节目主持人都在模仿他的播音风格。

2018年，福克斯网络因世界杯比赛中的播音员大多是美国人而受到批评，因为这与ESPN电视台之前以英式口音为主的播音形成了鲜明的对比。一位播音员认为（解说足球时）美式发音理应成为标准。出现这样的争论，可能是因为美国人对足球缺乏兴趣，但它确实说明了语言和文化对体育播音的影响。

加拿大冰球解说员哈纳拉扬·辛格（Harnarayan Singh）是另一个体育播音的例子。2008年开始，他在《加拿大冰球之夜：旁遮普话版》节目中进行实况播报。向加拿大的锡克教教徒解说冰球是他毕生追求的梦想。他还在旁遮普省主持卡尔加里火焰电视台的周播在线视频节目。

棒球运动在美国和日本都十分流行，两者播音风格几乎无异。网上有视频对比了日、美两国播音员描述棒球比赛中的本垒打、跑垒者和获胜队伍的异同。即使听不懂日语，也很容易就能发现其解说风格的相似性。正如一位评论员所言："如果既不懂日语也不懂英语，那么这两种解说听起来是完全一样的。"视频中也展示了粉丝和队员的反应。另一位评论员说："因为我们都是人，所以我们的反应几乎是一模一样的。"人类的反应正是体育能够超越文化，创造出一种跨国娱乐形式的原因之一。

棒球和冰球的示例都解释了所有体育迷达成的共识：比赛实况解说总是相似的，是能够跨文化传播的。向观众传递信息和情感是播音员的职责所在。

14.5　广告

广告公司在开发广告活动、投放广告和制作广告（聘用编剧、制片人和播音员）方面扮演着关键的角色。广告是媒体的收入来源。浏览排名前五的广告公司，就能发现媒体广告的全球影响力。世界上最大的广告公司是位于伦敦的WPP集团，其次是宏盟集团（纽约）、阳狮集团（巴黎）、埃培智集团（纽约）和电通（东京）。广告常被视为西方传播文化和价值观的工具之一。我们从一些广告实例中发现，麦当劳等跨国公司已经在使用全球的营销资讯。

全球性的广告文化近年来占据主导地位。跨国文化的一个常见形式就是刺激产品和服务消费的广告。文化差异、经济和市场发展速度的不同、媒体有效性和法律限制的不同导致市场存在差异。广告业的高管强调，广告公司必须针对当地市场。很多日本广告展现了本地化和跨国性的融合。有的广告融合了英语和日语，将猫（在日本十分流行）、怪兽等塑造为美国动漫人物。

像麦当劳这样的跨国公司也彰显了本地化和全球化的融合。广告中的人物如同活在现实世界一般，他们仿佛就是一家人。虽然广告中介绍的可能是当地的食物，但可以利用方便、家庭、尊敬长辈和娱乐方面的相似价值观进行销售。当地的食物或是基于"真正的阿拉伯风味"，或是当地人喜爱的各种美食，如印度奶酪或盖饭。有的广告展示了跨国公司如何在包含本土理念的同时仍保持全球化。例如，一则美国广告的开场白中提到"忠于传统"，其口味是烧烤风味。相同的品牌宣言"我就喜欢（I'm lovin' it）"也会出现在各国的广告之中。

广告业是一个庞大的全球产业，媒体演播的机会尤为丰富。如果能掌握一两门外语，机会就更多了。

14.6 音乐

音乐是文化的重要组成部分。不同国家或文化均有其独特的音乐传统。例如，加勒比音乐常用鼓，印度音乐则使用锡塔琴。如今，全球音乐产业融合多种文化，形成了全球音乐文化，特别是与年轻人和流行音乐有关的音乐文化。同广告一样，流行音乐也是跨国文化的一部分。演播者只需使用互联网就可以把音乐分享给全世界的听众。2018年，数据统计公司Statista发布的报告称，在受调查的18个国家中，排名第一的音乐类型是流行音乐，领先于摇滚乐。该调查还显示，全球消费者平均每周听17.8小时的音乐，其中以流媒体音乐点播居多。因此，对电台音乐播音工作感兴趣的所有人而言，流行音乐知识是必不可少的。同时，由于流媒体备受欢迎，电台DJ一职也许不再是必要的，因为任何人都可以设计自己的专属节目。2019年5月，电子音乐杂志*Mixmag*称：

> 《国际音乐峰会商业报告》（*IMS Business Report*）发现，电子音乐在最受欢迎的音乐类型中排名第三，大约有15亿听众。在被调查的1.9万人中，有三分之一的人表示他们常听电子音乐、舞曲和浩室音乐（house music），这三种音乐排在嘻哈、说唱和R&B之前。在来自18个不同国家的16岁至64岁的调查对象之中，流行音乐和摇滚音乐仍然是人们最常听的音乐类型。

音乐的跨国交流由来已久。披头士乐队在20世纪60年代就已将锡塔琴元素（印度）融入他们的音乐中。由于仅仅四家唱片公司就控制着全球近80%的流行音乐市场，全球化问题显然是我们理解流行音乐制作和传播方式时需要考虑的重要因素。跨国企业欲拓展更大的市场，不可避免要考虑区域音乐文化如何维持。地方音乐风格多样，如民间音乐、民族音乐。当一家全球公司开始营销某类音乐，同时地方音乐类型消失时，跨国音乐文化应运而生。

国际协议对音乐产业十分重要。国际条约和公约的目的是保护内容的创作者。版权法由不同国家自主制定，故没有此类国际版权法。然而，已有180个国家加入了由世界知识产权组织管理的《伯尔尼公约》。《伯尔尼公约》规定了保护个人权利的最低标准，缔约国同意将这些标准纳入国家法律。

另一个重要的音乐产业国际组织是国际唱片业协会（IFPI）。国际唱片业协会在全球拥有1300名会员，致力于拓展录制音乐的使用范围，保护录音制作者的合法权益。这是跨国使用和保护音乐作品的又一个例子。该协会定期发布全球十大艺人榜单，奥布瑞·德雷克·格瑞汉（Drake）、艾德·希兰和埃米纳姆（Eminem）均榜上有名。它还发布了年度全球音乐报告，会员免费，非会员也可以购买。

14.7 总结

媒体演播是一项体现本土和全球文化的事业。国际协议和国际组织的存在是为了保障个人和组织的基本权利。例如,《伯尔尼公约》规定了保护个人权利的最低标准,国际唱片业协会以保护全球会员的著作权为宗旨。

全球媒体文化包括语言和非语言传播。掌握不同的语言有助于理解不同的文化。新闻和体育是大型的全球产业,需要具备复合能力的媒体演播者。广告和音乐体现着跨国视角,同时涉及本地和全球元素。调查显示,全球最受欢迎的音乐类型是流行音乐。有志于从事音乐播音工作的演播者需要具备流行音乐方面的知识。

自学题

问题

1. 技术的发展对媒体演播并无影响。

   a）正确　　　　　　　　　　b）错误

2. 哪个国家开发了用于新闻播报的人工智能播音员?

   a）美国　　　　　　　　　　b）中国

   c）日本　　　　　　　　　　d）至今仍未出现人工智能新闻主播

3. ＿＿＿＿＿＿＿＿是一位著名的体育解说员,其解说风格常被模仿。

   a）安德烈斯·坎托　　　　　b）哈纳拉扬·辛格

   c）奥布瑞·德雷克·格瑞汉　　d）新华

4. 跨国广告＿＿＿＿＿＿＿＿。

   a）消除当地文化与价值观　　b）仅包括西方文化和价值观

   c）仅包括当地文化和价值观　d）结合当地与跨国文化

5. 世界上最流行的音乐类型是＿＿＿＿＿＿＿＿。

   a）摇滚　　　　　　　　　　b）流行

   c）电子　　　　　　　　　　d）嘻哈

6. 持续关注全球唱片音乐的国际组织是＿＿＿＿＿＿＿＿。

   a）合众国际新闻社　　　　　b）联合国

   c）欧盟　　　　　　　　　　d）国际唱片业协会

7. 印地语电影业在印度被称作＿＿＿＿＿＿＿＿。

   a）印度电影　　　　　　　　b）宝莱坞

   c）泰米尔语电影　　　　　　d）泰卢固语电影

8. 本书所探讨的演播风格，适用于全世界所有国家的播音员。
a）正确　　　　　　　　　　b）错误

答案：
1. b　2. b　3. a　4. d　5. b　6. d　7. b　8. a

实践项目

项目一　对一家国际媒体组织进行报道

目的
写一篇关于国际媒体组织的报道，并理解该组织的功能。

要点
许多国际组织和国际条约、公约影响着全世界各地的媒体。虽然一些功能存在重叠，但在组织和管理等方面均有独一无二的贡献。一定要查看各个组织的网站，以获得最新的信息。

如何完成这个项目
选择下列媒体组织之一，描述其在国际媒体中发挥的作用。报告需要包括该组织的历史和当前的发展状况。一定要和你的指导老师确认是否需要包括其他内容。
组织：联合国、国际唱片业协会

项目二　对比跨国新闻与美国新闻的差异

目的
对比国际新闻机构与美国新闻机构就同一新闻事件的报道

要点
世界各地的新闻和资讯对我们的影响无处不在。虽然我们能够直接接触全球观众，但是每个国家对新闻有不同的视角，这往往反映了一个国家及其企业的利益。

如何完成这个项目

1. 选择一则由美国电子新闻机构报道的当前的国际新闻事件。然后选择报道同一事件的其他国际新闻机构。对比两者在新闻报道方式上的异同。

2. 与你的指导老师确认新闻报道的类型和对比对象。进行对比时需关注图像呈现、标题、事实与信息的顺序和类型、使用的信息来源和观点等。

词汇表

abdomen 腹部
acronym 首字母缩略词
action news 新闻快报
active live 动态直播
actuality 实况录音
AD 助理导演
addition 添音
ad-lib 即兴播讲
adult contemporary (AC) 成人时代
affiliation 联营
AFTRA 美国广播电视艺人联合会
agent 经纪人
aircheck 播音记录
album-oriented rock (AOR) 专辑导向摇滚
all-news 全新闻节目
all-talk 全谈话节目
alternative 另类音乐
American Meteorological Society (AMS) 美国气象协会
amplify 放大
analog 模拟
anchor 主持人
announcer 播音员
AP 美联社
Arbitron 阿比创
article 冠词 (a、an、the)；文章
articulation 发音清晰度
assignment editor 责任编辑
attribution 消息出处
audio console 调音台
audition 试听，试镜
automation 自动化
back-announce 后置播音
back light 背景光
backpack journalist 背包记者

back timing 反向定序
beat 记者主导区域
bed 背景音乐
bidirectional 双指向式的
board 控制板
board operator 调音台操作员
boom 吊杆
breathy voice 气声
Broadcast Education Association (BEA) 美国广播教育协会
broadcast journalist 广播记者
bulk eraser 消磁器
call-in talk show 电话接入类谈话节目
camera panic 镜头焦虑
cardioid 心形麦克风
cart 带盒
cassette 录音带
chain 连锁
channel 信道
character generator (CG) 字幕机
cheat to the camera 抢镜
checkbook journalisim 付费新闻
choppy 不连贯
chroma-key 色度键
classical music 古典音乐
clearance 许可
cliche 老生常谈
clip-on mic 领夹式麦克风
closed-ended question 封闭式问题
CNN 美国有线电视新闻网
co-anchor 联合主持人
color 评论员
commercial 商业广告
compact disc (CD) 光盘
computer editing 电脑编辑

computerized news room 电脑新闻室
condenser microphone 电容式麦克风
console 控制台
contact list 联系人列表
contemporary hit radio (CHR) 当代流行音乐电台
continuity writer 分镜头脚本作者
contraction 缩写
control room 控制室
copy marking 做标注
copyright 版权
correspondent 记者
country 乡村音乐电台
creative 创意人员
cross-fade 声音叠化
crossover 跨域
C-SPAN 公共事务广播电视网
CU 特写
cue 提示
cue card 提示板
cue tone 提示音
cut in 插入
daypart 播放时段
dead air 冷场
decibel 分贝
de-emphasize 不再强调
defamation 诽谤
demographics 人口统计资料
dialect 方言
diaphragm 膈膜
digital 数字系统
digital audio tape (DAT) 数字音频磁带
digital video effect (DVE) 数字视频特效
director 导演
disc jockey (DJ) (电台)音乐节目主持人
dissolve 叠化
distortion 失真
dolly 移动摄影车
donut commercial 甜甜圈广告
dramatic pause 戏剧性停顿
dramatization commercial 戏剧广告
drive time 交通高峰时段
dub 配音
duration 持续时间
DVD 数字视频光盘
dynamic microphone 电动式麦克风
easy listening 轻音乐
edit 编辑
editing booth 编辑室
effect 效果

egg-on-face look 僵硬的表情
electronic field production (EFP) 电子现场节目制作
electronic news gathering (ENG) 电子新闻采集
ellipsis 省略
Emergency Alert System (EAS) 紧急警报系统
equal time 相等的时间
ESPN 娱乐与体育节目电视网
fact sheet commercial 说明书广告
fade-in 淡入
fade-out 淡出
fader 衰减器, 推子
fairness doctrine 公平原则
fair use 合理使用
feature interview 专题访谈
Federal Communications Commission (FCC) 联邦通信委员会
feedback 杂音
fidelity 保真
file footage 档案片段
fill light 补充灯光
follow-up question 补充问题
floor manager 现场导演
format 节目类型
format clock 节目时间安排表, 轮盘
freelancer 自由职业者
future file 未来档案
general assignment reporter 综合任务记者
hand signal 手势信号
happy talk 趣谈
hard copy 硬拷贝, 纸质版
hard news 硬新闻
hard rock 硬摇滚
hard sell commercial 强行推销广告
headline 内容提要
headphones 耳机
hitting your mark 到标
hook 噱头, 吸引注意力的东西
homers 主队支持者
hot clock 节目时间安排表, 轮盘
husky voice 沙哑的声音
International Federation of the Phonographic Industry (IFPI) 国际唱片业协会
impromptu 即兴演讲
industrial media 产业媒体
inflection 音调变化
input selector switch 输入选择器开关
International Phonetic Alphabet (IPA) 国际音标
interruptible foldback (IFB) 监听耳机, 可中断式

返送
in the mud 黑线水平
in the red 红线水平
intro 开场介绍
jargon 术语
jock 同disc jockey，（电台）音乐节目主持人
key light 主灯光
key words 关键词
kicker story 趣味故事
larynx 喉头
lapel microphone 佩戴式麦克风
lead 导语
lead-in 开场白
leading question 诱导性问题
level indicator 声平计
libel 诽谤
light-emitting diode (LED) 发光二极管
light (lite) rock 轻摇滚
liner note 专辑封套说明性文字
live coverage 直播
live tag 直播结束语
logo 标志
looping 循环
malapropism 近音词误用
market 市场
mark 标记文稿
mic fright 麦克风前的紧张
mic level 麦克风音量
microphone 麦克风
minicam 迷你摄像机
mixer 混音器
mixing 混音
MMJ 多媒体记者
moiré 云纹效应
monitor speaker 监听扬声器
monotone 单调
moving coil 动圈
music bed 背景音乐
music sweep 音乐连续性播放
nasality 鼻声
National Association of Broadcast Engineers and Technicians (NABET) 美国国家广播成员协会
National Public Radio (NPR) 美国国家公共广播电台
network 网络
network feed 网络资源
newscaster 新闻播音员
news director 新闻部主任
news interview 新闻采访

news producer 新闻制片人
news script 新闻稿
news/talk 新闻/谈话
nondirectional mic 无方向性麦克风
off-mic 远离麦克风
oldies 经典老歌
omission 漏音
omnidirectional 全指向式的
on-air studio 直播室
on-air talent 直播主持人
open-ended question 开放式问题
outcue 结束提示
output 输出
output selector switch 输出选择器开关
outro 结尾部分
over-the-shoulder shot 过肩镜头
pacing 节奏
package 成套新闻
pad 附加素材
patter 闲聊，非正式的谈话
pattern 拾音模式
payola 贿赂
peripheral vision 周边视觉
personality 名人
phantom power supply 幻象供电
pharynx 咽喉
phonation 发声
phrasing 分节法
pickup pattern 拾音模式
pitch 音调
play analyst 体育评论员
play-by-play announcer 实况解说员
playlist 播放列表
plosive 破裂音
plugola 插播广告
polar response pattern 极性响应图案
politically correct (PC) 政治正确
popping 爆音
postproduction 后期制作
potentiometer 电位计
prime time 黄金时间
production studio 制作室
production value 制作水准
profanity 亵渎
profile shot 侧面镜头
program log 节目单
promo 节目预告
prompter 提词器
pronunciation 发音

prop 道具
prop room 道具间
public domain 公共领域
public figure 公众人物
public service announcement (PSA) 公益广告
Q&A session 问答环节
Radio Television Digital News Association (RTDNA) 美国广播电视数字新闻协会
rate 语速
ratings 收听率，收视率
raw footage 原始镜头，原片
real time 实际时间
redundant expression 冗余表达
reporter 记者
resonance 共鸣
resonator 共鸣体，共振器
resume 简历
ribbon microphone 带式麦克风
rip and read 直接播报
robotics 自动化摄像
roll 滚动
routing 指定发送
rundown sheet 清单，纲要
safe harbor 免责时间段
SAG 美国影视演员协会
segue 直接衔接
selecting 甄选
shield law 消息源保护法
shift 工作时段
shock jock 口无遮拦的电台节目主持人
sibilance 咝咝声
signal processing 信号处理
signature 拍号
sing-song 唱调，歌咏
slander 诽谤
slang 俚语
slate 场记板
slug line 说明文字
soft news 软新闻
soft rock 软摇滚
soft-sell commercial 劝诱推销广告
solecism 语法错误
sound bite 原声摘要
speech personality 播音风格
spin doctor 公关专家
spokesperson commercial 代言人广告
spoonerisms 首音误置
sportscaster 体育播音员
spot 广告插播

spot set 广告插播群，广告群
spotting board 标识板
Standard American English 标准美式英语
standby 准备状态
standup 出镜
station logo 电台标识
status-conferral function 地位授予功能
stereo 音响
stinger 广告结束语
straight-read commercial 直接播读的广告
stylus 唱针
substitution 替换
sunshine law 阳光法案
switcher 切换器
take 镜头
talking head 说话人的头部特写
talk-up 开场白
tally light 讯号灯
target audience 目标受众
tease 电视节目预告
technical center 技术中心
technical director 技术总监
teleprompter device 提词器装置
tempo 节奏
testimonial commercial 推荐式广告
theater of the mind 头脑剧场
thin voice 尖细的嗓音
thoracic cavity 胸腔
three-point lighting 三点式打光法
tight board 环节紧凑
tight shot 紧景
time code 时间码
time cue 时间提示
tone 音色
tone arm 唱臂
tone quality 音质
top 40 Radio 40强广播
toss 扔话题
trachea 气管
track 音轨，声道
transducer 换能器，传感器
trash television （格调不高的）垃圾电视节目
tripod 三脚架
turntable 转盘
unidirectional 单向
United Press International (UPI) 合众国际新闻社
uplink 上行链路
urban contemporary (UC) 当代城市
verbal tic 口头禅

video jockey (VJ) 电视音乐节目主持人
video news release (VNR) 视频新闻发布
videotape recorder 磁带录像机
vocal cord 声带
vocal element 声乐技巧
vocal fold 声襞
voice quality 音质
voice-over 画外音
voicer 播音员
volume 音量

vowel 元音
VU 音量计
windpipe 气管
windscreen 挡风玻璃
wipe 划变，划像
wire service 通讯社
wireless mic 无线话筒
working combo 同时进行多项工作
wrap 停机